Einführung in das wissenschaftliche Arbeiten

ohne und mit PC

Von
Universitätsprofessor
Dr. Werner Sesink

5., unwesentlich veränderte Auflage

R. Oldenbourg Verlag München Wien

Die Deutsche Bibliothek - CIP-Einheitsaufnahme

Sesink, Werner:
Einführung in das wissenschaftliche Arbeiten mit und ohne PC
/ von Werner Sesink. – 5., unwesentlich veränd. Aufl. -
München ; Wien : Oldenbourg, 2000
    ISBN 3-486-25388-3

© 2000 Oldenbourg Wissenschaftsverlag GmbH
Rosenheimer Straße 145, D-81671 München
Telefon: (089) 45051-0, Internet: http://www.oldenbourg.de

Gedruckt auf säure- und chlorfreiem Papier
Gesamtherstellung: Grafik + Druck, München

ISBN 3-486-25388-3

Inhaltsverzeichnis

4. Teil   Der Computer als Mittel wissenschaftlichen Arbeitens 148

7. Kapitel   Allgemeines über das wissenschaftliche Arbeiten mit dem Computer 148

8. Kapitel   Möglichkeiten eines Textverarbeitungsprogramms – Übersicht über die wichtigsten Funktionen 154

5.Teil   Textverarbeitung in der Studienpraxis – Arbeitsschritte bei der Abfassung einer wissenschaftlichen Arbeit (am Beispiel *Word* für MS-DOS/ Windows/Macintosh) 205

Vorwort

Wer ein Buch zur „Einführung in das wissenschaftliche Arbeiten" in die Hand nimmt, erwartet sich Hilfe. Leider hat die Lektüre dann oft einen ganz anderen Effekt: Sie führt überdeutlich vor Augen, wie sehr man doch bisher gegen die Normen verstoßen hat, die in solchen Büchern dargestellt werden. Statt Lust zu bekommen auf das Studieren, kriegt man ein schlechtes Gewissen und sieht sich zusätzlich zu dem, was das Studium in inhaltlicher Hinsicht ohnehin schon verlangt, mit einer Fülle von formalen und technischen Vorschriften konfrontiert. Entmutigung ist nun allerdings das Allerletzte, was ich im Sinne habe.

Deshalb habe ich mir vorgenommen, die formalen und technischen Aspekte des wissenschaftlichen Arbeitens nicht nur darzustellen, sondern auch im Hinblick auf ihre Bedeutung für ein in der Sache engagiertes Studium zu relativieren. Wie ich schon im Vorwort zur ersten Auflage dieses Buches geschrieben habe: Für das, was in diesem Buch vorgeschlagen, empfohlen und beschrieben wird, war ich selbst in meiner Studienzeit in vieler Hinsicht kein leuchtendes Beispiel. Nehmen auch Sie das ganze Drum und Dran des wissenschaftlichen Arbeitens im Studium nicht übertrieben ernst und genau! Die Person, die sich an alles hält, was in diesem Buch steht, ist ein Idealtypus, eine Kunstfigur, kein realer Mensch. Und auch kein Ideal, dem Sie sich annähern sollten. Was Sie davon beherzigen und befolgen, liegt bei Ihnen: Es hängt ab von Ihrem ganz persönlichen Arbeitsstil und natürlich von den speziellen Anforderungen, denen Sie durch Institutionen und Personen ausgesetzt sind. Manche macht es krank, wenn Unordnung in ihren Unterlagen ist, andere empfinden gerade das Chaos als anregend. An manchen Instituten, Seminaren oder Fachbereichen nehmen es die Lehrenden äußerst genau mit der formalen Gestaltung von Manuskripten; an anderen werden diese Dinge eher locker gehandhabt.

Werner Sesink

Einleitung: Über dieses Buch

In der Einleitung sage ich,
- für wen dieses Buch von Nutzen sein kann;
- wie dieses Buch aufgebaut ist und was es enthält.

Informationen zu bestimmten Themen ➜ Sachregister am Ende des Buches

Die Behandlung der Formalia und Techniken des wissenschaftlichen Arbeitens steht im Mittelpunkt dieses Buches. Obwohl ich manchmal das vergleichende Bild der „guten Manieren" heranziehe, werde ich keinen „Knigge" des wissenschaftlichen Arbeitens vorlegen. Dazu sind mir die entsprechenden Vorschriften, Gepflogenheiten usw. nicht heilig genug. Ich strebe auch keine vollständige Übersicht an über das, was zulässig oder unzulässig, gebräuchlich oder ungebräuchlich ist. Ein solches Buch zu schreiben, wäre für mich selbst wohl ebenso langweilig wie für Sie, es zu lesen. Ich möchte ein Buch vorlegen, das man trotz seines trockenen Themas nicht nur mit Widerwillen liest. Deshalb werde ich mich auf das meines Erachtens Wichtigste und Hilfreichste beschränken und im übrigen ab und zu ein bißchen Reflexion über Sinn und Unsinn, der in meinem Thema steckt, einfließen lassen.

Denn auch das will ich mit diesem Buch: Anregung geben, über das eigene Tun, das die Bezeichnung „wissenschaftliches Arbeiten" trägt, nachzudenken. Zu der Sicherheit, die die Kenntnis der einschlägigen Formalia und die Aneignung bestimmter praktischer Arbeitstechniken verleiht, könnte dann die Sicherheit hinzukommen, die der gewinnt, der sich dessen einigermaßen bewußt ist, was er tut und warum er es tut.

Bücher, die sich auf die Darstellung der rein formalen und technischen Aspekte beschränken, lassen diese leicht von einer Wichtigkeit erscheinen, die ihnen nicht zukommt. Wer zu Studienbeginn beispielsweise ein solches Buch in die Hand nimmt, muß erschreckt sein, was angeblich alles bedacht und befolgt sein will, nur um die korrekte Form zu wahren. Ist es denn nötig, erst ein dickes Buch durchzulesen, bevor man ins Studium richtig einsteigen kann? Nein, das ist es nicht! Gottlob geht die Praxis in der Hochschule nämlich meist weitaus großzügiger mit diesen Fragen um als die einschlägigen Bücher über wissenschaftliches Arbeiten – und das zu recht, schließlich geht es in der Wissenschaft um Inhalte (sollte es jedenfalls), und die Formen und Techniken haben legitimerweise nur dienende Funktion.

Wenn Sie an die Hochschule kommen, haben Sie einige bürokratische Hürden ja meist schon nehmen müssen. Dennoch stellen Sie sich, was den Studienbetrieb angeht, vermutlich nicht auf ein Klima ein, wie Sie es von Behörden wie dem Einwohnermeldeamt oder dem Finanzamt kennen, wo Verstöße gegen die formalen Anforderungen und Vorschriften den Fortgang der eigenen Angelegenheiten geradezu verhindern können. (Machen Sie sich jedoch auch hier auf die Konfrontation mit streng formalen Amtshandlungen gefaßt, spätestens wenn Sie mit dem für Sie zuständigen Prüfungsamt zu tun bekommen.) Zwar sind auch die Hochschullehrer Beamte und daher Träger eines staatlichen Amtes. Aber sie unterscheiden sich doch von den typischen Bürostuben-Beamten darin, daß es ihnen in der Regel fern liegt,

Sie ihre Amtsautorität gerade in den formalen Dingen spüren zu lassen. Ausnahmen bestätigen dies.

Ich möchte Sie darin unterstützen, mit einer gewissen **Lockerheit** an die formalen und technischen Aspekte des wissenschaftlichen Arbeitens heranzugehen. Die Lockerheit, die ich meine, unterscheidet sich durchaus von Unbedarftheit, Schlamperei und Ignoranz. Ich meine eine ihrer selbst sichere Haltung gegenüber den Anforderungen des wissenschaftlichen Arbeitens, die – das ist meine Überzeugung – nicht aus lückenloser Kenntnis der Standards, Gepflogenheiten und Vorschriften kommt, sondern vor allem aus der Fähigkeit zum **begründeten Urteil** über deren Sinn und Unsinn.

Aus demselben Grunde werde ich gewissen praktischen Dingen, die ich für absolut nebensächlich halte oder von denen ich meine, daß es sich um Probleme handelt, die wirklich jeder ohne Schwierigkeiten nebenher zu regeln lernt, keinerlei Aufmerksamkeit widmen: Welche Art von Ordnern und Ablagen es gibt, welche Formate von Karteikarten und -kästen und dergleichen. Auch wie Sie Ihren Arbeitsplatz gestalten oder wie Sie sich Ihre Arbeitszeit einteilen, ist eine Frage Ihres persönlichen Geschmacks und Lebensstils – und kann deshalb nicht Gegenstand einer Einführung in das wissenschaftliche Arbeiten sein.

Formalia und Arbeitstechniken können einer Arbeit keine wissenschaftliche Qualität verleihen. Diese ist letztlich eine Frage der Inhalte, und wie „man" inhaltlich hochwertige wissenschaftliche Arbeit leistet, dazu gibt es keine Rezepte. Dennoch ist die Behauptung sicher gerechtfertigt, daß Klarheit über das eigene Tun, auch in den formalen und technischen Aspekten, der inhaltlichen Qualität der eigenen Arbeit nur zugute kommen kann.

Dieses Buch ist übrigens selbst **kein Beispiel eines wissenschaftlichen Textes**. Gerade auf die Dinge, die einen Hauptgegenstand seiner Erörterungen bilden, legt es selbst keinen Wert. Sie werden keine Zitate finden und keine Fußnoten, keine Literaturliste und manches andere nicht, was einen wissenschaftlichen Text formal charakterisiert. Ebensowenig findet eine explizite Auseinandersetzung statt mit anderen in der Literatur repräsentierten Auffassungen über das „wissenschaftliche Arbeiten" und den Stellenwert seiner Formalia und Techniken. Insofern fehlt diesem Buch also auch eine wesentliche inhaltliche Seite wissenschaftlicher Arbeiten. Wer ein solches Buch kauft, will – denke ich – keine wissenschaftliche Erörterung über das „wissenschaftliche Arbeiten", sondern einen praktischen Ratgeber. Er will das wissenschaftliche Arbeiten nicht selbst wiederum zum Gegenstand ausgedehnter Studien machen, sondern ganz einfach praktische Unterstützung finden.

Es gibt Bücher zur Einführung in das wissenschaftliche Arbeiten, die sich selbst als Beispiel für das präsentieren zu können glauben, was sie behandeln, bloß weil sie die entsprechenden formalen Merkmale – teilweise bis zum Exzeß – aufweisen. Das zeigt nur, welch geringe Meinung ihre Autoren von den inhaltlichen Qualitäten des wissenschaftlichen Arbeitens haben, wenn sie den Formalia einen solchen ausschlaggebenden Stellenwert zumessen. So können Bücher über wissenschaftliches Arbeiten zu regelrechten Karikaturen ihres Gegenstandes werden. Zur Förderung eines angemessenen Verständnisses vom Sinn der Formalia trägt solcher Unsinn sicher nicht bei.

Schließlich möchte ich Hilfe geben bei einer Entscheidung, vor die Sie sich als Studierende und wissenschaftlich Arbeitende in zunehmendem Maße gestellt sehen: Ist es nötig, ist es sinnvoll und wofür ist es sinnvoll, sich einen Computer als Hilfsmittel wissenschaftlichen Arbeitens anzuschaffen? Und wollen Sie die Veränderungen des Arbeitsstils, die damit verbunden sind, auf sich nehmen?

Eine **fachliche Einführung** ins Studium erhalten Sie hier **nicht**; ebensowenig eine Einführung in empirische, philologische oder historische Methoden und den Umgang mit fachspezifischen Arbeitsmitteln. Ich denke, dies wird doch in aller Regel in ausreichendem Maße in den Grundstudien der Fächer angeboten, zumal es meist als Studieninhalt verpflichtend vorgeschrieben ist.

Meine eigene wissenschaftliche Herkunft läßt sich hier natürlich dennoch nicht verleugnen. Wenn ich vom Sinn wissenschaftlichen Arbeitens im Studium schreibe, betone ich mehr den Gesichtspunkt der **Theoriebildung** als den der **Material-erschließung**. Jede Wissenschaft braucht beides. Aber die Schwerpunkte können recht unterschiedlich gesetzt sein. Die Kolleginnen und Kollegen, die großen Wert darauf legen, daß ihre Studentinnen und Studenten vor allem lernen, die Methoden der Materialerschließung sauber anzuwenden, mögen mir die Theorielastigkeit meines Wissenschaftsverständnisses nachsehen. (Dem entspricht übrigens, daß meine Darstellung von Einsatzmöglichkeiten eines Computers im Studium sich auf Textverarbeitung konzentriert und nicht auf Datenverarbeitung und Kalkulation.)

Wer könnte nun einen Nutzen von diesem Buch haben? Natürlich werden in erster Linie diejenigen an seinen Inhalten interessiert sein, die in das Gebiet des „wissenschaftlichen Arbeitens" erst einsteigen oder bald einsteigen werden: Oberstufenschülerinnen und -schüler sowie Studierende der geistes- und sozialwissenschaftlichen Fachrichtungen. (Die technischen und naturwissenschaftlichen Fachrichtungen muß ich hier ausnehmen, weil das, was dort wissenschaftliches Arbeiten heißt, erst recht das, was man dort Studieren nennt, sich doch ganz erheblich von dem unterscheidet, was in diesem Buch Thema sein soll.) Aber auch wer schon einige Erfahrungen mit dem wissenschaftlichen Arbeiten, vielleicht sogar sein Studium bereits erfolgreich abgeschlossen hat, kann sicher mit vielem, was hier angesprochen wird, noch etwas anfangen – und wenn es nur die Frage der Einsatzmöglichkeiten eines Computers ist.

Nicht zuletzt könnten meine Überlegungen sogar für diejenigen von einigem Interesse sein, die sicher keinen Bedarf mehr an einer Einführung in das wissenschaftliche Arbeiten haben. Ich meine die an Hochschule und vergleichbaren Einrichtungen Lehrenden. Denn natürlich enthalten meine Überlegungen hochschuldidaktische Implikationen und noch tiefer drunter eine bildungstheoretische Konzeption, die hiermit indirekt zur Diskussion gestellt wird.

Inhaltsübersicht

Ich habe das Buch in fünf Teile gegliedert. Wenn Sie nicht gerade unter dem Druck stehen, irgendetwas aus diesem Buch direkt der praktischen Nutzanwendung zuzuführen, würde ich mir wünschen, daß Sie mit der Lektüre vorne anfangen. Sonst nehmen Sie sich gleich die Teile vor, die Sie gerade brauchen.

Der **erste Teil** beschäftigt sich damit, was es bedeutet, im Studium wissenschaftlich zu arbeiten. Obwohl die darin enthaltenen Gedanken mehr allgemeiner Art sind und nicht unmittelbar zu praktischen Hilfestellungen und Ratschlägen führen, sind sie – so hoffe ich jedenfalls – nicht „abstrakt" und „unpraktisch". Thema ist sozusagen Ihr Selbstverständnis, mit dem Sie studieren und wissenschaftlich arbeiten – beschränkt natürlich auf die Leistungsanforderungen, die in Ihrem „Arbeitsverhältnis" zur Hochschule, also im offiziellen Studienbetrieb begründet sind. Im **1. Kapitel** will ich versuchen, den Gesamtrahmen der Anforderungen des „wissenschaftlichen Arbeitens" aus der Sicht dessen zu durchdenken, der sie zu erfüllen hat: Was heißt „wissenschaftliches Arbeiten", dem Inhalt nach? Welchen Sinn haben Formvorschriften und -konventionen im Wissenschaftsbetrieb, welchen Stellenwert haben sie für die inhaltliche Qualität wissenschaftlichen Arbeitens? Wie wichtig ist es, sich bestimmte Arbeitstechniken anzueignen? Und schließlich: Brauchen Sie einen Computer? Im **2. Kapitel** werden bestimmte „Elemente wissenschaftlichen Arbeitens" noch einmal sozusagen mit der Lupe betrachtet: Sie sollten sich im Studium Ihre „eigenen Gedanken machen". Aber Sie müssen auch viel, sehr viel „zuhören und mitschreiben", „lesen und exzerpieren". Ihre eigenen Gedanken mit den Gedanken anderer zu konfrontieren, heißt „sich auseinanderzusetzen". Die Ergebnisse, zu denen Sie gelangen, sollen in eine anderen Personen verständliche Form gebracht und weitergegeben werden. Schließlich werden Sie die Fähigkeit unter Beweis stellen müssen, wissenschaftliche Texte zu schreiben. Und bei all dem sollen Sie die Übersicht über Materialien und Arbeitsergebnisse behalten und mit Ihrer Zeit auskommen.

Wenn Sie meinen Überlegungen in diesem ersten Teil des Buches gefolgt sind (was beileibe nicht heißen muß, daß Sie ihnen auch zugestimmt haben), werden Sie sicherlich ein genaueres Verständnis von Ihren Tätigkeiten im Studium haben und damit auch – denke ich – mehr Sicherheit, wenn Sie an die praktische Bewältigung der Studienanforderungen herangehen.

In den folgenden Teilen geht es dann „zur Sache": Wie können Sie denn nun in der Praxis die Aufgaben, die sich Ihnen stellen oder die man Ihnen stellt, erfolgreich erledigen? Die Kapitel 3 bis 11 sind voll und ganz darauf orientiert, praktische Hilfeleistung zu bieten. Der allgemeine Hintergrund, vor dem die gegebenen Hinweise und Ratschläge erst den Charakter bloß willkürlicher Vorschriften verlieren können, wurde in den beiden ersten Kapiteln dargelegt.

Die Fähigkeit zum wissenschaftlichen Arbeiten werden Sie im Studium hauptsächlich in Form schriftlicher Arbeiten unter Beweis zu stellen haben. Aber vor deren Anfertigung sind einige Vorarbeiten zu erledigen. Dies ist Thema des **zweiten Teils**. So werden Sie fast immer Literatur suchen, auswählen und beschaffen müssen, um Ihr Thema zur Zufriedenheit des „Auftraggebers" behandeln zu können. Darum geht es im **3. Kapitel**. Und Sie müssen das wissenschaftliche Rohmaterial, das Sie aus

Lehrveranstaltungen und Lektüre gewonnen haben, für die spätere Auswertung ordnen und dokumentieren (**4. Kapitel**).

Schließlich haben Sie in der Regel die Ergebnisse Ihrer Arbeit in schriftlicher Form abzuliefern (**dritter Teil**). Dabei werden vor allem die Formvorschriften und -konventionen für die Gestaltung von Manuskripten relevant, die im **5. Kapitel** zur Sprache kommen. Daneben aber weisen die diversen Arten von „Leistungsnachweisen", die Ihnen im Laufe des Studiums abverlangt werden, ihr jeweils spezifisches Anforderungsprofil auf, das zusätzlich zu den zuvor erörterten allgemeinen Hinweisen beachtet sein will. Wenn Sie zum Beispiel ein Protokoll zu schreiben haben, wird anderes von Ihnen verlangt als bei einem Thesenpapier. Um diese Spezialitäten geht es im **6. Kapitel**.

Im **vierten** und fünften **Teil** soll gezeigt werden, ob und wie Ihnen ein Computer, insbesondere ein Textverarbeitungsprogramm, bei all dem eine Hilfe sein kann. Daß der Einsatz eines Computers das Arbeiten verändert, und zwar nicht nur zum Positiven, soll nicht verschwiegen werden und wird daher im **7. Kapitel** angesprochen. Das **8. Kapitel** stellt dar, welche Unterstützung Sie von den verschiedenen Funktionen, die Textverarbeitungsprogramme heute anbieten, bei der Abfassung wissenschaftlicher Arbeiten erwarten können, und das **9. Kapitel** skizziert weitere Einsatzmöglichkeiten eines Computers, zum Beispiel bei der Literaturverwaltung.

Der **fünfte Teil** (**10. und 11. Kapitel**) gibt Ihnen dann (am Beispiel *Word* für *MS-DOS/Windows/Macintosh*) Anleitungen, wie Sie ein solches Programm bei der Erstellung schriftlicher wissenschaftlicher Arbeiten im Studium praktisch anwenden. In beiden Kapiteln konzentriere ich mich auf die Nutzung derjenigen Programmelemente, die sich zur Erledigung der dabei anfallenden Arbeitsschritte in besonderer Weise eignen. Wer noch nicht weiß, ob er sich einen Computer anschaffen soll, mag durch diesen Teil einen differenzierteren Eindruck davon bekommen, wie mit dem Computer gearbeitet wird. Wer den Schritt schon getan hat, wird darin speziell für den Einsatz im Studium nützliche Ergänzungen zum *Word*-Standard-Handbuch finden. Begriffe aus dem Computer-Jargon, die Ihnen noch nicht geläufig sind, können Sie im **Glossar** nachschlagen.

Zu Beginn der einzelnen Kapitel oder Abschnitte finden Sie jeweils einige **Stichworte zum Inhalt** und nötigenfalls **Querverweise** (gekennzeichnet durch: ➜) zu anderen Kapiteln und Abschnitten des Buches, in denen Sie ergänzende Informationen finden können. Ein **Sachregister** am Ende des Buches läßt Sie zu speziellen Fragen gezielt die einschlägigen Buchstellen finden.

1

Studieren
und wissenschaftlich arbeiten

1. Kapitel
Was ist „wissenschaftliches Arbeiten"?

In diesem Kapitel steht:
- was ich meine, wenn ich von wissenschaftlichem Arbeiten schreibe;
- welchen Stellenwert die Formalia und Techniken des wissenschaftlichen Arbeitens haben;
- ob Sie wirklich unbedingt einen Computer brauchen, um auf der Höhe der Wissenschaft zu sein.

Erörterung der Elemente wissenschaftlichen Arbeitens → 2. Kapitel
Suche, Auswahl und Beschaffung wissenschaftlicher Literatur → 3. Kapitel
Dokumentation und Ordnung Ihres wissenschaftlichen Rohmaterials → 4. Kapitel
Anfertigung schriftlicher wissenschaftlicher Arbeiten → 5. Kapitel
Besonderheiten verschiedener Arten von Leistungsnachweisen → 6. Kapitel
Nützliche Funktionen eines Computers im Studium → 8. und 9. Kapitel
Praktischer Einsatz eines Textverarbeitungsprogramms im Studium → 10. und 11. Kapitel

1.1 Wissenschaftliches Arbeiten heißt vor allem: „sich seine eigenen Gedanken machen"

→ Lesen Sie Abschnitt 2.1, wenn Sie sich noch ausführlicher damit auseinandersetzen wollen, was es unter den Bedingungen des Studiums heißen kann, „sich seine eigenen Gedanken zu machen".

Sie kommen von der Schule an die Hochschule. Hier verlangt man von Ihnen, „wissenschaftlich" zu arbeiten. Selbstverständlich wollen Sie Ihr Studium erfolgreich absolvieren. Dazu müssen Sie wissen, was man von Ihnen erwartet und wie Sie diese Erwartungen erfüllen können. Also fragen Sie sich, was das ist: „wissenschaftliches Arbeiten".

Die einfachste Methode, dies herauszubekommen, wäre wahrscheinlich, denjenigen, die das schon tun, worum es geht, den „wissenschaftlichen Arbeiterinnen und

Arbeitern" also, bei ihrer Arbeit zuzusehen und sich von ihnen sagen und zeigen zu lassen, wie man das macht, was sie tun. Aber irgendwie läuft das an der Hochschule nicht so. In den Lehrveranstaltungen wird – in aller Regel (die durch rühmenswerte Ausnahmen bestätigt wird) – der Prozeß des wissenschaftlichen Arbeitens selbst nicht mehr sichtbar. Sie, die Studierenden, bekommen von den „wissenschaftlichen Arbeitern" (den Lehrenden) lediglich Ergebnisse wissenschaftlicher Arbeit vorgesetzt. Das ist, wie wenn ein Schreiner seinen Lehrlingen das Handwerk beibringen wollte, indem er ihnen die fertigen Möbel demonstriert, sie beschreibt, vielleicht noch ihre besonderen Stilmerkmale, herausragenden Qualitäten hervorhebt und dann sagt: Und nun macht ihr mal! Das ist Warenkunde, nicht aber handwerkliche Unterweisung. Wie kann ein Verkäufer würdigen, welche handwerkliche Leistung in dem von ihm angepriesenen Möbel steckt? Und wie kann ein Buchhalter (beziehungsweise sein computerisierter Nachfahr) würdigen, welche Überredungs- beziehungsweise Überzeugungskünste des Verkäufers in den Zahlenkolonnen auf der Haben-Seite des Unternehmens stecken? Wer nur die Ergebnisse sieht, weiß über den Prozeß nichts, der zu ihnen führt, und es fragt sich, ob er dann genügend über die Ergebnisse weiß.

Doch vielleicht – argwöhnen Sie – ist es das ja, worauf es beim Studium hinauslaufen soll: daß Sie sich auf dem Markt der wissenschaftlichen Veröffentlichungen auskennen. Wozu dann wissen, wie so etwas „produziert" wird? Ein solches Verständnis von „wissenschaftlichem Arbeiten" wird Ihnen an der Hochschule sicher begegnen. Viele Hochschullehrer sind ja doch ganz zufrieden, wenn ihnen Hausarbeiten im Stil von Marktübersichten vorgelegt werden. Das Adjektiv „wissenschaftlich" kann sich dann zwar nur auf den dargestellten Gegenstand und nicht auf die Darstellung selbst beziehen. Aber wahrscheinlich wird hier von Ihnen auch nicht eigentlich wissenschaftliches Arbeiten erwartet, sondern die Fähigkeit, mit den Ergebnissen wissenschaftlichen Arbeitens geschickt (nämlich auf eine Art und Weise, die dem betreffenden Hochschullehrer gefällt) umzugehen. Es soll auch Hochschullehrer geben, deren eigene wissenschaftliche Qualifikation in nichts anderem besteht als im geschickten Umgang mit den Arbeitsergebnissen anderer.

Arbeiten mit Wissenschaft beziehungsweise wissenschaftlichen Ergebnissen kann also etwas anderes sein als wissenschaftliches Arbeiten. Die Meinungen darüber, was wissenschaftliches Arbeiten im allgemeinen und während des Studiums im besonderen sei, gehen unter den Lehrenden durchaus auseinander. Ich selbst würde sagen, daß man von wissenschaftlichem Arbeiten dann sprechen kann, wenn zum Beispiel eine Studentin zeigt, daß sie in der Lage ist,

- auf der Grundlage wissenschaftlicher Erkenntnisse und des Standes der wissenschaftlichen Diskussion in ihrem Fachgebiet und

- in Auseinandersetzung mit den wissenschaftlichen Auffassungen anderer

- sich ihre eigenen Gedanken zu machen und

- diese in einer für andere verständlichen Form darzustellen.

Für sich genommen, ist, „sich seine eigenen Gedanken zu machen", eine Anforderung, die wir an jeden selbständigen Bürger unseres Gemeinwesens richten. „Sich seine eigenen Gedanken zu machen", heißt zunächst einmal, nicht einfach die

Gedanken anderer zu übernehmen und wiederzukäuen. Es heißt zum zweiten, diese Gedanken als „Eigenes" zu betrachten und zu behandeln, also sich nicht zu ihnen wie zu einer Sache zu verhalten, derer man sich nach Belieben bemächtigen oder entledigen kann. Es heißt zum dritten, Gedanken aus eigener Kraft und eigenem Vermögen hervorzubringen und ihrer Bildung Aufmerksamkeit und Anstrengung zu widmen.

Nicht alle eigenen Gedanken sind potentieller Stoff der Wissenschaft. (Vielleicht ist es sogar nur ein kleiner Teil.) Bedeutsam für die Wissenschaft können nur solche „eigenen Gedanken" werden, die in sich einen **Objektivitätsanspruch** tragen, also eine Geltung beanspruchen, welche die Innenwelt des Individuums übersteigt. Dazu müssen sie auf ihren Realitätsgehalt geprüft und der Diskussion ausgesetzt werden, Vorgänge, die ebenfalls aus der Alltagspraxis aufgeklärter Bürger vertraut sind. Ein Wissenschaftler unterscheidet sich von einem normalen selbständig denkenden Menschen nur darin, daß er seine eigenen Gedanken systematisch auf ihre objektive Geltung überprüft, also zu Erfahrungsgehalten und den Gedanken anderer in Beziehung setzt und mit ihnen konfrontiert. Er macht sich also nicht nur seine eigenen Gedanken, sondern auch die Erfahrungen und Gedanken anderer zu eigen. Er vollzieht sie nach und prüft, welche Bedeutung sie für seine eigenen Gedanken haben. Dies würde ich individuelle Theoriebildung nennen. Und er versucht, anderen seine Gedanken zu übereignen und so seinen Anteil zu leisten zur kulturellen Bildung einer Gesellschaft.

Die eigenen Gedanken, die sich Wissenschaftler machen, sind also durch eine intensive soziale und erfahrungsbezogene Auseinandersetzung hindurchgegangene und hierdurch wissenschaftlich **gebildete und bildende Gedanken**. Deshalb ist eine originelle Idee, deshalb sind Gedanken, die man anderen nicht mitteilen kann, deshalb ist aber auch die bloße Reproduktion der Gedanken anderer Wissenschaftler oder von empirischen Daten nicht schon Wissenschaft.

Was heißt dies nun für das „wissenschaftliche Arbeiten" im Studium?

Studieren sollte die **Fähigkeit zur Theoriebildung** befördern. Das bedeutet

- Stärkung der Bereitschaft, sich seine eigenen Gedanken zu machen (Mut zur eigenen Position, Nachdenken über sich selbst),

- Bewußtmachung der Bedeutung und Konsequenzen des wissenschaftlichen Objektivitätsanspruchs (Klarheit über das Verhältnis des Gedankens zur Wirklichkeit: über seinen Erfahrungsgehalt; und Klarheit über die Einbindung des eigenen Denkens in die geistige Kultur einer Gesellschaft: über seine argumentative Qualität),

- Vertrautmachen mit den Gedanken anderer (mit existierenden wissenschaftlichen Theorien), und zwar in der Weise des Nach-Denkens (des Nachvollzugs ihrer Genese statt bloßer Übernahme ihrer fertigen Resultate),

- Stärkung der Fähigkeit zur Mitteilung und Weitergabe der eigenen Gedanken (Qualität der Darstellung).

1.2 Formvorschriften und -konventionen sind die „guten Manieren" des Wissenschaftsbetriebs – aber nicht nur das

Zu den wichtigsten Formvorschriften für die Gestaltung schriftlicher wissenschaftlicher Arbeiten
➡ 5. Kapitel
Zu den Besonderheiten verschiedener Arten von Leistungsnachweisen (Seminarprotokoll, Referat, Thesenpapier usw.) ➡ 6. Kapitel

Wissenschaftliches Arbeiten lernt man, indem man es tut, nicht aus Büchern. Die Hauptschwierigkeit dabei ist die, hierzu den Mut zu finden. Denn ausgerechnet an der Hochschule, dem Ort, der als die Stätte des wissenschaftlichen Arbeitens überhaupt gilt, mangelt es an Ermutigungen, sich seine eigenen Gedanken zu machen.

Deshalb sollten Sie sich möglichst alle vermeidbaren Probleme vom Hals halten, die dadurch zustandekommen, daß diejenigen, die über Ihre wissenschaftliche Qualifikation zu urteilen haben, andere Auffassungen als Sie davon haben, nach welchen Kriterien die wissenschaftliche Qualität Ihrer Arbeiten im Studium bewertet werden sollte. Versuchen Sie herauszufinden, was die jeweiligen „Richter" über Ihre wissenschaftlichen Leistungen an Maßstäben für deren formale Gestaltung zugrundelegen, und tun Sie ihnen den Gefallen, diese zu erfüllen. Wenn Sie sich an das halten, was in diesem Buch steht, kann in dieser Beziehung eigentlich nicht allzuviel schief gehen.

Sie müssen das Ganze so betrachten: Worauf es Ihnen ankommt, ist die **inhaltliche** Qualität Ihrer Arbeiten; darauf wollen Sie Resonanz erfahren. Wenn Ihre Arbeit aber den **formalen** Standards nicht genügt, die nun mal die Gepflogenheiten im Wissenschaftsbetrieb darstellen, machen Sie es

- demjenigen, der selbst inhaltlich schwach auf der Brust ist, leicht, sich auf die mangelnden formalen Qualitäten Ihrer Arbeit zu stürzen und sich einer Auseinandersetzung mit ihren Inhalten zu entziehen;

- demjenigen, der eigentlich sehr wohl vor allem an den inhaltlichen Qualitäten Ihrer Arbeit interessiert ist, schwer, diesen die ungeteilte Aufmerksamkeit zuzuwenden.

Da ich selbst mich unbescheidenerweise zur zweiten Kategorie zähle, will ich dies an meinen eigenen Schwierigkeiten mit solchen Arbeiten verdeutlichen. Eigentlich stellt für mich jene inhaltliche Qualität das A und O wissenschaftlichen Arbeitens dar, die ich gekennzeichnet habe als „sich seine eigenen Gedanken machen". Alles andere hat für mich nur die Aufgabe, den eigenen Einsichten eine angemessene Darstellungsform zu geben. Korrekte Rechtschreibung und Zeichensetzung stehen für mich dabei so ungefähr an letzter Stelle. Wenn ich nun aber eine mit Rechtschreib- und Interpunktionsfehlern gespickte Arbeit bekomme, dann ist das – ich mag darüber denken, wie ich will – so, als ob ich über einen Weg voller Stolpersteine und Schlaglöcher gehe, mir dauernd weh tue und so die schöne Landschaft, durch die mich dieser Weg führt, nicht mehr genießen kann. Ähnliches gilt auch für die sonstige äußere Aufmachung einer Arbeit. Unterschätzen Sie dies Moment auf seiten des Beurteilers nicht: Eine formal anstößige Arbeit zu lesen, macht einfach keinen

Spaß. Dem potentiellen Spaß am Inhalt tut die Anstrengung, sich über die formalen Klippen hinwegzusetzen, gewaltigen Abbruch. Was aber als anstößig gilt, das ist durchaus Konvention, Gewohnheit. Und jeder, der die Schwierigkeiten des Zusammenlebens in Wohngemeinschaften erfahren hat, weiß auch, daß wir uns auf der Vernunftebene noch so frei dünken mögen vom Zwang der Konventionen und Gewohnheiten – wir können doch nicht so ohne weiteres aus unserer ansozialisierten Haut.

Stellen Sie sich vor, Sie wollen jemanden näher kennenlernen und laden ihn zum Essen ein. Meinen Sie, es wird Ihnen leicht fallen, zu den inneren Qualitäten der Person vorzudringen, wenn sie sich die Spaghetti samt Soße mit den Händen reinschaufelt? (Wenn Sie Loriots Sketch „Die Nudel" kennen, werden Sie ebenfalls wissen, was ich meine.) Die formalen Standards wissenschaftlichen Arbeitens sind auch nichts anderes als eine Art Tischmanieren. Manches hat einen guten Sinn und läßt sich vom Inhalt her begründen, manches ist einfach Übereinkunft, Gewohnheit, Tradition, ohne daß man sagen könnte, warum gerade so und nicht anders.

Wissenschaftliches Arbeiten ist eben ein sozialer Prozeß. Solange Sie nur für sich selbst arbeiten und Ihnen das Urteil anderer schnurz sein kann, spielen wissenschaftliche „Manieren" keine Rolle. Wenn Sie aber das, was Ihnen selbst klar geworden ist, auch anderen vermitteln wollen oder sollen (und darum geht es an der Hochschule), müssen Sie auf Ihren Partner so eingehen, daß er bereit ist, Ihnen zuzuhören, und in der Lage, sich auf den Gehalt der Gedanken zu konzentrieren, die Sie ihm nahebringen wollen.

Natürlich haben Sie vollkommen recht, wenn Sie sagen: genau das sollten sich die Hochschullehrer selbst mal hinter die Ohren schreiben. Aber Sie müssen sich darüber im klaren sein, daß Sie sich nicht in der Position eines gleichberechtigten Kommunikations-Partners befinden, der Gleiches mit Gleichem vergelten kann. Obwohl also viele Hochschullehrer sich nicht allzu viel Mühe geben, in der Form der Darbietung ihrer wissenschaftlichen Lehrinhalte auf Ihre Partner, die Studierenden, einzugehen, also der formalen Vermittlungsqualität ihrer wissenschaftlichen Arbeit keine besondere Aufmerksamkeit schenken, sollten Sie sich umgekehrt in dieser Hinsicht alle Mühe geben. Seien Sie freundlicher, kommunikativer, didaktischer als Ihre Lehrer. Geben Sie ihnen ein Vorbild. (Von jedem Hochschullehrer, der an seine Studenten das Ansinnen richtet, formvollendete Arbeiten abzugeben, sollte wohl auch erwartet werden können, daß er formvollendete Lehrveranstaltungen abhält.)

Als „gute Manieren" sind aber nicht alle Aspekte der Formalia wissenschaftlichen Arbeitens hinreichend zu charakterisieren. Formalia haben in einem noch tieferen Sinne mit der sozialen Qualität von Wissenschaft zu tun: Sie sind oft nötig, um die wissenschaftliche Arbeit einzelner überhaupt diskutierbar zu machen. Wenn Sie mit anderen Menschen ein Gespräch führen wollen, ist die Forderung, daß nicht alle auf einmal losquatschen, nicht nur eine Frage „guter Manieren", sondern unerläßliche Grundbedingung dafür, daß das Gespräch als solches überhaupt stattfinden kann. Solche Unerläßlichkeiten gibt es auch auf dem Gebiet des wissenschaftlichen Arbeitens, das als sozialer Prozeß einige Ähnlichkeit mit einem Gespräch hat, in dem man einander zuhört, sich so auszudrücken versucht, daß der andere einen verstehen kann, man aufeinander eingeht. Darauf werde ich im einzelnen dann im nächsten Kapitel noch zu sprechen kommen.

1.3 Techniken haben die Arbeit zu erleichtern – und sonst nichts

Techniken des wissenschaftlichen Arbeitens kommen vor allem bei der Erledigung der wichtigsten wissenschaftlichen Vorarbeiten zum Tragen:
- bei der Literatursuche, -auswahl und -beschaffung ➜ 3. Kapitel und
- bei der Materialdokumentation ➜ 4. Kapitel.

So nett, wie Sie zu Ihren Lehrern oder sonstigen „Richtern" über die wissenschaftliche Qualität Ihrer Arbeiten sein sollten, sollten Sie auch zu sich selbst sein. Auch für Sie gilt: Je weniger Ihre Energien durch das Drum und Dran des wissenschaftlichen Arbeitens in Anspruch genommen sind, desto besser können Sie sich auf die eigentlich wichtigen Inhalte konzentrieren. Das wird deren Qualität zugute kommen. Dies ist das Feld der sogenannten Arbeits-Techniken. Genauso wie das Feld der Formalia sollten Sie dieses Feld ganz pragmatisch angehen. Es kommt nicht darauf an, ob Sie die „richtigen" Techniken anwenden, sondern allein darauf, daß sie Ihre Arbeit erleichtern und effektivieren. Dafür können alle möglichen Mittel recht sein.

Bei den Formalia müssen Sie sich danach richten, was im Wissenschaftsbetrieb allgemein, an Ihrer Hochschule, Ihrem Institut im besonderen und bei Ihrem Dozenten im ganz besonderen als die „richtige" Form gilt. Die „richtigen" Arbeitstechniken gibt es nicht. Hier sind Sie völlig frei. Arbeitstechniken sind weitgehend Geschmacksfrage. Leben Sie hier ruhig Ihre ganz persönlichen Marotten aus. Arbeitstechniken verschwinden in dem Produkt, das Sie abliefern, und werden daher nicht mit zum Gegenstand der Beurteilung durch andere. Wenn Sie es hassen, ständig Ordnung zu schaffen, dann werden Sie einen eher chaotischen Arbeitsstil bevorzugen, diesen vielleicht sogar als anregend empfinden und sich durch die Unordnung in ihren Unterlagen gerade zu besonders kreativen Leistungen animiert fühlen. Wenn das abzuliefernde Ergebnis „in Ordnung" ist, ist auch das Chaos, das dazu geführt hat, „in Ordnung". Niemand, außer vielleicht Ihnen selbst, wird dadurch belastet.

Natürlich ist es unmöglich, Tips dafür zu geben, wie man ein möglichst anregendes Chaos herstellt. Diejenigen, die das Chaos lieben, brauchen keine arbeitstechnischen Hinweise. Betrachten Sie die arbeitstechnischen Hinweise in diesem Buch daher nur als Tips, mit denen Sie vielleicht etwas anfangen können, vielleicht aber auch nicht – was überhaupt nichts macht. Wenn Ihnen jemand einreden will, so und nur so müsse man eine Schlagwort-Kartei aufbauen, so und nur so müßten Sie Ihre persönlichen Aufzeichnungen zu Papier bringen (mit linkem Rand von 4,256 cm, einseitig und nur!! einseitig beschrieben usw.) – ignorieren Sie es. Vielleicht ist es Ihr Bedürfnis, die Blätter randvoll zu beschreiben, in klitzekleiner Schrift, beidseitig usw. Was anderen ein Graus wäre und was sicher einiges Unpraktische mit sich bringt, mag für Sie genau das Goldrichtige sein, weil es Ihnen nun mal – aus welchen Gründen auch immer – so gefällt und Sie sich nur wohl fühlen, wenn Sie links höchstens einen Rand von 0,05 cm lassen. Ändern Sie unpraktische Gewohnheiten, wenn Sie nicht sehr an ihnen hängen und es Ihnen leicht fällt. Ansonsten gibt es lohnendere Anlässe, sich mit den eigenen Gewohnheiten und Macken auseinanderzusetzen und sich zu ändern (nämlich, wenn Sie anderen damit unnötig auf die Nerven gehen).

1.4 Ein Computer ist ein sehr nützliches Arbeitsmittel – aber Sie kommen auch ohne ihn aus

Wie der Computer Ihre Arbeit verändern kann ➜ 7. Kapitel
Nutzen des Computers im Studium ➜ 8.-11. Kapitel

Ich glaube, den meisten geht es so wie mir: Sie hätten gern Ordnung in ihren Unterlagen, aber sie finden es lästig, sie herzustellen. Wie gern hätte ich eine schöne Literatur-Kartei gehabt, nach Sachgebieten geordnet, mit Stichworten, persönlichen Anmerkungen, Querverweisen versehen, um schnell immer wieder bestimmte Titel wiederzufinden, von denen ich wußte, daß ich sie irgendwann schon mal verarbeitet hatte. Es ist mir während meines ganzen Studiums nicht gelungen, eine solche Kartei zu erstellen. Als ich merkte, daß sich alle paar Monate die Kriterien änderten, nach denen ich meinen Bestand an Literaturverweisen ordnen wollte, gab ich es irgendwann auf. Noch heute liegen Unmengen von Karteikarten bei mir rum, auf denen ich nach den verschiedensten Ordnungskriterien Literatur erfaßt habe.

Das ist aber ganz und gar kein Argument gegen den Sinn einer solchen Kartei. Es hat mich einiges an Zeit und Nerven gekostet, Titel immer wieder neu ausfindig machen zu müssen, die ich längst auf einer Karteikarte hätte verfügbar haben müssen. Für Leute wie mich ist der Computer ein ziemlicher Segen. Jetzt habe ich die Literatur-Kartei, die ich immer wollte, weil es mit diesem Gerät tatsächlich sehr viel weniger lästig und mühsam ist, die Ordnung zu schaffen und zu halten, die man gern hätte – und vor allem: Ordnungsstrukturen auch wieder zu verändern und neuen Bedürfnissen anzupassen. Auch der Computer ist eine „Arbeitstechnik". Natürlich zunächst in einem etwas anderen Sinne: gegenständliche, nicht subjektive Technik. Ihn für wissenschaftliches Arbeiten einzusetzen, bedingt aber auch gewisse subjektive Arbeitstechniken – und insofern ist es schon richtig, ihn unter diesem Stichwort anzusprechen.

Für das Arbeiten mit dem Computer gilt dasselbe, was auch über andere Arbeitstechniken gesagt wurde: Es ist Geschmacksache. Ich bin beileibe kein technikgläubiger Computer-Freak. Aber ich finde, daß der Computer mir das Arbeiten in technischer Hinsicht enorm erleichtert hat. Auch einige computerkritische Aufsätze und Vorträge habe ich auf meinem Computer geschrieben. Wenn man zu denen gehört, auf die Technisches eine gewisse Faszination ausübt, kann man sich das gut zunutze machen. Als ich meinen ersten Computer hatte, ging davon ein regelrechter Motivationsschub aus. Den Computer und das Programm kennenzulernen und in seinen Möglichkeiten auszutesten, konnte ich verbinden mit der Erledigung einiger umfangreicherer Arbeiten, die mit viel Tipperei und dergleichen verbunden waren. Man kann sicher mit einigem Recht behaupten, daß die Erledigung dieser Arbeiten nur ein Vorwand war, um endlich mit gutem Gewissen das viele Geld für die Anschaffung dieses Geräts ausgeben zu dürfen. Aber man könnte das auch positiver ausdrücken: Ich habe halt das Angenehme mit dem Nützlichen verbunden. Oder: Ich habe meine Lust am Technischen für meine wissenschaftliche Arbeit ausgenutzt. Jedem, der ähnlich strukturiert ist, kann ich nur raten, es ebenso zu machen.

Ich halte Technikfaszination übrigens für eine Marotte; und es ist nicht einmal ausgemacht, daß es sich dabei immer um eine liebenswerte Schwäche handelt. Schließlich ist nicht zu verkennen, daß gegenwärtig unter dem Schlagwort „High-Tech"-Orientierung eine Kleine-Jungen-Mentalität zum ideologischen Leitbild für rationales Verhalten erklärt wird: Nicht anders als typische Kleine Jungen im vorpubertären Alter begeistert man sich allerorten für die neuesten Wunderwerke der Technik und sieht in ihnen den Gipfel der menschlichen Kulturleistung. Auch im Wissenschaftsbetrieb macht sich diese Orientierung breit. Die Qualität wissenschaftlicher Forschung wird mehr und mehr daran gemessen, wieviel Geld ihr Instrumentarium verschlingt. Der Einsatz von Computern steht hier wiederum in besonderem Ansehen, und er erlaubt es auch bisher weniger geräte-orientierten Disziplinen, sich den derzeit forschungs- und hochschulpolitisch stark bevorzugten ingenieurwissenschaftlichen Disziplinen an die Seite zu stellen.

Der Computer ist ein Arbeitsmittel der Wissenschaft – und sonst nichts. Es gibt Disziplinen, in denen man ohne ihn heute nicht mehr auskommt. In vielen anderen, vor allem in weiten Bereichen der geistes-, kultur- und sozialwissenschaftlichen Disziplinen jedoch ist er zwar nützlich, aber auch entbehrlich. Wenn hier einer mit einem Computer arbeitet, sagt das über die wissenschaftliche Qualität seiner Arbeit überhaupt nichts aus. Wem der Computer unsympathisch ist (und dafür gibt es sicher gute Gründe), wem das geistige Arbeiten an solch einem Gerät gar nicht liegt, der kann mit Abstrichen am Komfort, aber ohne irgendwelche Abstriche an der Qualität seiner wissenschaftlichen Arbeit zumindest zur Zeit noch sehr gut auch ohne Computer auskommen. Sie sollten das Spiel nicht mitspielen, in dem der Computer zum Insignium wissenschaftlicher Potenz erhoben wird. **Die letztlich ausschlaggebende Ressource auf dem Gebiet der Wissenschaft ist und bleibt der eigene Kopf.** Wichtiger für das wissenschaftliche Arbeiten als die Ausstaffierung mit technischem Gerät ist, daß auch Ihr Herz bei der Sache ist.

Man kann dem Computer kritisch gegenüberstehen und dennoch diese Marotte der Technikfaszination bei sich feststellen. Man kann technikfasziniert sein und dennoch Distanz zur eigenen Faszination wahren. Was nützt es, sich ein schlechtes Gewissen zu machen oder zu leugnen, daß man gern so ein Ding hätte. Der beste Weg ist, glaube ich, persönliche Schwächen in den Dienst einer guten Sache zu stellen. Anders als viele Computerfreaks, die verzweifelt und ergebnislos nach sinnvollen Einsatzmöglichkeiten für ihr Gerät suchen, kann man als Studierender oder sonst wissenschaftlich Arbeitender nämlich den Computer wirklich so gut gebrauchen, daß sich seine Anschaffung auch rechtfertigen läßt, wenn man vom Lustgewinn der Technikfaszination absieht.

2. Kapitel
Elemente wissenschaftlichen Arbeitens
im Studium

In diesem Kapitel lege ich Ihnen meine persönlichen Auffassungen darüber dar, wie Sie das Beste aus der Zeit machen können, die Sie mit dem Studieren verbringen:

- was es heißen könnte, „sich seine eigenen Gedanken zu machen", obwohl doch im Studium meist die Reproduktion der Gedanken anderer im Vordergrund steht;
- worauf es beim Zuhören und Mitschreiben in Lehrveranstaltungen ankommt;
- wie Sie mit wissenschaftlichen Texten umgehen sollten;
- warum Sie dem wissenschaftlichen Streit nicht aus dem Wege gehen und
- trotzdem nicht aus dem Auge verlieren sollten, daß es im Ziel um Verständigung geht;
- warum ich Ihnen rate, möglichst früh mit dem Schreiben kleinerer wissenschaftlicher Skizzen zu beginnen;
- welches einfache Ordnungsprinzip für Ihre Aufzeichnungen und Unterlagen ich Ihnen empfehle und
- warum ich es für Unsinn halte, mit ökonomischem Effektivitäts-Denken ans Studieren heranzugehen.

2.1 „Sich seine eigenen Gedanken machen"

Zur Frage, wie eigene Gedanken und die Wiedergabe von Tatbeständen und der Gedanken anderer in einer Arbeit deutlich getrennt werden, → Abschnitt 5.4.1

Mit Interesse studieren

Ich weiß, daß die meisten von Ihnen gar nicht auf den Gedanken kommen werden, Wissenschaft könne Ihnen persönlich etwas bedeuten. Studium ist Job beziehungsweise Job-Vorbereitung. Zu dieser Einstellung trägt die übliche Praxis der Hochschullehre sicher viel bei, betont sie doch über alle Gebühr die rezeptive und gegen die eigenen Interessen rücksichtslose Seite der Wissenschaft. Wer sich persönlich engagieren will, wenn er im Studium wissenschaftlich arbeitet, darf nicht darauf warten, daß „die Wissenschaft" ihm interessante Angebote macht. Er muß **selbst die Initiative ergreifen und sich sein Studium interessant machen**.

Denn ob Sie die Erkenntnisse der Wissenschaft interessant finden können, hängt davon ab, ob sie Ihnen persönlich, Ihnen mit Ihrer individuellen Lebensgeschichte, davon geprägten Einstellungen, Zukunftsvorstellungen, davon geprägtem Weltbild, etwas sagen und bedeuten. Nur Sie selbst können wissen, was für Sie von Interesse ist. Wenn Sie Ihre Interessen nicht zur Geltung bringen, ist es der reine Zufall, ob das Studium Sie inhaltlich befriedigen kann. Orientieren Sie sich im Studium allein an dem, was andere Ihnen anbieten und abverlangen, verhalten Sie sich als Studentin oder Student ohne Not, wie ein lohnabhängig Beschäftigter sich aus Not verhalten muß. Statt Orientierung durch andere zu erwarten, könnten Sie an Ihren **eigenen Erkenntnisinteressen** eine viel zuverlässigere Orientierung gewinnen.

Natürlich kann man jemandem sagen: Jetzt gehst du in diese Veranstaltung, dann in jene, dann machst du über diesen Stoff Prüfung, dann über jenen. Der Betreffende weiß dann immer, was er jetzt zu tun hat. Und so sind ja auch heute die meisten Studienordnungen aufgebaut. Sie listen ziemlich detailliert auf, was wann mit welchen Leistungsnachweisen zu absolvieren ist. Aber so kommt keine Orientierung ins Studium. Die Studierenden, die aufgrund solcher Reglementierungen kaum Zweifel darüber haben können, was als nächstes „dran" ist, bekommen trotzdem keine Sicherheit und laufen durchs Studium wie desorientierte Hühner, die man in eine bestimmte Richtung scheucht.

Heute existieren diese Studienordnungen nun einmal, von denen sich ihre Initiatoren wohl einmal dachten, daß sie zur Straffung des Studiums beitragen würden. Und als einzelner Studierender muß man mit ihnen leben, so gut es geht (als kollektive Studentenschaft könnte man allerdings auf hochschulpolitischer Ebene dagegen angehen). Aber ein Segen sind sie weiß der Himmel nicht. Statt von ihnen Orientierung zu erwarten, sollten Sie zusehen, daß Sie sich selbst orientieren. Das geht am besten, wenn Sie sich möglichst bald über die eigenen inhaltlichen Interessen klar werden. Dazu genügt es nicht, darauf zu warten, daß Ihnen irgendwo mal etwas geboten wird, das Sie interessiert. Da können Sie, wenn Sie Pech haben, lange warten. Sie müssen schon in sich selbst nachforschen und den eigenen Interessen aktiv, produktiv nachgehen, ohne sich abhängig zu machen vom Studienangebot. Wer weiß, was ihn interessiert, womit er sich intensiver beschäftigen möchte, der wird dann auch leichter diejenigen Angebote oder Anbieter finden, die ihm etwas zu bieten haben. Sie können Ihre Interessen zum Beispiel auch entwickeln, indem Sie sich Klarheit darüber verschaffen, warum Sie in einer Veranstaltung, von der Sie sich einiges versprochen hatten, nur angeödet werden.

Die Vereinbarung von eigener Interessenorientierung und Studienordnung ist ein anderes Thema. Wenigstens das Hauptstudium läßt doch meist soviel Freiraum, daß eine solche Vereinbarung nicht ausgeschlossen ist. Aber ich gebe zu, daß das unter den heutigen Studienbedingungen viel schwerer ist als zu meiner Studienzeit, wo es für ein philologisches Promotionsstudium überhaupt keine Studienordnung gab und die Prüfungsordnung auf weniger als einer Seite Platz fand.

Die inhaltlichen Interessen, von denen ich spreche, bringt man jedoch **nicht** einfach **fix und fertig** mit. Es geht ja um Interessen an wissenschaftlichen Inhalten, und die **entwickeln** sich naturgemäß erst mit dem tieferen Eindringen in die Wissenschaft. Zunächst haben Sie vielleicht ein Interesse an Fragen des Umweltschutzes. Als Studentin der Ökonomie beispielsweise werden Sie dies Interesse inhaltlich schon dahingehend spezifizieren, daß Sie sich fragen, welche wirtschaftlichen Bedingungen für einen besseren Umweltschutz gegeben sein müßten. Sie hören Ihre Pflichtvorlesungen in BWL und VWL und machen (wahrscheinlich) die Erfahrung, daß ökologische Probleme höchstens ein Randthema sind. Sie erfahren etwas über betriebswirtschaftliche und volkswirtschaftliche Ziele und erkennen, daß das Ziel Umweltschutz dabei (noch?) nicht vorkommt. Sie fragen sich, ob und wie denn wirtschaftliche Ziele mit den Zielen des Umweltschutzes überhaupt vereinbar sind. Sie finden heraus, daß es Autoren gibt, die sich mit genau dieser Frage beschäftigt haben, nehmen sie sich vor und stellen fest, daß sie zu teilweise gegensätzlichen und miteinander unvereinbaren Antworten gelangen: Die einen sagen, Ökonomie und Ökologie könnten nie und nimmer harmonieren, andere sagen, nur ein neues ökonomisches System könne ökologische Zielsetzungen in sich aufnehmen, und wieder andere sagen, die Ökonomie könne so bleiben, wie sie ist, nur die Menschen müßten umdenken. So könnte das Interesse entstehen, sich mit den jeweiligen Begründungen dieser Positionen auseinanderzusetzen, ihnen „nachzudenken", ihre Argumente gegeneinander abzuwägen usw. Ihr Interesse am Umweltschutz hat sich zu einem **wissenschaftlichen Interesse** entwickelt.

Als Individuum im sozialen Feld der Wissenschaft

Studieren heißt doch: etwas beigebracht bekommen, Bücher wälzen, in die wissenschaftliche Tradition eingeführt werden. Demnach müßte es in erster Linie ganz klar darum gehen, sich die Gedanken anderer, verstorbener und lebender, durch Texte repräsentierter oder persönlich anwesender Wissenschaftler anzueignen. Wie kann man da sagen, wissenschaftliches Arbeiten heiße vor allem, „sich seine eigenen Gedanken zu machen"? Vielleicht stimmt der Satz für den, der schon Wissenschaftler ist. Aber kann er für den stimmen, der in die Wissenschaft erst hineinfinden soll?

Und ist es nicht so: Sie kommen an die Hochschule und erwarten selbst auch nichts anderes, als daß man Ihnen die Erkenntnisse der Wissenschaft vorführt, daß man Ihnen Aufgaben stellt, die Sie zu erfüllen haben. Was sollen Sie da mit Ihren eigenen Gedanken anfangen? Wer will die schon hören?

Studieren heißt **Lernen**. Und Lernen ist wohl kaum denkbar, ohne etwas aufzunehmen – in diesem Falle eben die Wissenschaft. Die Aufgabe des Studenten kann es demnach wohl nicht sein, Wissenschaft zu produzieren, also zu forschen, sondern zu rezipieren und zu reproduzieren. Nicht nur Studierende denken so. Auch viele Hochschullehrer sind der festen Auffassung, daß Sie zuerst wissenschaftliches Arbeiten lernen und sich in der Wissenschaft auskennen müßten, bevor Ihnen gestattet sein könne, Ihre eigenen Gedanken einzubringen.

Aber Sie kommen **nicht** als **unbeschriebenes Blatt** an die Hochschule. Sie haben durchaus schon „eigene Gedanken" zu den Gegenstandsbereichen, die von den Wissenschaften behandelt werden, die Sie zu studieren gedenken. Aufgrund dieses Vor-„Wissens" haben Sie vermutlich ihre Fächer gewählt. Nun werden Sie vielleicht sagen: Das taugt doch sicher alles nichts, was ich da im Kopfe habe. Am besten streiche ich es aus meinem Kopf (mache daraus also ein „unbeschriebenes Blatt") und präpariere ihn so für die unvoreingenommene Aufnahme der Wissenschaft.

Auch wenn Sie nicht denken, daß man seine Lebensgeschichte ganz ausstreichen kann, halten Sie es vielleicht für erstrebenswert, dem Ideal des unbeschriebenen Blattes wenigstens möglichst nahe zu kommen. Es ist aber überhaupt nicht erstrebenswert. Im Gegenteil: Ein leerer Kopf wäre unfähig, irgendeinen Gedanken zu begreifen, den ein anderer äußert. Sie können jemanden überhaupt nur deswegen verstehen, weil Sie schon wissen, welche Dinge er meint, wenn er zu ihrer Benennung diese oder jene Wörter ausspricht, und welche Beziehungen er zwischen den Dingen herstellt, wenn er die Wörter zu Satzstrukturen verbindet. Sie brauchen Ihr Vorwissen, den Schatz Ihrer – wie auch immer zustandegekommenen – Lebenserfahrung, als Mitgift für die Verbindung, die Sie mit der Wissenschaft eingehen wollen.

Alle Wissenschaft geht – auch wenn sie schließlich zu den abstraktesten Begriffen gelangt und mit ihnen operiert – im Ursprung notwendig von den **Erfahrungsgehalten** aus, die Menschen sich im praktischen Leben aneignen. Das sind nicht nur die Bedeutungen von Wörtern und Begriffen, sondern auch Zusammenhänge, Beziehungen zwischen den Dingen, die uns betreffen. Wir alle versuchen ständig, eine gedankliche Ordnung in die Welt unserer Lebenserfahrungen zu bringen. Und beim Aufbau und gelegentlichen Umbau dieser Ordnung sind wir – auch ohne Wissenschaft – immer schon mit der gedanklichen Ordnung konfrontiert, die andere Menschen, die eine Rolle in unserem Leben spielen, aufgebaut haben und uns zu vermitteln versuchen.

Man wird einwenden, individuelle Lebenserfahrung könne doch keine Basis sein für die Wissenschaft. Der gehe es doch (ob sie dies Ziel nun tatsächlich erreicht hat oder je erreichen wird, steht dahin) um „Objektivität" oder „Intersubjektivität", jedenfalls um eine gedankliche Ordnung der Welt, die für alle Menschen Geltung haben solle. Dagegen enthalte die individuelle Erfahrung und ihre gedankliche Ordnung so viel an Zufälligkeiten, daß sich daraus keine wissenschaftlichen Erkenntnisse begründen ließen. Deshalb sei es nötig, das bloß individuell gebildete Wissen aufzugeben und sich das nach allgemein anerkannten Verfahren gebildete Wissen der Wissenschaft anzueignen.

Es ist gar nicht zu bestreiten, daß wissenschaftliches Arbeiten die **Überschreitung des individuell gebildeten Wissens** verlangt. Aber überschreiten heißt nicht aufgeben. Denn die individuelle Lebenserfahrung unterscheidet sich von der sozialen Erfahrungsgrundlage der Wissenschaft nicht dadurch, daß sie nur „zufälliger" Art und daher unwesentlich, vernachlässigbar ist. Auch hier muß ich sagen: im Gegenteil. Ohne individuelle Erfahrungen gibt es keine soziale Erfahrungsgrundlage der Wissenschaften. Soziales bildet sich aus dem Individuellen: Gesellschaft ist schließlich Verbindung der vielen individuellen Lebensschicksale zu einem allgemeinen, alle Individuen umfassenden Lebenszusammenhang. Denken wir uns das Individuelle weg, gibt es auch keine Sozialität mehr.

Daraus folgt, daß die Überschreitung des individuellen Wissens darin besteht, die mir vermittelten Lebenserfahrungen anderer Menschen in Beziehung zu setzen zu den eigenen. Und das heißt, eine gedankliche Ordnung zu schaffen, die geeignet ist, alle individuellen Lebenserfahrungen in sich aufzunehmen und nicht: sie aufzugeben. In einer solchen gedanklichen Ordnung könnte jedes Individuum für das, was es persönlich erfahren hat, eine befriedigende Erklärung finden. Sie stünde mit dem individuellen Wissen nicht in Widerspruch. Eine solche gedankliche Ordnung zu schaffen, ist das Ziel der Wissenschaft. (Niemand wird allerdings behaupten, daß sie diesem Ziel schon furchtbar nahe gekommen wäre oder es gar erreicht hätte.)

So gesehen ist Wissenschaft ein **Gemeinschaftswerk**. Doch als Gemeinschaftswerk ist sie nichts ohne die individuellen Beiträge. Wissenschaftliches Arbeiten heißt, sich an diesem Gemeinschaftswerk zu beteiligen. Weil aber die Allgemeinheit der Wissenschaft erst ein Resultat der individuell besonderen Beiträge ist, kann ein Wissenschaftler gar nicht von vornherein den allgemeinen Standpunkt „der Wissenschaft" einnehmen. Er kann nur seine individuell gebildete gedankliche Ordnung in das Gemeinschaftswerk einbringen und sie dabei aufgrund der Einbeziehung der Erfahrungen und gedanklichen Verarbeitungen anderer weiterentwickeln.

Wissenschaftliches Arbeiten hat daher immer beide Dimensionen: die individuelle und die soziale. Die soziale Dimension erweist sich darin, wieweit die individuelle gedankliche Ordnung (der individuelle Beitrag des Wissenschaftlers) im sozialen Austausch der Wissenschaftler miteinander Bestand haben kann. Die individuelle Dimension erweist sich daran, wieweit die sozial gebildeten gedanklichen Ordnungen (die in der Wissenschaft als bedeutsam anerkannten Erklärungsansätze) geeignet sind, meine eigenen Erfahrungen in sich aufzunehmen. Die soziale Dimension betrifft die Frage, ob die Wissenschaftlergemeinschaft mit mir zufrieden ist; die individuelle Dimension die Frage, ob ich mit der Wissenschaft zufrieden bin. Beides ist nicht voneinander zu trennen. Denn wenn das Individuum nicht zufriedengestellt wird, gibt es die Wissenschaft auf, und diese würde an personeller Auszehrung zugrunde gehen. Wenn aber dem Anspruch der Wissenschaftlergemeinde nicht genüge getan wird, bleibt die Wirkung der individuellen Gedankenwelt auf den engen Umkreis persönlicher Lebensführung beschränkt und kann keine soziale Relevanz entfalten.

Wissenschaftliches Arbeiten bezieht seine Antriebsenergie aus den persönlichen Motiven des Wissenschaftlers. Wer kein Interesse hat, seine eigene individuelle Erfahrungs- und Gedankenwelt in das Gemeinschaftswerk Wissenschaft einzubringen, kann auch kein guter Wissenschaftler sein. Er kann rezipieren und mit wissenschaftlichen Erkenntnissen herumhantieren, aber er kann die Wissenschaft nicht bereichern. Ihm selbst bleibt sein Tun äußerlich, ein Job, den er tut, weil er damit Geld, Ansehen oder sonstwas erwerben kann, nicht aber, weil ihm die Wissenschaft etwas persönlich bedeutet.

Sich seine eigenen Gedanken zu machen, heißt also nicht, sich in seiner eigenen Gedankenwelt zu verschließen, sondern diese zum Ausgangspunkt des Hineingehens in das soziale Feld der Wissenschaft zu machen, die eigenen Gedanken für das Gemeinschaftswerk Wissenschaft und die vorhandenen wissenschaftlichen Erkenntnisse für die Anreicherung und Weiterentwicklung der eigenen gedanklichen Ordnung fruchtbar zu machen.

2.2 Zuhören und mitschreiben

Zum Seminarprotokoll als Leistungsnachweis ➜ Abschnitt 6.1
Ordnung und Aufbewahrung von Mitschriften ➜ Abschnitt 4.4

Prüfungsrelevante Stoffe; reproduktives Mitschreiben

Mit dem Studieren anzufangen, heißt erst mal nichts anderes, als Lehrveranstaltungen zu besuchen. Dort führen Ihnen diejenigen, von denen es heißt, sie wüßten, was wissenschaftliches Arbeiten sei, ihre Interpretation davon vor. Teils werden Ihnen die Ergebnisse eigener Forschung oder der Forschung anderer präsentiert. Teils (zu selten, leider) bekommen Sie dabei auch noch mit, wie diese zustande gekommen sind, d.h. man läßt sie nachvollziehend teilhaben am Prozeß der Forschung. Teils (noch seltener) versucht man, Erkenntnisfortschritte im Veranstaltungsverlauf selbst, aus der gemeinsamen Arbeit, entstehen zu lassen. Ihre Aufgabe ist es, sich das, was da abläuft, anzueignen. Die meisten Studierenden, vor allem in den Anfangssemestern, bewaffnen sich mit Papier und Stift und schreiben möglichst viel mit. Das ist die Art von Mitschrift, die zuerst nicht dazu gedacht ist, anderen präsentiert zu werden, sondern dazu, für sich selbst die Inhalte der Lehrveranstaltung festzuhalten. Deshalb braucht man sich hier auch an keine Formvorschriften zu halten, sondern sollte nur sehen, einige praktikable Arbeitstechniken zu entwickeln. Die Mitschrift in dieser Zwecksetzung wird eine der häufigsten und wichtigsten Tätigkeiten in Ihrem Studium sein. Sie sollten ihr daher von Anfang an besondere Aufmerksamkeit widmen.

Dazu gehört, daß Sie sich über den **Sinn der Mitschrift** genau im klaren sind. In Vorlesungen des Grundstudiums geht es oft darum, einfach den Stoff aufzunehmen, der Ihnen vermutlich (vielleicht vom betreffenden Dozenten) in der Zwischen- oder einer vergleichbaren Prüfung abverlangt wird. Wie auch immer Sie dazu stehen mögen – Sie müssen einfach wissen, was dieser Dozent als wesentlichen Inhalt zum betreffenden Fachgebiet ansieht, um die Prüfung zu bestehen. Wenn er kein Skript zu seiner Vorlesung herausgibt oder ein Lehrbuch zum Thema verfaßt hat, das man käuflich erwerben kann, sind Sie auf Ihre Mitschrift angewiesen. Die Sache hat nur einen gewaltigen Haken: Je mehr und genauer Sie mitschreiben, umso weniger können Sie noch das tun, was noch wichtiger ist als das Mitschreiben: **Zuhören.** Gut, Sie hören, was gesagt wird, sonst könnten Sie ja gar nicht mitschreiben. Aber Sie sind nicht mehr in der Lage, noch inhaltlich zu erfassen und zu verarbeiten, also zu **verstehen**, was gesagt wird. In Diskussionsveranstaltungen ist der eifrige Mitschreiber darüber hinaus weitgehend zur Passivität verurteilt.

Sie müssen also die **richtige Balance** finden **zwischen Mitschreiben und Zuhören** beziehungsweise Mitdiskutieren. Wo die liegt, ist individuell sicher ganz verschieden. Wer schnell schreibt, hat es natürlich einfacher als der, der langsam schreibt und sich dabei noch sehr auf den Prozeß des Schreibens selbst konzentrieren muß. Wenn einem die Materie nicht mehr ganz unvertraut ist, verlangt das Zuhören weniger Konzentration, und es bleibt mehr Raum für das Schreiben. Es gibt nur eine Richtlinie: Das Wichtigste ist, daß Sie dem Verlauf geistig zu folgen vermögen. Ob Sie alles auf dem Papier stehen haben, ist zweitrangig. Hören Sie lieber auf mitzuschreiben oder schreiben Sie weniger mit, als daß Sie aufhören mitzudenken. Wenn Sie das nämlich tun, werden Sie bald das Gefühl bekommen, den Boden unter den Füßen zu verlieren – und dann hilft Ihnen das, was Sie auf dem Papier, nicht aber im Kopf haben, sehr wenig.

Ich selbst bin ein miserabler Mitschreiber. Wenn ich wirklich mitdenken und mitdiskutieren will, kann ich praktisch überhaupt nichts mitschreiben außer ein paar dürftigen Stichworten, die mir aber nur ganz kurze Zeit als Gedächtnisstütze dienen können – solange nämlich, wie ich mich an das Seminar- oder Vortragsgeschehen noch erinnern kann. In einem Studium, das viel rezeptives Aufnehmen von Lernstoffen aus Vorlesungen verlangt, hätte ich es nicht leicht gehabt. Ich habe zwar einige Zeit Naturwissenschaften studiert, dort haben aber Skripten und Lehrbücher die Arbeit des Mitschreibens überflüssig gemacht.

Im Studium der Geistes- und Sozialwissenschaften gibt es hingegen nicht diesen gesicherten Wissensbestand, den sich jeder Studierende als „objektives Grundwissen" mehr oder weniger auswendig lernend aneignen muß. (Obwohl auch hier manche Dozenten so auftreten, als hätte das, was sie vertreten, diesen Charakter unantastbarer wissenschaftlicher Objektivität.) Hier kommt es also sehr viel mehr auf das Mitdenken und Verarbeiten des Gehörten an. Damit kommt aber auch die Subjektivität des Zuhörenden und Mitdenkenden sehr viel stärker ins Spiel. Der gelernte Inhalt ist nicht nur ein Wissensbrocken, den man von anderen übernommen hat, so wie man ein Geldstück nimmt und in die Tasche steckt: das ist jetzt meins. Aneignen meint hier grundsätzlich etwas ganz anderes: Meinem Kopf ist nur zu eigen, was er selbst hervorgebracht hat – das nach-denkend oder auch über-denkend oder um-denkend, vielleicht weiter-denkend, was jemand vor-gedacht hat. Was der „Vordenker" liefert, ist nur das Material meines eigenen Denkens. Und deshalb kommt es nicht so sehr darauf an, viel und vollständig Material zu sammeln, als etwas daraus zu machen. Nicht, was ich gesammelt habe, sondern woraus ich selbst etwas gemacht habe, das habe ich mir wissenschaftlich „angeeignet".

Das Mitschreiben ist das Material-Sammeln. Das Entscheidende kommt danach: die **Aneignung**. Wer Ordner voll Mitschriften sein eigen nennt, braucht sich dennoch nichts angeeignet zu haben im wissenschaftlichen Sinne. Ordner und Schränke quillen über, und der Kopf bleibt leer. Wirkliches Zuhören ist schon Mitdenken, ist schon wissenschaftliche Aneignung, und wer Mitgedachtes aufschreiben, gedanklich schon Verarbeitetes während der Lehrveranstaltung selbst zu Papier bringen kann, der hat es gut. Ich konnte dies in der Regel erst nachher: Bei der Sichtung meiner meist spärlichen Stichworte versuchte ich, den gedanklichen Zusammenhang zu rekonstruieren, füllte Erinnerungslücken durch eigene, lückenschließende Gedanken und kam so zu Protokoll-Texten, die manchmal erheblich vom tatsächlichen Inhalt der Lehrveranstaltung abwichen. Und dennoch lag darin meist ein größerer Gewinn an wissenschaftlicher Einsicht, als ihn eine treue Protokollierung vermittelt hätte. Ich würde sogar so weit gehen zu sagen, daß man im Zweifel lieber darauf verzichten sollte, überhaupt etwas Schriftliches festzuhalten, als darauf, das Gehörte im Kopfe zu verarbeiten.

Auf keinen Fall will ich den Wert von schriftlichen Aufzeichnungen für den eigenen wissenschaftlichen Arbeitsfortschritt leugnen. Jeder, der wissenschaftlich arbeitet, braucht selbstverständlich seine Aufzeichnungen als externes Gedächtnis. Nur sollte man sich auf seine Aufzeichnungen auch nicht zu sehr verlassen. Was man festgehalten zu haben glaubt, das entläßt man leichter aus dem eigenen Kopf, das macht man sich nicht unbedingt so zu eigen wie etwas, wovon einem nur das bleibt, was man im Kopf hat. Wer jederzeit ohne Schwierigkeiten auf seine Aufzeichnungen zu bestimmten Themen zurückgreifen kann, steht auch in der Versuchung, einmal Formuliertes in neue Gedankenzusammenhänge zu übernehmen, ohne sich der Mühe zu unterziehen, es noch einmal zu durchdenken und/oder neu zu formulieren. (Der Einsatz eines Computers vergrößert diese Versuchung noch einmal sehr, da er mit der Möglichkeit, komplette Textblöcke an beliebige Stellen zu kopieren und in andere Texte einzufügen, zugleich die Mühe des Abschreibens erspart. ➜ Abschnitt 11.2.6)

Mein Ratschlag ist: Hören Sie vor allem gut zu und versuchen Sie, dem, was Sie hören, mit Verständnis zu folgen. Denken Sie nicht ständig nur daran, wie Sie möglichst genau und vollständig alles zu Papier bringen können, was da gesagt wird. Wenn Sie etwas nicht verstehen, wäre es natürlich das Beste, beim Redner, der Dozentin zum Beispiel oder dem Kommilitonen, nachzufragen. Aber ich weiß ja auch, daß dies aus den verschiedensten Gründen oft nicht geht. Dann wäre es gut, sich ein Stichwort zu notieren, mit einem Zeichen, zum Beispiel einem Fragezeichen, versehen, um später noch einmal darüber nachzudenken oder mit anderen darüber zu sprechen. Vielleicht zeigt sich auch, daß der betreffende Punkt für das Verständnis der Gesamtzusammenhänge gar nicht so wichtig war. Im übrigen sollten Sie höchstens soviel mitschreiben, wie Ihnen möglich ist, ohne geistig den Anschluß zu verlieren.

Eine sehr wichtige Frage ist die: Was geschieht anschließend mit den Notizen aus der Vorlesung oder dem Seminar? Abheften und wegstellen? Das Mindeste, was Sie noch tun sollten, ist, sich die Notizen daraufhin durchzulesen, ob Sie selbst wohl aus dem, was da steht, noch schlau werden können, wenn die unmittelbare Erinnerung an die betreffende Lehrveranstaltung entschwunden ist. Dies wird selten der Fall sein. **Vervollständigen** Sie Ihre Aufzeichnungen daher wenigstens so weitgehend, daß sie jemandem, der nicht dabei war, verständlich sind.

Wenn es darauf ankommt, möglichst vollständig den Inhalt der Veranstaltung zu erfassen, müssen Sie natürlich etwas mehr Mühe aufwenden. Sie müssen dann versuchen, aus der noch frischen Erinnerung heraus den Gang der Darstellung zu rekonstruieren. Wenn es sich um eine Ihnen noch relativ unvertraute Materie handelt, kann das einen ziemlichen Arbeitsaufwand bedeuten.

Kleiner Exkurs über Arbeitsteilung und Zusammenarbeit

Nicht für jede Veranstaltung, für die es wünschenswert wäre, kann oder will man den an sich nötigen Aufwand für eine vernünftige Aufarbeitung erbringen. Versuchen Sie doch, sich mit jemandem, mit dem Sie gut klarkommen, die Arbeit zu teilen. Wichtige Vorlesungen teilen Sie untereinander auf. Entweder so, daß jeder bestimmte Veranstaltungen das ganze Semester für den andern mit besucht, oder so, daß Sie sich beim Besuch der Veranstaltungen abwechseln. Wenn Sie das richtig kultivieren, kann es außerordentlich positive Effekte haben.

An Arbeitsersparnis sollten Sie sich davon übrigens nicht zu viel versprechen. Was Sie an Anwesenheitszeit in Veranstaltungen einsparen, müssen Sie für gemeinsame Besprechungen mindestens wieder investieren. Was Sie sich vom Hals schaffen, ist die Hälfte des mühevollen, konzentrierten Mitschreibens – immerhin. Was Sie dafür kompensierend aufwenden müssen, dürfte zeitlich mehr Raum einnehmen, ist aber – vorausgesetzt, Sie verstehen sich ganz gut – weniger stressig und vor allem viel lerneffektiver. Sie sollten sich regelmäßig in der Woche zum „Austausch" treffen. Viele Studierende verstehen „Austausch" nur marktökonomisch: Man drückt sich gegenseitig die Aufzeichnungen in die Hand. Das ist Mist. Sie sollten vielmehr versuchen, sich gegenseitig zu erklären, was gelaufen ist. Wenn man jemandem anderen, der wirklich daran interessiert ist, verständlich machen will, worum es ging, merkt man am besten, wo die eigenen Verständnisschwierigkeiten liegen. Rückfragen des andern sind zusätzlich hilfreich.

Das Ganze kann aber nur richtig funktionieren, wenn Sie mit jemandem zusammenarbeiten, zu dem Sie nicht in einem Konkurrenzverhältnis stehen. Wenn Sie Angst haben, der andere könnte Sie für blöd halten, falls Sie zugeben, daß Sie etwas nicht verstanden haben, dann fangen Sie womöglich an zu bluffen, lassen Probleme aus, betrügen sich und den andern. Dann werden diese Treffen psychisch zur Belastung, was inhaltlich herauskommt, ist Stückwerk, und ausgerechnet den Fragen und Probleme, auf die Sie wirklich Ihre Aufmerksamkeit richten sollten, wenn Sie Fortschritte machen wollen, weichen Sie aus. Das ist übel!

Zwischen Ihnen und Ihrem Partner muß also eine vertrauensvolle Atmosphäre herrschen. Dann können Sie die Verständnislücken und ungelösten Probleme offen ansprechen und versuchen, gemeinsam zu Lösungen zu kommen. Und das ist so ungefähr das Beste, was Ihnen im Studium widerfahren kann (was das Studieren betrifft; ich will weiß Gott nicht sagen, daß es nicht ansonsten weitaus Besseres geben kann): daß Sie über die Studieninhalte in ein ernsthaftes, offenes Gespräch mit anderen Studierenden kommen. Selbst wenn Sie beide nicht zu einer zufriedenstellenden Lösung des Problems kommen: Sie wissen zum ersten, daß Sie damit nicht allein stehen. Das ist für das eigene Selbstbewußtsein viel wert, an dessen Stärke es ja hängt, wieweit Sie sich trauen, sich Ihre eigenen Gedanken zu machen. Zum zweiten lernen Sie auf diese Weise, sich mit anderen diskutierend über wissenschaftliche Fragen auseinanderzusetzen. Das ist eine sehr wichtige soziale Qualifikation des wissenschaftlichen Arbeitens. Zum dritten bleibt etwas, was Sie mit anderen besprochen haben, sehr viel besser im Gedächtnis, als was Sie nur für sich durchdacht haben. Schließlich bringt Sie fast jede ernsthaft geführte Diskussion inhaltlich weiter, auch wenn sie nicht ans angestrebte Ziel führt.

Betreiben Sie in dieser Weise Arbeitsteilung, also in einer Weise, die die Zusammenarbeit fördert, dann nehmen Sie beide höchstwahrscheinlich mehr aus dem Semester mit, als wenn jeder für sich alles allein absolviert hätte, ohne sich zusätzlich mit anderen darüber auszutauschen. Sie haben dann wahrscheinlich auch mehr Zeit investiert, als Sie es sonst getan hätten, und Sie haben wahrscheinlich Ihren Anteil an Lehrveranstaltungen vollständiger besucht, weil Sie nicht mehr nur sich selbst verpflichtet waren. All dies sind ja durchaus positive Effekte, wenn sie dazu beitragen, die eigene Sicherheit im Studium zu stärken.

Nichtsdestoweniger ist mein Vorschlag eine Notlösung, die **keineswegs für alle Veranstaltungsformen anwendbar** ist. Sie kann ganz gut funktionieren in Lehrveranstaltungen mit Vorlesungscharakter. In Seminaren und Projekten jedoch, die ein aktives Engagement der Studierenden voraussetzen, wäre die aus ihr resultierende Fluktuation tödlich für die Arbeitsatmosphäre. Wer nur jedes zweite Mal teilnimmt, wird sich verständlicherweise in der Regel mit eigenen Beiträgen zurückhalten. Weil es jedoch genügend Menschen gibt, die keinerlei Hemmungen haben, sich in jede Diskussion einzuschalten, entstehen in Seminaren mit hoher Fluktuation nicht selten eigenartige Geister-Diskussionen, die wie eine schemenhafte Wiederkehr in diesem Seminar eigentlich längst gelaufener Auseinandersetzungen erscheinen. Wiederholt sich dieses unerfreuliche Erlebnis in einem Seminar, werden der Seminarleiter und die Studierenden, die regelmäßig und mit Aufmerksamkeit dem Seminarverlauf gefolgt sind, irgendwann einmal die Hoffnung aufgeben, daß in diesem Seminar noch ein Diskussionsfortschritt zu erwarten ist.

Mitschrift nach thematischem Interesse; produktives Mitschreiben

Was ich zuvor ausgeführt habe, gilt im Prinzip auch für Veranstaltungen, bei denen es nicht so sehr darauf ankommt, die wissenschaftlichen Positionen des Dozenten möglichst genau und vollständig mitzubekommen, um sie später reproduzieren zu können. Es soll immer noch vorkommen, daß man Lehrveranstaltungen aus Interesse am Thema besucht. Das kann sich mit dem Interesse an einer Prüfung verbinden, muß aber nicht. Vielleicht ist es besser, wenn es das nicht tut; die Gefahr der Korrumpierung des inhaltlichen Interesses ist dann geringer.

Besuchen Sie ein Seminar oder eine Vorlesung aus Interesse am Thema, ist es nicht primär wichtig, die Auffassungen des Dozenten dazu zu erfassen. Vom Dozenten erwarten Sie vielmehr, daß er Ihnen etwas zu sagen hat, was dies inhaltliche Interesse befriedigt:

- daß er direkt oder indirekt Fragen beantwortet, Probleme zu lösen hilft, die Sie dazu mit sich herumtragen;

- daß er Zusammenhänge deutlich macht, nach denen Sie noch suchten;

- daß er weitere Perspektiven eröffnet, von denen Sie noch keine Ahnung hatten;

- daß er Sie auf Positionen, auf Autoren, auf Literatur aufmerksam macht, die Ihren wissenschaftlichen Horizont erweitern;

- daß er Sie zum Widerspruch und damit auch zum genaueren Durchdenken und Ausformulieren Ihrer Meinung provoziert, eventuell zur Revision unhaltbarer Standpunkte zwingt.

Es geht also nicht so sehr darum, die wissenschaftliche Auffassung eines andern aufzunehmen, als vielmehr darum, in das eigene Meinen, Denken und Wissen zu einem Thema größere Klarheit zu bringen. Das jedenfalls meine ich, wenn ich von inhaltlichem Interesse spreche: daß die Sache Sie selbst etwas angeht und daß Wissenschaftlichkeit in diesem Zusammenhang nichts anderes heißt, als sich um größere Klarheit, Genauigkeit und Überzeugungskraft der eigenen Auffassung zu bemühen.

Mitschreiben bei inhaltlichem Interesse unterliegt anderen Kriterien als dem der reproduktiven Vollständigkeit und Genauigkeit. Sie müssen nicht dem Dozenten gerecht werden, sondern sich selbst: Sie müssen mit dem, was Sie da zu Papier bringen, für sich selbst etwas anfangen können. Hier kommt es nur darauf an, das zu notieren und anschließend auszuarbeiten, was für Sie persönlich wichtig war: die neuen Informationen und weiterführenden Literaturhinweise festzuhalten, die Ihnen gegeben wurden, den neuen Gedanken auszuformulieren, der Ihnen nahegebracht wurde, die Einwände argumentativ auszuführen, die Ihnen während der Veranstaltung durch den Kopf geschossen sind, die Sie aber nicht anbringen konnten. Die Veranstaltung als solche und ihr Verlauf brauchen nicht reproduziert zu werden. Sie liefert nur das Material, die Anregungen für das eigene Nachdenken über das Thema.

Wenn Sie allerdings in reiner Konsumentenhaltung in Veranstaltungen gehen, die Sie vom Thema her interessieren, dann können Sie fast nur enttäuscht werden. Interesse ist eine sehr subjektive, individuelle Angelegenheit; und Sie können einfach nicht erwarten, daß irgendjemand anderes, zumal ein Dozent, der in der Regel schon von Alter und Position her mit ganz anderen Lebenserfahrungen ausgestattet ist als Sie, gerade genau Ihre Interessen am Thema teilt. Was für Sie von brennendem Interesse ist, ist für ihn vielleicht „längst gegessen". Die Fragen, die Sie plagen, sind ihm vielleicht noch nie in den Sinn gekommen. Ihn interessieren Aspekte, die Ihnen völlig abseitig vorkommen. Ihre inhaltlichen Interessen werden nur befriedigt, wenn Sie selbst dafür sorgen. Möglichst natürlich in der Veranstaltung selbst. Aber wenn das – aus welchen Gründen auch immer – nicht geht, dann sollten Sie für sich wenigstens bei der individuellen Nacharbeit das Beste draus zu machen versuchen. Denken Sie für sich die Aspekte durch, die Ihrer Ansicht nach zu kurz kamen. Formulieren Sie Ihre Kritik am Verlauf der Veranstaltung aus. Schreiben Sie auf, warum Sie die Orientierung des Seminars borniert, reaktionär, abstrakt und was weiß ich finden. Begründen Sie schriftlich, wieso die von Ihnen bevorzugten Inhalte auch objektiv die wichtigeren sind. Nicht alles, aber immer wieder das eine oder andere davon – und der Besuch des Seminars war doch nicht ganz verlorene Zeit.

2.3 Lesen und Exzerpieren

Literatursuche, -auswahl und -beschaffung ➜ 3. Kapitel
Anlage einer Literaturkartei ➜ Abschnitt 4.1
Verschlagwortung der Literatur ➜ Abschnitt 4.2
Anlage einer Verfasserkartei ➜ Abschnitt 4.3
Ablage und Ordnung der Exzerpte ➜ Abschnitt 4.4
Einbeziehung von Gedanken, die der wissenschaftlichen Literatur entnommen sind, in Ihre Arbeiten
➜ Abschnitt 5.4

Lesen

Wie ich schon feststellte, ist im Studienbetrieb Ihr möglicher individueller Beitrag zur Wissenschaft sehr viel weniger gefragt als der Nachweis, daß Sie sich erfolgreich im sozialen Feld der Wissenschaft zu bewegen verstehen. Daraus folgt die größere Betonung der rezeptiven gegenüber den produktiven Elementen wissenschaftlichen Arbeitens. Dementsprechend ist neben dem Zuhören und Mitschreiben das Lesen und Exzerpieren die Tätigkeit, die den breitesten Raum im Studium einnimmt.

Lesen und Exzerpieren hat viele Parallelen zum Zuhören und Mitschreiben. Auch hier geht es darum, die Gedanken eines anderen nachzuvollziehen, seinen Argumentationen nach-zudenken, sie auf dem Hintergrund der bereits vorhandenen eigenen gedanklichen Ordnung zu verarbeiten und das neu Vernommene nach Möglichkeit in diese Ordnung zu integrieren – was meist eine Erweiterung, Modifikation oder Korrektur des bisher erworbenen Gefüges an wissenschaftlichen Überzeugungen in mehr oder minder großem Umfang zur Konsequenz hat.

Beim Zuhören gibt es allerdings noch eine **direkte Begegnung** mit dem andern, dessen Gedanken Sie aufzunehmen versuchen. In kleineren Seminaren kann die reine Rezeption durchbrochen und durch wechselseitige Kommunikation bereichert werden. Sie können nachfragen, Einwände vorbringen, Ergänzungen oder Erweiterungen vorschlagen; kurz: in ein wissenschaftliches Gespräch kommen. In Vorlesungen, zumal in Massenveranstaltungen, wie sie heute noch und wieder vor allem im Grundstudium die Regel sind, nähert sich das tatsächliche Geschehen jedoch immer mehr dem Typus der Einbahn-Kommunikation an, bei der der Vortragende seine Positionen ablädt, ohne unmittelbar damit zu tun zu bekommen, wie das Vorgetragene denn bei den Zuhörern angekommen ist. Immerhin – auch dann noch sehen Sie, hören Sie, wer das ist, der da spricht. Sie sehen ihn lächeln, sehen seine bedeutungsvoll ernste Miene, hören die Betonung, die er seinen Worten gibt, oder die Tonlosigkeit seine Vortrags, bekommen seine Begeisterung mit oder seine gelangweilte Routine. Mit einem Wort: Sie können noch erfahren, daß es **lebendige Personen** sind, die hinter der Wissenschaft stecken, sympathische oder unsympathische Menschen, verknöcherte oder lebendige. Manchmal mag die Ausstrahlung der Person gar wichtiger werden, als was sie vertritt. Als ich in Tübingen studierte, besuchte ich auch Vorlesungen von Ernst Bloch. Ich habe fast nichts begriffen, aber er hat mich stark beeindruckt. Die wenigen Ideenfetzen, die ich aus seinen Vorlesungen mitnahm, blieben mir weitaus stärker im Bewußtsein haften und entfalteten dort eine tiefergehende Langzeitwirkung als Dutzende anderer Lehrveranstaltungen, denen ich problemlos folgen konnte.

Dieses personale Moment von Wissenschaft tritt **beim Lesen** stark in den Hintergrund. Von den meisten Autoren, deren Texte man im Studium liest, weiß man ansonsten nichts oder so gut wie nichts. Die Wissenschaft erscheint so **abgelöst von den Personen**. Das ist ein Verlust, für mich unbestreitbar. Und deshalb bin ich nicht der Meinung, die von vielen Studierenden vertreten wird: daß man Vorlesungsbesuche ebensogut durch Lektüre von Büchern ersetzen könne, wenn in ihnen inhaltlich das Gleiche vermittelt werde. (Darüberhinaus bieten Vorlesungen natürlich die Möglichkeit, aktueller zu sein, also auf neueste Entwicklungen einzugehen, die in Büchern noch keine Berücksichtigung finden konnten.)

Dem Verlust steht jedoch ein bedeutender **Gewinn** gegenüber. Ich sagte, Wissenschaft sei ein sozialer Zusammenhang und das Studium eine Einführung in diesen sozialen Zusammenhang. Durch die an einer Hochschule lehrenden Fachvertreter wird aber die Gemeinschaft derer, die das Gemeinschaftswerk Wissenschaft hervorbringen, nur äußerst unzulänglich repräsentiert. Jede Hochschule, und sei es die renommierteste und auf den oberen Rängen der Hochschul-Charts postierte, ist so gesehen Provinz. Und andererseits hat man an jeder Hochschule, und sei sie noch so unbekannt und provinziell, den Zugang zur „großen Welt" der Wissenschaft. Denn die erschließt sich weitaus weniger in den Personen der an einer Hochschule Lehrenden als in der wissenschaftlichen Literatur. So studiert jemand vielleicht die Werke von Kant, Hegel, Marx an der Gesamthochschule Wuppertal im Bergischen Lande (deren Existenz außerhalb Nordrhein-Westfalens wahrscheinlich wenig bekannt ist; dies ist übrigens die Hochschule, an der ich tätig bin), während sich an der weltberühmten Pariser Sorbonne ein anderer die Vorlesung eines drittklassigen Sartre-Epigonen antun muß.

Daß Lesen allein Einbahn-Kommunikation sei, stimmt außerdem nicht ganz. Eine **Kommunikation** findet statt – aber nur **in Ihrem Kopf**. Während Sie lesen, setzen Sie sich zwangsläufig mit dem Gelesenen auseinander. Was Sie beim Lesen aufnehmen, ist erst einmal etwas Fremdes in Ihrem Kopf; oder sagen wir freundlicher: es ist in Ihrem Kopf zu Gast. Ob es dort auch heimisch wird, hängt davon ab, wie Ihre Kommunikation mit diesem „Gast" ausgeht: ob Sie sich mit ihm einigen können oder unvereinbare Gegensätze bleiben.

Diese innere Auseinandersetzung findet natürlich auch beim Zuhören statt. Wenn es keine Gelegenheit gibt, mit dem Vortragenden in ein Gespräch zu kommen oder wenigstens Fragen an ihn zu richten, beschränkt sich die Kommunikation auch dort zwangsläufig auf das innere Gespräch, das Sie führen. Allerdings, wenn Sie dem beim Zuhören nachgehen, kann es leicht passieren, daß Ihre Gedanken abschweifen und Sie den Kontakt zum Vortrag verlieren. Wollen Sie sich vom Vorgetragenen nichts entgehen lassen, sind Sie weitgehend zur Passivität verurteilt und müssen die Auseinandersetzung mit dem Gehörten auf später verschieben.

Beim Lesen fällt diese Einschränkung weg. Die innere Kommunikation kann daher viel intensiver sein; wieviel Zeit Sie sich dafür nehmen, liegt allein bei Ihnen. Was Sie gründlich gelesen haben, ist eher angeeignet, als was Sie selbst bei konzentriertestem Zuhören aufnehmen können.

Auch beim Lesen stellt sich die Frage: Lesen Sie einen Text, weil dies von Ihnen verlangt wird? Dann wird es meist darum gehen, seinen Inhalt in irgendeiner Form, schriftlich oder mündlich, später wiedergeben zu können. Oder lesen Sie ihn, weil Sie glauben, daß er für Sie von Interesse sein könnte? Dann kommt es darauf an, von der Lektüre für die eigene wissenschaftliche Bildung einen Gewinn zu haben.

Im Studium werden Ihnen häufig Texte angegeben, deren Inhalt Sie dann (vielleicht auszugsweise) in einem Seminar referieren, in einer Klausur oder mündlichen Prüfung wiedergeben sollen. Manchmal wird Ihnen dabei von vornherein eine Fragestellung vorgegeben. Dann kommt es nicht unbedingt darauf an, den Text in seinem gesamten Gehalt zu erfassen. In anderen Fällen aber ist genau dies nötig.

Wenn es darauf ankommt, sich einen für ein Referat, eine Hausarbeit oder Prüfung sehr wichtigen **Text in seinem gesamten Gehalt anzueignen**, empfehle ich folgendes Vorgehen. Legen Sie sich ein allgemeines Fremdwörterlexikon und ein Fachwörterlexikon speziell zum Fachgebiet des Textes zurecht. Wenn Sie in der Lektüre erst einmal drin stecken, ist Ihnen die Suche danach wahrscheinlich oft lästig, und Sie unterlassen es, unbekannte Begriffe nachzuschlagen. Am besten ist natürlich, Sie haben diese Nachschlagewerke sowieso immer in Griffnähe Ihres Arbeitsplatzes. (Auch wenn Sie im Lesesaal der Bibliothek arbeiten müssen, sollten Sie daran denken.)

Zunächst verschaffen Sie sich – falls vorhanden – anhand des Inhaltsverzeichnisses oder einer vorangestellten Gliederung einen groben ersten **Überblick über den Inhalt**. Manche Autoren geben auch am Anfang, zum Beispiel in einer Einleitung, eine kurze Vorschau auf das, was folgen soll. Dann lesen Sie erst einmal den gesamten Text im Schnelldurchgang durch, und zwar ohne etwas aufzuschreiben, anzustreichen oder dergleichen und ohne Rücksicht darauf, ob Sie in diesem ersten Anlauf alles verstehen. Fremdwörter und Fachausdrücke, die Sie nicht verstehen, müssen Sie natürlich sofort nachschlagen. Schauen Sie bei Begriffen, hinter denen Sie fachspezifische Bedeutungen vermuten, zuerst im **Fachwörterbuch** nach, da Sie hier genauere Auskunft bekommen und mit größerer Wahrscheinlichkeit die spezielle Bedeutung eines Begriffs in Ihrem Themenzusammenhang erläutert wird. Ein **allgemeines Fremdwörterlexikon** kann Ihnen schon mal Übersetzungen anbieten, die Sie auf Irrwege führen.

Danach sollten Sie versuchen, den **Inhalt** aus dem Gedächtnis **in Stichworten zu rekapitulieren**. Die Stichworte sollten Sie aufschreiben. Anhand dieser Stichworte versuchen Sie, eine **Gesamtlinie in der Darstellung**, die der Text von seinem Thema gegeben hat, zu **rekonstruieren**. Dabei werden Sie wahrscheinlich immer wieder mal zur Auffrischung Ihres Gedächtnisses in den Text hineinsehen müssen. Diese Rekonstruktion des Textes kann ruhig skizzenhaft bleiben, weil es erstmal nur darauf ankommt, die großen Linien nachzuzeichnen. Wenn Sie daraus eine kleine schriftliche Ausarbeitung machen, also einen einigermaßen ausformulierten, lesbaren Text – umso besser. Ich kann Ihnen das nur empfehlen. Dinge, die Sie geschrieben haben, haben Sie sozusagen doppelt und dreifach gedacht. Entsprechend fester sind sie im Gedächtnis verankert.

Ihre Rekonstruktionsskizze können Sie nun als eine Art **Hypothese über den tatsächlichen Gehalt des Textes** betrachten, die Sie bei der folgenden gründlichen Lektüre überprüfen. Sie werden feststellen, daß Sie beim **zweiten Lesen** des Textes so manches, das Ihnen beim ersten Lesen unverständlich geblieben war, auf Anhieb verstehen, weil sich sein Sinn aus dem Gesamtzusammenhang des Textes erschließt. Sie werden außerdem feststellen, daß Ihnen Ihre Hypothese über den Gehalt des Textes sehr bei der Orientierung im Gedankengang des Textes hilft und es leichter macht, die Konzentration beim Lesen zu bewahren. Wenn Sie dagegen versuchen, gleich beim ersten Durchgang alles Gelesene vollständig zu erfassen, fehlt Ihnen diese Hilfe. Das Lesen ist viel mühevoller – und höchstwahrscheinlich müssen Sie den Text schließlich doch mindestens noch einmal durchlesen, weil Ihnen beim ersten Durchkämpfen über den Schwierigkeiten mit den Details die größeren Linien des Textes entgangen sind.

Ihre Hypothese über den Gehalt des Textes wird sich beim zweiten, gründlichen Lesen nicht unbedingt vollständig bestätigen. Sie werden sie korrigieren, modifizieren, differenzieren, ergänzen müssen. Wenn Sie über den Text referieren oder eine Hausarbeit abfassen sollen, müssen Sie das Ergebnis Ihrer zweiten, gründlichen Lektüre ohnehin schriftlich ausformulieren. Aber auch, wenn Sie sich nur auf eine schriftliche oder mündliche Prüfung vorbereiten, wäre das – aus oben schon genanntem Grund – äußerst empfehlenswert. Danach erst könnte man sich – bei einem Autor beziehungsweise Text, der von entsprechender Bedeutung ist – umsehen, ob es in der

„**Sekundärliteratur**" Zusammenfassungen, Inhaltsangaben zu dem betreffenden Text gibt, um diese zusätzlich mit dem eigenen Ergebnis zu konfrontieren. Vorher sollten Sie das nicht tun, sonst lesen Sie den Text nicht aus der Perspektive Ihrer eigenen Hypothese, sondern durch die Brille einer fremden Interpretation.

Denn jede Lektüre ist nicht einfach nur objektive Erfassung eines Gegenstandes, sondern zugleich seine Interpretation. Sie verstehen einen Text immer nur auf dem Hintergrund Ihrer eigenen Gedanken zu dem behandelten Thema, so unklar Ihnen die auch noch sein mögen. Deshalb müssen Sie Ihren eigenen Zugang zu einem Text finden, unbeeinflußt von fremden Interpretationen, in denen sich die eigenen Gedanken anderer niedergeschlagen haben. Deshalb ist es aber auch nötig, sich später noch mit diesen Interpretationen anderer zu beschäftigen, um die eigene Sichtweise zu relativieren, aber auch, um gegebenenfalls fundiert begründen zu können, warum Sie – nach Kenntnisnahme anderer Auffassungen und ihrer Begründungen – der Meinung sind, daß gerade Ihre Interpretation dem Text am ehesten angemessen ist.

Die Begriffe „Primär-" und „Sekundärliteratur" werden nicht überall einheitlich gebraucht. Ich verstehe unter **Primärliteratur** grundsätzlich alles, was den unmittelbaren Gegenstand Ihrer Arbeit darstellt, und unter **Sekundärliteratur** alles das, was andere dann noch über diese Primärliteratur geschrieben haben. Ein und derselbe Text kann demnach Primär- oder Sekundärliteratur sein, je nachdem, welchen Stellenwert er für Sie hat. Sie können in einem philosophischen Seminar die Aufgabe erhalten, sich mit Marx' Kritik der Hegelschen Rechtsphilosophie auseinanderzusetzen – dann ist dieser Text Ihre Primärliteratur. Oder Sie beschäftigen sich mit Hegels Rechtsphilosophie, dann ist der Marx-Text für Sie Sekundärliteratur. Selbst innerhalb Ihrer Arbeit kann ein Text die Rolle wechseln. Ist Ihr Thema Hegels Rechtsphilosophie, dann ist Marx' Kritik der Hegelschen Rechtsphilosophie zunächst Sekundärliteratur. Es mag aber sein, daß Sie anschließend wiederum die Rezeption dieses Textes von Marx in der Auseinandersetzung um Hegels Rechtsphilosophie in der neueren Zeit untersuchen. Dann bekommen Sie mit Texten zu tun, die sich Marx' Kritik zum Gegenstand machen und daher in Relation zu diesem als Sekundärliteratur anzusehen sind.

Grundsätzlich sollten Sie Ihre Kenntnisse und Einsichten über wissenschaftliche Theorien niemals allein auf Sekundärliteratur stützen. Wenn Sie etwas über Marx' Kritik der Hegelschen Rechtsphilosophie schreiben wollen, dann müssen Sie diesen Text auch lesen und können sich nicht mit dem begnügen, was in irgendwelchen Philosophischen Lexika oder Philosophiegeschichten darüber steht. Und glauben Sie nicht, daß Sie dann aufgrund der Marx-Lektüre berechtigt seien, auch etwas über Hegels Rechtsphilosophie zu schreiben. Sie kennen die Marxsche Auffassung darüber, und die können Sie natürlich als solche auch wiedergeben. Aber als Ihre Einsicht über Hegel dürfen Sie dies nicht ausgeben – und seien Sie noch so überzeugter Marxist.

Lesen im Studium soll Ihnen nicht nur zur Bekanntschaft mit bestimmten Texten verhelfen. Sie sollen auf diese Weise auch einen Überblick über den **Stand der wissenschaftlichen Forschung und Theoriebildung** Ihres Fachgebietes bekommen. Was Sie in einem bestimmten Buch lesen, sagt Ihnen, zu welchen wissenschaftlichen Erkenntnissen dessen Verfasserin oder Verfasser gelangt ist, nicht aber, was als

Erkenntnisstand „der Wissenschaft" gelten kann. Sie könnten sich in Handbuch-artikeln oder „Einführungen in ..." die entsprechende Information zu holen versuchen. Bedenken Sie dabei aber, daß Sie auch dort die Auffassung eines bestimmten Verfassers darüber erfahren, was „Stand" der wissenschaftlichen Forschung und Theoriebildung ist. Es ist nicht ausgemacht, daß diese Auffassung von den Fach-kolleginnen und -kollegen allgemein geteilt wird.

Wenn Sie sich mit einem Thema ausführlicher beschäftigen und immer wieder andere Texte dazu lesen, werden Sie aber merken, daß sich die dargestellten Problem-stellungen, Erkenntnisse oder Theorieansätze nicht einfach gleichmäßig verteilen, sondern Gewichtungen feststellbar sind. Auf diese Weise werden Sie allmählich damit vertraut, welche Probleme in Ihrem Fachgebiet (zumindest in einer bestimm-ten Zeitspanne) in besonderem Maße das Interesse der Wissenschaftler herausgefor-dert haben, welche Theorieansätze besonders diskutiert werden und Anerkennung finden, welche Erkenntnisse als gesichert oder umstritten gelten. Sie fangen an, sich „auszukennen".

Einfacher haben Sie es mit dem Lesen, wenn Sie es tun, weil Sie glauben, daß die betreffenden Texte **für Sie interessant** sein könnten, und es nicht darauf ankommt, ihren Gesamtgehalt zu erfassen oder gar den „Stand der Wissenschaft" in Erfahrung zu bringen. Versuchen Sie, Ihr Interesse nicht allzu sehr im vagen zu belassen. Formulieren Sie zum Beispiel Fragen an den Text, auf die Sie sich eine Antwort erhoffen; oder Thesen, zu denen Sie im Text nach Bekräftigungen, Bestätigungen oder Einwänden, Widerlegungen suchen; oder Informationslücken, die der Text hoffentlich schließen kann. Dann können Sie (nach Vororientierung anhand von Inhaltsverzeichnis, Gliederung oder einleitender Übersicht) durchaus **selektiv lesen**, weniger interessante Passagen überfliegen und sich in packende Stellen gründlich vertiefen.

Bei der bloßen Rezeption eines Textes steht die Auseinandersetzung mit seinem Inhalt nicht im Vordergrund. Unabhängig davon, wie Sie selbst zu den rezipierten Gedanken stehen, sollen Sie ihren Kerngehalt möglichst authentisch wiedergeben können. (Obwohl die Fähigkeit, sich in die Gedankenwelt eines anderen Menschen hineinzuversetzen, zwangsläufig begrenzt ist, was für jeden Leser gilt.) Wenn Sie aber lesen, um primär für sich selbst, für Ihre eigenen Gedanken etwas von der Lektüre zu haben, steht die Auseinandersetzung unbedingt im Vordergrund. Ich behaupte, daß Sie – in wissenschaftlicher Hinsicht – umso mehr von einem Text haben, je mehr er Sie zur Auseinandersetzung zwingt. Wenn ein Autor nur Dinge schreibt, durch die Sie sich in dem, was Sie schon immer gedacht haben, bestätigt finden, dann mag das Ihrem Selbstgefühl schmeicheln. Es mag Sie fühlen lassen, daß Sie Gleich-Gesinnte haben. Und wenn es ein renommierter Autor ist, können Sie seine Autorität als Krücke benutzen, um in Gesprächen (und auch in Seminaren) Ihren Auffassungen mehr Gewicht und Ihren Argumenten mehr Durchschlagskraft zu verleihen. So einen Text zu lesen, ist relativ angenehm, und Sie haben daher das Gefühl, einen „guten" Text gelesen zu haben.

Zu Ihrer wissenschaftlichen Bildung tragen solche Texte aber ziemlich wenig bei. Ein „schlechter" Text könnte Ihnen mehr bringen. Weil Ihnen das, was da steht, vollkommen gegen den Strich geht, sehen Sie sich zu Gegenargumenten, zu

Widerlegungen provoziert. Sie sind gezwungen, was Sie für richtig halten, in einer Weise zu begründen, daß seine Überlegenheit gegenüber dem Gelesenen – zumindest für Sie selbst – überzeugend dargelegt wird. Und wenn Ihnen selbst nicht die richtigen Einwände einfallen, werden Sie sich vielleicht in der Sekundärliteratur umsehen, ob sich da nicht jemand findet, der das Passende zu diesem unmöglichen Text geschrieben hat.

Damit steigen Sie direkt ein in die wissenschaftliche Auseinandersetzung, und das heißt: Sie nehmen teil am wissenschaftlichen Leben. Womit ich nicht etwa sagen will, daß Sie nur durch Texte, die Ihren Widerspruch hervorrufen, weitergebracht werden. Jeder Text, der nicht lediglich bestätigt, was Sie ohnehin schon gedacht haben, kann Sie weiterbringen. Er kann Ihnen Argumente an die Hand geben, die Ihnen bisher gefehlt haben. Er kann bestimmte Einsichten in ihrem Geltungsbereich relativieren. Er kann Ihnen Zusammenhänge zu anderen Einsichten deutlich machen, die Ihnen noch nicht klar waren, zusätzliche Einsichten vermitteln, die sich harmonisch dem bisherigen Erkenntnisstand einfügen und so weiter.

Ich habe das Lesen mit der Aufnahme eines Gastes verglichen. Ebenso angemessen ist die umgekehrte Betrachtungsweise: Lesen ist **Gedankenreise**. Ihr Geist bereist das Land, in dem ein anderer Geist heimisch ist. Gedanken sind keine freischwebenden Ideen an sich, sie sind Gedanken von Menschen. Die Reise in die Gedankenwelt eines anderen Menschen wird immer auch davon etwas vermitteln. Sie merken es daran, daß Sie etwas berührt, aufregt, daß Sie Spannung empfinden; sicher auch manchmal Zorn oder Freude. Lesen bereichert. Im Zusammenhang des wissenschaftlichen Arbeitens können Sie das Lesen leider nicht einfach nur genießen; es ist eben Arbeit – was den Genuß nicht ausschließt, sich aber auch nicht auf ihn beschränkt. Sie müssen sich (und später anderen) Rechenschaft abgeben über den Gewinn, den diese Gedankenreise Ihnen gebracht hat, eine Art **Reisebericht**. Voraussetzung aber ist, daß Sie sich auf die Welt einlassen, die Sie bereisen; daß Sie offen sind für die Gedanken eines anderen Menschen. Wer nur bereit ist aufzunehmen, was sich zu dem fügt, was er schon weiß, verhält sich wie die Touristen, die in aller Welt nur Ausschau halten nach deutschem Bier. Und ebenso hat der, der nur ein fixiertes Ziel im Auge hat, keinen Blick mehr für die Landschaft, durch die die Reise geht, und gleicht dem Touristen, der von Mallorca nur Strand und Sonne kennt und meint, dies sei es.

Lektüre-leitendes Interesse und Offenheit für die Gedankenwelt eines andern stehen in einem gewissen Widerspruch zueinander. Sie können schließlich beim Lesen nicht Ihre eigene Identität abstreifen, und sollen es ja auch gar nicht. Das eigene Interesse (das in der eigenen Gedankenwelt seinen Grund hat) bildet erst den Resonanzboden für das, was Sie aufnehmen. Sie müssen sich halt darüber klar sein, daß Ihre explizit formulierten Interessen zwar wichtig sind für die Orientierung bei der Lektüre, daß Sie aber dahinter, latent und unausformuliert, höchstwahrscheinlich noch weitere Interessen haben, von denen Sie vielleicht noch gar nichts ahnen, die bisher unbewußt, jedenfalls unklar geblieben sind, dennoch angesprochen werden könnten. Das sind dann die Überraschungen, unerwarteten Einsichten, produktiven Abwege, die sich beim Lesen ergeben können, wenn Sie an der orientierunggebenden Fragestellung nicht sklavisch kleben.

Wenn Sie es sich leisten könnten, den lieben langen Tag interessante Texte zu lesen nur um Ihrer persönlichen Bildung willen, dann wäre es sicher nicht nötig aufzuschreiben, was Ihnen an Einsichten gekommen ist. (Sie würden es vielleicht trotzdem tun, weil es Ihnen Spaß macht.) Da Sie studieren, verhalten sich die Dinge anders. Auch das, was Sie aus Interesse tun, sollte Ihrem Studienerfolg zugute kommen. Und daher müssen Sie die resultierenden Erkenntnisfortschritte festhalten.

Sie sollten sich daher zu allen beschriebenen Schritten **schriftliche Aufzeichnungen** machen: Die Fragen, die Sie an den Text stellen, die Thesen, die Sie durch seine Lektüre stützen wollen, die Wissenslücken, die er schließen soll – all dies, worin sich Ihr Interesse am Text präzisiert, sollten Sie schriftlich ausformulieren, und die Antworten, die Bestätigungen oder Widerlegungen, die zusätzlichen Informationen, die Ihnen der Text dann tatsächlich gibt, ebenso wie das, was Ihnen dann wieder dazu durch den Kopf geht oder was Sie in der Sekundärliteratur dazu gefunden haben. Auch hier wieder würde ich sagen: Wenn Sie die Zeit und den Nerv dazu haben, arbeiten Sie das Ganze abschließend zu einem einigermaßen lesbaren Text aus (ausgefeilte Formulierungen sind nicht vonnöten; die Darstellung muß nicht lückenlos, die Argumentation nicht hieb- und stichfest sein), solange Sie noch drinstecken, auch wenn Sie keine unmittelbare Verwertung für das Niedergeschriebene im Studium haben. Sie werden sich hierfür später außerordentlich dankbar sein.

Anstreichungen, Unterstreichungen, Randnotizen

Was ich in diesem Abschnitt ausführe, gilt nur für das Arbeiten mit **eigenen** Büchern oder Kopien. In geliehenen Büchern Unterstreichungen und Randnotizen zu machen, ist eine Gemeinheit, nicht so sehr, weil es Eingriff in fremdes Eigentum ist, sondern weil es spätere Leser in ihrer Konzentrationsfähigkeit behindert. Wenn ich ein Buch lese, das voller Unterstreichungen und Randnotizen anderer Leser ist, muß ich ständige Aufräumarbeiten leisten. Denn ob ich es nun will oder nicht – das zusätzlich Eingefügte zieht Aufmerksamkeit auf sich, und es kostet Anstrengung, die Aufmerksamkeit davon abzuziehen und auf die reine Textvorgabe zu konzentrieren, auch wenn das nicht bewußt wird. So ein Text gleicht dann einer mit Müll übersäten Wiese: Es ist schwierig, sie noch als Wiese wahrzunehmen.

Anstreichungen, Unterstreichungen und Randnotizen sollten Sie erst beim zweiten gründlichen Lesen anbringen. Dann wissen Sie schon besser, worauf es ankommt, und heben nicht Dinge hervor, die Ihnen nach der Lektüre des ganzen Textes dann doch als weniger wichtig erscheinen. Wieso aber überhaupt anstreichen? Das Anstreichen im Text hat vor allem den Zweck, sich für später die **Orientierung im Text** zu erleichtern und den Blick gleich auf das zu lenken, was Sie (zumindest jetzt, beim Anstreichen) für besonders wichtig halten. Wenn das Unterstreichen oder Anstreichen hierfür nützlich sein soll, müssen Sie sparsam damit umgehen. Ist die Hälfte des Textes unterstrichen, werden Sie ihn später doch wieder fast ganz lesen müssen.

Sie sollten also nur unterstreichen oder anstreichen,

- um **besonders treffende Formulierungen** des Autors oder für ihn **typische Aussagen** hervorzuheben, die Sie später vielleicht zitieren möchten;

● um Wörter oder kurze Passagen hervorzuheben, die als **Stichworte für den Inhalt** eines ganzen Textabschnitts dienen können.

Ich habe mir eine Unterstreichungstechnik angewöhnt, die sich daran orientiert, daß ich – nach Möglichkeit – das Unterstrichene im Zusammenhang lesen kann wie eine äußerst komprimierte Fassung des Textes, ohne daß ich eine solche anfertigen muß.

Randnotizen zum Text können zusätzliche Querverweise auf andere Stellen im Text, Hinweise auf andere Literatur oder auch eigene Kommentierungen enthalten, kurz alles Mögliche, was zur Erschließung des Textes zusätzlich dienlich ist.

So eingesetzt, können Anstreichungen, Unterstreichungen und Randnotizen im Text weitgehend die Anfertigung separater schriftlicher Aufzeichnungen über ihn erübrigen.

Exzerpieren

Die Mehrzahl der Texte, die Sie im Laufe des Studiums zu lesen haben, werden Sie sich wohl ausleihen müssen. Das macht es nötig, die Ergebnisse der Lektüre separat aufzuzeichnen:

● Sie werden sich wichtige (vom Autor besonders treffend formulierte oder für ihn typische) **Zitate** herausschreiben;

● Sie werden die Hauptlinien der Gedankenführung mit Ihren eigenen Worten skizzieren (**„paraphrasieren"**);

● Sie werden sich Hinweise auf **Sekundärliteratur** notieren; und

● Sie werden **Kommentare** (eigene oder die anderer Autoren) aufschreiben.

Da das Exzerpieren eine sehr zeitaufwendige Angelegenheit ist, sollten Sie zusehen, nichts Überflüssiges herauszuschreiben. Bevor Sie exzerpieren, sollten Sie sich daher schon eine Übersicht über die wesentlichen Linien der Gedankenführung verschafft haben. Da Sie in ein **Buch, das Ihnen nicht gehört**, nichts hineinschreiben und keine Randnotizen anbringen oder Anstreichungen vornehmen dürfen, legen Sie **Zettel** zwischen die Seiten, auf denen Sie sich das, was Sie in ein eigenes Buch direkt hineinschreiben würden, in Stichworten notieren. Wenn Sie diese Merk- und Notiz-Zettel oben aus dem Buch herausgucken lassen, können Sie vor dem Exzerpieren einen Durchgang durch den Text machen, bei dem Sie auch gleich feststellen werden, daß manches, was Ihnen zuerst wichtig erschien, für diesen Text doch eher nebensächlich ist oder daß die Aussage einer Textstelle, die Sie gerne festhalten wollten, an einer anderen Stelle noch besser und klarer formuliert ist. Das hilft Ihnen, Ihr anschließend anzufertigendes Exzerpt auf das Nötigste zu komprimieren. (Wer auch seine eigenen Bücher nicht mit Anstreichungen oder Kommentaren verunzieren möchte, kann sich ja ebenfalls der Zettel-Methode bedienen.)

Aus einem Text, den man liest oder gelesen hat, zu exzerpieren, ist nicht gerade eine besonders lustvolle Angelegenheit. Wenn man sich dieser zusätzlichen Mühe unterzieht, dann, um sich die Materialgrundlage für spätere Arbeiten zu schaffen. Beim Exzerpieren sollten Sie daher ein Herz für den zeigen, der dann einmal etwas damit anfangen können soll, nämlich für sich selbst. Erleichtern Sie ihm (also sich) die Auswertung des Exzerptes, so weit es nur geht. Soll die Mühe sich lohnen, dürfen Sie nicht zu wenig Mühe darauf verwenden. Einige Dinge, die vielleicht allzu selbstverständlich und banal klingen, sollten Sie daher unbedingt beachten.

Ein hastig und daher schwer lesbar oder gar unleserlich dahingekritzeltes Exzerpt läßt Sie später beim Entziffern schier verzweifeln. Und wenn Sie wörtliche Zitate verwenden wollen, hilft Ihnen eine sinngemäße Erschließung des ungefähren Wortlauts aus Ihrem Gekritzel auch nichts. Vergessen Sie bloß nicht, die **genauen bibliographischen Angaben** zum Text festzuhalten (➜ Abschnitt 4.1). Wenn die fehlen oder unvollständig sind, kann Sie das später Stunden und Tage kosten. Wollen Sie bei der Abfassung eines Manuskripts auf Ihr Exzerptmaterial zurückgreifen, können Sie nur dann **korrekt zitieren**, wenn Sie schon beim Exzerpieren korrekt vorgegangen sind. Also: Zitatanfang, Zitatende, Auslassungen eindeutig kennzeichnen und die genaue Seitenangabe nicht vergessen (➜ Abschnitt 5.4.2)! Kommt in einer herausgeschriebenen Textpassage ein Seitenwechsel vor, sollten Sie den kenntlich machen (etwa durch einen Schrägstrich: /), damit Sie später auch dann, wenn Sie nur einen Teil der Passage zitieren wollen, die korrekte Seitenangabe machen können. Was Textwiedergabe ist und was von Ihnen **hinzugefügt** wurde an Kommentaren, Anmerkungen, Querverweisen, ergänzenden Informationen, muß eindeutig **unterscheidbar** sein (➜ Abschnitt 5.4.1).

Wenn es – wie bei der Vorbereitung auf eine Klausur, für die er von Wichtigkeit sein könnte – darauf ankommt, den Gehalt des Textes insgesamt zu erfassen, dann sollte sich Ihr Exzerpt wie eine Kurz- oder Zusammenfassung des Textes lesen lassen. Es ist nützlich, dies so weit wie möglich durch Herausschreiben wörtlicher Passagen zu tun. So haben Sie später größere Gewißheit, daß Sie den Autor nicht fehlinterpretiert haben (natürlich kann man auch beim wörtlichen Zitieren bewußt oder unbewußt entstellen), und Sie sichern sich eine Quelle für Zitate, wenn Sie Ihr Exzerpt später bei der Anfertigung einer schriftlichen Arbeit auswerten müssen.

Sparen Sie beim Exzerpieren nicht mit **Kommentaren**. Sie glauben nicht, wie anregend es sein kann, wenn man zu einem späteren Zeitpunkt solche eigenen Kommentare zu einem Text nochmal durchliest. Sie können noch einmal Entwicklungswege vor Augen führen, die das eigene Denken inzwischen durchlaufen hat. Das mag teils von mehr nostalgischem Interesse sein; teils läßt es aber auch ein Gespür dafür entstehen, auf welch manchmal verschlungenen Pfaden sich individuelle Theoriebildungsprozesse vollziehen können. Oft jedoch werden dadurch frühere Ideen, Einfälle, kluge Gedanken wieder freigelegt, die irgendwo in den Versenkungen Ihres Bewußtseins und Unterbewußtseins verschwunden waren. Die (als Hinzufügungen zur Textwiedergabe entsprechend kenntlich gemachten) Kommentare und Anmerkungen brauchen ja nicht als ausgefeilt formulierte und argumentativ abgesicherte Interpretationen und Stellungnahmen zum exzerpierten Text niedergeschrieben zu werden. Lassen Sie sie ruhig in der Rohform, in der Ihnen Gedanken zum Text beim Lesen durch den Kopf schießen, belassen Sie es beim Skizzenhaften. Wenn es Sie drängt oder wenn Sie Lust haben, können Sie die Auseinandersetzung auch zu einer regelrechten kleinen Abhandlung anwachsen lassen – warum nicht? Wenn man einmal angefangen hat, nur ein paar Gedankenfetzen zu skizzieren, kommt man schon mal richtig ins Schreiben. Mir jedenfalls geht es so. Aber das ist es nicht, worauf es ankommt. Ihre Kommentare durchbrechen die Sterilität der bloßen Rezeption und Reproduktion und bringen Leben (nämlich das Leben Ihres Geistes) ins Studieren.

Ich sagte, Sie können sich ruhig darauf beschränken, Ihre kritischen, zustimmenden, weiterführenden Gedanken zu skizzieren. Das gilt mit der Einschränkung, daß Sie sich selbst später noch verstehen können müssen. Wenn Sie zum Beispiel schreiben, daß eine bestimmte Behauptung „mehr als fragwürdig" sei oder – noch kürzer – nur ein Fragezeichen an eine Textpassage machen (eine sehr beliebte Art der Kurzkommentierung), dann haben Sie jetzt vielleicht noch eine Vorstellung, was Sie warum in Frage stellen oder welche Frage(n) Sie an den Text zu stellen hätten. Ich bezweifle, daß Sie zu einem späteren Zeitpunkt aus einem solchen Hinweis noch irgendwelchen Nutzen ziehen können. Das ist, wie wenn Sie in Ihrer Wäsche ein vor Jahren geknotetes Taschentuch finden und sich nun fragen, was Ihnen das sagen soll. Also: Etwas mehr muß es schon sein.

Wie liegen die Dinge nun, wenn Sie einen Text in erster Linie lesen, weil Sie sich für das von ihm behandelte Thema **interessieren** und es Ihnen nicht so sehr darum geht, eine werkgetreue Wiedergabe anzufertigen, als darum, selektiv das aus dem Text herauszuholen und festzuhalten, was Ihnen im Hinblick auf Ihr besonderes thematisches Interesse von Wichtigkeit zu sein scheint?

Die Frage ist nicht ganz so einfach zu beantworten, wie es zunächst scheint. Denn die naheliegende Konsequenz, eben nur das herauszuschreiben, was Sie gebrauchen können, hat auch ihre Tücken. **Selektives Lesen und Exzerpieren** ist zwar einfach schon deswegen oft unumgänglich, weil Sie gar nicht alles mit der Gründlichkeit lesen und exzerpieren können, die angebracht wäre, wenn Sie den Gesamtgehalt eines Textes erfassen wollen. Aber selektives Lesen und Exzerpieren verführt auch zu einer Haltung des „Ausschlachtens". Texte werden als „Steinbrüche" für Zitate behandelt, die Sie nach Bedarf aus ihrem Gesamtzusammenhang herausbrechen, um sie in eigene Zusammenhänge einzubauen. So weit darf das selektive Verfahren auf keinen Fall gehen. Wollen Sie ein fremdes Zitat in eigene Gedankengänge einfügen, dann müssen Sie dem Autor, den Sie für dies Zitat ja mit seinem Namen geradestehen lassen, auch intellektuelle Gerechtigkeit widerfahren lassen. Sein Zitat darf sich nicht in einer Umgebung wiederfinden, die dem Gedankenzusammenhang, dem es entstammt, fremd ist oder gar widerspricht.

Selektives Lesen und Exzerpieren heißt also nicht, daß Sie einen Text nach brauchbaren Zitaten durchforsten, ohne sich um seine Gedankenführung zu scheren. Es bedeutet, daß Sie sich auf Teile des Textes konzentrieren, in denen besonders auf die Thematik eingegangen wird, für die Sie sich interessieren. Was der Text zum interessierenden Thema zu sagen hat, muß in seinem eigenen Zusammenhang erfaßt werden. In manchen Fällen wird sich dann zeigen, daß dies gar nicht möglich ist, ohne den ganzen Text zu lesen. Und in einzelnen Fällen werden Sie sogar einen Text eines Autors nicht richtig verstehen können, wenn Sie nicht auch andere Werke von ihm mit heranziehen.

(Es gibt auch selektives Rezensieren. Ein lustiges Beispiel finden Sie in der Zeitschrift für betriebswirtschaftliche Forschung 43 (1991), S. 583f. Dort wird die erste Auflage des vorliegenden Buches „rezensiert". Die Lektüre sollten Sie sich nicht entgehen lassen.)

2.4 Sich auseinandersetzen

„Thesenpapiere" in Seminaren sollen Kontroversen provozieren. ➜ Abschnitt 6.3

Daß ich Zuhören und Lesen nicht für rein rezeptive Tätigkeiten halte, habe ich wohl in den vorhergehenden Abschnitten deutlich gemacht. Ohne eigene Aktivität ist Aufnahme der Gedanken eines anderen gar nicht möglich. Diese eigene Aktivität beinhaltet, sich selbst ins Spiel zu bringen.

Wissenschaft ist ein sozialer Prozeß. Wer wissenschaftlich arbeitet und wer studiert, beteiligt sich an diesem Gemeinschaftswerk oder tritt jedenfalls in den sozialen Umkreis ein, der dazu gehört. Wer sich unauffällig einfügt, weil er nur wiederholt oder wiedergibt, was die jeweiligen Meinungsführer (Hochschullehrer, anerkannte Autorinnen) sagen oder was allgemein anerkannter Konsens ist, wird auf wenig Schwierigkeiten stoßen. Auch im Wissenschafts- und Studienbetrieb gibt es analog zum Mitläufer die **„Mitdenker"**, gegen die niemand etwas hat, weil sie mit dafür sorgen, daß „der Laden läuft"; die aber vielleicht auch gar nicht so richtig wahrgenommen werden, weil sie kein eigenes Profil zeigen. Es gibt außerdem das Phänomen des Typs Massenveranstaltung, der – bei existierendem Alternativangebot geringer besuchter Lehrveranstaltungen – eben nicht auf die Überfüllung der Hochschulen zurückzuführen ist, sondern auf einen Mitläufereffekt: hingehen, wohin alle gehen. Daß Diskussionen in diesen von den Studierenden selbst produzierten Massenveranstaltungen unmöglich werden, wird eher begrüßt, weil man so ungestört die herrschende Meinung rezipieren kann.

Ich glaube, daß die meisten Studierenden innen drin gar nicht so „mitdenkerisch" sind, wie es scheint. Sie trauen sich nur nicht, ihre widerspenstige, eigensinnige, unorthodoxe, nonkonforme, kurz: ihre **„querdenkerische"** Seite zu zeigen. Sie trauen sich nicht, „sich auseinanderzusetzen". Oder wenn, dann in sozialen Umfeldern, in denen sie sich sicherer fühlen: in der Cafeteria oder in der Kneipe. Dort zeigt sich dann ein Diskussionspotential, das leider zu wenig fruchtbar gemacht wird für die wissenschaftliche Auseinandersetzung im Studienbetrieb selbst und deshalb auch in der Gefahr steht, auf gehobenem Stammtischniveau zu verbleiben.

Der Ausdruck „sich auseinandersetzen" enthält ja ein Bild. Man rückt ab, geht auf Distanz, trennt sich. Man kehrt das Unterscheidende zwischen dem andern und der eigenen Person hervor. Wer meint, Gemeinschaft basiere im wesentlichen auf Harmonie, Übereinstimmung und Angleichung, wird im „Sich-auseinandersetzen" womöglich ein anti-soziales Moment sehen und für sich selbst die Gefahr, sich zu isolieren, wenn das Eigene zu sehr gegenüber dem allgemein Anerkannten herausgestellt wird.

Diese Angst ist deswegen nicht ganz unbegründet, weil in der Tat viele Studierende es als Störung betrachten, wenn einzelne ihrer Kommilitoninnen und Kommilitonen den geordneten und übersichtlichen Gang der Dinge in einer Lehrveranstaltung durch Diskussionsinitiativen durcheinanderbringen. Und auch auf seiten der Lehrenden gibt es Exemplare, die jemandem, der erst eintritt in die soziale Welt der Wissenschaft, das Recht noch nicht zubilligen, seine eigenen Gedanken zu äußern. Ich meine, diese Menschen haben nicht begriffen, was Wissenschaft ist.

Wissenschaft kann die abweichende Position nicht nur aushalten, sie ist für ihr eigenes Weiterkommen sogar substantiell darauf angewiesen. Es mag dem einzelnen für sich selbst genügen, sich seine eigenen Gedanken zu machen. Die Wissenschaft muß verlangen, daß er sie auch **äußert**. Damit wird etwas geäußert, was **individuell** ist und nicht von vornherein Allgemeingut. Es unterscheidet sich sowohl von anderen individuellen Positionen als auch von dem, was allgemein anerkannt, was vorherrschende Meinung ist. Seine eigenen Gedanken zu äußern, heißt zu sagen: „Hier sitze ich." Das ist der erste Schritt zur „Auseinander-Setzung". Im vollen Sinne des Bildes fehlt als zweiter Schritt die Feststellung: „Und da sitzt du. Wir sitzen nicht auf demselben Fleck." „Hier sitze ich" ist eine selbstgenügsame Feststellung. Mit der Ergänzung: „Und da sitzt du" erst bekommt sie einen sozialen Gehalt. Sie schließt dann die Wahrnehmung des anderen mit ein, die Wahrnehmung nämlich, daß er ebenfalls eine einzigartige, individuelle Position einnimmt.

Nun handelt es sich in der Wissenschaft ja nicht darum, daß der eine meint, marinierte Heringe seien eine feine Sache, und dem andern schon beim bloßen Gedanken an sie schlecht wird. Die individuellen Positionen beziehen sich hier auf Sachverhalte und Zusammenhänge, die nicht nur – wie Geschmacksfragen – individuell sind. Man kann die Meinungen also nicht nur nebeneinanderstellen und dann so stehen lassen. Man muß sich **streiten**.

Das mögen viele nicht. Man will diskutieren, aber das darf nicht in Streit „ausarten". Die Konsequenz sind diese Seminare, in denen jeder mal sagt, was er so denkt, und das war dann die „Diskussion". Solche Meinungsumfragen sind zwar wissenschaftlich unbefriedigend. Aber diese Art von Seminarpraxis hat ihre Berechtigung vor dem Hintergrund einer unentwickelten Kultur des Streitens. Wer Diskussionen als kriegerische Schlachten um die Meinungsherrschaft erlebt hat, in denen man versucht, einander niederzumachen und zu unterwerfen, der kann, wenn er eine friedliche Seele ist, davor nur Abscheu empfinden. Und wer Diskussionen als sportliche Wettkämpfe um einen Platz auf dem Siegertreppchen erfahren hat, wird – wenn er kein konkurrenzgeiler Zeitgenosse ist – sich ebenfalls befriedigenderen Gemeinschaftserlebnissen zuwenden. Wenn Seminare die Gelegenheit bieten, eigene Gedanken zu äußern, ohne daß sogleich darüber hergefallen wird, dann kann dies vor solchem Erfahrungshintergrund sogar ein Beitrag zur Wiedergewinnung von (durch schlechte Erfahrungen vergraulten) Teilnehmern am wissenschaftlichen Streit sein.

Der wissenschaftliche Streit ist kein Krieg um Meinungs-Herrschaft und kein sportlicher Wettstreit darum, wer am schnellsten, weitesten und stärksten argumentieren kann. Sein Ziel ist nicht die Demonstration von Überlegenheit, sondern die **Überbrückung von Differenzen**. Die Schwierigkeit ist die, daß Differenzen nur überbrückt werden können, wenn man sie so klar herausgearbeitet hat, wie es nur geht. In dieser Phase kann es leicht so scheinen, als ginge es nicht um Einigung, sondern um eine Zementierung von Gegensätzen (unüberbrückbaren Differenzen). Wer darauf insistiert, Unterschiede nicht zu verschweigen und auch nicht zu verniedlichen, mag als rechthaberisch, profilierungssüchtig oder sonstwas erscheinen. Aber hier wird die Voraussetzung geschaffen für die folgende Phase. Je schärfer die Differenzen herausgetreten sind, umso treffender können auch die Vermittlungen werden.

Es kommt dabei viel auf die Atmosphäre an, in der die Diskussion stattfindet. In Seminaren sind die Teilnehmer einander oft fremd, und daher fehlt das Vertrauen, daß Kritik nicht eine Distanzierung von der anderen Person und keinen Angriff auf sie bedeutet, sondern einer theoretischen Position gilt. Seminare sind daher nicht unbedingt der beste Ort, an dem man es lernen kann, sich zu streiten. Diskussionen in einer weniger offiziellen Umgebung, beim Kaffee oder Bier oder was weiß ich, sind sicher geeigneter, weil die Kommunikationssituation der Auseinandersetzung einen persönlichen Hintergrund gibt, vor dem Dissonanzen ertragbar, vielleicht sogar anregend sein können. Im wissenschaftlichen Streitgespräch muß man sich davor hüten, Position und Person zu identifizieren: ebensowenig jemanden mit den Argumenten und Ideen zu identifizieren, die er vertritt, wie sich selbst mit der wissenschaftlichen Auffassung zu identifizieren, die man dagegenhält. Beides ist schwierig, umso schwieriger, je geringer die gemeinsame Vertrauensbasis ist.

Wenn zwei sich gut kennen und mögen, können sie miteinander im wissenschaftlichen Streitgespräch recht schonungslos umgehen und das sogar als Ausdruck ihrer Verbundenheit und des Vertrauens ineinander genießen. Im Seminar und anderen Diskussionsgruppen muß man sehr viel behutsamer sein. Ganz fatal wäre es allerdings, wenn man aus lauter Rücksicht nun auf die inhaltliche Auseinandersetzung ganz verzichtete. Daß man mangelnde Schlüssigkeit einer Argumentation oder fehlende empirische Basis für Tatsachenbehauptungen kritisiert, nicht aber die Person runtermachen will, die die kritisierten Äußerungen zu vertreten hat, bedingt wohl – jedenfalls kenne ich keinen besseren Weg durch das Dilemma – eine entsprechende Teilung der Kommunikation: Die Art, in der inhaltliche Kritik geäußert wird, also auch das, was zu den nicht-verbalen Kommunikationsformen gehört, mit denen ich mich an den Diskussionspartner wende, darf nicht von der Kritik definiert sein. Aber auch das Umgekehrte gilt: Die inhaltliche Kritik darf nicht durch Rücksichten auf die persönlichen Beziehungen verwässert werden. (Dies ist rein vom Standpunkt der Wissenschaft her gesehen. Vom Standpunkt der persönlichen Beziehungen aus kann es selbstverständlich in einer bestimmten Situation sehr wichtig sein, mit inhaltlich berechtigter Kritik zurückzuhalten.) Kritik muß nicht mit finsterer Miene und in scharfem Ton vorgetragen werden. Und die Diskussionsbeiträge von einem, den ich gut leiden kann, muß ich trotzdem rücksichtslos kritisieren können.

Ich meine übrigens nicht, daß Sie diese Wärme und Freundlichkeit vortäuschen sollten. Dann kommt falscher Zungenschlag auf der persönlichen Ebene ins Spiel, und das kann der Auseinandersetzung nicht guttun. Andererseits sollten Sie auch

nicht die inhaltliche Auseinandersetzung zum **Vehikel persönlicher Abrechnungen** machen. Es ist diese Vermischung der Ebenen, die den Auseinandersetzungen über wissenschaftliche Inhalte im Studium so eine merkwürdige Färbung gibt und sie mit schwer durchschaubaren Verständigungsproblemen belastet.

Dazu kommt, daß die Diskutierenden sogar in scheinbar rein theoretischen und sachlichen Bekundungen meist in einem gewissen Maße doch auch ihrer **Persönlichkeit** Ausdruck geben und ihre Position genauso **außerhalb der theoretischen Auseinandersetzung** vertreten. Gerade in den sozial- und humanwissenschaftlichen Fächern dürfte dies immer dann so sein, wenn es nicht um rein innerwissenschaftliche (zum Beispiel wissenschaftsmethodische) Detailfragen geht, sondern um Zusammenhänge von lebenspraktischer Relevanz. Dann ist es fast unvermeidbar, daß Diskussionen in einem bestimmten, negativen Sinne **politisiert** werden: An die Stelle der Kritik tritt die Denunziation oder gar Beschimpfung; und an die Stelle der Argumentation und Begründung die Berufung auf gesicherte Positionen, Konsens, Anständigkeit, den gesunden Menschenverstand oder dergleichen. Dagegen hilft nur, sich bewußt zu halten, daß jeder Mensch nicht nur der ist, als der er gerade auftritt, sondern immer auch ein potentiell anderer, und daß Sie in der wissenschaftlichen Auseinandersetzung – wollen Sie nicht bei der Unversöhnlichkeit der Standpunkte stehen bleiben – sich auch bei der schärfsten Kritik untergründig positiv an den potentiellen Andern im Diskussionspartner wenden, der alle Freundlichkeit verdient und sie auch braucht, um sich angesprochen fühlen zu können. Anders gesagt: Auch einer, der beispielsweise rassistische Überzeugungen mit wissenschaftlichen Argumenten zu untermauern versucht, schleppt sich einen potentiellen Humanisten mit; und an den müssen Sie sich wenden, wenn Sie wollen, daß rassistische Überzeugungen aus der Wissenschaft verschwinden.

Das alles hört sich gut (oder vielleicht auch ein bißchen arg nach Laien-Bergpredigt) an, aber den, der das wirklich immer so kann, möchte ich sehen. Fassen Sie es als eine Leitlinie auf, an die man sich anzunähern versuchen könnte.

Der Sinn dieser Leitlinie geht aber über das Atmosphärische (dem ich großen Stellenwert zumesse, das möchte ich betonen) hinaus. Auf die inhaltliche Auseinandersetzung bezogen, bedeutet sie, daß beim Herausarbeiten der Differenzen nicht stehengeblieben werden darf. Sind die Differenzen klar, muß ihnen auf den **Grund** gegangen werden. Meist wird sich zeigen, daß beim Zurückgehen auf die Begründungen bestimmter Auffassungen sich ein anderes theoretisches Spektrum entfaltet, als die Diskussion aufs erste vermuten ließ. Scheinbare Differenzen können sich in tieferen Schichten ebenso auflösen wie scheinbare Übereinstimmungen. Im großen und ganzen aber kann man, glaube ich, mit Recht behaupten: Je weiter man in die Begründungen und Ableitungen der geäußerten Auffassungen zurück geht, umso mehr Gemeinsamkeiten werden sich herauskristallisieren. Eben dies ist die Grundlage für die Hoffnung, daß eine Überbrückung der Differenzen möglich ist.

Wenn Differenzen nicht im Grundlegenden verwurzelt sind, müssen sie irgendwo im **Bildungsprozeß** der theoretischen Auffassungen entstanden sein. Die betreffenden Punkte, an denen sich die Wege scheiden, könnte man aufzufinden versuchen. Damit würden auch die Gründe für das Auseinandergehen mit wieder offengehaltener Perspektive erneut diskutierbar. Es kann sich ergeben, daß man aufgrund dieser

Auseinandersetzung beim Nachvollzug des Theoriebildungsprozesses, den man schon einmal durchlaufen hat, dann doch zu einem gemeinsamen neuen Theoriebildungsweg und zu einer Überbrückung der Gegensätze findet. Daß man feststellt, daß unterschiedlichem Begriffsgebrauch gar keine unterschiedlichen Begriffsbedeutungen zugrundelagen. Oder daß man herausbekommt, welche einzigartigen individuellen oder besonderen gruppenspezifischen Erfahrungen in die Theoriebildung Eingang gefunden hatten, die dann allerdings unzulässig verallgemeinert und damit für alle Menschen verbindlich gemacht wurden. Dies führt zu einer Relativierung der eigenen Position und ermöglicht eine Überbrückung von individuellen oder gruppenspezifischen Differenzen, ohne sie aufzuheben.

Kurz gesagt: Wissenschaftliche „Auseinander-Setzung" heißt für mich:

- **„Hier sitze ich!"** – das heißt: sich seiner eigenen, einzigartigen (geistigen) Position bewußt werden und sie bewahren wollen (sich seine eigenen Gedanken machen).

- **„Da sitzt du!"** – das heißt: die Position des (der) anderen wahrnehmen und anerkennen (zuhören, lesen, sich einlassen).

- **„Wir sitzen nicht auf demselben Fleck!"** – das heißt: die Differenzen klar herausstellen (streiten).

- **„Wir setzen uns zusammen!"** – das heißt: den Differenzen auf den Grund gehen und sie – soweit möglich – ausräumen (Gegensätze überbrücken, die eigene Position relativieren).

2.5 Sich vermitteln

Sich in seine Zuhörer hineinzuversetzen, ist besonders wichtig bei einem Referat (Seminarvortrag). ➜ Abschnitt 6.2

Wer sich seine eigenen Gedanken macht, wird mit ihnen nicht allein bleiben wollen. Er möchte, daß andere sein Wissen, seine Einsichten, seine Überzeugungen teilen. Der klügste Gedanke bleibt bedeutungslos, wenn ich ihn nicht anderen Menschen verständlich machen kann. Auch dem wissenschaftlichen Streit, selbst in der Phase, in der die Differenzen dominieren, liegt immer zumindest der Versuch einer **Verständigung** zugrunde: Man verständigt sich über die klaren Differenzen, die man miteinander hat, und darin kann schon mehr Verständigung liegen als in einer illusionären Harmonie, die nur darauf beruht, daß man sich nicht darum bemüht hat, den scheinbar so gemeinsamen Auffassungen auf den Grund zu gehen.

Wer sich anderen vermitteln will, muß bereit sein, aus seiner Haut zu schlüpfen und sich selbst mit den Ohren des andern zuzuhören. Im Idealfall berücksichtigt er den lebensgeschichtlichen Erfahrungshintergrund des andern und setzt nicht Erfahrungen voraus, die der andere noch gar nicht gemacht haben kann. Er beruft sich nicht auf Wissen, das der andere sich noch nicht angeeignet hat; gebraucht keine Wörter, die noch nicht zum Sprachschatz des andern gehören; macht sich nicht lustig über Dinge, die dem andern etwas bedeuten; vermeidet Wörter, die beim andern „eine Klappe fallen lassen". Mit anderen Worten: Er verhält sich ungeheuer einfühlsam.

So einfühlsam kann niemand sein. Es gibt unüberschreitbare **Grenzen der Verständigung**, und diese Grenzen müssen geachtet werden. Kein Mensch kann vollständig den Lebenshintergrund eines anderen Menschen teilen. Nicht das vollkommene Verständnis ist erstrebenswert, sondern eine Haltung der **Verständigungsbereitschaft**, die zugleich um die Grenzen der Verständigungsmöglichkeiten weiß und sie respektiert. Der Verständigungswunsch darf auch nicht in Zudringlichkeit ausarten.

Vor diesem Hintergrund kann dann durchaus auch **Provokation** gelegentlich angebracht sein, die ja gerade von einer gewissen Rücksichtslosigkeit gegen die Voreinstellungen und Erwartungen des andern lebt. Die ist manchmal nötig, um Anstöße zu neuem Denken zu geben und um nicht in Vergessenheit geraten zu lassen, daß auch das Objektivitätsideal der Wissenschaft nicht heißen kann, alle individuellen Differenzen auszulöschen.

Diese Relativierung ändert nichts daran, daß es Ihnen sehr darauf ankommen muß, sich verständlich zu machen. Auch wenn Sie jemanden provozieren, wollen Sie seine Aufmerksamkeit auf das lenken, was Sie zu sagen haben, indem Sie ihn sozusagen aus einem Dämmerzustand illusionärer Übereinstimmung wachrütteln.

Ob es Ihnen in jedem Falle gelingt, den andern Ihre Gedanken deutlich zu machen, ist nicht so entscheidend. Wichtiger ist, daß denen, mit denen Sie zu tun haben, deutlich werden kann, daß Sie überhaupt Wert darauf legen, verstanden zu werden; daß es Ihnen wichtig ist, daß Ihre Gesprächspartner, Zuhörer, Leser von dem, was Sie vorbringen, etwas haben. Wenn dies spürbar wird, werden Ihre Partner Ihnen die Rückmeldung geben, die Sie brauchen, um es zu lernen, sich zu vermitteln.

Für Leute, die Erfolg haben wollen im Leben, werden Kurse angeboten, in denen man lernen kann, „wie man ankommt" oder „wie man sich verkauft". So etwas meine ich ganz und gar nicht. In der Wissenschaft geht es nicht darum, etwas „an den Mann zu bringen", etwas „loszuwerden", „abzuladen". Das alles hat mit Vermittlung nichts zu tun; es sind einlinige Prozesse vom Anbieter zum Abnehmer. Vermittlung ist ein Prozeß, der in beide Richtungen geht. Was ich dem andern an eigenen Gedanken mitteilen möchte, kann sich im wechselseitigen Verständigungsprozeß verändern; und nur, wer mit der grundsätzlichen Bereitschaft zu dieser Veränderung seiner Gedanken (ihres Inhalts und nicht nur ihrer Verpackung) in die wissenschaftliche Diskussion eintritt, ist wirklich verständigungsbereit. Er nimmt den Partner als Mitproduzenten ernst und betrachtet ihn nicht nur als jemanden, dem man etwas unterzujubeln oder anzudrehen versucht.

Verkaufsmethoden kann man trainieren. Die **Fähigkeit zur Vermittlung** dagegen ist etwas, das **wachsen** muß. Dafür weiß ich nur einen Ratschlag: seinen Gesprächspartnern, seinen Zuhörern zuhören; und versuchen, aus ihrer Warte sich selbst zuzuhören. Wenn Sie ein Referat vorbereiten, denken Sie an die anderen Seminarteilnehmer und nicht nur an den Seminarleiter. Oder wenn Sie ein Sitzungsprotokoll schreiben, denken Sie an die Hilfe, die es denen geben soll, die am betreffenden Termin gefehlt haben.

2.6 Schreiben

Der Abfassung schriftlicher wissenschaftlicher Arbeiten im Studium ist der größte Teil dieses Buches gewidmet. Wichtig sind vor allem

- „Elemente einer schriftlichen Arbeit" ➜ 5. Kapitel,
- die verschiedenen Formen von Leistungsnachweisen ➜ 6. Kapitel,
- nützliche Funktionen eines Textverarbeitungsprogramms ➜ 8. Kapitel,
- praktische Anleitung zur Gestaltung der verschiedenen Elemente einer wissenschaftlichen Arbeit mit Hilfe des Textverarbeitungsprogramms *Word* ➜ 10. und 11. Kapitel.

Schreiben-Können ist von besonderer Wichtigkeit, wann immer im Studium es um Leistungsnachweise geht. Die meisten **Leistungsnachweise** sind **schriftlich** zu erbringen. Wer gut reden kann, muß noch lange nicht gut schreiben können. Beim Schreiben ist mehr Präzision und mehr Gründlichkeit gefordert als beim Reden. Das ist die Kehrseite der Differenz von Zuhören und Lesen, von der ich vorher sprach. In persönlicher Begegnung können Sie auf Verständnisschwierigkeiten Ihres Gegenübers unmittelbar mit zusätzlichen Erläuterungen oder Beispielen reagieren. Wenn der Dozent Sie persönlich schon ein bißchen besser kennt, wird er über ungenaue Formulierungen hinweggehen, weil er sich schon denken kann, was Sie eigentlich haben sagen wollen (aber eben nicht gesagt haben). Ihre schriftlichen Arbeiten werden jedoch möglicherweise von jemandem gelesen, der Sie gar nicht kennt. Und schließlich hat ein Leser sehr viel mehr Muße, dem von Ihnen Geschriebenen nachzudenken, als ein Zuhörer. Es wäre daher gut, wenn Sie möglichst früh im Studium ans Schreiben kämen.

Wann immer ein Thema Sie weiterhin interessiert, ob Sie nun vorhaben, sich auch unmittelbar anschließend weiterhin damit zu beschäftigen oder nicht – versuchen Sie, eventuell auf der Grundlage Ihrer Aufzeichnungen, einen kleinen Aufsatz, Artikel zu schreiben, in dem Sie Ihren Wissensstand und Ihre Argumente zum Thema darlegen. Nur für Sie selbst, das ist wichtig! Es sollte so geschrieben sein, daß es Sie selbst überzeugt. Das ist ein härterer Maßstab, denn Sie selbst sind sicher nicht so leicht zufrieden zu stellen. Oder? Auf Formalia brauchen Sie dabei nicht zu achten. Im Vordergrund steht der Inhalt. Sie können also auf eine Weise, auch polemisch, witzig, assoziativ und wie immer, schreiben, die Sie sich in einer Arbeit, die Sie abliefern müssen, nie erlauben würden. So kommen Sie zwanglos ins Schreiben, ins **produktive Schreiben**.

Nach meiner Erfahrung haben sehr viele Studierende ein Problem mit dieser Art des Schreiben, die sich ja vom reproduktiven Schreiben bei Mitschriften sehr unterscheidet. Sie drücken sich davor, soweit es geht, ziehen, wo immer dies möglich ist, die mündliche Darlegung einer schriftlichen Ausformulierung vor und erhöhen durch diese Studienpraxis die Hemmschwelle vor dem Schreiben immer mehr, bis sie schließlich nicht mehr drum herum kommen und plötzlich doch, völlig unerfahren und ungeübt auf diesem Gebiet, eine schriftliche Arbeit abliefern müssen, von deren Gelingen einiges abhängt. Bringen Sie sich nicht in eine solche Situation. Je mehr Angst Sie vor dem Schreiben haben, umso früher und häufiger sollten Sie für sich selbst solche kleinen Abhandlungen schreiben. Das ist übrigens eine hervorragende Übung und Vorarbeit nicht nur für abzuliefernde schriftliche Hausarbeiten und

Referate, sondern auch für **Klausuren**. Sie bekommen ein Gefühl für angemessene Formulierungen Ihrer Gedanken, für Aufbau und Führung von Argumentationen. Sie schreiben meist in einem besseren, lesbareren Stil, als wenn Sie immer schon den Zensor im Kopf haben. Das trägt zur Entwicklung und Festigung eines eigenen, flüssigen Schreibstils bei, den Sie dann auch bei abzugebenden Arbeiten eher beibehalten können. Einmal ausformulierte Gedankengänge kommen Ihnen bei Bedarf – eben zum Beispiel bei einer Klausur – eher wieder in den Sinn, und Sie können darauf zurückgreifen.

Soweit ich es mitbekomme, gibt es nicht viele Studierende, die es so machen. Ich selbst habe es in meinem Studium so gehandhabt, und ich glaube, es hat mir sehr genützt. Inzwischen ist es so, daß ich es kaum aushalte, längere Zeit Gedanken zu einem bestimmten Thema nur im Kopf mit mir rumzuschleppen. Ich muß mich irgendwann hinsetzen und daraus eine kleine Abhandlung machen. Beim Schreiben kommt dann in der Regel erst die Klarheit in die Sache, nach der ich ein starkes Bedürfnis habe. Oder die Unklarheiten machen sich bemerkbar, die noch existieren. Das produktive Schreiben hat ähnliche Wirkungen wie die Auseinandersetzung mit einer anderen Person: Indem ich meine Gedanken in einem aufgeschriebenen Satz oder in einer Satzfolge objektiviere, lösen sie sich in gewissem Sinne von mir, treten mir gegenüber, entwickeln eine Art Selbständigkeit und provozieren mich – in weit höherem Maße, als wenn sich das alles nur in meinem Kopf abspielt -, sie noch einmal zu überdenken, vielleicht zu Gegenargumenten.

Am Anfang kostet es sicher Überwindung, man muß sich dazu aufraffen, ohne äußere Notwendigkeit eine solche Abhandlung für sich selbst in Angriff zu nehmen. Tun Sie es trotzdem! Es kann sein, daß Sie mit der Zeit fast Spaß daran bekommen, und das ist ein kaum zu überschätzender Gewinn, von dem Sie während des ganzen Studiums etwas haben. Es nimmt Ihnen die Angst vor dieser Hürde und sorgt für eine spürbare Qualitätssteigerung Ihrer Arbeiten. Selbstverständlich sollten Sie Ihre Ansprüche an sich selbst anfangs nicht zu hoch schrauben. Wenn Sie sich vornehmen, die wichtigsten Inhalte einer Sitzung, einer Vorlesung, eines Seminars auf ein paar Seiten in einem zusammenhängenden (das ist wichtig!) Text aufzuschreiben, haben Sie sich vom Umfang her erstmal nicht zu viel vorgenommen. Das könnten Sie an einem Nachmittag schaffen. Es verhindert außerdem, daß Sie sich in Details verlieren und einem unerfüllbaren Vollständigkeitswahn erliegen. Sie werden sich von vornherein wirklich nur auf das Wichtigste (das für Sie Wichtigste) beschränken – das muß man nämlich auch erst einmal können. Vielleicht stellen Sie dann fest, daß die Sache doch etwas umfangreicher wird, als Sie sich vorgenommen haben (so geht es mir immer) – das ist für das Erfolgserlebnis jedenfalls besser als umgekehrt.

Wenn Sie jemanden haben, dem Sie Ihr Werk ohne Angst vor seinem Urteil zum Lesen geben können – umso besser. Aber entscheidend ist das nicht. Sie haben schließlich in erster Linie für sich selbst geschrieben. Das Urteil eines anderen, seine Einwände, seine Zustimmung sind nur wichtig im Hinblick darauf, daß es dazu beiträgt, für sich selbst größere Klarheit zu erlangen.

Viele Studierende machen die Erfahrung, daß sie zum ersten Mal dann, wenn sie an einer wichtigeren Arbeit sitzen, Geschmack finden am wissenschaftlichen Arbeiten. Oft ist die **Abschlußarbeit** die erste Arbeit, für die man sich das Thema nicht geben läßt, sondern in der man ein Thema von eigenem Interesse behandelt. Das ist ein Jammer. Denn das, woran sie nun Geschmack gefunden haben, können sie in aller Regel danach nicht weiterhin realisieren. Wer frühzeitig beginnt, zu den ihn interessierenden Themen kleinere schriftliche Abhandlungen zu schreiben, lernt meist auch frühzeitiger seine eigenen Interessen besser kennen oder – genauer gesagt – entwickelt sie frühzeitiger. Dadurch kann in sein Studium die Orientierung kommen, nach der viele Studierende vergeblich suchen, weil sie sie sich von außen her erhoffen.

Schreiben **schützt** die Gedanken und Einsichten, die Ihnen kommen, **vor dem Vergessen**. Schreiben **zwingt** Sie, Ihre Gedanken **präziser** auszuformulieren. Es **erleichtert** die **Distanz** zum eigenen Denken und damit die **Rückbesinnung** („Reflexion") auf das Gedachte. Und die ist Voraussetzung für theoretische Weiterentwicklung.

Schließlich aber ist Schreiben eine Form, sich zu **vermitteln**; wenn Sie nämlich nicht nur für sich schreiben, sondern für einen **Leser**, wer immer das sei. Die meisten Leistungsnachweise im Studium verlangen eine schriftliche Ausarbeitung. Der Leser, an den Sie sich wenden, ist dann zum Beispiel eine Dozentin. Und wie sie die Lektüre Ihres Textes fand, das drückt sich dann in einer Beurteilung aus, die für Ihren Studienfortschritt nicht ohne Bedeutung ist. Daher wäre es gut, wenn Sie schon einige Erfahrungen mit dem Schreiben gesammelt hätten, bevor Sie sich an einen solchen Leser wenden müssen.

Zum Schreiben gehört, daß man Herz zeigt für seine/n Leser. Aus eigener Erfahrung kann ich sagen, daß sich dies leichter sagt, als es getan ist. Natürlich steht der Inhalt erstmal völlig im Vordergrund. Man schreibt ja nicht etwas auf, das man schon vollständig verarbeitet in seinem Kopf bereit hat. Vielmehr wird das Schreiben selbst zu einem Moment der Aneignung des Stoffs und der inhaltlichen Auseinandersetzung. Die meiste Zeit und Energie verwendet man daher in der Regel darauf, etwas zu Papier zu bringen, das **inhaltlich** hieb- und stichfest ist. Die Überarbeitung des Geschriebenen hinsichtlich seiner **Darstellungsqualität**, schiebt man ans Ende der verfügbaren Bearbeitungszeit. Immer aber gibt es inhaltlich noch etwas zu verbessern: Die und die Sekundärliteratur ist noch nicht berücksichtigt; eine Argumentation ist noch nicht schlüssig; die Materialbasis ist noch nicht vollständig. Und dann ist die Bearbeitungszeit verstrichen, und man hat gar keine Zeit mehr, sich noch um die Darstellungsqualität zu bemühen, gar sich in den Verständnishorizont eines Lesers der Arbeit hineinzuversetzen. 90 % der Gesamtarbeit werden in die inhaltliche Absicherung gesteckt, 8 % in die schreibtechnische Fertigstellung. Für den Leser bleibt: „Friß, Vogel, oder stirb!" (So war es jedenfalls – wenn ich rückblickend betrachte, was ich im Laufe der Zeit so zu Papier gebracht habe – bei mir. In den letzten Jahren ist das so allmählich besser geworden – aber auch noch nicht so gut, wie ich es mir wünschen würde.)

Es müßte ganz sicher mehr Energie in die Verbesserung der Darstellungsqualität gesteckt werden. Und damit meine ich: Es müßte mehr Rücksicht genommen werden auf die Leserin und den Leser. Anders als beim wissenschaftlichen Gespräch haben Sie beim Schreiben denjenigen nicht leibhaftig vor sich, an den Sie sich wenden. Sie können sich daher nicht an seinen Reaktionen orientieren. Immerhin hilft es schon, wenn Sie sich Ihre eigenen Texte nicht nur unter dem Gesichtspunkt der inhaltlichen Richtigkeit, sondern auch unter dem der Lesbarkeit zu Gemüte führen. Sprechen Sie

Ihren Text zum Beispiel auf Kassette. Einen Text, dem man beim Zuhören gut folgen kann, kann man meist auch gut lesen. Geben Sie das von Ihnen Geschriebene einem Probeleser. Einem anderen fallen unverständliche Formulierungen oder fehlende Argumentationsschritte viel leichter auf als Ihnen selbst. Inzwischen, nach ausgiebiger Beschäftigung mit der Materie, erscheinen Ihnen wahrscheinlich viele Dinge schon als selbstverständlich und keiner weiteren Ausführung bedürftig, die anderen gar nicht sofort einleuchten.

2.7 Sammeln und Ordnen des Materials

Anlage einer persönlichen Materialdokumentation ➜ 4. Kapitel

Ich setze jetzt einfach mal voraus, Sie haben sich Aufzeichnungen der verschiedensten Art für Ihre eigenen Unterlagen gemacht: Mitschriften von prüfungsrelevantem Stoff aus Pflichtvorlesungen, Mitschriften aus Seminaren und Vorlesungen, die Sie aus thematischem Interesse besucht haben, Exzerpte zu wichtigen und interessanten Büchern und Aufsätzen und eigene kleine Abhandlungen zu bestimmten Themen. Ich setze ferner voraus, daß Sie diese Unterlagen einer gewissen Überarbeitung unterzogen haben: Die Mitschriften aus den Pflichtvorlesungen haben Sie zu einem lesbaren Text ausformuliert; offene Fragen haben Sie mit anderen Studierenden diskutiert und zu einer gewissen Klärung gebracht; inhaltliche Lücken haben Sie geschlossen, indem Sie bei anderen nachgehört oder selbst noch einmal darüber nachgedacht haben. Bei den Mitschriften aus den thematisch interessanten Seminaren sind Sie weiterführenden Literaturhinweisen nachgegangen und haben vermerkt, wo der betreffende Autor in seinem Aufsatz oder Buch etwas Bedenkenswertes zum Thema ausführt; Sie haben Ideen, die Ihnen erst vage durch den Kopf gingen, ein wenig genauer ausgeführt, Einwände gegen bestimmte Argumente ausformuliert oder entkräftet; Sie haben einige Punkte, die Ihnen besonders am Herzen lagen, mit anderen besprochen. Ihre kleinen Abhandlungen haben Sie niemandem zu lesen gegeben, aber Sie selbst sind ganz zufrieden mit dem, was Sie da zustande gebracht haben. Auch die eine oder andere schriftliche Ausarbeitung für einen Leistungsnachweis liegt vor. Was soll nun damit geschehen?

Sie haben das alles aufgeschrieben, weil Sie es nicht im Kopf behalten können. In Ihr so geschaffenes **externes Gedächtnis** müssen Sie jetzt **Struktur und Ordnung** bringen, damit Sie bei Bedarf leicht auf das, was Sie gerade brauchen, zurückgreifen können. Am einfachsten und sicher sehr sinnvoll ist es, Sie ordnen Ihr Material chronologisch in Ordnern, die jeweils die Aufzeichnungen aus einem Semester enthalten. So in etwa werden Sie sich während des Studiums doch meist daran erinnern, in welchem Semester Sie zu einem bestimmten Thema etwas aufgeschrieben, ein bestimmtes Buch gelesen hatten. Sie sollten aber nicht versuchen, Ihre Aufzeichnungen auseinanderzupflücken und stückweise bestimmten Themen oder Stichworten zuzuordnen. Es ist immer gut, wenn sie in ihrer ursprünglichen Umgebung bleiben; dadurch bleibt der **inhaltliche Zusammenhang** gewahrt, in dem sie entstanden. Und Zusammenhänge zu wahren, ist das A und O wissenschaftlichen Arbeitens. Jedenfalls ist das meine Auffassung. Außerdem dokumentiert diese Art der Ordnung Ihren wissenschaftlichen Werdegang. Das ist später nicht nur aus nostalgischen Gründen interessant, sondern auch, weil es Ihnen erlaubt, Ihre Aufzeichnungen vor dem Hintergrund des jeweils zur Zeit der Niederschrift erreichten Erkenntnisstandes zu interpretieren und daher besser zu verstehen.

Ich weiß, daß viele ein anderes Arbeiten empfehlen und selbst anders arbeiten. Sie machen aus ihren Aufzeichnungen Stücke, die sie nach bestimmten Kriterien sortieren (was einschließt, sie aus ihren ursprünglichen Entstehungszusammenhängen herauszunehmen), um sie später zu neuen Zusammenhängen zusammensetzen zu können. Es ist sicher praktisch, wenn Sie beispielsweise zum Thema Umweltschutz mit einem Handgriff alles verfügbar haben, was Sie aus Anlaß diverser Veranstaltungen hierzu notiert haben. Aber durch die **Zerstückelung** Ihres Materials zerstören Sie sich auch die Brücken zu den weiteren Zusammenhängen, die sich mit diesem Stichwort verbinden.

Sie haben sich zum Beispiel notiert, daß eine Dozentin die Auffassung vertritt, die Umweltproblematik könne schon deshalb keine Frage des ökonomischen Systems sein, weil offensichtlich in den Ländern des Realen Sozialismus die industrielle Umweltzerstörung noch ganz andere Ausmaße angenommen habe als in den Ländern mit marktwirtschaftlicher Ordnung. Dieses Argument haben Sie, mit ergänzenden Literaturhinweisen auf Informations-Quellen über Umweltschäden in den Ländern des Realen Sozialismus, unter dem Schlagwort Umweltschutz abgeheftet. (Sie könnten es natürlich auch anderen Schlagwörtern zuordnen: zum Beispiel den Schlagwörtern „Systemvergleich", „Realer Sozialismus", „Planwirtschaft" oder was weiß ich. Daran zeigt sich schon eine Problematik solchen Vorgehens: Sie müssen auf jeden Fall zusätzlich ein System von Querverweisen entwickeln und sind für das Wiederauffinden von Aufzeichnungen nun ganz abhängig von der Stringenz und Vollständigkeit Ihres Schlagwortkatalogs und Systems von Querverweisen). Die betreffende Dozentin hatte in der Veranstaltung daran Überlegungen angeknüpft, die darauf hinausliefen, daß sie die Ursache für die ökologischen Probleme der Länder des Realen Sozialismus in ihrer ideologischen Fundierung in der Marxschen Werttheorie sehe. Ihre diesbezüglichen exkursiven Ausführungen zur Marxschen Werttheorie haben Sie nun einem anderen Schlagwort zugeordnet, dem Schlagwort „Dogmengeschichte" oder „Marx" oder „Kritik der Politischen Ökonomie". Diesem Schlagwort zugeordnet und von den Ausführungen über die ökologischen Probleme sozialistischer Wirtschaft abgetrennt, ist nun jedoch gar nicht mehr durchsichtig, daß die Ausführungen zur Werttheorie eine gewisse Zuspitzung erfahren hatten, die aus dem thematischen Zusammenhang motiviert waren, für jemanden, der sich über die ökonomische Theorie von Marx Aufschluß verschaffen will, aber als Verkürzung und Verzerrung wirken müssen.

Deshalb also mein Rat: Wählen Sie als Basis die einfachste aller möglichen Ordnungen: die chronologische, semester- und veranstaltungsweise, weil sie die Aufzeichnungen in ihrem ursprünglichen Zusammenhang beläßt und weil sie Sie von dem Problem entbindet, von vornherein einen für Sie passenden vollständigen und stringenten Schlagwortkatalog und ein System von Querverweisen zu entwickeln – was Ihnen, wenn überhaupt, wahrscheinlich sowieso erst am Ende Ihres Studiums zu Ihrer eigenen Zufriedenheit gelingen würde.

Je nach Umfang Ihrer Aufzeichnungen sollten Sie für je ein Semester einen Ordner anlegen, den Inhalt der Ordner nach Veranstaltungen einteilen und vorweg ein Inhaltsverzeichnis einheften. Selbstverständlich werden Sie den Rücken des Ordners so beschriften, daß Sie auf einen Blick erkennen, was er birgt.

Nun können Sie sich zusätzliche Hilfe schaffen, um den Zugriff auf bestimmte Teile Ihres Materials zu erleichtern. Bewährt hat sich ein **Schlagwortverzeichnis**, beispielsweise in Form eines Zettelkastens. Unter einem bestimmten Schlagwort führen Sie alle Fundstellen in Ihren Unterlagen auf, an denen Sie etwas zum damit bezeichneten Gegenstand finden können. So haben Sie eine Karte angelegt zum Schlagwort „Umweltschutz", eine andere zum Schlagwort „Planwirtschaft", eine dritte zum Schlagwort „Marx". Auf jeder dieser Karten vermerken Sie nun die Fundstelle in Ihren Unterlagen (zum Beispiel Ordner „SS 1988", Lehrveranstaltung „Ökonomie und Ökologie", S. 10 – letzteres vorausgesetzt, Sie haben die Blätter Ihrer Aufzeichnungen durchnumeriert; sonst müssen Sie eben ein bißchen blättern). Querverweise sind nicht nötig, weil sich die Zusammenhänge aus dem in seiner ursprünglichen Umgebung belassenen Material ergeben.

Zusätzlich können Sie auf diesen Karten natürlich auch Verweise auf ganz andere Fundstellen geben, zum Beispiel auf Literatur (vollständige bibliographische Angaben auf der Karte oder Verweis auf die entsprechenden Angaben in einer separaten Literaturkartei) zum Schlagwort „Umweltschutz", auf Institutionen und Organisationen, die sich dem Umweltschutz widmen, auf audio-visuelle Medien (Filme, Videos, Diaserien und dergleichen).

Es gibt bestimmt sehr viel ausgefeiltere und differenziertere Archivierungs- und Ordnungsmethoden. Aber was nützt ein Verfahren, welches soviel eiserne Ordnungsdisziplin verlangt, daß die Mehrheit der Studierenden nach anfänglichem Frust das Ordnen schließlich ganz aufgibt. Ich glaube, daß mein Vorschlag erstens nur einen zumutbaren Aufwand verlangt, zweitens eine für den normalen Studiengebrauch völlig hinreichend praktikable Ordnung gewährleistet und drittens eine Grundlage darstellt, von der ausgehend Ordnungs- und Systematisierungs-Fans beliebig weitergehende Ordnungs-Strukturen aufbauen können.

2.8 Zur Ökonomie des Studierens

Geringster Aufwand für größtmöglichen Ertrag – das ist eine ökonomische Devise, von der viele Studierende meinen, daß sie auch für das Studium Geltung habe. Aufwand bezieht sich hier in allererster Linie auf Arbeitsaufwand, gemessen in Arbeitszeit. Und Ertrag? Ertrag meint meist vorweisbaren Studienerfolg: Scheine, Zertifikate, bestandene Prüfungen.

So wie das Studium heute geordnet ist, werden Sie zu einer solchen Haltung in gewissem Maße geradezu gezwungen. Es ist – aus meiner Sicht – gar nicht möglich, alle geforderten Leistungsnachweise in der vorgesehenen Regelstudienzeit zu erbringen, wenn man sich nicht wenigstens bei einigen Studienleistungen darauf beschränkt, nur das Allernötigste zu tun. Aber wenn Sie ausschließlich so studieren, dann kann die Sache leicht umschlagen. Ab einer gewissen, sicherlich nicht klar definierbaren, Schwelle führt Reduzierung des Aufwands zu einer überproportionalen Senkung des Ertrags, und zwar auch dann, wenn man Ertrag nur im oben genannten Sinne versteht.

Warum ist das so? Man kann das Studieren nicht in einer Weise erledigen, wie man andere Arbeiten vielleicht erledigen kann. Wenn Sie eine Treppe putzen müssen, können Sie sagen, dafür brauche ich eine halbe Stunde, egal, ob Sie Treppenputzen ätzend oder lustig finden. Nur wird Ihnen die halbe Stunde im einen Fall endlos vorkommen, im andern wie im Fluge vergehen. Sie können sich aber nicht vornehmen, eine bestimmte Thematik in bestimmter Zeit wissenschaftlich abzuarbeiten. Denn ob Sie für die Lektüre eines Buches drei Tage brauchen oder drei Wochen, hängt davon ab, wie beteiligt Sie beim Lesen sind: ob Sie das Thema interessiert, wie Ihre Vorkenntnisse sind. Genau diese Dinge aber hängen wiederum in hohem Maße davon ab, mit wieviel Engagement Sie sich in Ihr Studium „reinhängen", wieviel Arbeit Sie zuvor schon investiert haben, ob Sie sich die Zeit genommen haben, Problemen auch außerhalb des unbedingt Notwendigen nachzugehen. Wenn Sie sich aber darauf beschränkt haben, nur immer das Notwendigste zu tun, um Ihre Leistungsnachweise so eben noch zu ergattern, dann wird Ihnen das Wenige, das Sie noch tun, umso schwerer fallen:

- Weil Sie **keine** wissenschaftlichen **Interessen** entwickelt haben, erscheint Ihnen alles trocken und langweilig. Ihre Arbeit kommt nicht in Fluß, sie geht zäh und schleppend voran, braucht mehr Zeit.

- Weil Sie **kein** wissenschaftliches **Problembewußtsein** ausgebildet haben, wissen Sie oft nicht so recht, worum es eigentlich geht in wissenschaftlichen Abhandlungen und Kontroversen, mit denen Sie sich beschäftigen sollen. Sie investieren Arbeit, ohne daß für Sie Greifbares dabei herauskommt.

- Da Ihnen die **Orientierung fehlt**, was bei der Behandlung eines wissenschaftliches Themas **wichtig**, was eher nebensächlich ist, konzentrieren Sie sich vielleicht auf Dinge, die von geringer Bedeutung sind, und vernachlässigen die Bereiche, auf die es ankommt.

- Weil Ihnen die soliden **Wissensgrundlagen fehlen**, haben Sie fast immer mit dem lähmenden Gefühl zu kämpfen, von allem nur die Hälfte zu verstehen. Der Mangel produziert weiteren Mangel.

- Weil Sie keine eigenen Maßstäbe dafür haben, bleiben Sie in permanenter **Unsicherheit** über die Qualität Ihrer Leistungen. Sie sind völlig abhängig vom Urteil Ihres Auftraggebers und können kaum einmal das Gefühl der Befriedigung über gute Leistung während der Arbeit selbst genießen.

Das alles kann das Studieren zu einer äußerst belastenden Angelegenheit werden lassen. In dieser Zusammenballung negativer Effekte mag der geschilderte Zustand selten wirklich jemanden treffen. Aber ich glaube, das eine oder andere Phänomen hat jeder schon bei sich selbst kennengelernt. Weil das Studieren unter äußerem Zeit- und Leistungs-Druck steht, können Sie dem Zwang zur Ökonomisierung des Studienverhaltens gar nicht ganz entgehen. Und damit können Sie auch den paradoxerweise der Ökonomisierungsabsicht direkt widersprechenden problematischen Folgen nicht ganz entgehen.

Am effektivsten ist die Arbeit im Studium, wenn sie Spaß macht. Warum aber sollten Sie darauf erpicht sein, etwas zu minimieren, was Spaß macht? Ich sage Ihnen: Die ökonomische Denkweise paßt aufs Studieren hinten und vorn nicht.

2

Erledigung der wichtigsten wissenschaftlichen Vorarbeiten

Vorarbeiten nenne ich alles, was Sie privat, im stillen Kämmerlein zur Vorbereitung Ihrer hochschul-öffentlichen Erwerbs-Tätigkeit (nämlich Tätigkeit zum Erwerb von Leistungsnachweisen, Zwischen- und Abschlußzeugnissen) tun. Diese Vorarbeiten selbst unterliegen zwar keiner Beurteilung von außen. Aber indirekt wird es sich in der Bewertung Ihrer Studienleistungen schon niederschlagen, wie gut Sie vorgearbeitet haben.

Was ich im vorhergehenden Kapitel vorrangig unter dem Gesichtspunkt behandelt habe, daß Studieren Ihnen auch einen persönlichen Gewinn bringen soll, der sich nicht unbedingt in Belohnungen durch Scheine zeigt, das wird jetzt unter dem Gesichtspunkt betrachtet werden, daß alles, was Sie tun, möglichst auch für einen späteren nachweisbaren Studienerfolg fruchtbar gemacht werden sollte. Ich gebrauche hierfür den Begriff „Dokumentation". Das heißt: Material wird so erfaßt, geordnet und aufbewahrt, daß bei Bedarf ein gezielter und rascher Zugriff möglich ist.

3. Kapitel
Literatursuche, -auswahl und -beschaffung

In diesem Kapitel erfahren Sie,
- was Sie tun müssen, um Literatur zu finden, die Sie für die Bearbeitung eines Themas benötigen;
- wie Sie die Zahl der Titel beschränken, die Sie sich für die gründlichere Lektüre vornehmen;
- wie und wo Sie die benötigten Texte bekommen.

Lesen und Exzerpieren im allgemeinen → Abschnitt 2.3
Erstellung einer Literatur- und Verfasser-Kartei sowie Verschlagwortung von Literatur
→ 4. Kapitel
Literaturverwaltung mit dem Computer → Abschnitte 9.1 und 9.2
Zitieren von Literatur in einer wissenschaftlichen Arbeit → Abschnitte 5.4.2 und 5.4.3
Zusammenstellung des Literaturverzeichnisses einer wissenschaftlichen Arbeit → Abschnitt 5.7
Nutzung der Möglichkeiten eines Textverarbeitungsprogramms bei der Zusammenstellung eines
Literaturverzeichnisses → Abschnitt 11.7

An einer früheren Stelle hatte ich gesagt, wissenschaftliches Arbeiten heiße auch, sich einem sozialen Zusammenhang einzugliedern und zum Gemeinschaftswerk Wissenschaft das Seine beizutragen. Wer wissenschaftlich arbeitet, muß daher Kenntnis nehmen von den Ergebnissen der Arbeit anderer auf dem von ihm thematisierten Gebiet. An der Hochschule wird von den Studierenden meist weniger erwartet, daß sie einen nennenswerten eigenen Beitrag zur Entwicklung der wissenschaftlichen Forschung leisten, als vielmehr in erster Linie die Fähigkeit, vorliegende wissenschaftliche Erkenntnisse und Positionen zur Kenntnis zu nehmen, ihre Begründungszusammenhänge zu verstehen und anderen das eigene Verständnis weiterzugeben. Dies heißt vor allem, die einschlägige wissenschaftliche Literatur lesen, verstehen und wiedergeben zu können. Zuvor aber muß man die entsprechende Literatur oft überhaupt erst einmal aufstöbern.

Was das im einzelnen von Ihnen verlangt, hängt von zwei Faktoren ab: von den **Startbedingungen**, unter denen Sie Ihre Literatursuche beginnen, und von dem **Ziel**, zu dem die Suche führen soll. Man kann sich zwei Extreme vorstellen: einen Start der Literatursuche, bei dem Sie außer dem Thema, auf das die Literatur sich beziehen soll, nichts in der Hand haben; und ein Ziel, das darin besteht, sämtliche Literatur zu erfassen und zu beschaffen, die zum betreffenden Thema überhaupt je erschienen ist. Meist starten Sie unter etwas erleichterten Bedingungen: Sie bekommen eine Literaturliste vom Auftraggeber in die Hand gedrückt oder kennen jedenfalls schon den einen oder anderen Titel zum Thema. Und meist wird von Ihnen keine lückenlose Berücksichtigung sämtlicher „einschlägigen" (= zum Thema gehörigen) Literatur verlangt (was in den meisten Fällen auch ein Ding der Unmöglichkeit wäre). Die von Ihnen zu bewältigende Strecke zwischen Start und Ziel verkürzt sich daher in der Regel erheblich.

Irgendwo auf dieser Strecke gibt es eine Zwischenstation: die Literaturliste, die die Titel mit allen bibliographischen Angaben enthält, die Sie in der ersten Etappe, der Such-Etappe, herausgefunden haben. Es schließt sich die zweite Etappe, die Beschaffungs-Etappe, an. Und bevor Sie aus der Such-Etappe in die Beschaffungs-Etappe einsteigen können, werden Sie wohl meist eine Auswahl treffen müssen, welche der Titel Ihrer Liste Sie sich denn tatsächlich zum Lesen und Auswerten leihen, bestellen, kaufen oder kopieren wollen.

Was in diesem Kapitel behandelt werden soll, läßt sich also in folgende Schritte zerlegen:

1. Schritt: **Literatursuche:**
   - Wie sind Ihre Startbedingungen? Was haben Sie in der Hand – an Literaturangaben, an einschlägigen Texten?
   - Wie und wo finden Sie bibliographische Angaben zur einschlägigen Literatur?
   - Was haben Sie gefunden? (Zusammenstellung der gefundenen Literaturangaben in einer Literaturliste)

2. Schritt: **Literaturauswahl:**
   - Welche der Titel aus der Literaturliste sind wichtig oder interessant genug, daß es sich überhaupt lohnt, sie zu beschaffen? Welche Titel sind so wichtig oder interessant, daß ihre Beschaffung Priorität hat?

- Zusammenstreichen der Literaturliste zu einer Auswahlliste; Strukturierung der Auswahlliste nach Prioritäten.
- Welche Texte sollen angeschafft werden (Kauf oder Kopie)? Welche Texte sollen ausgeliehen werden?

3. Schritt: **Literaturbeschaffung:**
    - Wie und wo bekomme ich die Texte, die angeschafft werden sollen?
    - Wie und wo bekomme ich die Texte, die kopiert oder ausgeliehen werden sollen?

Nicht immer müssen Sie alle Schritte in gleicher Weise durchlaufen. Einige typische **Beispiele**:

- Sie sollen im Seminar ein Referat halten über einen bestimmten vorgegebenen Text. Das Referat soll sich auf eine Wiedergabe der wichtigsten Aussagen des Textes beschränken. Die Berücksichtigung von Sekundärliteratur ist also nicht notwendig. Wenn Sie sich den betreffenden Text erst noch besorgen müssen, bedeutet dies Schritt 3 – für diesen einen Text.

- Sie schreiben eine Hausarbeit zu einem bestimmten Thema. Die Dozentin, mit der Sie das Thema abgesprochen haben, hat Ihnen eine Liste der Literatur an die Hand gegeben, deren Berücksichtigung sie erwartet. Literatur, die nicht auf der Liste steht, brauchen Sie nicht zu verarbeiten. Auch in diesem Falle haben Sie nur den 3. Schritt zu bewältigen: die Beschaffung der Literatur.

- Sie haben sich zur Prüfung angemeldet und mit Ihrem Prüfer bestimmte Themengebiete vereinbart. Ein, zwei in seinen Augen wichtige Titel hat er Ihnen genannt. Er erwartet aber, daß Sie sich darüber hinaus einen Überblick über die einschlägige Literatur verschaffen. In diesem Falle haben Sie alle drei Schritte vor sich.

- Sie sind als studentische Hilfskraft beschäftigt und sollen für Ihre Chefin eine Literaturliste zusammenstellen zu einem Seminarthema, das sie fürs kommende Semester plant. Das bedeutet: Schritt 1. Welche Literatur sie dann tatsächlich berücksichtigen wird, diese Auswahl zu treffen (Schritt 2), behält sie sich nämlich selbstredend vor.

- Sie übernehmen in einem Seminar ein Referat. Der Dozent hat eine umfangreiche Literaturliste zur Gesamtthematik des Seminars verteilt. Ihr Referat soll aber nur einen bestimmten Aspekt behandeln. Sie müssen also erst eine Auswahl der für Sie relevanten Titel treffen, bevor Sie sich die Literatur beschaffen: Schritt 2 und 3.

Deshalb: Das Problem der Literatursuche, -auswahl und -beschaffung stellt sich Ihnen immer im Zusammenhang mit bestimmten Arbeitsvorhaben. Entsprechend sind nicht immer alle der folgenden Abschnitte für Sie von Interesse. Und da man den Inhalt dieses Kapitels nicht gerade als besonders spannend bezeichnen kann, würde ich an Ihrer Stelle wohl nur die Abschnitte lesen, für deren Ausführungen ich zur Zeit Bedarf habe.

3.1 Literatursuche

ausgehend von einem Text zum Thema

Beginnen wir mit dem häufigen Fall, daß Sie bereits ein oder zwei Titel zum Thema kennen, vielleicht auch schon gelesen haben. Eine genauere Strukturierung Ihres Themas (➜ Abschnitte 5.1 und 5.2) können Sie ja meist nur vornehmen, wenn Sie sich bereits bis zu einem gewissen Grad damit beschäftigt haben – und dazu gehört wohl doch, daß Sie auch schon etwas zum Thema gelesen haben, egal, ob es sich um einen zufällig gefundenen oder auf Empfehlung herangezogenen Text handelt. In einem solchen Text finden sich fast immer auch Hinweise auf weitere Literatur. Und ich bin der Meinung, daß die Literaturverweise in wissenschaftlichen Texten für Studierende überhaupt zu den wichtigsten Fundstellen für Literaturangaben zählen, und zwar aus folgenden Gründen.

Zum ersten können Sie mit einiger Berechtigung davon ausgehen, daß der Autor des Textes in seinem Literaturverzeichnis besonders solche Literatur anführt, die für seine Art der Themenbehandlung relevant ist. Wenn Ihnen also dieser Text etwas gegeben hat, werden seine Literaturhinweise wahrscheinlich ebenfalls von Interesse für Sie sein.

Im Text selbst, vor allem im Anmerkungsapparat, wird außerdem auf andere Literatur Bezug genommen, zustimmend oder kritisch, vielleicht auch nur referierend. Daraus können Sie oft wertvolle inhaltliche Hinweise auf interessante Literatur gewinnen und – ausgehend von einem wichtigen Text – eine thematische Spur verfolgen, die Sie von Literaturhinweis zu Literaturhinweis führt.

Sie folgen auf diese Weise auch den **Spuren der Theoriebildung eines Autors**, und je interessanter die Gedanken des betreffenden Autors Ihnen erscheinen, umso interessanter sind wahrscheinlich auch die Autoren und Texte, zu denen Sie durch ihn geführt werden. Auf diese Weise in die Literatur zu der von Ihnen zu bearbeitenden thematischen Materie einzudringen, ist sicherlich sehr stark geprägt vom Denken des Autors, von dem Sie Ihren Ausgangspunkt genommen haben. Immerhin werden Sie in der Regel auf diese Weise durchaus auch zu Literatur vordringen können, die andere Gesichtspunkte, andere Akzentuierungen des Themas vertritt. Das heißt, dieser Weg muß nicht unbedingt zu einseitiger Literaturauswertung führen, da wohl fast alle Autoren – in kritischer Absicht – auch Bezug nehmen auf in der Literatur vertretene Positionen, die von ihrer Auffassung abweichen.

Wahrscheinlich werden Ihnen auf diesem Weg durch die Literatur bald immer häufiger „alte Bekannte" begegnen: Titel, die immer wieder, von den verschiedensten Autoren, zitiert werden. Sie können davon ausgehen, daß es sich hierbei wohl um die sogenannte „wichtige" Literatur zum Thema handelt – jedenfalls um die Literatur, die von den meisten Autoren für wichtig gehalten wird. Es ist sicher nicht falsch, wenn Sie diesen Titeln besondere Aufmerksamkeit widmen.

Allerdings könnte es auch sein, daß Sie in einen **Zitier-Zirkel** geraten sind, innerhalb dessen die Autoren, die ihm angehören, sich vorzugsweise gegenseitig zitieren, weil sie in hohem Maße übereinstimmende Positionen vertreten oder sonstwie zusammenhängen. Einen wirklichen Hinweis auf „Wichtigkeit" gibt Ihnen das Zitiert-werden also nur, wenn die betreffenden Titel von Autorinnen und Autoren verschie-denster theoretischer Ausrichtung angeführt werden.

Selten allerdings wird es möglich sein, auf diese Weise zu einer einigermaßen vollständigen Übersicht über die einschlägige Literatur zu gelangen. Nun – für die meisten Arbeiten, die während des Studiums zu schreiben sind, ist dies auch gar nicht verlangt. Sie sollen zeigen, daß Sie in der Lage sind, ein wissenschaftliches Thema zu strukturieren, wichtige Literatur hierzu zu rezipieren, eventuell verschiedene Positio-nen einander gegenüberzustellen und dies alles in lesbare Form zu bringen. Aber auch wenn von Ihnen nicht erwartet wird, daß Sie sich einen vollständigen Überblick über die einschlägige Literatur verschaffen (oder gar einen solchen Überblick ge-ben), müssen Sie doch prinzipiell in der Lage sein, unabhängig von den zufällig bei diesem oder jenem Autor gefundenen Hinweisen Literatur ausfindig zu machen, die für Ihre Themenbearbeitung von Wichtigkeit sein könnte.

ausgehend vom Bibliotheksbestand

Wenn die Bibliothek Ihrer Hochschule (oder des Seminars, Instituts, an dem Sie studieren) oder eine andere Bibliothek oder Bücherei, zu der Sie Zugang haben (etwa eine Stadt- oder Gemeindebücherei), so organisiert ist, daß die Benutzer freien Zugang zum Bestand haben, bietet sich Ihnen wahrscheinlich eine weitere, recht praktische Möglichkeit, Literatur zu Ihrem Themenbereich zu finden. Falls der Bücherbestand systematisch geordnet ist, stehen Bücher, die einem gemeinsamen Themenbereich zugeordnet wurden, auch räumlich zusammen. Wenn Sie die betref-fenden Regale durchstöbern, bestehen gute Chancen, das eine oder andere Buch zu finden, das Sie gebrauchen können. Sie können sich hierzu an der Bibliotheks-systematik orientieren (zu entnehmen dem Standortkatalog) oder auch vom Standort eines einschlägigen Titels ausgehen, um dessen Nachbarschaft „abzugrasen". (Übri-gens können Sie natürlich auch die Regale in wissenschaftlichen Buchhandlungen daraufhin durchsehen. Sie haben hier sogar größere Chancen, Bücher zu finden, die erst kurz auf dem Markt sind. Bei Bibliotheken dauert es fast immer ein paar Monate, bis die neuesten Titel verfügbar sind.)

Auf die beschriebene Weise finden Sie allerdings nur **Monographien** (= selbständig erschienene Bücher mit einer durchgehenden Abhandlung zu einem bestimmten Thema) und **Sammelbände**, und Sammelbände auch nur, sofern sie insgesamt dem betreffenden Themenbereich zugeordnet werden können. Sie haben so keinen Zu-gang zu einschlägigen Zeitschriftenaufsätzen und zu Beiträgen in solchen Sammel-bänden, deren thematische Spannbreite Ihren Themenbereich zwar enthalten mag, sich damit aber nicht deckt. Außerdem entgehen Ihnen natürlich alle Bücher, die gerade nicht an ihrem Standort stehen, weil sie ausgeliehen, versteckt oder geklaut sind, und Schriften, die von Ihrer Bibliothek in besonderen Magazinen aufbewahrt werden. Außerdem sind nicht alle frei zugänglichen Bücherbestände systematisch geordnet. Auch unter den großen Bibliotheken gibt es manche, die ihre Bücher in der Reihenfolge des Eingangs aufstellen.

Um auch **Zeitschriftenaufsätze** zu erfassen, könnten Sie sich nun die Mühe machen, diejenigen Fachzeitschriften jahrgangsweise durchzusehen, in denen etwas über Ihren Themenbereich stehen könnte. Ich will nicht sagen, daß dies der schlechteste Weg ist. Er hat sogar einige Vorzüge: Sie haben die Gewißheit, daß Ihnen zumindest aus dieser Zeitschrift kein Beitrag entgeht, der auch nur im entferntesten passen könnte. Im Zweifel können Sie schnell in einen Aufsatz hineinschauen und sich vergewissern, ob er hält, was der Titel versprach, oder etwas bietet, was der Titel nicht versprach.

Den vollständigen Bestand Ihrer Bibliothek an Schriften (also einschließlich der gerade vom Standort verschwundenen oder in Magazinen aufbewahrten Werke) finden Sie im Katalog. Wenn Ihre Bibliothek keinen freien Zugang der Benutzer zum Bestand erlaubt, sind Sie ohnehin ganz auf den Katalog angewiesen. Was Sie dort aber wieder nicht finden, sind unselbständige Schriften, also Beiträge in Sammelwerken, Zeitschriften und sonstigen Periodika.

Im **Alphabetischen Katalog** werden Bücher alphabetisch sortiert nach dem Namen des Autors oder der Autoren, des oder der Herausgeber (auch Institutionen) oder nach dem Sachtitel (bei Werken ohne Verfasser oder mit mehr als drei Autoren oder Herausgebern) aufgeführt. Den Alphabetischen Katalog benutzen Sie,

- wenn Sie nachsehen wollen, welche **Bücher eines bestimmten Autors** in dieser Bibliothek vorhanden sind;

- wenn Sie schnell die **vollständige bibliographische Angabe** zu einem Ihnen von Verfasser, Herausgeber oder Sachtitel bekannten und in der Bibliothek vorhandenen Buch herausfinden wollen;

- wenn Sie zu einem Ihnen von Verfasser, Herausgeber oder Sachtitel bekannten Buch **Angaben über Bibliotheksstandort und -signatur** brauchen, um das Buch auszuleihen.

Im **Schlagwortkatalog** finden Sie, alphabetisch nach „Schlagwörtern" (wie in einem Lexikon) geordnet, die Schriften aufgeführt, deren Inhalt dem durch das Schlagwort gekennzeichneten Themengebiet zugeordnet wurde. Das Schlagwort kann ein „Stichwort" sein, wenn es so auch im Titel des Werkes enthalten ist.

Im **Systematischen Katalog** wird der Bibliotheksbestand nach Sachgebieten gegliedert zugänglich gemacht. Ein einheitliches Gliederungssystem wird nicht angewandt.

Den Schlagwortkatalog oder den Systematischen Katalog nehmen Sie in Anspruch

- wenn Sie nachsehen wollen, welche **Schriften zu einem bestimmten Sachgebiet** in Ihrer Bibliothek zu finden sind.

Die Einordnung eines Werks in eine Systematik der Wissenschaftsgebiete ist oft schwierig. Verlassen Sie sich nicht darauf, unter einem Gliederungspunkt tatsächlich alles zu finden, was dorthin gehört. Sicherheitshalber sollten Sie parallel im Systematischen und im Schlagwort-Katalog nachsehen.

Selten ist ein Werk eindeutig nur einem bestimmten Schlagwort zuzuordnen. Erweitern Sie also Ihren Suchradius, indem Sie auch unter möglichst vielen Schlagwörtern nachsehen, die verwandte oder übergeordnete Themenbereiche bezeichnen. Dennoch läßt sich nicht ausschließen, daß Bücher unter Schlagwörtern verzeichnet sind und an Orten stehen, wo Sie sie nicht vermuten würden.

Diese Methoden können natürlich noch nicht als systematische Literatursuche bezeichnet werden. Immerhin haben sie einen ganz großen Vorteil: Die Literatur, die Sie finden, steht Ihnen an Ihrer Bibliothek auch tatsächlich zur Verfügung.

Dennoch sind gravierende Einschränkungen unübersehbar: Ihre Literaturfunde sind auf den Bestand dieser Bibliothek beschränkt. Monographien, Sammelbände und Zeitschriften, die diese Bibliothek nicht angeschafft hat oder führt, bleiben Ihnen verborgen. Das gleiche gilt für Beiträge, die in Sammelbänden oder Zeitschriften versteckt sind, welche vorwiegend anderen Themenbereichen gewidmet sind. Für eine systematische Literatursuche müssen Sie den Horizont, der Ihnen durch den Bestand Ihrer Bibliothek gesteckt ist, überschreiten.

ausgehend von Bibliographien

In das Literaturverzeichnis nimmt der Autor eines wissenschaftlichen Textes meist nur die Titel auf, die für seine wissenschaftliche Arbeit, soweit sie im vorliegenden Text Niederschlag gefunden hat, von Bedeutung waren. Eine auch nur annähernd vollständige Auflistung der überhaupt erschienenen Literatur zu seinem Thema ist in aller Regel nicht beabsichtigt. Aber es gibt Ausnahmen.

Erstens kann der Inhalt der Arbeit selbst ein **Literaturbericht** zu einem bestimmten eingegrenzten Thema sein. Dann kann man diese Arbeit nebst ihrem Literaturverzeichnis schon als eine mehr oder weniger umfangreiche kommentierte Auswahlbibliographie zu diesem Thema ansehen, die zudem noch den Vorteil hat, die Kommentare nicht nur beziehungslos nebeneinander zu reihen, sondern inhaltlich miteinander zu verbinden. So ein Text kann Ihnen schnell einen Überblick über den Stand der wissenschaftlichen Forschung und/oder Diskussion zu einem Thema geben und einen guten Start ermöglichen in die eigene Auseinandersetzung damit. Das gilt auch für **Handbuch- oder Lexikonartikel**, wenn sie den Anspruch erheben, den Stand der wissenschaftlichen Forschung und Diskussion zu einem Thema darzustellen.

Zweitens gibt es eine besondere Sorte wissenschaftlicher Literatur, deren Funktion unter anderem darin besteht, unter Beweis zu stellen, daß ihre Verfasserinnen und Verfasser den Stand der wissenschaftlichen Forschung und Diskussion auf ihrem Fachgebiet zur Kenntnis genommen und berücksichtigt haben: **Dissertationen** und **Habilitationen**. Unter dem Druck dieser Anforderung stehend, haben Doktoranden und Habilitanden oft sehr viel Zeit und Energie aufgewandt, um den entsprechenden Nachweis zu führen – was sich auch im Literaturverzeichnis niederschlägt. Sie können sich das zunutze machen, indem Sie eine vor möglichst kurzer Zeit erschienene Doktorarbeit oder Habilitationsschrift zu Ihrem Thema ausfindig zu machen versuchen und ihr Literaturverzeichnis ausschlachten. (Ein schlechtes Gewissen brauchen Sie dabei überhaupt nicht zu haben. Es ist schließlich auch ein Sinn von Literaturverzeichnissen, anderen Arbeit abzunehmen.) Dissertationen und Habilitationen aus der BRD und der ehemaligen DDR werden im *Hochschulschriftenverzeichnis der Deutschen Bibliographie* verzeichnet, die von der Deutschen Bibliothek in Frankfurt a.M. herausgegeben wird. Es erscheint monatlich.

Drittens enthalten Bücher, vor allem auch Sammelwerke, manchmal umfangreiche Literaturverzeichnisse, die explizit als (Auswahl-)Bibliographien angelegt sind.

Als Zugang zur Literatur zu einem speziellen Fachgebiet oder Thema führen solche, in anderen Schriften „versteckte" Bibliographien oft sehr viel schneller zu Sucherfolgen als selbständig erschienene Bibliographien.

Wollen oder müssen Sie aber Wert darauf legen, daß Ihnen kein Titel entgeht, dann kommen Sie um diese eigentlichen Bibliographien nicht herum. Zwar keine einzelne von ihnen, wohl aber alle zusammengenommen erschließen Ihnen alle überhaupt erschienene Literatur, einschließlich der Beiträge in Sammelwerken, Zeitschriften und sonstigen Periodika, mit ihren vollständigen bibliographischen Angaben. Je nachdem, wonach Sie suchen, kommen verschiedene Arten von Bibliographien für Sie in Betracht:

- in **Allgemeinbibliographien** (in der Regel als Nationalbibliographien angelegt) wird (nicht nur wissenschaftliche) Literatur aller Sparten und Fachgebiete dokumentiert;

- in **Fachbibliographien** wird die Literatur eines bestimmten Fachgebiets dokumentiert;

- manche Bibliographien erfassen nur selbständig erschienene Schriften; andere nur Beiträge in Sammelwerken, Zeitschriften oder anderen Periodika; manche beides;

- Bibliographien beziehen sich immer auf einen bestimmten **Berichtszeitraum**; es gibt abgeschlossene Bibliographien, deren Berichtszeitraum in der Vergangenheit liegt, und laufende Bibliographien, die fortlaufend die neu erscheinende Literatur erfassen und in regelmäßigen Abständen dokumentieren;

- Bibliographien grenzen ihre Literaturdokumentation **geographisch** (Erscheinungsort) oder nach **Sprachgebieten** ein;

- einige Bibliographien geben zu den angeführten Titeln kurze Inhaltsangaben und/oder kritische Kommentare („**annotierte Bibliographien**").

Wenn Sie nach Literatur zu einem bestimmten Sachgebiet suchen, bieten sich in erster Linie Fachbibliographien an. Da ich mich in diesem Buch an Studierende vieler verschiedener Fachgebiete wende, ist es nicht möglich, die entsprechenden Fachbibliographien hier aufzuführen. Darüber können Sie sich informieren in:

Totok, Wilhelm und Weitzel, Rolf: *Handbuch der bibliographischen Nachschlagewerke.* Hg. H.-J. und D. Kernchen. 6. vollst. neubearb. Aufl. Frankfurt a.M. 1984-85; Bd. 1: Allgemeinbibliographien und allgemeine Nachschlagewerke; Bd. 2: Fachbibliographien und fachbezogene Nachschlagewerke.

Aber auch in Allgemeinbibliographien können Sie in der Regel anhand des Schlagwortkatalogs eine fachbezogene Recherche durchführen. Die wichtigsten Allgemeinbibliographien für deutschsprachige Literatur sind:

Gesamtverzeichnis des deutschsprachigen Schrifttums 1700 bis 1910. Bearb. H. Schmuck u.a.. Bd. 1-160. München u.a. 1979-1986. Nachträge. 1 Bd.. München 1987

Gesamtverzeichnis des deutschsprachigen Schrifttums 1911 bis 1965. Hg. R. Oberschelp. Bd. 1-150. München 1976-1981

Beide Verzeichnisse enthalten nur selbständig erschienene Schriften, ohne Sachregister, also nur alphabetisches Register nach Verfassern und Titeln. Die folgenden Bibliographien erlauben eine Literaturrecherche nach Sachgebieten oder Schlagwörtern:

Kayser: *Vollständiges Bücherlexikon*
(In Deutschland und dem deutschsprachigen Ausland selbständig erschienene Schriften; Berichtszeitraum 1750-1910)

Deutsches Bücherverzeichnis. Leipzig 1916ff.
(In Deutschland erschienene selbständige Literatur und deutschsprachige Literatur des Auslands; Berichtszeitraum 1911-1950 in 5- oder 10-Jahresverzeichnissen)

Deutsche Bibliographie. Frankfurt a.M. 1947ff.
(In Deutschland, BRD und DDR, erschienene selbständige Literatur; Berichtszeitraum ab 1945; wöchentliche, Halbjahres- und Fünfjahresverzeichnisse; verschiedene Reihen:
    A: Erscheinungen des Verlagsbuchhandels;
    B: Erscheinungen außerhalb des Verlagsbuchhandels;
    C: Karten;
    H: Hochschulschriften (Dissertationen und Habilitationen);
    M: Musikalien;
    N: Neuerscheinungssofortdienst;
    T: Musiktonträger.)

Internationale Bibliographie der Zeitschriftenliteratur. Begründet v. F. Dietrich. Leipzig 1897ff.; Osnabrück 1948ff. (der sogenannte „Dietrich")
(Unselbständige Literatur aus Zeitschriften, Jahrbüchern, Sammelbänden und Festschriften).

Für allerneueste Literatur eignet sich das **„Verzeichnis der lieferbaren Bücher"** (VLB) des deutschen Buchhandels am besten, das in jeder Buchhandlung und Hochschulbibliothek ausliegt. Es besteht – wie die Bibliothekskataloge – aus einem alphabetischen und einem Sachkatalog und listet angeblich alle Bücher auf, die Sie zur Zeit im deutschen Buchhandel kaufen können. Die Lieferzeit beträgt meist nur einen Tag. Aber erstens enthält das VLB leider immer wieder auch Bücher, die vom Verlag nur angekündigt sind (und manchmal nie erscheinen). Und zweitens halten manche Verlage auch noch ältere Titel lieferbar, die nicht für das VLB nominiert werden. Weder ist also ein Eintrag im VLB ein hinreichender Nachweis für die Lieferbarkeit eines Titels (nicht einmal für seine Existenz). Noch bedeutet das Fehlen eines Titels in diesem Verzeichnis unbedingt, daß er nicht mehr lieferbar ist.

Neben dem VLB gibt es – von den entsprechenden Fachverlagen zusammengestellte – **Fachkataloge**, in denen lieferbare Bücher eines Fachgebietes aufgeführt werden. Fragen Sie in Ihrer Buchhandlung danach.

Wann ist es genug?

Außer bei Abschlußarbeiten wie Diplomarbeiten, Magisterarbeiten, Dissertationen wird von Ihnen kaum einmal erwartet werden, daß Sie sich einen vollständigen Überblick über die einschlägige Literatur verschaffen. Und selbst bei diesen Arbeiten dürfte dies nur bei sehr eng eingegrenzten Themenstellungen überhaupt möglich sein. Wann also ist es genug?

Es wird ja im Wissenschaftsbetrieb viel Aufhebens gemacht um die Frage, wieweit jemand bei seiner wissenschaftlichen Arbeit die wissenschaftliche Literatur berücksichtigt hat. Was heißt dabei **„Berücksichtigung"**? Die Aufnahme eines Titels ins Literaturverzeichnis ist selbstverständlich noch keine Berücksichtigung im inhaltlichen Sinne. Sie sollen nicht zeigen, daß Sie wissen, daß es diesen Titel gibt, sondern daß Sie sich mit dem betreffenden Text, den darin vorgetragenen Forschungsergebnissen und -positionen, auseinandergesetzt haben. Das bedeutet gründliche Lektüre. Hier aber schließen Qualität und Quantität einander aus. Es ist völlig klar: Je mehr Titel Sie angeblich in Ihrer Arbeit berücksichtigt haben, umso weniger gründlich können Sie sie gelesen haben. Umgekehrt gilt: Je mehr Titel Sie sich zur Lektüre vornehmen, je länger Sie Ihre Literatursuche ausdehnen, je mehr Vollständigkeit Sie anstreben, umso weniger Zeit bleibt Ihnen für die Lektüre jedes einzelnen Textes und für die schriftliche Ausarbeitung Ihrer Erkenntnisse. Außerdem stopfen Sie sich auf diese Weise so viel halb- oder unverdautes Gedankenzeug fremder Herkunft in Ihren Kopf, daß Ihren eigenen Gedanken zu wenig Raum für Entfaltung bleibt. Wenn Sie zuviel lesen, kann das also die wissenschaftliche Qualität Ihrer Arbeit geradezu behindern. Beschränken Sie sich!

Das setzt natürlich voraus, daß der Betreuer Ihrer Arbeit die Position teilt, die ich soeben dargelegt habe. Das ist nicht unbedingt der Fall. Vergewissern Sie sich dessen. Was Sie nicht tun sollten: aus der Vermutung heraus, die Literaturgrundlage Ihrer Arbeit könnte in den Augen Ihres Betreuers noch unzureichend sein, immer weiter zu suchen und zu lesen. Ich bezweifle, daß Sie jemals an ein Ende kämen, wo sich die Gewißheit einstellt: Nun ist es genug.

Wenn Ihr Betreuer einer von der Sorte ist, die Wert auf Quantität legen, werden Sie sich dem wohl oder übel fügen müssen: Sie werden halt mehr lesen und weniger denken. Und Ihre Arbeit wird mehr unkommentierte Wiedergabe der Gedanken anderer enthalten als Auseinandersetzung damit und Formulierung eigener Gedanken. Wenn Ihnen das nicht liegt, suchen Sie sich bei nächster Gelegenheit einen Betreuer anderer „Sorte".

Ich schlage Ihnen vor, sich eine bestimmte **Frist** zu setzen, innerhalb derer Sie sich in erster Linie an die **Literatursuche, -auswahl und -beschaffung** begeben; dann eine **zweite Frist**, innerhalb derer Sie sich ein erstes Mal durch die **Literatur durchlesen**. Beides zusammen, Literatursuche, -auswahl und -beschaffung sowie Lektüre, sollte fürs erste nicht mehr als ein Drittel Ihrer gesamten verfügbaren Arbeitszeit in Anspruch nehmen. Die Zahl der Titel sollte sich daran bemessen, wieviel Zeit Sie sich sinnvollerweise fürs gründliche Lesen zubilligen. Sind Sie unsicher, ob sie reicht, fragen Sie Ihren Betreuer. Wenn Sie eine Prioritätenliste erstellt haben (➔ Abschnitt 3.2), arbeiten Sie diese von oben her ab, soweit Sie in der gesetzten Frist kommen. Dann hören Sie erst einmal auf. Denn jetzt müssen Sie unbedingt anfangen zu **schreiben**. Dabei werden Sie immer wieder nachlesen müssen, werden sich Fragestellungen auftun, zu denen Sie sich vielleicht noch keine Literatur besorgt haben, so daß Literatursuche und -beschaffung sowie Lektüre auch in der Phase der schriftlichen Ausarbeitung weiterhin nötig sein werden.

3.2 Literaturauswahl

Nun haben Sie eine Liste von, sagen wir: 50 Titeln zu Ihrem Thema und drei Monate
Zeit für die Bearbeitung (oder 20 Titel und einen Monat). Wollten Sie das alles lesen,
reichte schon dafür die Zeit nicht. Sie müssen also eine Auswahl treffen.

Vieles, was vom Titel her wichtig oder interessant erschien, würde sich bei näherer
Betrachtung als nebensächlich erweisen. Es böte sich an, eine Auswahl aufgrund
solch näherer Betrachtung zu treffen: also alles erst einmal zu beschaffen, durchzusehen und dann diejenigen Titel intensiver durchzuarbeiten und auszuwerten, die Ihre
Zensur überstanden. Dies ist zweifelsohne der sicherste Weg; aber sehr aufwendig,
soweit die Titel in Ihrer Bibliothek nicht greifbar sind. Es fragt sich, ob nicht eine
Vorauswahl auch **ohne** eigene **nähere Betrachtung** getroffen werden kann.

Sie könnten mit Ihrer Literaturliste zu dem Dozenten gehen, bei dem Sie die Arbeit
schreiben, das Referat halten oder die Prüfung machen, und ihn fragen, welche Titel
er am wichtigsten findet. Das wird allerdings nur funktionieren, wenn er selbst auf
dem betreffenden Gebiet gut bewandert ist. Es gehört aber zu den Pflichten eines
Hochschullehrers, auch solche Themen zu betreuen, die nicht gerade sein Spezialgebiet
ausmachen. (Schreiben Sie eine Arbeit oder machen Sie eine Prüfung in einem
Spezialgebiet Ihres Betreuers, wird er Ihnen ja wahrscheinlich von vornherein die
entsprechenden Literaturhinweise gegeben haben.) Die Auswahl, die Ihnen so eventuell von Ihrem Betreuer vorgeschlagen wird, hat sicher den Vorteil, daß Ihnen von
daher später keine Kritik droht, Sie hätten irgendeinen wichtigen Text nicht berücksichtigt oder seien auf irrelevante Literatur eingegangen. Andererseits verzichten Sie
so auch auf die Möglichkeit, nicht genannte Texte zu entdecken, die von der
Fragestellung her gesehen, die Sie verfolgen, vielleicht besonders interessant wären.

Sie könnten sich auch nach einem anderen Spezialisten unter der Hochschullehrer-
schaft, bei den wissenschaftlichen Mitarbeitern oder Ihren Mit-StudentInnen umsehen und dort Rat holen. Es ist dann aber nicht damit getan, sich einfach die Titel
ankreuzen zu lassen, die der Betreffende für empfehlenswert hält. Sie müssen schon
eigene Kriterien dafür entwickelt haben, worauf sich Ihr Interesse speziell richtet.
Sonst setzen Sie sich mit Literatur auseinander, die unter einem Blickwinkel ausgewählt wurde, der mit dem Interesse, das Sie selbst an Ihrem Thema entwickelt haben
oder bei der Bearbeitung entwickeln, nichts oder wenig zu tun hat. Besser ist, Sie
lassen sich etwas über den Inhalt der Bücher oder Aufsätze auf Ihrer Liste sagen und
treffen danach selbst die Entscheidung, welche für Sie in Frage kommen und welche
nicht.

Auf manchen Fachgebieten gibt es **Sammelbände** („Reader"), die eigens unter dem
Gesichtspunkt zusammengestellt wurden, einige nach Auffassung der jeweiligen
Herausgeber besonders wichtige Literatur zu einem Thema leicht verfügbar zu
machen, die sonst mühsam aus weit verstreuten Quellen zusammengesucht werden
müßte. Diese Art von Sammelbänden hat den großen Vorzug, eine kleine Auswahlbibliographie zu sein und zugleich die ausgewählte Literatur bereits darzubieten.

Wenn Sie die Titel Ihrer Liste zusammenbekommen haben, indem Sie den Literaturhinweisen eines Buches oder Aufsatzes (auch einer Literaturbesprechung, eines

Handbuch- oder Lexikonartikels) nachgegangen sind, konnten Sie vielleicht aus den darin enthaltenen Ausführungen oder Bemerkungen schon einiges über den Inhalt, die Orientierung oder wichtige Ergebnisse oder Gedanken der erwähnten Literatur entnehmen. (Es wäre gut, wenn Sie sich entsprechende Hinweise zum Inhalt eines gefundenen Titels immer gleich mit den bibliographischen Angaben notieren würden. Ein paar Wochen später haben Sie nämlich bestimmt wieder vergessen, warum Sie diesen Titel in Ihre Liste aufgenommen haben, wenn sein Wortlaut nicht zufällig hinreichend präzise Angaben zum Inhalt macht – und das ist sehr oft nicht der Fall.)

Sonst gibt es noch die (allerdings auch nicht ganz unaufwendige) Möglichkeit, sich anhand von **Rezensionen** (bewertend) oder sogenannten **Abstracts** (nicht bewertend) vorzuinformieren. Fast alle Fachzeitschriften veröffentlichen regelmäßig Rezensionen zu neu erschienenen Büchern. Wenn Sie das Erscheinungsjahr des betreffenden Buches kennen, können Sie in den Jahresverzeichnissen der einschlägigen Fachzeitschriften der folgenden Jahre nachsehen, ob das Buch dort rezensiert wurde. Außerdem gibt es („annotierte") Fachbibliographien, die kurze Inhaltsangaben („Abstracts") zu den aufgeführten Titeln bieten.

Diese allgemeinen Hinweise werden Ihnen kaum unmittelbar von Nutzen sein. Da die Verhältnisse in den verschiedenen Fachgebieten unterschiedlich sind, ist es auch nicht möglich, jedem die für ihn und sein Studienfach zutreffenden Angaben zu machen. Ich rate Ihnen daher: Gehen Sie zum betreffenden **Fachbeauftragten in Ihrer Bibliothek** und fragen Sie ihn, in welchen Zeitschriften und Bibliographien Sie am ehesten Rezensionen und Abstracts zu Ihrem Fachgebiet finden können. Die Bibliotheksmitarbeiter sind meist sehr hilfsbereit. Als allgemeine Bibliographie ist zu nennen: *Internationale Bibliographie der Rezensionen wissenschaftlicher Literatur.* Hg. O. Zeller. Osnabrück 1971ff.

Ich war ausgegangen von dem Fall, daß Sie die Literatur Ihrer Liste nicht sofort in Augenschein nehmen können. Ein (hoffentlich großer) Teil der Literatur wird sich aber in Ihrer Bibliothek befinden. Insoweit können Sie eine Auswahl also auch aufgrund direkter Bekanntschaft mit den betreffenden Werken treffen. Bei näherer Betrachtung der bereits in die engere Auswahl gezogenen Titel werden Sie ebenfalls noch den einen oder anderen davon streichen können.

Erste Orientierung, ob ein Werk hält, was Sie sich von ihm versprochen haben, gibt das **Inhaltsverzeichnis** oder die **Gliederung**. Genaueres sagt vielleicht eine **Einleitung**. Auch den ins **Literaturverzeichnis** aufgenommenen Titeln oder dem **Personen- und Sachregister** können Sie Informationen über inhaltliche Schwerpunkte entnehmen. Gibt der Autor eine **Zusammenfassung**, sollten Sie diese zuerst lesen. Mit Einschränkung ist zudem der „Klappentext" auf dem Schutzumschlag eines Buches als Hinweis zu nutzen – wenn Sie im Hinterkopf behalten, daß hier auch Reklame im Spiel sein kann. Schließlich, wollen Sie ganz sicher gehen, werden Sie den Text durchblättern und – hängenbleibend an bestimmten Stichwörtern in **Überschriften** oder im laufenden Text – kurz „hineinlesen". Danach müßten Sie eine einigermaßen abgesicherte Entscheidung treffen können, ob der Titel in Ihre Auswahlliste aufgenommen werden soll.

Haben Sie auf diese Weise Ihre ursprüngliche Mammutliste auf einen vernünftigen Umfang zusammengestrichen, wissen Sie natürlich noch nicht, ob Sie alle Texte nachher tatsächlich bekommen und wenn, in welcher Zeit; und wieviele der Titel Sie in der Ihnen zur Verfügung stehenden Bearbeitungszeit überhaupt gründlich lesen können. Sie sollten sich also eine **Prioritätenliste** machen, in der die absolut unverzichtbaren Titel obenan und die weiteren nach Einschätzung ihrer Wichtigkeit aufgeführt sind. Diese Liste bietet Ihnen Orientierung sowohl bei Ihren Beschaffungs-aktivitäten als auch bei der Lektüre. Das heißt: Sie kümmern sich als erstes und vor allem anderen um die Beschaffung der Titel, die ganz oben auf Ihrer Liste stehen, und fangen auch bei der Lektüre und Auswertung bei diesen an. Dauert die Beschaffung eines Titels etwas länger, dann war es gut, sie gleich zu Beginn in die Wege geleitet zu haben. Die Wahrscheinlichkeit ist größer, daß Sie ihn noch rechtzeitig bekommen. Wenn sich herausstellen sollte, daß Sie weniger Texte durcharbeiten können, als Sie sich vorgenommen hatten, stellen Sie mit einer Prioritätenliste sicher, wenigstens die wichtigsten Titel berücksichtigt zu haben.

3.3 Literaturbeschaffung

Anschaffung

Mit Ihrer Auswahlliste bewaffnet, machen Sie sich nun an die Beschaffung, voraus-gesetzt, der oder die Texte befinden sich nicht schon in Ihrem Besitz. Ihre Beschaffungsaktivitäten sollten Sie übrigens auf keinen Fall auf die lange Bank schieben. Normalerweise haben Sie ja nicht unbegrenzt Zeit für Ihre Arbeit, und wer weiß, wie lange es dauert, bis Sie alle benötigten Texte tatsächlich in der Hand haben!

Oft gibt es einen oder wenige Texte, die im Zentrum der Arbeit stehen, die Sie vor sich haben, sei es ein Referat, eine Hausarbeit oder die Vorbereitung auf eine mündliche oder schriftliche Prüfung. Das sind Texte, mit denen Sie sich womöglich über längere Zeit immer wieder beschäftigen müssen, in denen Sie Anstreichungen vornehmen und Randnotizen einfügen wollen. Vielleicht ist es auch ein Text, den Sie persönlich, ganz unabhängig von dem Arbeitsvorhaben, für das Sie sich seine Bearbeitung vorgenommen haben, interessant und wichtig finden. Da Sie geliehene Bücher meist nur ein paar Wochen behalten dürfen und selbstverständlich nicht mit dem Stift bearbeiten dürfen, wäre es gut, einen solchen Text im eigenen Besitz zu haben. Das bedeutet Kauf (oder sich schenken lassen) oder Kopie.

Handelt es sich um ein Buch, sollten Sie zusehen, ob Sie es sich kaufen (oder schenken lassen) können. Ganze Bücher dürfen Sie ohnehin nicht kopieren, wenn es sie noch zu kaufen gibt. Und es arbeitet sich auch viel schöner mit einem Buch als mit einer Kopie, ganz abgesehen von der Wirkung im Bücherregal. Ob Sie das betreffen-de Buch käuflich erwerben können, entnehmen Sie (oder entnimmt Ihr Buchhändler) dem „Verzeichnis lieferbarer Bücher", das in Buchhandlungen und in Ihrer Hoch-schulbibliothek ausliegt. (Falls es nicht im VLB aufgeführt ist, kann es trotzdem noch lieferbar sein. Ältere Titel werden von manchen Verlagen vereinzelt lieferbar gehalten, auch wenn sie nicht ins VLB aufgenommen werden. Erkundigen Sie sich direkt beim Verlag danach oder bitten Sie Ihren Buchhändler, es zu tun.) Ich rate Ihnen übrigens, außerdem immer in das Verzeichnis der lieferbaren Taschenbücher zu schauen. Manche Bücher werden in einer teureren und in einer billigeren (Taschenbuch-)Ausgabe angeboten. Da lassen sich ein paar Mark sparen. Passen Sie aber auf, ob die Taschenbuchausgabe gegenüber der Originalausgabe nicht um möglicherweise wichtige Bestandteile wie Anmerkungsapparat, Bibliographie oder auch ganze Textteile gekürzt wurde.

Ist das Buch nicht mehr lieferbar (was nicht nur bei Büchern, die vor mehr als 10 Jahren erschienen sind, der Fall sein kann, sondern auch schon bei Büchern, die erst vor zwei, drei Jahren herausgekommen sind), haben Sie noch eine Chance im wissenschaftlichen Antiquariat, falls es so etwas bei Ihnen am Ort gibt. Oder Sie hängen einen Zettel ans „Schwarze Brett": Suche ...

Bei Zeitschriftenaufsätzen oder Beiträgen in Sammelbänden lohnt sich der Kauf des ganzen Sammelbandes oder der Zeitschrift nur, wenn gleich mehrere Beiträge daraus von Interesse sind (Zeitschriften bringen oft „Themenhefte" heraus, die dann ebenfalls eine Art Sammelband darstellen). Sonst müssen Sie sich die Beiträge, die Sie intensiver durcharbeiten wollen, kopieren. Bei Büchern, die Sie käuflich nicht erwerben können, die Sie also ausleihen müssen, ist es ebenfalls angebracht, sie – wenigstens in den wichtigsten Teilen – zu kopieren, um sie unabhängig von der Leihfrist verfügbar zu haben und mit dem Stift bearbeiten zu können.

Ausleihe

Bücher, die nicht so zentral sind, werden Sie sich nur ausleihen. Vielleicht können Sie sie auch von einem Bekannten kriegen. Sonst bleibt Ihnen nur die Ausleihe in einer Bibliothek: in der Bibliothek Ihrer Hochschule, der Stadtbücherei, der Gemeindebücherei oder dergleichen. Oder Sie verzichten auf die Ausleihe und arbeiten mit den Büchern direkt in der Bibliothek. Bei Präsenzbeständen (nicht ausleihbaren Titeln) ist dies ohnehin die einzige Möglichkeit.

Als erstes müssen Sie sich darum kümmern, die Texte zu bekommen, die auf Ihrer Prioritätenliste obenan stehen. Hoffen wir, daß diese Literatur in der Bibliothek Ihrer Hochschule steht. Um das und gegebenenfalls den Standort der Bücher herauszufinden, müssen Sie den Bibliothekskatalog zu Rate ziehen, und zwar, da Sie die nötigen Angaben über Verfasser und Titel ja Ihrer Liste entnehmen können, den **Alphabetischen Katalog**. Sie finden:

- Bücher **mit einem Verfasser oder Herausgeber** unter dem Namen des Verfassers oder Herausgebers;

- Bücher **mit zwei oder drei Verfassern oder Herausgebern** unter dem Namen des erstgenannten Verfassers oder Herausgebers (bei den Namen der anderen Verfasser oder Herausgeber finden Sie in vielen Bibliotheken einen Nebeneintrag mit verkürzter bibliographischer Angabe sowie einen Hinweis auf den erstgenannten Verfasser, unter dessen Name die vollständige Angabe zu finden ist);

- Bücher **ohne oder mit mehr als drei Verfassern oder Herausgebern** unter ihrem Sachtitel;

- Bücher, die von einer **Institution** (Körperschaft) herausgegeben wurden, unter dem Namen der Körperschaft;

- **Zeitschriften** unter ihrem Sachtitel (= Name der Zeitschrift).

Die Titel Ihrer Literaturliste, deren Standort Sie (anhand der Bibliotheks-Signatur) gefunden haben, können Sie nun ausleihen, sofern es sich nicht um Präsenzexemplare handelt. **Präsenzexemplare** sind Bücher, die grundsätzlich nur in der Bibliothek selbst eingesehen werden können. Dazu gehören bei den meisten Bibliotheken auch alle Zeitschriftenbände. (Zeitschriften werden meist jahrgangsweise gebunden.) Bücher, die gerade ausgeliehen sind (und das ist nach aller Erfahrung der größte Teil der Titel, die man sucht), können Sie für sich **vormerken** lassen. Sie müssen aber damit rechnen, daß es in diesem Falle einige Wochen (oder, wenn das Buch schon für einen anderen Leser vorgemerkt ist, noch länger) dauern kann, bis Sie das Buch bekommen. Bücher, die nur in Präsenzexemplaren da sind, und Zeitschriftenaufsätze müssen Sie in der Bibliothek selbst durcharbeiten, also gegebenenfalls exzerpieren oder – wenn Sie zum Beispiel auch außerhalb der Öffnungszeiten der Bibliothek am betreffenden Text arbeiten wollen – ganz oder in Teilen kopieren.

Bücher und auch Zeitschriftenaufsätze oder Beiträge in Sammelwerken, die im Bestand Ihrer Bibliothek nicht vorhanden sind, können Sie über **Fernleihe** bestellen. Ihre Bibliothek besorgt Ihnen dann das Buch beziehungsweise eine Kopie des Aufsatzes von einer anderen Bibliothek. Das kann schnell gehen (innerhalb weniger Tage), es kann aber auch sehr lange (mehrere Monate) dauern (im Schnitt einige Wochen). Und vor allem: Sie wissen vorher nicht, wie lange es dauern wird. Sind Sie auf diese Literatur angewiesen, kommt auf diese Weise eine schwer kalkulierbare Zeitdimension ins Spiel. Auch deshalb sollten Sie sich immer sobald wie möglich um die Beschaffung der benötigten Literatur kümmern.

Wenn es tatsächlich einmal so kommt, daß Sie einen wichtigen Titel nicht mehr rechtzeitig bekommen, ist es gut, wenn Sie gegenüber Ihrem Betreuer nachweisen können, daß Sie sich schon früh darum bemüht haben. Vielleicht glaubt er Ihnen das ja auch so. Sicherer ist, wenn Sie ihm eine Kopie des betreffenden Leihzettels vorlegen können: „Hier, sehen Sie, gestern genau vor 7 Wochen habe ich das Buch bestellt. Bis heute ist es nicht gekommen." Jedenfalls wird er Ihnen dann ganz bestimmt eine Fristverlängerung für die Abgabe der Arbeit einräumen beziehungsweise sie gegenüber der zuständigen Instanz (zum Beispiel dem Prüfungsamt) als notwendig durchsetzen. (Nicht überall erhalten Sie einen Beleg Ihrer Bestellung.)

4. Kapitel
Die persönliche Materialdokumentation

In diesem Kapitel wird erörtert, wie Sie eine praktikable Ordnung in Ihre Unterlagen bekommen. Es werden Ratschläge gegeben zur
- Anlage einer Literaturkartei,
- Verschlagwortung der Literatur,
- Anlage einer Personenkartei,
- Ablage und Ordnung umfangreicherer Aufzeichnungen und Materialien.

Literatursuche, -auswahl und -beschaffung ➜ 3. Kapitel
Einsatz eines Textverarbeitungsprogramms oder eines Datenbankprogramms bei der Anlage einer Literaturkartei ➜ Abschnitte 9.1 und 9.2

Die Ergebnisse Ihrer Literatursuche und Ihrer Lektüre müssen Sie dokumentieren. Damit meine ich: Sie müssen sie so für sich festhalten, daß Sie auch später jederzeit darauf zurückgreifen können, ohne sich die ganze Arbeit noch einmal machen zu müssen. Zu einem Titel, den Sie einmal gefunden haben, wollen Sie später nicht aufs neue verzweifelt den Erscheinungsort suchen müssen. Haben Sie eine Rezension zu einem Buch gefunden, wollen Sie, wenn Sie später das Buch noch einmal in einer Arbeit berücksichtigen, den Hinweis auf diese Rezension sofort wiederfinden können. Ein Buch, das Sie einmal gelesen haben, wollen Sie später nicht noch einmal ganz lesen müssen, weil Sie nicht mehr wissen, was darin stand. Kurz gesagt, Sie sollen später die Früchte früherer Arbeit genießen können. Dem dient Ihre persönliche Materialdokumentation.

Sie setzt sich aus folgenden **Bestandteilen** zusammen:

1. einer **Literaturkartei** mit:
   - bibliographischen Angaben zur dokumentierten Literatur (analog dem alphabetischen Bibliothekskatalog);
   - Querverweisen zur Personenkartei;
   - Angabe von Fundstellen (Bibliothekssignaturen; Angabe, ob im eigenen Besitz, als Original oder Kopie; sonstigen Bezugsquellen, zum Beispiel Dokumentationsstellen, Institutionen);
   - Zuordnung von Schlagwörtern zur dokumentierten Literatur (analog dem Schlagwortkatalog einer Bibliothek) = Querverweisen zur Schlagwortkartei;
   - Querverweisen auf Rezensionen, Abstracts, Sekundärliteratur zur dokumentierten Literatur;
   - Querverweisen auf Exzerpte und kopierte Ausschnitte der dokumentierten Literatur;
   - Querverweisen auf Stellen in eigenen Arbeiten, an denen auf die dokumentierte Literatur Bezug genommen wird;
   - beigefügten eigenen Kommentaren und Anmerkungen zur dokumentierten Literatur;

2. einer **Schlagwortkartei** mit:
   - Literaturangaben zum bezeichneten Themenbereich = Querverweisen zur Literaturkartei;
   - Querverweisen zu verwandten Schlagwörtern;
   - Querverweisen auf eigene Materialien zum bezeichneten Themenbereich;
   - beigefügten eigenen Notizen und Skizzen zum bezeichneten Themenbereich;

3. einer **Personenkartei** mit:
   - Informationen über Leben und Werk von nennenswerten Personen (Wissenschaftlern, Autoren, Künstlern, Gestalten der Geschichte, Politikern);
   - Hinweisen auf Literatur über diese Personen = Querverweisen zur Literaturkartei;
   - Hinweisen auf Literatur von diesen Personen = Querverweisen zur Literaturkartei;

4. **chronologisch geordneter Ablage von Studienmaterial** mit:
   - eigenen oder übernommenen Mitschriften von Vorlesungen, Seminaren Übungen;
   - von den Dozenten ausgegebenen Seminarmaterialien (Textauszügen, Literaturlisten und anderem);
   - von Seminarteilnehmern vervielfältigten Materialien (Protokollen, Thesenpapieren und dergleichen);

5. **sachlich geordneter Ablage von themenbezogenem Material** mit:
   - themenbezogenen Ausarbeitungen (Referaten, Hausarbeiten, Ideenskizzen);

6. **alphabetisch geordneter Ablage von literaturbezogenem Material** mit:
   - Exzerpten, Auszügen, Kopien zu wissenschaftlichen Texten;
   - Kopien von Rezensionen oder Abstracts;
   - Kommentaren;
   - literaturbezogenen Ausarbeitungen (Referaten, Hausarbeiten und dergleichen zu bestimmten Texten).

4.1 Literaturkartei

Bibliographische Angaben

Als Kernstück und Grundstock Ihrer persönlichen Materialdokumentation legen Sie am besten eine Literatur-Kartei an. Jede Karte in dieser Kartei enthält zunächst die bibliographischen Angaben zu einem Titel. Da es sich um eine Kartei für Ihre persönlichen Zwecke handelt, sind Sie an sich natürlich gänzlich frei in der Gestaltung der „Datenstruktur" Ihrer Dokumentation. Nur Sie selbst müssen sich darin zurechtfinden. Praktisch wäre es allerdings, wenn Sie die Titel auf die Weise dokumentierten, wie Sie sie auch in das Literaturverzeichnis einer Arbeit aufnehmen würden, und möglichst nahe an der Art, wie sie in den Bibliotheken geführt werden. Dann prägen Sie sich das Schema der Aufnahme bibliographischer Angaben einmal ein und erfassen Literatur in Ihrer Dokumentation immer schon gleich in der „Datenstruktur", wie Sie sie dann auch in ein Literaturverzeichnis übernehmen können, und möglichst so, wie Sie sie im Bibliothekskatalog vorfinden – und umgekehrt.

Eine unbedingt verbindliche Norm für die Struktur von Literaturangaben in wissenschaftlichen Arbeiten gibt es nicht. (Es gibt zwar hierfür auch eine DIN-Vorschrift, die DIN 1505 Teil 2, an die sich aber streng niemand hält.) Hauptkriterium ist, daß ein Werk aufgrund der bibliographischen Angaben **eindeutig identifizierbar und auffindbar** ist. Soweit Ihre Dokumentation nur Ihren eigenen Zwecken dienen soll, könnten Sie sich eigentlich alle Freiheiten herausnehmen. Aber sobald Ihre Literaturangaben Bestandteil wissenschaftlicher Arbeiten werden, die Sie anderen zu lesen geben, sollten Sie sich an die üblichen Konventionen halten (die in der Praxis allerdings in beträchtlicher Variationsbreite gehandhabt werden).

Denn an diesen Konventionen orientieren sich in der Regel die Erwartungen Ihrer Leser. Und gegen diese Erwartungen nicht allzu kraß zu verstoßen, ist sehr in Ihrem Interesse, weil Ihre wohl wichtigsten Leser meist auch als Richter über die Qualität Ihrer Arbeit auftreten. Es gibt ja Leute, die meinen, wenn man seinen Schreibtisch verläßt, müsse man alle seine Stifte an einer bestimmten Stelle auf dem Schreibtisch in Reih und Glied ausrichten, und die, wenn sie an einem Schreibtisch die gewohnte und erwartete Ordnung einmal nicht vorfinden, von körperlichem Unwohlsein befallen werden. So geht es manchen mit den Literaturangaben. Rechnen Sie damit, daß Ihr Beurteiler möglicherweise Zustände kriegt, wenn Sie die Elemente der bibliographischen Angaben in einer anderen Reihenfolge gruppieren, als er es gewohnt ist, oder wenn Sie andere Interpunktionszeichen zur Abgrenzung der Elemente verwenden. Für solche Eventualitäten ist es gut, genau zu wissen, wie Ihr Betreuer Literaturangaben gehandhabt wissen will. Übrigens sollten Sie sich nicht darauf verlassen, dies aus den Veröffentlichungen Ihres Betreuers entnehmen zu können. Verlage und Herausgeber setzen da oft ihre Vorstellungen gegen die Autoren durch. Im Zweifelsfalle berufen Sie sich gegenüber Ihrem Betreuer auf dieses Buch und halten sich an die Verfahrensregeln, deren Handhabung ich im folgenden erläutere und an einigen Beispielen demonstriere.

Unterscheidung selbständiger und unselbständiger Schriften:

Selbständig und unselbständig erschienene Schriften sollten dadurch unterschieden werden, daß der Titel selbständig erschienener Werke (Bücher, Zeitschriften) unterstrichen (bei Buchdruck in Kursivschrift gesetzt), der Titel unselbständig erschienener Beiträge (Aufsätze, Artikel) in Anführungsstriche gesetzt wird. Die optisch sofort erkennbare Unterscheidung soll die Literatursuche erleichtern. (Gegen diese an sich wohl sinnvolle Konvention wird allerdings so oft verstoßen, daß man ihre Allgemeingültigkeit berechtigterweise in Zweifel ziehen kann.)

Name, Vorname(n):

Name und Vornamen werden dem **inneren Titelblatt** des Werks beziehungsweise der **Überschrift** des Beitrags entnommen. Den Vornamen sollte man ausschreiben, um den Verfasser eindeutig identifizieren zu können. Schon bei einem Hans Meier werden Sie Schwierigkeiten haben, den gemeinten Verfasser im Bibliothekskatalog ausfindig zu machen; noch größer sind die Schwierigkeiten, wenn Sie nur über die Angabe H. Meier verfügen.

Titel und **akademische Grade** wie Prof. und Dr. werden weggelassen. Adelstitel werden als Teile des Vornamens behandelt, sofern sie nicht fester Namensbestandteil geworden sind. Sonstige Namens-Vorsätze (**Präfixe**) werden je nach Nationalität des Autors unterschiedlich behandelt:

- Im **Deutschen** werden Präfixe nur dann dem Namen vorangestellt, wenn Präposition und Artikel zusammengezogen sind (Zur Lippe, Rudolf). In den anderen Fällen wird das Präfix den Vornamen zugeordnet (Goethe, Johann Wolfgang von).

- Im **Englischen** werden Präfixe den Namen vorangestellt (DeLong, Howard; Von Neumann, John).

- In den **romanischen** Sprachen werden Artikel (le, la) oder Zusammenziehungen aus Präposition und Artikel (della, du) dem Namen vorangestellt (La Penna, Antonio; Le Grand, Albert; Du Rostu, Jean). Ansonsten werden Präpositionen (de, d') den Vornamen zugeordnet (La Fontaine, Jean de; Dieguez, Manuel de).

Bis zu drei Verfasser werden namentlich aufgeführt. **Ab vier Verfassern** wird nur der erste Verfasser namentlich aufgeführt, dahinter folgt: u.a. Dasselbe gilt bei Herausgebern. Bei der Literaturrecherche werden Sie allerdings diese Bücher eher unter ihrem Sachtitel finden, da Bibliotheken und die *Deutsche Bibliographie* bei mehr als drei Verfassern den Sachtitel voransetzen.

Wird ein Werk unter einem **Pseudonym** veröffentlicht, wird das Pseudonym in der Regel wie der Name behandelt. Ist der betreffende Autor jedoch unter seinem wirklichen Namen bekannter, wird dieser vorangestellt und das Pseudonym in eckigen Klammern hinzugesetzt. (Wollen Sie herausbekommen, wer hinter einem Pseudonym steckt, können Sie in einem Pseudonymenlexikon nachschlagen.)

Anonyme Veröffentlichungen werden unter ihrem Sachtitel geführt. Ist der Autor zwar nicht genannt, trotzdem aber bekannt, wird der Name in eckigen Klammern vorangesetzt.

Titel. Untertitel:

Auch diese Angaben werden dem **inneren Titelblatt** beziehungsweise der **Überschrift** entnommen, nicht (!) dem Einbanddeckel, da die dortigen Angaben vom „richtigen" Titel aus markttaktischen Gründen abweichen können.

Bei **fremdsprachigen** Werken wird die Schreibweise des Originals beibehalten. Das erste Wort des Titels wird immer großgeschrieben.

Unterschiede:

- Im **Englischen** wird jedes Wort außer Artikeln, Präpositionen und Konjunktionen großgeschrieben (Poundstone, William: *The Recursive Universe. Cosmic Complexity and the Limits of Scientific Knowledge.* New York: William Morrow, 1985).

- In den **romanischen** Sprachen werden nur Eigennamen großgeschrieben (Colin, Pierre: „Athéisme et révolté chez Camus." *La vie intellectuelle* 20 (1952), Nr. 7, 30-51).

- Im **Französischen** gilt außerdem: Ist das erste Wort ein Artikel, so wird das ihm folgende Substantiv ebenfalls großgeschrieben (Lévi-Strauss, Claude: *Les Structures élémentaires de la parenté.* Paris 1949). Weitere dem Substantiv vorangesetzte Adjektive, Zahlwörter werden dann ebenfalls großgeschrieben. In den Titeln von Serien und Zeitschriften werden alle Substantive großgeschrieben.

Reihe:

Viele Bücher erscheinen im Rahmen von Reihen. Reihen werden nur mit angeführt, wenn die darin erscheinenden Werke durchnumeriert werden und die Reihe nicht nur vom Verlag eingerichtet wurde, um eine übersichtlichere Gliederung des Verlagsprogramms vorzunehmen (zum Beispiel Taschenbuchreihen).

Ich halte es aber durchaus für sinnvoll, zusätzlich solche Angaben festzuhalten, auch wenn sie nicht zu den bibliographischen Angaben im engeren Sinn gehören. Wenn man ein Buch kaufen will, hilft dies als Orientierung in der Buchhandlung. Der Hinweis auf eine Taschenbuchreihe deutet zudem auf einen niedrigeren Preis hin. Das ist ja auch nicht uninteressant für ein studentisches Budget.

Dissertationen und Habilitationen:

Wurde die Dissertation beziehungsweise Habilitation gedruckt und veröffentlicht, ist den üblichen Angaben hinzuzufügen, daß es sich um eine Dissertation beziehungsweise Habilitation handelt und wo (Hochschulort) und wann sie als Dissertation beziehungsweise Habilitation angenommen wurde.

Unveröffentlichte Manuskripte:

Unveröffentlichte Dissertationen, Habilitationen und andere Schriften erhalten an Stelle der Angabe von Erscheinungsort, Verlag und Erscheinungsjahr den in eckigen Klammern gesetzten Vermerk `[Masch.Schr.]`.

Das gilt für alle Werke, die unveröffentlicht sind und nur als (maschinengeschriebenes) Manuskript (eigentlich: Typoskript) vorliegen, auch wenn das Manuskript gar nicht mit der Schreibmaschine geschrieben, sondern zum Beispiel mit einem Laser-Drucker ausgedruckt wurde. Es gilt **nicht** für Werke, die „nach Typoskript" gedruckt und von einem Verlag herausgebracht worden sind.

Herausgeber:

Normalerweise wird der Herausgeber wie der Verfasser behandelt. Der Name des Herausgebers, der Herausgeber oder der herausgebenden Institution wird also den weiteren bibliographischen Angaben vorangestellt. Ausnahme: Werke, die vor allem unter ihrem Sachtitel bekannt sind, wie Handbücher oder Lexika, werden unter ihrem Sachtitel geführt. Die Angabe des Herausgebers folgt.

Wird das Werk eines Verfassers oder mehrerer Verfasser von einer anderen Person oder von einer Körperschaft/Institution herausgegeben, so bleibt die Verfasserangabe leitend. Der Herausgeber wird hinter dem Titel genannt.

Bis zu drei Herausgeber werden namentlich aufgeführt. **Ab vier Herausgebern** wird nur der erste Herausgeber namentlich aufgeführt, dahinter folgt: u.a. Bei der Literaturrecherche müssen Sie allerdings daran denken, daß Bücher mit mehr als drei Verfassern oder Herausgebern in Bibliotheken und in der *Deutschen Bibliographie* unter ihrem Sachtitel geführt werden.

Auflage:

Da Bücher bei **Folgeauflagen** oft überarbeitet werden, sollten Sie zusehen, jeweils die letzte überarbeitete Auflage zu berücksichtigen, wenn es darauf ankommt, den neuesten Stand der Theorieentwicklung zu berücksichtigen. Ist aber der Zeitpunkt wichtig, zu dem ein Buch erstmals erschienen ist (zum Beispiel um seine sozial-, wissenschafts- oder geistesgeschichtliche Einordnung zu ermöglichen), müssen Sie sich um Beschaffung der **Erstauflage** bemühen. Wenn es sich nicht um die erste Auflage handelt, muß angegeben werden, die wievielte Auflage dokumentiert wird, mit allen im Buch angeführten ergänzenden Angaben bezüglich Überarbeitung, Veränderung, Erweiterung usw.

Bei **Nachdrucken** ist das Erscheinungsjahr der Originalausgabe und des Nachdrucks anzugeben. Bei **Übersetzungen und Bearbeitungen** sollten Sie außer den Angaben zum Erscheinen der übersetzten oder bearbeiteten Fassung auch die Angaben zur Originalausgabe aufnehmen.

Erscheinungsort:

Erscheinungsort ist bei Verlagspublikationen der Verlagsort, wie er auf dem **inneren Titelblatt** angegeben wird. Bei **mehreren** Verlagsorten wird nur der erstgenannte Verlagsort angeführt und angefügt: u.a. Ist **kein** Erscheinungsort angegeben, schreibt man o.O. (das heißt „ohne Ort"). Können Sie den Erscheinungsort aus anderen Quellen ermitteln oder erschließen, sollten Sie ihn in eckige Klammern eingefügt hinzusetzen. Achtung: Der Druckort ist nicht der Erscheinungsort.

Verlag:

Der Name des Verlags ist dem **inneren Titelblatt** zu entnehmen. Er wird praktischerweise so weit abgekürzt, daß eine eindeutige Identifikation noch möglich ist. Die

Verlagsangabe ist in Literaturverzeichnissen nicht unbedingt üblich. Da sie darüber informiert, aus welchem Hause ein Buch kommt, kann sie Aufschluß geben über das Anspruchsniveau einer Publikation, ihre wissenschaftliche oder politische Ausrichtung und dergleichen.

Ist ein Werk im **Selbstverlag** erschienen (das heißt, der Verfasser hat selbst für seine Veröffentlichung gesorgt), wird an Stelle der Angabe von Verlagsort und Verlag der Name des Verfassers mit dem Klammerzusatz [Selbstverlag] angegeben.

Erscheinungsjahr:

Maßgeblich ist das Erscheinungsjahr **der betreffenden Auflage**, also das Jahr, in dem der Verlag diese Auflage des Buches herausgebracht hat. Manchmal ist nur das Jahr des Copyrights, normalerweise auf der Rückseite des Titelblatts, abgedruckt. Ist kein vom Jahr des Copyrights abweichendes Erscheinungsjahr angegeben, gibt man das Jahr des Copyrights als Erscheinungsjahr an. Weil das Jahr des Copyrights manchmal Jahre vor dem Erscheinungsjahr liegen kann, ist es sinnvoll, der Jahresangabe in diesem Falle eine entsprechende Kennzeichnung (©) voranzustellen. Ist weder das Erscheinungsjahr noch das Jahr des Copyrights angegeben, schreibt man o.J. (das heißt „ohne Jahr"). Können Sie das Erscheinungsjahr aus anderen Quellen ermitteln oder erschließen, sollten Sie es in eckige Klammern eingefügt hinzusetzen.

Bei späteren Auflagen ist es sinnvoll, zusätzlich das Jahr der Erstauflage anzugeben, umso mehr, je größer der zeitliche Abstand ist. Nur so ist eine korrekte geistes- und sozialgeschichtliche Einordnung des Werkes möglich.

Zeitschriftenjahrgänge:

Wissenschaftliche Zeitschriften werden meist nach erschienenen **Jahrgängen** durchnumeriert. Es wird die Jahrgangsnummer angegeben und in Klammern das betreffende Kalenderjahr hinzugefügt. Werden die Seiten der einzelnen Hefte eines Jahrgangs je für sich gezählt (in jedem Heft geht es wieder bei Seite 1 los), wird in der Klammer vor der Angabe des Erscheinungsjahrs noch die Heftnummer oder der Zeitpunkt des Erscheinens dieses Heftes, z.B. Monat oder Quartal, eingefügt. Auch bei jahrgangsweiser Durchnumerierung der Seiten erleichtert die Angabe der Heft-Nummer die Literaturbeschaffung. Achtung: Die Heft-Nummer einer Zeitschrift (wie 3/1991 bei jahrgangsweiser Numerierung oder Nr. 46 bei durchlaufender Numerierung) ist nicht mit der Nummer des Jahrgangsbandes zu verwechseln!

Beispiele

Wie die bibliographische Erfassung von Literaturtiteln nach dem genannten Verfahren aussehen sollte, werde ich nun an verschiedenen Beispielen demonstrieren, die alles in allem die häufigsten Arten von Literatur abdecken. Die Handhabung von Fällen, die durch die Beispiele nicht abgedeckt werden, müßte sich aber aus ihnen erschließen lassen.

"normales" Buch mit einem Verfasser:

Datenstruktur:	*Beispiel:*
Name, Vorname(n) des Verfassers:	Scherf, Henning:
Titel.	<u>Marx und Keynes.</u>
Erscheinungsort:	Frankfurt a.M.:
Verlag,	Suhrkamp,
Erscheinungsjahr	1986

```
Scherf, Henning: Marx und Keynes.
Frankfurt a.M.: Suhrkamp, 1986
```

normales Buch mit zwei oder drei Verfassern:

Datenstruktur:	*Beispiel:*
Namen, Vorname(n) der Verfasser:	Holling, Eggert u. Kempin, Peter:
Titel.	<u>Geist und Maschine.</u>
Untertitel.	<u>Auf dem Weg zur technologischen Zivilisation.</u>
Erscheinungsort:	Reinbek bei Hamburg:
Verlag,	Rowohlt,
Erscheinungsjahr	1989

```
Holling, Eggert u. Kempin, Peter:
Geist und Maschine. Auf dem Weg zur
technologischen Zivilisation. Reinbek
bei Hamburg: Rowohlt, 1989
```

normales Buch mit vier oder mehr Verfassern:

Datenstruktur:	*Beispiel:*
Name, Vorname(n) d. erstgen. Verf. u.a.:	Adorno, Theodor W. u.a.:
Titel.	<u>Der Positivismusstreit in der deutschen Soziologie.</u>
Auflage	8. Aufl.
Erscheinungsort:	Darmstadt u.a.:
Verlag,	Luchterhand,
Erscheinungsjahr	1980

```
Adorno, Theodor W. u.a.: Der Positi-
vismusstreit in der deutschen Sozio-
logie. 8. Aufl. Darmstadt u.a.:
Luchterhand, 1980
```

mehrbändiges Werk:

Datenstruktur: *Beispiel:*

Name, Vorname(n) des Verfassers: Elias, Norbert:
Titel.   Der Prozeß der Zivilisation.
Untertitel.   Soziogenetische und psychogeneti-
      sche Untersuchungen.
Bandzahl.   2 Bde.
Auflage   2., um eine Einl. vermehrte Aufl.
Erscheinungsort: Bern:
Verlag,   Francke,
Erscheinungsjahr   1969

```
Elias, Norbert: Der Prozeß der Zivi-
lisation. Soziogenetische und psycho-
genetische Untersuchungen. 2 Bde. 2.,
um eine Einleitung vermehrte Aufl.
Bern: Francke, 1969
```

Band aus einem mehrbändigen Werk:

Datenstruktur: *Beispiel:*

Name, Vorname(n) des Verfassers: Elias, Norbert:
Titel.   Der Prozeß der Zivilisation.
Untertitel.   Soziogenetische und psychogeneti-
      sche Untersuchungen.
Bandnr: Zweiter Band:
Bandtitel.   Wandlungen der Gesellschaft. Ent-
      wurf zu einer Theorie der Zivili-
      sation.
Auflage   2., um eine Einl. vermehrte Aufl.
Erscheinungsort: Bern:
Verlag,   Francke,
Erscheinungsjahr   1969

```
Elias, Norbert: Der Prozeß der Zivi-
lisation. Soziogenetische und psycho-
genetische Untersuchungen. Zweiter
Band: Wandlungen der Gesellschaft.
Entwurf zu einer Theorie der Zivili-
sation. 2., um eine Einleitung ver-
mehrte Aufl. Bern: Francke, 1969
```

Werk mit Verfasser und Herausgeber, evtl. Übersetzer

Datenstruktur: *Beispiel:*

Name, Vorname(n) des Verfassers:	Rousseau, Jean-Jacques:
<ins>Titel.</ins>	<ins>Emile oder Über die Erziehung.</ins>
Hg. Name des Herausgebers.	Hg., eingeleitet und mit Anmerkungen versehen von Martin Rang.
Übs. Name des Übersetzers.	Übs. Eleonore Sckommodau.
Erscheinungsort:	Stuttgart:
Verlag,	Reclam,
Erscheinungsjahr	1963

> Rousseau, Jean-Jacques: <ins>Emile oder
> Über die Erziehung.</ins> Hg., eingel. u.
> m. Anmerkungen vers. v. Martin Rang.
> Übs. Eleonore Sckommodau. Stuttgart:
> Reclam, 1963

Nachdruck eines früher erschienenen Werkes

Datenstruktur: *Beispiel:*

Name, Vorname(n) des Verfassers:	Marx, Karl:
<ins>Titel.</ins>	<ins>Grundrisse der Kritik der politischen Ökonomie.</ins>
Hinweis auf Originalausgabe.	Nachdruck der 2-bändigen Moskauer Ausgabe 1939 und 1941 in einem Band.
Erscheinungsort:	Frankfurt a.M.:
Verlag,	Europäische Verlagsanstalt,
	und Wien:
	Europa,
Erscheinungsjahr	o.J.

> Marx, Karl: <ins>Grundrisse der Kritik der
> politischen Ökonomie.</ins> Nachdruck der
> 2-bändigen Moskauer Ausgabe 1939 und
> 1941 in einem Band. Frankfurt a.M.:
> Europäische Verlagsanstalt, und Wien:
> Europa, o.J.

Buch, herausgegeben von einer Körperschaft/Institution

Datenstruktur:	*Beispiel:*
Name der Körperschaft (Hg.):	Institut der deutschen Wirtschaft (Hg.):
Titel.	Berufliche Bildung zwischen Tradition und Fortschritt.
Untertitel.	Der Betrieb als Feld der Ausbildung, Fortbildung und Umschulung.
Reihe.	Materialien zu bildungs- und gesellschaftspolitischen Fragen 33.
Erscheinungsort:	Köln:
Verlag,	Deutscher Instituts-Verlag,
Erscheinungsjahr	1973

```
Institut der deutschen Wirtschaft
(Hg.): Berufliche Bildung zwischen
Tradition und Fortschritt. Der Be-
trieb als Feld der Ausbildung, Fort-
bildung und Umschulung. Materialien
zu bildungs- und gesellschafts-
politischen Fragen 33. Köln: Deut-
scher Instituts-Verlag, 1973
```

Sammelband, herausgegeben von einer oder mehreren Personen:

Datenstruktur:	*Beispiel:*
Name, Vorname(n) des/der Herausg. (Hg.):	Kochan, Detlef C. (Hg.):
Titel.	Allgemeine Didaktik – Fachdidaktik – Fachwissenschaft.
Untertitel.	Ausgewählte Beiträge aus den Jahren 1953 bis 1969.
Reihe.	Wege der Forschung 68.
Erscheinungsort:	Darmstadt:
Verlag,	Wissenschaftliche Buchgesellschaft,
Erscheinungsjahr	1970

```
Kochan, Detlef C. (Hg.): Allgemeine
Didaktik – Fachdidaktik – Fach-
wissenschaft. Ausgewählte Beiträge
aus den Jahren 1953 bis 1969. Wege
der Forschung 68. Darmstadt: Wissen-
schaftliche Buchgesellschaft, 1970
```

Handbuch, Lexikon u.ä.:

Datenstruktur:	*Beispiel:*
<u>Titel.</u>	<u>Deutsche Geschichte.</u>
Bandnr.:	1. Bd.:
<u>Bandtitel.</u>	<u>Von den Anfängen bis 1789.</u>
Hg. Name des Herausgebers	Hg. Joachim Streisand u.a.
Auflage	2., unveränd. Aufl.
Erscheinungsort:	Berlin (Ost):
Verlag,	Deutscher Verlag der Wissenschaften,
Erscheinungsjahr	1967

<u>Deutsche Geschichte.</u> 1. Bd.: <u>Von den
Anfängen bis 1789.</u> Hg. Joachim Strei-
sand u.a.. 2., unveränd. Aufl. Berlin
(Ost): Deutscher Verlag der Wissenschaften, 1967

Dissertation:

Datenstruktur:	*Beispiel:*
Name, Vorname(n) des Verfassers:	Thorn-Prikker, Jan:
<u>Titel.</u>	<u>Revolutionär ohne Revolution.</u>
<u>Untertitel.</u>	<u>Interpretationen der Werke</u> <u>Georg Büchners.</u>
Reihe.	Literaturwissenschaft – Gesellschaftswissenschaft 33.
Diss. Ort Jahr	Diss. Bonn 1976
Erscheinungsort oder [Masch.Schr.]:	Stuttgart:
Verlag,	Klett-Cotta,
Erscheinungsjahr	1978

Thorn-Prikker, Jan: <u>Revolutionär ohne
Revolution. Interpretationen der Werke Georg Büchners.</u> Literaturwissen-
schaft – Gesellschaftswissenschaft
33. Diss. Bonn 1976. Stuttgart:
Klett-Cotta, 1978

Beitrag in einem Sammelband:

Datenstruktur: *Beispiel:*

Name, Vorname(n) des Verfassers:
"Titel."
Titel des Bandes.

Hg. Name des/der Herausgeber/s.

Erscheinungsort:
Verlag,
Erscheinungsjahr.
Seiten

```
Schramm, Engelbert:
"Ökosystem und ökologisches
Gefüge."
Soziale Naturwissenschaft.
Wege zu einer Erweiterung der
Ökologie.
Hg. Gernot Böhme und Engelbert
Schramm.
Frankfurt a.M.:
Fischer,
1984.
63-90
```

```
Schramm, Engelbert: "Ökosystem und
ökologisches Gefüge." Soziale Natur-
wissenschaft. Wege zu einer Erweite-
rung der Ökologie. Hg. Gernot Böhme
und Engelbert Schramm. Frankfurt
a.M.: Fischer, 1984. 63-90
```

Aufsatz in einer Fachzeitschrift:

Datenstruktur: *Beispiel:*

Name, Vorname(n) des Verfassers:
"Titel."
Name der Zeitschrift
Jahrgangsnr. (Jahr).
Seiten

```
Lauterbach, Roland:
"Auf der Suche nach Qualität:
Pädagogische Software."
Zeitschrift für Pädagogik
35 (1989).
699-710
```

```
Lauterbach, Roland: "Auf der Suche
nach Qualität: Pädagogische Soft-
ware." Zeitschrift für Pädagogik 35
(1989). 699-710
```

Angabe von Fundstellen

Was Sie bisher gemacht haben, ist sozusagen die amtliche Titelaufnahme. Um für sich den größtmöglichen Nutzen davon zu haben, sollten Sie die bibliographischen Angaben in Ihrer Literaturkartei ergänzen um Angaben über die Fundstellen, soweit Sie solche schon kennen. Haben Sie einen Titel aus dem Bibliothekskatalog, schreiben Sie sich sofort auch die **Standort-Signatur** auf. Dann können Sie dieses Buch bei Bedarf gleich am Standort suchen, ohne erst noch einmal im Katalog nachsehen zu müssen. Wenn Sie mehrere Bibliotheken benutzen, ist es natürlich nötig, die jeweilige Bibliothek zu vermerken, für die diese Signatur gilt.

Bei Titeln, die sich in Ihrem eigenen Besitz befinden, notieren Sie auch dies. Das klingt vielleicht übertrieben: Man weiß doch, welche Bücher man im Schrank stehen hat! Für Bücher mag das auch stimmen. Aber über den Bestand an Kopien aus Zeitschriften, Anthologien usw. kann man schon leichter die Übersicht verlieren.

Wenn Sie erfahren, daß jemand aus Ihrem Freundes- und Bekanntenkreis ein Buch aus Ihrer Literaturkartei besitzt, schreiben Sie es sich auf: „Hat XY."

Manche Publikationen kann man nicht im Buchhandel, sondern nur direkt beim Herausgeber oder Urheber oder bei Dokumentationsstellen beziehen. In diesen Fällen ist es gut, die Bezugsadresse zu notieren, also zum Beispiel die Adresse der herausgebenden Körperschaft: „Zu beziehen über ..."

Zuordnung von Schlagwörtern

Vermerken Sie auf jeder Literaturkarteikarte die Schlagwörter, die Sie zur Kennzeichnung des thematischen Gehalts des betreffenden Textes zugeordnet haben. (Zur Verschlagwortung ➜ Abschnitt 4.2)

Querverweise und Beilagen

In die Literaturkartei können und sollten Sie außerdem alle Hinweise aufnehmen, die Ihnen bei der Erschließung des betreffenden Textes hilfreich sein können:

- Querverweise zur Personenkartei, falls Sie für den Verfasser oder Herausgeber eines Werkes eine eigene Personen-Karteikarte angelegt haben (➜ Abschnitt 4.3);

- eine kurze Inhaltsangabe des Textes („Abstract"), selbst geschrieben oder abgeschrieben beziehungsweise kopiert (am besten auf der Rückseite der Karte oder auf einem eigenen, der Literatur-Karteikarte angehefteten Zettel);

- Hinweise auf Rezensionen des Werks (in der Kurzform, die Sie auch in der Schlagwortkarte verwenden – vgl. dort; die Rezension ist mit einer eigenen Karte unter dem Namen des Rezensenten in die Literaturkartei aufzunehmen);

- Hinweise auf Stellen in anderen Werken, die sich mit diesem Text oder mit einzelnen der darin dargestellten Forschungsergebnisse oder Positionen auseinandersetzen; für die betreffenden Werke muß eine eigene Literaturkarteikarte existieren;

- Hinweise auf Seminarunterlagen oder andere Materialien, in denen auf dieses Werk Bezug genommen wird (➜ Abschnitt 4.4);

- Angabe, ob ein eigenes Exzerpt zu diesem Text angefertigt wurde und wo dieses abgelegt oder abgeheftet wurde (➜ Abschnitt 4.4);

- Zitate aus dem Text, Kommentare und Anmerkungen zum Text (soweit sie nicht den Umfang eines eigenen Exzerptes erreichen und noch auf einem Zettel der Karteikarte angeheftet oder angeklammert werden können).

Vielfach werden Zitate (zum Beispiel Begriffsdefinitionen) aus Texten nicht der Literatur, sondern dem Schlagwort zugeordnet. Dem liegt – eingestanden oder nicht – die Auffassung zugrunde, man könne wissenschaftliche Aussagen aus ihrem Zusammenhang heraussezieren und – zusammen mit anderen ebenso isolierten Aussagen anderer Wissenschaftler – einem Thema oder Begriff (Schlagwort) zuordnen. Ich halte das für eine ganz üble Methode. Und ich weiß, daß sie weit verbreitet ist. Meine Auffassung dazu ist die: Man darf eine Aussage eines anderen Wissenschaftlers nur dann in Gebrauch nehmen, wenn man sicher ist, daß sie in den Zusammenhang paßt, in den sie eingefügt werden soll. Dazu aber muß man wissen, in welchem eigenen Zusammenhang sie entstanden und formuliert worden ist. Gibt ein Autor beispielsweise eine Begriffsdefinition, müßte man auch einiges über den geistigen Hintergrund dieses Autors wissen, um verstehen zu können, warum er diesen Begriff so und nicht anders definiert. Deshalb bin ich dafür, Zitate und Textauszüge immer möglichst in der Nähe des Textes zu belassen, dem sie entnommen sind. Ich glaube, die Versuchung, ein Zitat aus dem ursprünglichen Zusammenhang zu reißen und willkürlich in neue Darstellungszusammenhänge einzusetzen, ist geringer, wenn es als Auszug aus seinem Ursprungstext dokumentiert wird, als wenn es ohne diesen Rückbezug nur einem Schlagwort zugeordnet wird. Man spricht davon, daß sich jemand „verzettelt", wenn er über der Beschäftigung mit immer kleineren Details den Überblick über das Ganze, über die Zusammenhänge verliert. Ebenso wenig, wie man sich selbst verzetteln sollte, sollte man wissenschaftliche Theorien **„verzetteln"**, also in kleinste Stücke zerlegen, die man auf vielen Zetteln festhält und dann beliebig kombinieren und zusammenfügen zu dürfen glaubt.

Etwas anderes ist es, wenn Sie sich zu einem Thema (also nicht zu einem Text) eigene Überlegungen gemacht haben: Ansätze zur Strukturierung des Themas, Argumentationsskizzen, eigene, also von Ihnen stammende Begriffseingrenzungen, Ideen zu Teilaspekten des Themas. Das gehört zum entsprechenden Schlagwort und kann auf einem Zettel der Schlagwort-Karteikarte angeheftet werden.

4.2 Schlagwortkartei

Das zweite Standbein Ihrer persönlichen Literaturdokumentation ist eine Schlagwortkartei. Sie ermöglicht es Ihnen erst, Ihre Literaturkartei richtig auszuwerten. Dazu müssen Sie die dokumentierten Titel „verschlagworten": Sie ordnen ihnen Schlagwörter zu, die Hinweise auf wesentliche Inhalte des betreffenden Textes geben. Die Anlage einer Schlagwortkartei ist unter zwei Aspekten zu betrachten:

- Unter dem **inhaltlichen** Aspekt: Welche Schlagwörter wähle ich aus, und wie vergebe ich sie?

- Unter dem **technischen** Aspekt: Wie verknüpfe ich Literatur- und Schlagwortkartei?

Verschlagwortung

Ich rate Ihnen nicht dazu, sich von Anfang an eine schlüssige und konsistente Systematik von Schlagwörtern zurechtzulegen. Das ist aussichtslos. Ich rate Ihnen auch davon ab, aus irgendwelchen Büchern eine fertige Systematik zu übernehmen. Ihre wissenschaftliche Arbeit im Studium wird zu einer ganz persönlichen Schwerpunktbildung führen. Manche Themen werden für Sie besonders wichtig sein, und da brauchen Sie dann auch einen differenzierteren Schlagwortkatalog. Andere Themen streifen Sie nur am Rande, und da genügen ein paar globale Schlagwörter, die gleich größere Themenbereiche abdecken. Wie sich das bei Ihnen entwickelt, können Sie aber zu Beginn nicht wissen.

Mein Tip ist daher, einfach ganz **unsystematisch** mit der Zuordnung von Schlagwörtern zu beginnen und dabei anfangs lieber zu viele als zu wenige Schlagwörter aufzunehmen. Notieren Sie sich aber die vergebenen Schlagwörter in einer Liste, auf der Sie rasch nachsehen können, welche Schlagwörter Sie bisher schon vergeben haben und welche nicht. Dann können Sie sich einerseits an schon vergebene Schlagwörter halten und diese wieder vergeben – was sicher besser ist, als zum Beispiel dem Thema „Ökologie" mal das Schlagwort „Umwelt" und mal das Schlagwort „Ökologie" zuzuordnen. Andererseits könnten Sie sich irgendwann entschließen, mehrere Schlagwörter unter einem Schlagwort zusammenzufassen.

Für die **Auswahl der Schlagwörter** gibt es meines Erachtens nur ein Kriterium: Sie müssen Wörter wählen, von denen Sie sicher sind, daß Sie sich später darunter auch genau die Thematik vorstellen werden, die Sie im Moment damit verbinden.

Mit der Zeit werden Sie vielleicht etwas Struktur oder Systematik in Ihren Schlagwortkatalog bringen wollen. Sie können versuchen, Oberbegriffe für Gruppen von Schlagwörtern zu bilden, so daß Sie hierarchisch suchen können. Unter dem Schlagwort „Ökologie" zum Beispiel fassen Sie Schlagwörter wie „Umweltschutz", „Ökosysteme", „Ökonomie und Umwelt" zusammen. Sie werden dabei aber feststellen, daß sich die Verhältnisse damit sehr komplizieren. Viele Themenbereiche entziehen sich nämlich der eindeutigen Unterordnung unter nur einen Oberbegriff. „Ökonomie und Ökologie" kann man einerseits als ein Unterthema von „Ökologie" ansehen, andererseits aber auch als ein Unterthema unter „Ökonomie". „Ökologie" selbst wiederum könnte als Unterbegriff unter „Biologie" stehen. Damit würden aber auch die Unterbegriffe zu „Ökologie" unter „Biologie" eingeordnet – da paßt „Ökonomie und Ökologie" nun aber ganz und gar nicht hin.

Es ist eben einfach so: **Die Themen der Wissenschaft sind in kein Klassifikationsschema zu zwängen.** Versuchen Sie lieber nicht, woran schon so viele scheitern mußten. Nehmen Sie die Sache so zwanglos, wie sie ist. Statt feste hierarchische Zuordnungen von Schlagwörtern herzustellen, vergeben Sie für jeden Titel lieber mehrere Schlagwörter, und berücksichtigen Sie dabei, daß Sie zum Beispiel einen Aufsatz, der sich mit der Problematik von „Ökosteuern" beschäftigt, sowohl unter dem engen Begriff „Ökosteuern" als auch unter den weiteren Begriffen „Steuergesetzgebung", „Umweltpolitik", „Ökonomie und Ökologie" oder „Ökologie" später wiederfinden wollen. Eine anfangs unzureichende Verschlagwortung eines Titels können Sie später jederzeit korrigieren oder ergänzen, ohne ganze Klassifikationssysteme umstellen zu müssen.

Woher aber nehmen Sie die Informationen über die Inhalte eines Textes, die Sie ja brauchen, um Schlagwörter zuordnen zu können, wenn Sie den Text selbst noch gar nicht in der Hand hatten?

Nun, ich gehe davon aus, daß Sie nicht einfach jeden Literaturtitel in Ihre Dokumentation aufnehmen, der Ihnen unterkommt, sondern nur solche, mit denen sich für Sie schon eine gewisse Vorstellung von ihrem Inhalt verbindet; sei es, daß der Titel oder Untertitel etwas Bestimmtes verspricht; sei es, daß Sie den Literaturhinweis einem anderen Text entnommen haben und aus den Bemerkungen dort oder aus dem Zusammenhang dieses anderen Textes gewisse Rückschlüsse ziehen können; sei es, daß Sie den Titel im Bibliothekskatalog oder in einer Bibliographie unter einem bestimmten Schlagwort gefunden haben.

Natürlich ist es ein Unterschied, ob Sie sich bei der Zuordnung eines Schlagworts auf Informationen aus zweiter Hand stützen müssen oder sie auf der Grundlage eigener Kenntnis vornehmen können. Kennzeichnen Sie die Zuordnung entsprechend als „eigene" (also fundierte!) oder „übernommene" (also zu überprüfende, mit Vorbehalt versehene).

Verknüpfung von Literatur- und Schlagwortkartei

Für die Schlagwörter legen Sie eine eigene Kartei an: auf jede Karteikarte ein Schlagwort. Darunter notieren Sie dann die Titel, von denen Sie meinen oder wissen, daß sie etwas zu diesem Thema bringen, und zwar so kurz wie möglich und nötig, um den betreffenden Titel in der Literaturkartei identifizieren zu können. Ich schlage Ihnen dafür eine auch in Manuskripten gebräuchliche Kurzform vor (➜ Abschnitt 5.4.3): das erste Element der vollständigen bibliographischen Angabe und in Klammern dazu das Erscheinungsjahr. Also zum Beispiel Scherf (1986), Holling/Kempin (1989), Adorno u.a. (1980), Kochan (Hg.) (1970), Elias (1969, Bd. 1), Deutsche Geschichte Bd. 1 (1967). So haben Sie nicht viel Schreibarbeit und können den gesuchten Titel in der Literaturkartei schnell ausfindig machen. Falls vom selben

Autor aber mehrere Titel im selben Jahr erschienen sind, müssen Sie durch einen Zusatz kenntlich machen, welcher der Titel gemeint ist; zum Beispiel indem Sie die Titel eines Erscheinungsjahres mit a, b, c ... hinter der Angabe des Erscheinungsjahres versehen; oder indem Sie ein Stichwort aus dem Sachtitel hinzufügen. Praktischerweise setzen Sie die von Ihnen verwendete Kurzform auch in den Kopf der zugehörigen Literatur-Karteikarte, oberhalb der vollständigen bibliographischen Angaben.

Die zugeordneten Schlagwörter notieren Sie sich auch auf der Literatur-Karteikarte. Immer wenn Sie eine dieser Karten zur Hand nehmen, haben Sie dann zusätzlich eine Übersicht über die verwendeten Schlagwörter und sehen gleich, ob Sie etwas zu ergänzen oder zu korrigieren haben.

Wenn ein Schlagwort sich nur auf einen Teil des angegebenen Textes bezieht, sollten Sie natürlich hinter der Literaturangabe auch noch die entsprechenden Seitenzahlen oder das entsprechende Kapitel angeben.

Auch Ihre Schlagwortkartei können Sie mit **Querverweisen** anreichern. Querverweise zur Literaturkartei ergeben sich ja schon aus der Natur der Sache. Außerdem könnten Sie themenverwandte oder -benachbarte Schlagwörter angeben und sich so bei der Erschließung Ihres Materials zu einem Thema von Schlagwort zu Schlagwort leiten lassen. Notizen und Skizzen, die Sie sich zu dem durch das Schlagwort bezeichneten Themenbereich schon gemacht haben, könnten Sie – wenn der Umfang es zuläßt – der Schlagwortkarteikarte anheften. Umfangreichere themenbezogene Ausarbeitungen werden Sie an gesonderter Stelle ablegen und einen entsprechenden Hinweis auf die Fundstelle auf der Schlagwortkarteikarte unterbringen.

4.3 Personenkartei

Es ist überlegenswert, sich zusätzlich eine Personenkartei anzulegen. Auf jeder Karte würden Sie Informationen über Leben und Werk einer Person festhalten und Hinweise geben auf Literatur über diese Person oder auf Werke, die von dieser Person stammen (Querverweise zur Literaturkartei). Drei Kategorien kommen dabei in Betracht:

- wissenschaftliche Autoren;

- nicht-wissenschaftliche Autoren, mit denen sich die Wissenschaft beschäftigt (zum Beispiel Dichter, Schriftsteller);

- Personen, die durch anderes als durch das geschriebene Wort von Bedeutung oder Interesse für die Wissenschaft sind (zum Beispiel historische Gestalten, Personen der Zeitgeschichte, Künstler).

Mit der ersten Kategorie werden Studierende aller Fächer zu tun haben; die zweite wird vor allem für Studenten der Literatur- und Sprachwissenschaften von Interesse sein, und die dritte für Studenten der Geschichte, Politik und künstlerischer Fächer.

Daß es wichtig ist, solche Angaben zur Person festzuhalten, ergibt sich für die Personen der zweiten und dritten Kategorie ganz selbstverständlich. Denn sie gehören sozusagen ins Gegenstandsfeld der Wissenschaft. Aber auch dann, wenn wie bei den Personen der ersten Kategorie das Personale gegenüber dem theoretischen Beitrag zur Wissenschaft in den Hintergrund tritt, ist es oft interessant, den lebensgeschichtlichen Hintergrund zu kennen, auf dem jemand seine Forschungen betrieben und seine Theorien entwickelt hat. (Außerordentlich peinlich kann es sein, wenn Sie in einem Seminar ein Referat über einen Autor halten und sich bei Befragen herausstellt, daß Sie nicht einmal wissen, ob es sich um einen Autor des 19. oder 20. Jahrhunderts handelt.)

Ob Sie eine eigene getrennte Personenkartei anlegen sollten oder die Karten mit Angaben zur Person in die Literatur- beziehungsweise Schlagwortkartei einordnen, kann offen bleiben. Die Personen der zweiten und dritten Kategorie gehören in den Gegenstandsbereich der Wissenschaft, und von daher könnte es ganz sinnvoll sein, die Personen-Karten in die Schlagwortkartei einzuordnen. Die Personen der ersten und zweiten Kategorie sind als Autoren relevant, und es wäre durchaus sinnvoll, die Karteikarte mit Angaben über ihr Leben und Wirken den Literaturkarteikarten ihrer Werke zuzuordnen.

4.4 Ablage und Ordnung umfangreicherer Aufzeichnungen und Materialien

Seminarunterlagen

Ihre wissenschaftlichen Arbeiten während des Studiums werden – so könnte man sagen – von drei „roten Fäden" durchzogen, aus denen sich je ein eigenes Ordnungsprinzip ergibt. Der erste und deutlichste „rote Faden" ist der **Besuch von Lehrveranstaltungen**. Die dabei anfallenden und entstehenden Materialien (Mitschriften, von den Seminarleitern ausgegebene Seminarmaterialien wie Textauszüge oder Literaturlisten, von Seminarteilnehmern oder von Ihnen selbst angefertigte Protokolle, Thesenpapiere) sollten Sie einfach in chronologischer Reihenfolge sammeln und semesterweise zusammenfassen.

Dieses Ordnungsprinzip orientiert sich (semesterweise) vor allem an Ihrem Studienfortschritt.

Themenbezogene Materialien

Der zweite, vielleicht weniger deutliche „rote Faden" wird durch Ihre **inhaltlichen Interessen** gebildet. Diese drücken sich zwar auch in den Themen der Lehrveranstaltungen aus, die Sie besuchen. Aber Lehrveranstaltungen sind in ihrem tatsächlichen Verlauf und in der gesamten Fülle des Materials, das sie bieten, nicht durch Ihre Interessen definiert. Andererseits werden Sie im Verlaufe Ihres Studiums einige Arbeiten anfertigen, die – auch wenn sie im Zusammenhang mit Lehrveranstaltungen angeregt wurden und entstanden sind – nicht deren vorgegebener thematischer Richtlinie folgen, sondern maßgeblich von Ihren eigenen Interessen geprägt sind. Arbeiten, Notizen und Skizzen, die Sie ohne jeden Bezug zu einer Lehrveranstaltung angefertigt haben, und auch solche Seminar-Arbeiten, die nicht (wie zum Beispiel Protokolle, manchmal auch Thesenpapiere, Kurzreferate) primär als Beitrag zum Gang eines Seminars gedacht sind und daher nur im thematischen Zusammenhang eines Seminars ihren Sinn entfalten, sondern für sich Bestand haben, sollten Sie nach groben Sachgebieten zusammenfassen und ordnen.

Dieses Ordnungsprinzip orientiert sich (nach Sachgebieten) an den Schwerpunkten Ihres inhaltlichen Interesses.

Literaturbezogene Materialien

Der dritte „rote Faden" in Ihrem Studium entsteht durch die **Literatur**, die Sie bearbeiten. Ebenso, wie sich interessenbestimmte thematische Schwerpunkte herausbilden, werden Sie mit der Zeit eine besondere Affinität zu bestimmten Autoren spüren, die Ihnen besonders liegen. Themenbezogene Interessen und die Bevorzugung gewisser Autoren hängen natürlich miteinander zusammen. Grundsätzlich könnten Sie die Aufzeichnungen, die Sie zu bestimmten Werken anfertigen, mit denen Sie sich ausführlicher beschäftigen, auch den Themen zuordnen. Aber ich würde das nicht tun. Ein Thema ist ein Gegenstandsfeld, auf dem Sie grundsätzlich versuchen sollten, eigene Orientierung zu finden. Der Text eines anderen Wissenschaftlers zu diesem Thema gibt nur die Orientierung dieses Autors auf dem betreffenden Feld wieder. Der Bedeutung dieser subjektiven Komponente werden Sie eher gerecht, wenn Sie Ihre literaturbezogenen Aufzeichnungen dem Subjekt (Verfasser), als wenn Sie sie dem Objekt (Gegenstand, Thema) des Textes zuordnen.

Ideal wäre es, wenn Sie mit einer Karteikarte beispielsweise. zu einem Literaturtitel auch alles zusätzliche Material zu diesem Titel, das sich im Laufe der Semester angesammelt hat, gleich mit in die Hand bekämen. Das wird sich aber nicht machen lassen, wenn dieses zusätzliche Material etwas umfangreicher ist. Einen Zettel, der doppelt so groß ist wie die Literatur-Karteikarte können Sie falten und mit einer Büroklammer an der Karte befestigen. Nimmt die Zahl solcher Zettel zu dem betreffenden Text zu oder haben Sie mehrseitige Exzerpte, Textauszüge (abgeschrieben oder kopiert) zu diesem Text, müssen Sie sie wohl separat unterbringen.

Bei Exzerpten und Textauszügen beziehungsweise -kopien sowie umfangreicheren Kommentaren und Anmerkungen zu einem Literaturtitel bietet es sich an, diese Unterlagen nach demselben Prinzip wie die Literaturkartei zu ordnen: alphabetisch nach Verfassernamen oder Sachtitel. Auf der Literatur-Karteikarte genügt dann ein Hinweis, daß zusätzliches Material zu diesem Text existiert.

Dieses Ordnungsprinzip orientiert sich (alphabetisch) an Autoren.

Beispiele

Karte aus der Literaturkartei:

```
Weizenbaum (1978)

Weizenbaum, Josef: Die Macht der Computer und die Ohnmacht der
Vernunft. Übs. Udo Rennert. Frankfurt a.M.: Suhrkamp, 1978
[Suhrkamp-Taschenbuch Wissenschaft 274]

Titel und Erscheinungsjahr der Originalausgabe: Computer Power
and Human Reason. From Judgement to Calculation. 1976

gelesen; im eigenen Besitz

Inhalt: Humanistisch orientierte Kritik an der Computerisierung
aller Lebensbereiche, insbesondere an der Ideologie der „Künst-
lichen Intelligenz"

Schlagwörter: Computer, Künstliche Intelligenz, Instrumentelle
Vernunft

Exzerpt und Anmerkungen

siehe auch: Ordner „Wintersemester 88/89", LV „Computer und Ge-
sellschaft"
```

Karte aus der Personenkartei:

```
WEIZENBAUM, Josef

Computerwissenschaftler am MIT, Cambridge/USA; war selbst an
Forschungen zur „Künstlichen Intelligenz" beteiligt. Von ihm
stammt das „Psychiater-Programm" ELIZA.

Literatur: Die Macht der Computer und die Ohnmacht der Vernunft
(1978); Kurs auf den Eisberg (1984); Kinder, Schule und Computer
(1989)
```

Karte aus der Schlagwortkartei:

```
Künstliche Intelligenz
siehe auch: Computer, Kognitionswissenschaft, Expertensysteme

Dreyfus/Dreyfus (1987)
Roszak (1986) 6. Kapitel
Turkle (1984) III. Teil
Weizenbaum (1978)

Material zum Thema: Ordner „Informatik", Nr. 3; Ordner „Winter-
semester 88/89" LV „Computer und Gesellschaft"
```

Nachbemerkung

Wenn Sie all das gemacht haben, was ich Ihnen vorgeschlagen habe, kann ich Ihnen nur gratulieren. Dann haben Sie mehr Ordnung in Ihren Unterlagen, als ich während meiner Studienzeit je hatte. Aber ich hoffe ja auch, Sie haben mich richtig verstanden: Die persönliche Materialdokumentation ist allein eine arbeitstechnische Angelegenheit. Und wie ich im ersten Kapitel sagte: Arbeitstechniken haben die Arbeit zu erleichtern und sonst nichts. Auf keinen Fall sollen sie zusätzliche Arbeit machen oder Streß verursachen, schlechtes Gewissen und ähnliche unangenehme Dinge. Wenn Sie es unbedingt drauf ankommen lassen wollten, könnten Sie auch versuchen, ganz ohne so etwas auszukommen. Entscheidend ist nachher nur das Ergebnis Ihrer Arbeit, und dem, der sie zu beurteilen hat, ist es egal, wie effizient oder umständlich Sie bei ihrer Anfertigung zu Werke gegangen sind. Probieren Sie selbst aus, wie weit Sie die Ordnung treiben wollen. Auch dabei sind die Geschmäcker verschieden.

3

Schriftliche wissenschaftliche Arbeiten im Studium

In diesem Teil des Buches kommen diejenigen Probleme des wissenschaftlichen Arbeitens zur Sprache, die damit zusammenhängen, daß Sie die Ergebnisse Ihrer wissenschaftlichen Arbeit in schriftlicher Form jemandem zur **Beurteilung** vorlegen und daher den Maßstäben unterwerfen müssen, an denen dieser die **wissenschaftliche Qualität** einer Arbeit bemißt.

Beurteilt zu werden, ist eine sehr unangenehme Erfahrung. Sie kennen das aus der Schule. Fast immer ist sie mit einiger Angst verbunden – Sie fühlen sich in Frage gestellt, ausgeliefert, ohnmächtig. Die Sicherheit, die Sie vor sich selbst haben, etwas Ordentliches geleistet zu haben, nützt meist wenig. Die positive Seite derselben Medaille ist der Stolz über die gute Note, über das Lob; ein Stolz, der sich merkwürdigerweise selbst dann einstellt, wenn Sie von der über Sie urteilenden Person gar nicht so viel halten. Ich bin alles andere als kompetent, über die psychischen Probleme zu sprechen, die das Beurteiltwerden mit sich bringt. Aber ich gehöre selbst auch nicht zu denen, die so in sich ruhen, daß ihnen das Urteil anderer relativ unwichtig ist. Gestehen Sie sich das einfach zu, was Sie empfinden, und tun Sie alles, um sich die Situation so leicht zu machen, wie es geht. Das Beste, was Sie tun können (außer selbstredend: eine nach eigenen Maßstäben gute Leistung zu erbringen), ist, möglichst große Klarheit zu schaffen über das, was von Ihnen erwartet wird.

Kaum ein an der Hochschule tätiger und lehrender Wissenschaftler wird sagen, daß ihm die **formale Korrektheit** einer Arbeit wichtiger sei als ihr Inhalt. Dennoch soll es vorkommen, daß Hochschullehrer es ablehnen, eine Arbeit auf ihre **inhaltliche Qualität** hin zu beurteilen, weil sie schon formal unter aller Kritik sei. Sie sollten sich demnach darauf einstellen, daß formale Korrektheit von vielen Lehrenden als eine Art Vorbedingung für inhaltliche Qualität angesehen wird. Es ist sicher die Frage, ob dies ein berechtigter Standpunkt ist. Aber diejenigen, die ihn vertreten, haben vielleicht viel Macht über Sie. Es ist fraglich, ob sie sich mit jemandem, der eine Arbeit abgeliefert hat, die formal „daneben" ist, auf eine Diskussion darüber einlassen, wie wichtig diese formalen Dinge denn sind.

Suchen Sie sich ein anderes Feld, um Konflikte auszutragen. Machen Sie es denen, die Sie zu beurteilen haben, in diesen Dingen recht. Das ist ganz besonders wichtig, wenn Sie nach eigener Einschätzung eine inhaltliche Position zu vertreten vorhaben, die von der des Beurteilers abweicht oder gar zu ihr im Widerspruch steht. Denn dann dürfen Sie auf keinen Fall auf einer Ebene Angriffsfläche bieten, die mit Ihrem eigentlichen Anliegen nichts zu tun hat.

Bei Leistungsnachweisen sollten Sie also darauf achten, daß die formalen Dinge hundertprozentig stimmen. Sie unterwerfen sich damit Konventionen. Aber selbst gesetzt den Fall, Sie wollten gerade diese Konventionen zum Gegenstand der Auseinandersetzung machen, so sollten Sie dies nur in inhaltlicher Hinsicht tun. Sie können zum Beispiel eine Arbeit schreiben über die Geschichte der Konventionen im Wissenschaftsbetrieb; eine scharfe Kritik am Konventionalismus in der Wissenschaft (ich fänd's gut, wenn Sie das täten) – aber Sie müssen diese Arbeit formal korrekt gemäß den Konventionen, die Sie kritisieren, abfassen, wenn sie ernst genommen werden soll. Fassen Sie formale Korrektheit weniger als Unterwerfung auf, sondern als ein Signal, daß Sie die Hauptbühne zu betreten gedenken: das inhaltliche Feld, und daß Sie sich nicht auf irgendeinem Nebenschauplatz abfertigen lassen wollen.

Ich habe diesen Teil des Buches so aufgebaut, daß Ihnen zuerst die für die meisten Arten von Leistungsnachweisen in gleicher Weise bedeutsamen Punkte bei der Abfassung eines Manuskripts erläutert werden (5. Kapitel). Anschließend werde ich auf Besonderheiten einzelner Arten von Leistungsnachweisen ausführlicher eingehen (6. Kapitel).

5. Kapitel
Elemente einer schriftlichen Arbeit

Dieses Kapitel behandelt der Reihe nach die verschiedenen Elemente, die Aufbau und Gestaltung einer schriftlichen wissenschaftlichen Arbeit bestimmen:
- Thema und Titel;
- Themenstrukturierung und Gliederung;
- Titelblatt, Inhaltsverzeichnis, Vorwort, Einleitung, Überschriften;
- Trennung von Beschreibung und Erklärung, von Darstellung und Kommentar;
- Quellenangaben, Zitate;
- Fußnoten, Anmerkungen, Exkurse;
- Register und Verzeichnisse;
- Literaturverzeichnis;
- Anhang;
- Schriftbild und Layout.

Nützliche Funktionen eines Textverarbeitungsprogramms ➜ 8. Kapitel
Praktische Arbeitsschritte bei der Abfassung einer wissenschaftlichen Arbeit unter Einsatz des Textverarbeitungsprogramms *Word* ➜ 10. und 11. Kapitel
Beispiele für die Manuskriptgestaltung ➜ Musterseiten im Anschluß an das 11. Kapitel

Die Ergebnisse Ihrer wissenschaftlichen Arbeit werden Sie während Ihres Studiums in verschiedener Form abzuliefern haben: als Seminarvortrag (Referat), als Beantwortung von Fragen in einer mündlichen Prüfung, als Klausur. Die meistgebrauchte Form aber ist die schriftliche Ausarbeitung. Die verschiedenen Elemente eines wissenschaftlichen Manuskripts sollen in den folgenden Abschnitten erörtert werden. Nicht alle werden Sie bei allen schriftlichen Ausarbeitungen benötigen. (Zu den spezielleren Anforderungen verschiedener Arten von Leistungsnachweisen ➜ 6. Kapitel)

5.1 Thema und Titel

Ein dringender Rat zu Beginn: Wann immer es geht, sollten Sie selbst die Themen bestimmen, über die Sie wissenschaftlich zu arbeiten gedenken. An Themen, die Sie interessieren, können Sie mit ganz anderer Energie herangehen als an reine Auftragsarbeiten. Außerdem haben Sie dann eher die Möglichkeit, ein Thema so zu wählen, daß es an Vorkenntnissen und Vorarbeiten anknüpft, die schon da sind, und Sie entgehen eher der Gefahr, bei Null anfangen zu müssen. Wenn Sie versuchen, in Ihrem Studium bestimmte Interessengebiete kontinuierlich zu verfolgen (was Sie unbedingt tun sollten, um eine eigene Orientierung in das Studium zu bringen und nicht von den unterschiedlichsten Vorschlägen oder Anforderungen wechselnder Betreuer hin- und hergeworfen zu werden), liegt es nahe, die Themen möglichst auf diese Interessengebiete zu beziehen.

Haben Sie eine Arbeit zu schreiben, ist es am Anfang das Wichtigste, möglichst genau zu wissen, über welches **Thema** Sie schreiben sollen oder wollen. Dies gilt natürlich vor allem, wenn Sie das Thema „bekommen". Aber auch, wenn Sie es selbst wählen konnten, ist seine Konkretisierung eine wichtige Aufgabe für den Anfang. Das klingt furchtbar banal, ist es aber ganz und gar nicht. Der **Gegenstand** sei „Ökologische Buchhaltung". Als Überschrift auf einem noch leeren Blatt Papier ist es nur ein Name, der anzeigt, daß ich vorhabe, über einen Gegenstand zu schreiben, der diesen Namen trägt. Was ich über diesen Gegenstand schreiben werde, liegt mit einem solchen **Titel** natürlich noch nicht fest; nur der Gegenstand ist bezeichnet. Der Titel könnte auch lauten: „Ordnungspolitische Probleme der Ökologischen Buchhaltung"; dann wäre in ihm außerdem schon ein Hinweis enthalten, mit welcher inhaltlichen Schwerpunktsetzung der Gegenstand „Ökologische Buchhaltung" behandelt werden soll. Ein Titel, der nicht nur einen Gegenstand benennt, sondern auch die inhaltliche Behandlung des Gegenstandes andeutet, würde ein Thema formulieren. Mit dem Thema ist also der Gegenstand benannt und die inhaltliche Schwerpunktsetzung in der Behandlung des Gegenstandes umrissen. Normalerweise formulieren die Titel wissenschaftlicher Arbeiten ein Thema und nicht nur einen Gegenstand.

Gehen wir davon aus, auf Ihrem ansonsten leeren Blatt Papier stünde ein Thema wie „Ordnungspolitische Probleme der Ökologischen Buchhaltung". Der Gegenstand scheint klar zu sein: „Ökologische Buchhaltung" – was sonst? Aber in Wahrheit haben Sie noch gar keinen Gegenstand, sondern nur einen Namen. Derselbe Name kann für ganz verschiedene Gegenstände stehen. Wenn Sie sich noch nie damit beschäftigt haben, wissen Sie vielleicht gar nicht, daß „Ökologische Buchhaltung" als festliegender Terminus ein ganz bestimmtes betriebswirtschaftliches Konzept meint. Sie denken vielleicht, es sei eine Bezeichnung für die Erstellung einer

Umwelt-Bilanz. Aber selbst wenn Sie (beispielsweise aus den Ihnen gegebenen Literaturhinweisen) wissen, daß es da ein Buch gibt, das diesen Titel trägt und dessen Inhalt daher den Gegenstand Ihrer Arbeit darstellen soll, haben Sie noch keine Ahnung vom Inhalt dieses Buches, von dem Sie zum ersten Mal hören, und also auch nicht vom Gegenstand Ihrer Arbeit. Die inhaltliche Schwerpunktsetzung Ihres Themas ist Ihnen daher vorläufig ebenfalls noch unverständlich. Wieso sollte es mit einem Buchhaltungskonzept ordnungspolitische Probleme geben?

Titel oder Themenbenennung und tatsächlich zu behandelndes Thema sind also nicht dasselbe. Klarheit über das Thema zu bekommen, ist etwas anderes, als ein Thema benannt oder den Titel einer Arbeit zu bekommen. Möglicherweise stellt sich während der Bearbeitungszeit heraus, daß Sie mit dem Titel völlig falsche Vorstellungen über Gegenstand und Thema Ihrer Arbeit verbunden haben, und nun müssen Sie in der Tat über ein ganz anderes Thema schreiben, als Ihnen vorschwebte. Das kann Ihrer ganzen mehr oder weniger konkreten Arbeitsplanung plötzlich die Grundlage entziehen. Um in eine solche Situation gar nicht erst zu geraten, sollten Sie sich niemals für längere Zeit damit begnügen, nur den Namen des Themas zu kennen, ohne sich Klarheit darüber zu verschaffen, ob Sie damit auch die richtigen Vorstellungen über Gegenstand und inhaltliche Schwerpunktsetzung verbinden. Das bedeutet im Klartext: **Niemals den Beginn der Arbeit auf die lange Bank schieben**; lieber die Arbeit sofort anfangen und später zwischendurch unterbrechen, falls gerade andere Aufgaben vordringlich zu erfüllen sind. Denn nur dadurch, daß Sie beginnen, sich mit Ihrem Gegenstand zu beschäftigen, gewinnen Sie Klarheit über Ihr Thema.

Wir können die Bedeutung dieses nur scheinbar banalen Grundsatzes noch einmal verdeutlichen, indem wir die beiden Fälle unterscheiden:

● Das Thema wird Ihnen von einem Dozenten „gegeben".

● Sie selbst wählen ein Thema aus, schlagen es dem Dozenten vor, und der ist einverstanden.

Was „gibt" Ihnen der Dozent, wenn er Ihnen ein Thema „gibt"? Er gibt Ihnen den **Namen** eines Themas. Erhalten Sie sonst nichts von ihm, kann Ihnen damit – je nach Formulierung des Themas – eine mehr oder weniger große Bandbreite verschiedener realer Themen offenstehen. Wahrscheinlich meint der Dozent aber ein bestimmtes Thema aus dieser Bandbreite. Klarheit zu gewinnen über das, was mit der Themenbenennung gemeint ist, heißt in diesem Falle also, herauszubekommen, was der Dozent gemeint hat. Dann wissen Sie, welcher Gegenstand gemeint ist, aber Sie kennen ihn noch nicht. Um das Thema (die inhaltliche Schwerpunktsetzung, unter der der Gegenstand behandelt werden soll) zu verstehen, müssen Sie sich schon ein wenig mit dem Gegenstand beschäftigt haben. Auch dann sollten Sie sich noch einmal vergewissern, daß Ihre so gewonnene Vorstellung vom Thema mit dem vom Dozenten Gemeinten übereinstimmt. Sonst heißt es womöglich: Thema verfehlt.

Die Rollen sind anders verteilt, wenn **Sie** einen Themenvorschlag machen. Dann haben Sie schon eine genauere Kenntnis vom Gegenstand und der inhaltlichen Schwerpunktsetzung. Sie formulieren das zu einem Arbeitstitel und präsentieren diesen dem Dozenten. Jetzt müssen Sie ihm erläutern, was sich hinter dem Namen verbirgt. Wenn ein Dozent Ihnen ein Thema zur Bearbeitung „gibt", verbindet er fast immer auch bestimmte Vorstellungen darüber, wie das Thema zu bearbeiten ist. Wenn Sie selbst ein Thema vorschlagen, kann das zwar auch der Fall sein; aber es wird häufiger vorkommen, daß der Dozent bereit ist, Ihre Vorstellungen zur Bearbeitung des Themas zu akzeptieren. Kommt das Thema vom Dozenten, wird es sehr wichtig, herauszubekommen und zu verstehen, wie er sich die Bearbeitung denkt. Schlagen Sie selbst das Thema vor, ist es Ihre Aufgabe, dem Dozenten den guten Sinn Ihrer Vorstellungen über die Bearbeitung des Themas klarzumachen.

Was Sie jedoch auf keinen Fall tun sollten, ist: ein Thema vorschlagen und dann erwarten, daß der Dozent Ihnen sagt, wie Sie das Thema bearbeiten sollen. Falls er sich in der Sache gut auskennt, wird er vielleicht von sich aus spontan Vorschläge oder auch Vorschriften machen, wie Sie herangehen sollen. Das ist gar nicht unbedingt so vorteilhaft. Denn da Sie grundsätzlich dann, wenn Sie ein Thema eigener Wahl vorschlagen, auch schon mit einem wenigstens ungefähren Konzept in der Tasche kommen sollten, haben Sie nun das Problem, Ihre Vorstellungen und die des Dozenten miteinander zu vereinbaren. Deshalb ist es am besten, Sie kommen eventuellen Vorschlägen des Dozenten mit Ihren eigenen Vorstellungen zuvor, indem Sie ihm zuerst den Inhalt umreißen und dann einen Arbeitstitel dafür vorschlagen. Falls er dann ein anderes Konzept wünscht, muß er sich doch auf Ihr Konzept erstmal einlassen und die Vorzüge seiner Vorschläge deutlich machen. Wenn Sie mit Ihren Vorstellungen erst rausrücken, nachdem der Dozent die seinen geäußert hat, sind Sie in einer schwierigen Situation: Sie müßten ihn von der Überlegenheit Ihres Konzeptes überzeugen.

Versetzen wir uns aus der Hochschule in einen Betrieb. Sie sind nicht Student, sondern Arbeitnehmer. Sie werden von Ihrer Arbeitgeberin beauftragt, „sich um das Alkoholproblem des Kollegen Meier zu kümmern" (= Benennung des Themas). Sie haben nur den Namen „Meier". Es gibt aber 20 Meier im Betrieb, die (als gemeinter „Gegenstand") in Frage kommen. Sie nehmen sich also nicht gleich den erstbesten Meier vor, der Ihnen in die Quere kommt, sondern lassen sich den fraglichen Meier zeigen. (Identifizierung des gemeinten Gegenstandes) Jetzt wissen Sie, um welchen Meier es geht; aber Sie kennen ihn bisher nur vom Ansehen, und daher ist Ihnen auch unbekannt, worin sein „Alkoholproblem" bestehen könnte. Aus demselben Grunde muß Ihnen vorläufig unverständlich bleiben, was es heißen könnte, sich „darum zu kümmern". (Sie durchschauen die „Thematik" noch nicht.) Jetzt sehen Sie zu, Meier näher kennenzulernen. Sie besuchen ihn, sprechen mit ihm, lernen seine Familie kennen (beschäftigen sich mit dem „Gegenstand"). Dabei stellen Sie fest, daß er ziemlich viel (zuviel) Alkohol trinkt. Was ist nun das Problem, um das Sie sich kümmern sollen? Für Meier selbst ist es das Hauptproblem, an Alkohol zu kommen. Für seine Frau ist es das Hauptproblem, den Alkoholismus ihres Mannes geheim zu halten. Um welches der beiden Probleme sollen Sie sich kümmern? Sie sind unsicher und befragen Ihre Auftraggeberin. Dabei stellt sich heraus, daß die ein drittes Problem im Sinne hatte: Sie sollten sich darum kümmern, daß Meier nüchtern zur Arbeit kommt; alles andere interessierte sie gar nicht. Hätten Sie sich um das Problem Meiers oder um das seiner Frau gekümmert, hätte Ihre Auftraggeberin gesagt: Aufgabe (Thema) verfehlt.

Jetzt der andere Fall: Sie kommen zu Ihrer Arbeitgeberin und teilen ihr mit, Sie hielten es für sinnvoll, sich mal um das Alkoholproblem des Kollegen Meier zu kümmern. Ihre Chefin ist sofort einverstanden, Sie sprechen nicht weiter drüber, und später stellt sich heraus, daß sie einen anderen Meier gemeint hat. Oder sie fragt erst nach, welcher Meier gemeint sei. Dann kann immer noch der oben geschilderte Fall eintreten, daß sie das Problem ganz woanders sah. Sie denken, daß der Alkohol selbst das Problem ist, daß man ihn „trocken" kriegen müßte, zum Beispiel mit Hilfe einer Kur. Ihre Chefin denkt nur an die Arbeitsfähigkeit und erwartet, daß Sie dafür sorgen, daß der Kollege in Zukunft nüchtern zur Arbeit erscheint. Von einer Kur hält sie nichts; das bedeutet Arbeitsausfall. Auch darüber, was Sie genau gemeint haben, als sie Ihr Vorhaben zur Sprache brachten, müssen Sie also Ihre Chefin informieren. Dabei kann es natürlich schon zu Meinungsverschiedenheiten über das „eigentliche" Problem kommen. Es kann sein, daß Ihnen Ihre Chefin Ihre Problemauffassung auszureden versucht. Wenn Sie ohne ihren Auftrag nichts unternehmen können, werden Sie sich mit Ihrer Auffassung wohl nicht durchsetzen können, ohne sie zu überzeugen.

Daß es absurd wäre, zur Chefin zu kommen und zu sagen, Sie wollten sich gern um den Kollegen Meier kümmern, und dann darauf zu rechnen, daß sie Ihnen sagt, um welchen Meier Sie sich in welcher Angelegenheit kümmern sollen, versteht sich von selbst.

Zurück in die Hochschule. Sobald Sie ein Thema bekommen, versuchen Sie als erstes, ganz genau herauszukriegen, welche inhaltlichen Erwartungen der Themen-Geber daran knüpft. Fangen Sie möglichst früh an, sich mit dem Thema konkret zu beschäftigen, am besten anhand eines Textes, der das Thema mehr im Überblick behandelt, wenn es das zu Ihrem Thema gibt (Handbuchartikel oder ähnliches). Dann sehen Sie, wieviel Gestaltungsraum Ihnen jenseits der Vorgaben bleibt, den Sie mit eigenen konzeptuellen Vorstellungen füllen können. Holen Sie sich Rückversicherung, daß die thematischen Ergänzungen oder Erweiterungen, die Sie eventuell vorhaben, sich mit den Vorstellungen Ihres Auftraggebers vereinbaren lassen, bevor Sie sich voll in die Arbeit stürzen.

Haben Sie die Möglichkeit, selbst das Thema zu wählen, gehen Sie nicht nur mit einer Themen-Benennung, sondern bereits mit einem thematischen **Konzept** in der Tasche zum Betreuer, bei dessen Erläuterung Sie zeigen können, daß Sie sich schon mit der Sache befaßt haben. So mancher Betreuer wird dies mit Erleichterung zur Kenntnis nehmen und sich damit zufrieden geben, vor allem bei Themen, die ihm selbst nicht so geläufig sind. Andere haben ihre eigenen Vorstellungen von der „richtigen" Behandlung des Themas und bringen diese vor. Wenn aus dem Versuch, Ihre und seine Vorstellungen zusammenzubringen, schon eine inhaltliche Diskussion wird, ist das nicht das Schlechteste, was Ihnen passieren kann. Aber denken Sie an Ihre Position als Student. Die ist nicht gerade eine der Stärke. Starrköpfiges Beharren auf Ihrer Vorstellung ist in dieser Situation sinnlos. Nehmen Sie die Vorschläge Ihres Betreuers entgegen und versuchen Sie, ihnen in der Arbeit gerecht zu werden, soweit sich das mit der Verwirklichung Ihres eigenen Konzeptes, von dem Sie überzeugt sind, vereinbaren läßt. Viele Betreuer merken es hinterher gar nicht, daß ihre Vorschläge nicht berücksichtigt wurden, wenn Ihnen die Arbeit ansonsten zusagt.

Gelingt es Ihnen aber nicht, die Vorschläge des Betreuers in der Arbeit zu berücksichtigen, dann sollten Sie in der Einleitung Ihr Konzept so gut begründen, wie es eben geht – ohne ausdrücklich auf das von Ihnen verworfene Alternativkonzept einzugehen. Man muß ja auch nicht unbedingt schlafende Hunde wecken.

Bei der Formulierung des Titels Ihrer Arbeit sollten Sie schließlich **Bescheidenheit** zeigen. Gerade dann, wenn ein Thema Sie gepackt hat, entwickeln Sie vielleicht sehr weitreichende Vorstellungen davon, welche Horizonte wissenschaftlicher Erkenntnis Ihre Bearbeitung des Themas erschließen soll. Das sind **Wunschvorstellungen**, deren Erfüllung in den Sternen steht. Das Fatale daran ist, daß Sie sich selbst damit unter einen Druck setzen, dem Sie kaum gewachsen sein können. Das Problem vieler ambitionierter Studierender mit ihren Arbeiten ist weniger, daß sie die Erwartungen ihres Auftraggebers nicht zu erfüllen in der Lage wären, als daß sie hinter ihren eigenen Ansprüchen zurückbleiben und daher von einem lähmenden Gefühl des Ungenügens befallen werden.

Grenzen Sie Ihr Thema im Titel so weit ein, daß Sie sich sicher sein können, es auch in der verfügbaren Zeit zu bewältigen. Machen Sie den Titel nicht zum Wunschzettel! Weitergehende Ansprüche sind damit nicht ausgeschlossen. Eine Arbeit, die mehr hält, als ihr Titel verspricht, überrascht den Leser auf eine positive Weise. Eine Arbeit, die die Erwartungen enttäuscht, die ihr Titel weckt, erscheint womöglich in einem schlechteren Lichte, als sie eigentlich verdiente.

5.2 Themenstrukturierung und Gliederung

Gliederung des Arbeitsvorhabens

Gute Textverarbeitungsprogramme verfügen über eine sehr nützliche Gliederungsfunktion. Zum Prinzip einer Gliederungsfunktion ➜ Abschnitt 8.4.1
Zur praktischen Arbeit mit der Gliederungsfunktion des Textverarbeitungsprogramms *Word* ➜ Abschnitt 11.1

Die Gliederung gibt Ihrer Arbeit Struktur. Sie unterteilt sie in sinngemäß zusammenhängende Abschnitte, in Lese-Einheiten, und sie zeigt, in welcher Weise sich Ihre Gedanken im Laufe des Textes entwickeln. Eine Gliederung ist zunächst einmal für Sie selbst da, und ganz am Anfang ist sie nur eine Gliederungsabsicht. Sie nehmen sich vor, bei der Behandlung Ihres Themas die Schritte zu gehen, die Sie in den Gliederungspunkten (den Überschriften Ihrer Gliederungsabschnitte) vorformuliert haben.

Das kann eine ganz **äußerliche Einteilung** sein, etwa von der Art:

1. beschreibe ich die Themenstellung;
2. gebe ich eine Übersicht über den Darstellungsgang meiner Arbeit;
3. behandle ich den Autor X;
4. behandle ich den Autor Y;
5. behandle ich den Autor Z;
6. fasse ich die Ergebnisse zusammen.

Eine solche Gliederung können Sie sich vornehmen, ohne sich zu Ihrem Thema einen einzigen inhaltlichen Gedanken gemacht zu haben. Bei vielen Themen geht das, vor allem dann, wenn Sie die Aufgabe haben, bestimmte Ihnen vorgegebene Texte zu einem Thema zu referieren.

Bei anderen Themen, die mehr problem- als autoren- oder text-orientiert sind, können Sie sich zwar eine ähnlich äußerliche Schrittabfolge Ihrer **Vorarbeiten** vornehmen. Aber das **fertige Manuskript** selbst wird nach einer **problembezogenen Gliederung** verlangen. Die aber können Sie erst angehen und vorformulieren, wenn Sie sich schon einige inhaltliche Gedanken zum Thema gemacht (also auch schon einige Vorarbeiten geleistet) haben. Die problembezogene Gliederung, die Sie dann entwerfen, hat dementsprechend zwangsläufig schon eine gedankliche Skizze zur Grundlage, die Sie zu Ihrem Thema im Kopf haben.

Man kann es auch anders ausdrücken: Sie haben immer schon Ihre – mehr oder weniger guten – Gründe für Ihre vorläufige Gliederungsabsicht. Leider werden die in dem Gliederungsentwurf, den Sie zu Papier bringen, nicht mitdokumentiert. Man sieht die Gliederung, aber aus ihr geht nicht hervor, wieso sie so aussieht, wie sie aussieht, und nicht anders. Ich schlage Ihnen daher vor, sich nicht mit der bloßen Auflistung von Gliederungspunkten (Überschriften) zu begnügen, sondern schon gleich die Gedanken, die Sie dazu bewegt haben, eine solche Gliederung vorzusehen, schriftlich zu skizzieren. Das kann ruhig in unvollständigen Sätzen oder in Stichworten erfolgen. Wichtig ist, daß Sie die Gedanken, die Sie sich ja zum Thema schon haben machen müssen, um eine Gliederung überhaupt formulieren zu können, nicht wieder versickern lassen und nur diese dürftigen Überschriften in Händen behalten, sondern die bereits getane Arbeit (denn das sind Ihre Vorüberlegungen zur Gliede-rung schließlich) auch gleich fruchtbar werden lassen.

Wenn Sie unter Ihren Gliederungspunkten sofort Stichworte zum vorgesehenen Inhalt notieren oder entsprechende Gedankenfetzen skizzieren, Thesen aufstellen, die Sie in der Arbeit dann beweisen oder widerlegen wollen, werden Sie auch besser feststellen können, wie gut oder weniger gut Ihre Gründe für diese Gliederung tatsächlich sind. Das wird Sie wahrscheinlich zu einer besser durchdachten und zu einer genaueren, differenzierteren Gliederung hinführen. Und es führt Sie schon in die schriftliche Ausarbeitung ein, zu einem Zeitpunkt, wo Sie noch relativ frei sind von Zeitdruck. Im Ergebnis haben Sie schon etwas auf dem Papier stehen, das zwar noch recht dünn ist, aber doch schon eher das Gefühl vermitteln kann, ein bißchen Boden unter den Füßen zu haben, als es eine bloße Liste von Überschriften vermag.

Ich glaube, es ist für viele Studierende ein echtes Problem, rechtzeitig mit der Niederschrift des Manuskripts zu beginnen und nicht endlos in den Vorarbeiten, vor allem im Rezipieren von Texten, hängen zu bleiben. Beginnen Sie mit der Nieder-schrift erst, wenn Sie glauben, das Thema voll im Griff zu haben, wird es zeitlich fast immer recht eng. Ergeben sich dann beim Ausformulieren neue Gesichtspunkte, ist es zu spät, ihnen noch nachzugehen. Sie sollten daher die Niederschrift des Manu-skripts nicht bloß als einen technischen Vorgang der Außendarstellung Ihrer Arbeits-ergebnisse ansehen, sondern als wichtigen Beitrag zum Arbeitsprozeß selbst. Das bedeutet: **so früh wie möglich mit dem Schreiben beginnen!** (Richtig: Das habe ich schon öfter betont.) Und der Einstieg mit einer stichwortartigen oder skizzenhaften

Ausfüllung Ihrer Gliederungspunkte ist, nach meiner Erfahrung, eine gute Methode, die Hürde des Beginnens zu nehmen.

Gliederung der fertigen Arbeit

Die Gliederung, die Ihre Arbeit schließlich **tatsächlich** erhält, mag sich stark unterscheiden von Ihrer ursprünglichen Gliederungsabsicht. Aber das ist kein Mangel, sondern nur logische Konsequenz der Tatsache, daß eine gute problemorientierte (und nicht nur äußerliche) Gliederung sich aus der behandelten Sache selbst ergibt. Und da Sie schließlich die Behandlung des Themas noch weitgehend vor sich haben, wenn Sie Ihre Gliederungsabsicht formulieren, haben Sie auch die endgültige Gliederung erst noch vor sich. Je stärker sich die endgültige Gliederung von der ursprünglichen Absicht unterscheidet, umso mehr ist offensichtlich zwischendurch passiert. Und darum geht es doch: daß da etwas passiert im wissenschaftlichen Arbeitsprozeß.

Wenn die Gliederungsabsicht zu Beginn Ihres Arbeitsprozesses vor allem den Sinn hatte, Ihr Arbeitsvorhaben in überschaubare und sinnvoll aufeinanderfolgende Arbeitsschritte zu zerlegen, so hat die Gliederung der fertigen Arbeit den Sinn, sie für ihren Leser in überschaubare Lese-Einheiten aufzuteilen. Jeder neue Gliederungspunkt markiert sozusagen einen Ruhepunkt, und es ist ganz klar, und Sie kennen das bestimmt aus eigener Lesererfahrung, daß man sich wohlgemuter ans Lesen begibt in der Aussicht auf baldige Ruhepunkte, als wenn man die Dürre einer langen, unterbrechungslosen Lesestrecke vor sich hat.

Daraus ergibt sich in etwa ein Anhaltspunkt für den **Grad der Untergliederung** einer Arbeit. Eine 100-Seiten-Arbeit, die nur zwei Gliederungspunkte aufweist, macht dem Leser angst und bange, und er wird schon nur mit Unbehagen die Lektüre beginnen. Wenn hingegen eine 10-Seiten-Arbeit in 20 Gliederungspunkte unterteilt ist, fragt sich der Leser zu Recht, ob der Verfasser vielleicht denkt, er befinde sich noch im „ersten Lesealter". Irgendwo dazwischen liegt das richtige Maß. Prüfen Sie Ihre eigenen Lesegewohnheiten, dann haben Sie eine Richtschnur. Bedenken Sie auch, daß derjenige, der Ihre Arbeit zu begutachten hat, vielleicht ständig sehr viele solcher Arbeiten vorgelegt bekommt, daher nicht gerade mit Muße, Neugier und Spannung an die Lektüre geht und deshalb umso dankbarer für eine leserfreundliche Untergliederung Ihres Werks sein dürfte.

Entscheidender allerdings ist: Die Güte Ihrer Gliederung ist darüber hinaus ein ganz wichtiges **Kriterium für die Beurteilung der inhaltlichen Qualität** Ihrer Arbeit. Der Gutachter sieht daran, ob Sie in der Lage waren, die Problemstruktur Ihres Themas zu erkennen und zu berücksichtigen. Eine rein äußerliche Gliederung, wie ich sie beispielhaft oben skizziert habe, ist zwar mit weniger Risiken behaftet, kann aber Ihre Fähigkeit zur Themen- und Gedanken-Strukturierung nicht unter Beweis stellen.

Dazu gehört nicht nur eine angemessene Aufgliederung des Gesamtthemas in Teil-Themen. Dazu gehört auch, daß Sie zeigen, Ihnen ist bei dieser Zerlegung nicht der innere Zusammenhang des Themas verloren gegangen, Sie haben also die Gliederungspunkte nicht beziehungslos aneinandergereiht, sondern – möglichst auch in der Gliederung ersichtlich – miteinander gedanklich verknüpft: Die Abfolge Ihrer Gliederungspunkte sollte auch eine **gedankliche Entwicklung** anzeigen – sofern die Themenstellung dies überhaupt zuläßt.

Gliederungsschema

Im Gliederungsschema stellt sich die Gliederung nicht nur in der Abfolge der Gliederungspunkte, sondern auch in ihrer Tiefe dar. Es gibt dem Leser Orientierung daher auch über die Zahl der Gliederungsebenen und ihre Zuordnung zueinander. Vor allem zwei Arten von Schemata haben sich als gebräuchlich herauskristallisiert: das Buchstaben-Ziffern-System und das Dezimalklassifizierungs-System. Man kann sie auch mischen.

Im **Buchstaben-Ziffern-System** werden die unterschiedlichen Gliederungsebenen durch die Zuordnung unterschiedlicher Zahlen- und Buchstabensymbole gekennzeichnet (die oberste Ebene zum Beispiel durch römische Ziffern, die zweite Ebene durch Großbuchstaben); im **Dezimalklassifizierungssystem** durch die Zuordnung einer Dezimalzahl mit entsprechender Stellen-Zahl (die oberste Ebene also durch einstellige Zahlen, die zweite Ebene durch zweistellige Zahlen), wobei die Stellen durch Punkte voneinander getrennt werden. Hinter die letzte Stelle wird meist kein Punkt mehr gesetzt.

Welches der Gliederungsschemata man vorzieht, hängt wohl auch von der Gliederungstiefe ab. Die Charakterisierung der Gliederungsebene geschieht im Dezimalklassifizierungs-System durch die Anzahl der Stellen. In der fünften Gliederungsebene haben Sie also eine 5-stellige Ziffernfolge vor Ihrer Überschrift. Je mehr Gliederungsebenen vorgesehen sind, desto voluminöser wird im Dezimal-klassifizierungs-System die Ziffer, durch die die unteren Gliederungsebenen charakterisiert werden. Irgendwann fängt das dann an, unschön zu werden. Bei mehr als, sagen wir, drei, vielleicht noch vier Gliederungsebenen sollten Sie daher das Buch-staben-Ziffern-System wählen. Im Buchstaben-Ziffern-System wird die Gliederungs-ebene durch die Art des Zeichens charakterisiert. Es genügt also immer ein Zeichen vor der Überschrift.

Andererseits können Sie beim Buchstaben-Ziffern-System nicht erkennen, in welchem Teil der Arbeit Sie sich befinden. Ein Abschnitt des Manuskripts, dessen Position in der Gliederung durch ein „B." gekennzeichnet ist, kann sich im Teil I., II. oder III. befinden. In dieser Beziehung leistet demnach das Dezimalklassifi-kationssystem bessere Orientierung.

Sie können aber auch, wie ich es in diesem Buch gemacht habe, verschiedene Gliederungsschemata neben- und querzueinander anwenden: Das Gesamtmanuskript wird in fünf Teile geteilt, die mit „Erster Teil", „Zweiter Teil" usw. bezeichnet werden. Durch diese Teile hindurch läuft eine Einteilung in Kapitel, die fortlaufend durch das ganze Manuskript (und nicht jeweils für einen Teil) durchnumeriert werden. Und schließlich wird für die Untergliederung der Kapitel in Abschnitte das Dezimalklassifikationsschema angewandt. Ihrer Phantasie sind keine Grenzen ge-setzt. Die Hauptsache ist, es dient der Übersichtlichkeit.

Im folgenden stelle ich Ihnen beide Schemata anhand der Gliederung der ersten vier Kapitel dieses Buches dar.

Gliederung nach dem Dezimalklassifizierungs-System:

1.   Studieren und wissenschaftlich arbeiten
   1.1   Was ist wissenschaftliches Arbeiten?
      1.1.1   „Wissenschaftliches Arbeiten" heißt vor allem:
         „sich seine eigenen Gedanken machen".
      1.1.2   Formvorschriften und -konventionen sind die „guten Manieren"
         im Wissenschaftsbetrieb – aber nicht nur das.
      1.1.3   Techniken haben die Arbeit zu erleichtern – und sonst nichts.
      1.1.4   Ein Computer ist ein sehr nützliches Arbeitsmittel –
         aber Sie kommen auch ohne ihn aus.
   1.2.   Elemente wissenschaftlichen Arbeitens im Studium
      1.2.1   „Sich seine eigenen Gedanken machen"
      1.2.2   Zuhören und mitschreiben
      1.2.3   Lesen und exzerpieren
      1.2.4   Sich auseinandersetzen
      1.2.5   Sich vermitteln
      1.2.6   Schreiben
      1.2.7   Sammeln und Ordnen von Material
      1.2.8   Zur Ökonomie des Studierens
2.   Erledigung der wichtigsten wissenschaftlichen Vorarbeiten
   2.1   Literatursuche, -auswahl und -beschaffung
      2.1.1   Literatursuche
         2.1.1.1 ausgehend von einem bereits bekannten Text zum Thema
         2.1.1.2 ausgehend vom Bibliotheksbestand
         2.1.1.3 ausgehend von Bibliographien
      2.1.2   Literaturauswahl
      2.1.3   Literaturbeschaffung
   2.2   Die persönliche Materialdokumentation
      2.2.1   Literaturkartei
      2.2.2   Schlagwortkartei
      2.2.3   Personenkartei
      2.2.4   Ablage und Ordnung umfangreicherer Aufzeichnungen
         und Materialien

Gliederung nach dem Buchstaben-Ziffern-System:

I.   Studieren und wissenschaftlich arbeiten
   A.   Was ist wissenschaftliches Arbeiten?
      1.   „Wissenschaftliches Arbeiten" heißt vor allem:
         „sich seine eigenen Gedanken machen".
      2.   Formvorschriften und -konventionen sind die „guten Manieren"
         im Wissenschaftsbetrieb – aber nicht nur das.
      3.   Techniken haben die Arbeit zu erleichtern – und sonst nichts.
      4.   Ein Computer ist ein sehr nützliches Arbeitsmittel –
         aber Sie kommen auch ohne ihn aus.
   B.   Elemente wissenschaftlichen Arbeitens im Studium
      1.   „Sich seine eigenen Gedanken machen"
      2.   Zuhören und mitschreiben
      3.   Lesen und exzerpieren
      4.   Sich auseinandersetzen
      5.   Sich vermitteln
      6.   Schreiben
      7.   Sammeln und Ordnen von Material
      8.   Zur Ökonomie des Studierens
II. Erledigung der wichtigsten wissenschaftlichen Vorarbeiten
   A.   Literatursuche, -auswahl und -beschaffung
      1.   Literatursuche
         a)   ausgehend von einem bereits bekannten Text zum Thema
         b)   ausgehend vom Bibliotheksbestand
         c)   ausgehend von Bibliographien
      2.   Literaturauswahl
      3.   Literaturbeschaffung
   B.   Die persönliche Materialdokumentation
      1.   Literaturkartei
      2.   Schlagwortkartei
      3.   Personenkartei
      4.   Ablage und Ordnung umfangreicherer Aufzeichnungen
         und Materialien

Die konkrete Wahl der Zeichen beim Buchstaben-Ziffern-System sollten Sie von der Gliederungstiefe abhängig machen. Mein Vorschlag ist:

Zeichen	bei 2 Ebenen	bei 3 Ebenen	bei 4 Ebenen	bei 5 Ebenen
römische Zahlen: I., II., III., IV.			1. Ebene	1. .Ebene
große Buchstaben: A., B., C., D.		1. Ebene	2. Ebene	2. Ebene
arabische Ziffern: 1., 2., 3., 4.	1. Ebene	2. Ebene	3. Ebene	3. Ebene
kleine Buchstaben: a), b), c), d)	2. Ebene	3. Ebene	4. Ebene	4. Ebene
griechische Buchstaben: α), β), γ), δ)				5. Ebene

5.3 Gliederungsteile zur Vororientierung des Lesers

5.3.1 Titelblatt

Zur Titelblatterstellung bei Einsatz des Textverarbeitungsprogramms *Word* ➜ Abschnitt 11.8
Beispiele ➜ Musterseiten 3 und 4

Das Titelblatt ist der Identitätsnachweis eines Manuskripts. Es soll auf den ersten Blick eindeutigen Aufschluß geben über:

- **Thema (Titel)** der Arbeit;

- **Art der Arbeit** (Protokoll, Hausarbeit, Staatsexamensarbeit, Diplomarbeit oder dergleichen) und Fach und/oder Studiengang, in dessen Rahmen die Arbeit als Leistungsnachweis gelten soll;

- gegebenenfalls Angabe der **Lehrveranstaltung**, in deren Rahmen die Arbeit angefertigt wurde, und **Name des Seminarleiters**;

- **Hochschule**, an der die Arbeit eingereicht wird;

- **Name und Adresse des Verfassers**; eventuell zusätzlich **Matrikelnummer**;

- **Name des Betreuers** (falls nicht identisch mit dem Leiter der Lehrveranstaltung, in deren Rahmen die Arbeit entstand);

- **Datum der Abgabe**.

Bei Arbeiten, deren Umfang nur ganz wenige Seiten umfaßt, genügen einige Zeilen zu Beginn der ersten Seite, die die entsprechenden Angaben enthalten.

Die wichtigste Angabe ist der **Titel**. Den sollten Sie besonders hervorheben, zum Beispiel durch Unterstreichung oder Großbuchstaben. Wenn Sie die Mühe nicht scheuen, können Sie die Angaben auch „zentriert" (mittig, das heißt in der Mitte zwischen linkem und rechtem Seitenrand des Textes) setzen, das sieht noch besser aus. Dann müssen Sie aber auch alle anderen Angaben in der gleichen Weise anordnen.

Es ist gut, wenn der Titel möglichst genauen Aufschluß über den tatsächlichen Gehalt der Arbeit gibt. Aber je genauer der Titel sein soll, desto länger wird er meistens auch. Er läßt sich dann nicht mehr mit einem Blick erfassen, sondern muß richtig gelesen werden. Ein Ausweg ist ein kurzer prägnanter Titel, der den Schwerpunkt oder das besondere Anliegen der Arbeit betont, ergänzt durch einen **Untertitel**, der ruhig etwas länger ausfallen darf und für die Präzision der Titelangabe insgesamt zuständig gemacht wird. Der Haupttitel wird am besten optisch etwas stärker hervorgehoben als der Untertitel.

Für die Reihenfolge und Anordnung der Elemente des Titelblatts existieren an vielen Hochschulen spezielle Vorschriften. Erkundigen Sie sich beim Betreuer Ihrer Arbeit danach. Sonst orientieren Sie sich am Beispiel der Musterseiten 3 und 4.

5.3.2 Inhaltsverzeichnis

Zur Erstellung eines Inhaltsverzeichnisses beim Einsatz des Textverarbeitungsprogramms *Word* → Abschnitt 11.8
Beispiele → Musterseiten 5 und 6

Das Inhaltsverzeichnis (oder die Gliederungsübersicht) stellen Sie hinter dem Titelblatt Ihrer Arbeit voran. Damit geben Sie dem Leser vorweg eine Übersicht über das, was ihn erwartet. Es orientiert sich an dem von Ihnen gewählten Gliederungsschema und sollte dieses in einer optisch übersichtlichen Form repräsentieren, das heißt so, daß auf den ersten Blick die Ebenen Ihrer Gliederung zu unterscheiden sind. Das bewerkstelligen Sie am besten durch entsprechend gestuftes Einrücken der Gliederungspunkte.

Das Inhaltsverzeichnis soll dem Leser einen schnellen Überblick über den Inhalt der Arbeit ermöglichen. Ein Inhaltsverzeichnis, das sich über etliche Seiten erstreckt, erfüllt diesen Zweck nicht. Falls sich bei einer sehr kleingeteilten Arbeit ein solch umfangreiches Inhaltsverzeichnis ergeben sollte, wäre zu überlegen, ob Sie dem Leser zwei Inhaltsverzeichnisse anbieten: ein kurzes für den schnellen Überblick vorweg („Inhaltsübersicht") und dahinter noch ein ausführliches für die vollständige Information („Inhaltsverzeichnis"). In diese Verlegenheit werden Sie aber höchstens bei Ihrer Abschlußarbeit kommen, denn ein mehrseitiges Inhaltsverzeichnis bei einem Manuskriptumfang von weniger als – sagen wir: – fünfzig Seiten ist einfach disproportioniert.

Ein Inhaltsverzeichnis sollte am Anfang des Manuskripts stehen, nicht am Ende. Von seiner Funktion her erwartet man es einfach am Anfang, und dort ist es auch leichter zu finden als am Ende.

5.3.3 Vorwort, Einleitung

Was manche als Vorwort ansehen, ist für andere eine Einleitung. Wenn man von der Wortbedeutung ausgeht, lassen sich aber doch gewisse Abgrenzungskriterien festlegen. Ein „vorausgeschicktes Wort" braucht nicht unbedingt auch schon in die Arbeit „einzuleiten". In einem **Vorwort** könnten Sie zum Beispiel Gründe angeben, die zur Wahl des Themas geführt haben, oder allgemeinere Anmerkungen zur Relevanz des Themas machen oder zum größeren Rahmen, in den es einzuordnen ist, Anmerkungen, die nicht unbedingt schon auf den tatsächlich folgenden Inhalt Bezug nehmen. Man könnte das Thema erläutern oder darlegen, wie und warum man das Thema für die Behandlung in der Arbeit eingegrenzt hat. (Das Vorwort wäre dann eine Art sehr ausführlicher Untertitel.) Ein sehr kurzes Vorwort (weniger als eine Seite) können Sie auch **Vorbemerkung** nennen.

Beim letztgenannten Beispiel ist allerdings die Abgrenzung zu einer „Einleitung" schon nicht mehr sehr trennscharf. Eine **Einleitung** sollte jedenfalls nicht nur einige Anmerkungen zur Thematik machen, sondern wirklich schon in die Arbeit, also in den Aufbau ihres Gedankengangs, ihren methodischen Ansatz, ihre Terminologie und dergleichen einführen. Hilfreich sind Einleitungen, die eine Vorschau auf die Arbeit geben, vorausgesetzt, Sie haben nicht auch noch am Ende der Arbeit oder von Teilen der Arbeit eine Zusammenfassung vorgesehen. In dem Falle wäre eines davon, Vorschau oder Zusammenfassung, zuviel des Guten, und Sie sollten darauf verzichten.

Natürlich müssen die Proportionen zwischen Vorwort und/oder Einleitung und Haupttext stimmen. Um die 10% sollte die Obergrenze darstellen.

5.4   Quellenangaben, Zitate; Fußnoten, Anmerkungen; Exkurse

5.4.1 Trennung von Beschreibung und Erklärung, von Darstellung und Kommentar

Eine wissenschaftliche Arbeit enthält normalerweise fremde Gedanken und eigene Gedanken. Sie enthält Tatsachenfeststellungen und Reflexionen. Sie enthält Beschreibungen und Erklärungen. Hieraus folgt der einfache Grundsatz, daß beides jeweils eindeutig voneinander unterscheidbar sein muß.

Beschreibungen von Tatbeständen sind etwas anderes als **Behauptungen** von Tatbeständen. Sie selbst mögen noch so sehr davon überzeugt sein, daß der Sachverhalt genau so zutrifft, wie Sie ihn darstellen. Für den Leser gilt nur, was er nachprüfen und nachvollziehen kann. Die Grundlage der Beschreibung (statistisches Material, dokumentarisches Material, Erfahrungsberichte anderer, eigene Recherchen) ist daher stets offenzulegen. Wo das Beschriebene nicht lückenlos zu belegen ist, wo also Behauptungen ins Spiel kommen, muß dies kenntlich gemacht werden.

Beschreibungen sind zudem klar zu trennen von **Erklärungen** und **Interpretationen**. Sie können darlegen, daß dort, wo es besonders viele Störche gibt, auch die Geburtenrate besonders hoch ist. Mit statistischen Mitteln läßt sich vielleicht eine Korrelation feststellen und ein niedriger Wahrscheinlichkeitsgrad angeben dafür, daß dieses gemeinsame Auftreten zweier Phänomene rein zufälliger Natur ist. Das ist alles noch Beschreibung, die anhand statistischer Erhebungen und durch Anwendung des statistischen Instrumentariums von jedem Leser nachvollzogen werden kann. Was die Beschreibung nicht hergibt und was daher zunächst nicht belegt ist, ist die Behauptung eines Zusammenhangs zwischen dem einen (Häufigkeit der Störche) und dem andern (Geburtenrate).

Sie können sich nun durch die geringe Wahrscheinlichkeit für eine Zufälligkeit des beobachteten Tatbestands dazu motiviert fühlen, nach einer Erklärung zu suchen, die einen Zusammenhang zwischen beiden Phänomenen belegt. Eine solche Erklärung kann selbst wieder eine Tatsachenfeststellung sein oder eine Theorie, die mehr oder weniger zwingend diesen Zusammenhang beweist. Solange die Erklärung nicht auch wiederum vom Leser als zwingend nachvollzogen werden kann, ist sie für ihn nur Behauptung. Eine Behauptung, von der geprüft werden soll, ob und wie man sie belegen beziehungsweise beweisen kann, nennt man eine **Hypothese**.

Beschreibungen, Hypothesen und (empirisch oder theoretisch abgesicherte) Erklärungen gehören zur wissenschaftlichen Darstellung. Sie müssen jedoch immer deutlich voneinander unterschieden werden. Behauptungen hingegen haben nur dann etwas zu suchen in wissenschaftlichen Arbeiten, wenn sie hypothetisch eingeführt werden, also als wissenschaftliche Lücken, die es in nachvollziehbare Tatsachenfeststellungen oder Erklärungen zu überführen gilt.

Haben Sie nicht Tatbestände, sondern „fremde Gedanken" darzustellen, so sollen Sie diese möglichst werkgetreu wiedergeben (referieren). Die ständige Wiederholung von Formulierungen der Art: „Nach Auffassung von XY gilt dies und das"; oder: „YZ behauptet, dies und das gelte nicht für den Zeitraum x" kann allerdings nervtötend werden, wenn sich die **Referierung** von fremden Gedanken über längere Textpassagen hinzieht. Dann sollten Sie durch einen entsprechenden Einleitungssatz darauf hinweisen, daß nun über eine längere Passage Ihres Textes hinweg die Wiedergabe der Auffassungen des Autors XY folge. Eventuell müssen Sie auch deutlich machen, wo die Referierung endet und Sie wieder ganz eigene Gedanken äußern.

Oft ist es nötig, daß Sie die reine Immanenz der Darstellung durchbrechen, um das Referierte durch zusätzliche eigene Gedanken zu erläutern, verständlich zu machen, zu interpretieren. Weil Sie hier ja nichts anderes im Sinn haben, als dem Leser die referierte Position deutlicher zu machen, kann es Ihnen an solchen Stellen besonders leicht passieren, daß Sie Darstellung und **Kommentar** vermengen. Vielleicht ist Ihnen selbst gar nicht immer bewußt, daß Sie schon nicht mehr referieren, sondern bereits interpretieren. Daran zeigt sich, daß es doch nicht ein ganz so einfacher Grundsatz ist, Darstellung und Kommentar auseinanderzuhalten. Denn natürlich enthält Ihre Darstellung der Auffassungen eines anderen Autors zwangsläufig schon eine bestimmte Interpretation des Referierten und transportiert daher auch schon einen geheimen Kommentar dazu mit. Ganz vermeiden können Sie das gar nicht. Aber Sie sollten diesen Punkt selbstkritisch im Auge behalten und sich immer prüfen, ob und wo die Darstellung in Interpretation und Kommentar umschlägt und dann, wenn es der Fall ist, dies auf jeden Fall zum Ausdruck bringen.

Ihre eigenen Gedanken können sich unmittelbar auf das Thema beziehen oder auf die Auffassungen eines anderen Autors. Sie können sich unmittelbar eigene Gedanken zum Thema „Umweltschutz und Ökonomie" machen oder die Auffassungen eines anderen Autors dazu kommentieren. Im letzteren Falle handelt es sich um einen **direkten Kommentar**; im ersteren Falle kann es sich um einen **indirekten Kommentar** handeln, wenn Sie nämlich durch die Darstellungen Ihrer eigenen Gedanken zum Thema in kritischer Absicht eine Differenz zu den referierten Auffassungen eines anderen Autors dazu aufzeigen wollen.

Der theoretische Wert einer solchen indirekten Kommentierung scheint mir allerdings gering zu sein. Die bloße Nebeneinanderstellung verschiedener Positionen zum selben Thema ist keine wissenschaftliche Auseinandersetzung. Wer eine Position kritisieren will, muß sich auch auf sie einlassen. Wenn Sie also eigene abweichende Auffassungen zu einem Themenbereich äußern, um sie einer referierten Position gegenüberzustellen, dann sollten Sie auch auf diese Differenz ausdrücklich eingehen und versuchen, dem Leser deutlich zu machen, weshalb Sie selbst die referierte Position nicht teilen: Wo Sie meinen, sie beruhe auf unzutreffenden Tatsachen-Annahmen, auf falschen Schlußfolgerungen, auf eingeschränkter Perspektive, oder was immer man sich im Wissenschaftsstreit so gegenseitig vorzuhalten pflegt.

5.4.2 Quellenangaben und Zitate

Über Lesen und Exerzieren im allgemeinen ➜ Abschnitt 2.3
Zur Literatursuche, -auswahl und -beschaffung ➜ 3. Kapitel
Zur Technik der Quellenangabe und des Zitierens ➜ Abschnitt 5.4.3, Musterseiten 9 und 10

Warum Quellenangaben?

Sie können Ihrem Leser viel erzählen. Weshalb sollte er Ihnen abnehmen, was Sie zum Beispiel über den Autor Meyer behaupten. Wenn Sie Ihren Leser davon überzeugen wollen, daß Sie sich Ihre Behauptungen nicht aus den Fingern gesogen haben, müssen Sie sie belegen. Belegen heißt in diesem Falle, daß Sie Angaben machen, die es dem Leser erlauben nachzuprüfen, ob Ihre Aussagen haltbar sind. Ihre Angaben müssen ihm also den **Zugang zu den Quellen** eröffnen. Dementsprechend spricht man von „Quellenangabe".

Die **Nachprüfbarkeit** aller Aussagen, die Sie machen, ist ein ganz entscheidendes formales Kriterium für die Wissenschaftlichkeit Ihres Textes. Sie zu fordern, ist nicht bloß Konvention, und sich entsprechend zu verhalten, nicht bloß „gutes Benehmen" im Wissenschaftsbetrieb. Es hängt vielmehr eng zusammen mit der für Wissenschaft wesentlichen sozialen Qualität des Bemühens um Erkenntnis. In der Wissenschaft geht es eben nicht um die Suche nach nur individueller Wahrheit (die es sicher auch gibt, die aber nicht Angelegenheit der Wissenschaft ist), sondern um die Suche nach dem, was allgemeine Wahrheit, also Wahrheit nicht nur für mich, sondern auch für – möglichst viele – andere sein kann. Und genau dafür, daß dies möglich wird, braucht man die Überprüfbarkeit der Aussagen, wenn sie als wissenschaftlich gelten können sollen.

„Quellenangabe" meint also, wie Sie jetzt schon gemerkt haben, mehr als bloßes Zitieren. Bei allem, was Sie in einem wissenschaftlichen Text an Tatsachenbehauptungen von sich geben (und auch die Wiedergabe einer wissenschaftlichen Position behauptet eine Tatsache; die Tatsache nämlich, daß der und der Autor das und das – wörtlich oder sinngemäß – gesagt habe) und was nicht wirklich zum Allgemeingut jedes halbwegs mit Lebenserfahrung ausgestatteten und gebildeten Bürgers gehört, müssen Sie angeben, woher Sie es haben. Denn nur das, was vor seinen Augen (beziehungsweise in seinem nach-denkenden Geiste) in Ihrer Arbeit selbst entsteht (die Verknüpfung verschiedener Tatsachen miteinander zu einem gedanklichen Zusammenhang, Schlußfolgerungen aus bestimmten Feststellungen, die Analyse von wissenschaftlichen Positionen), kann der Leser wirklich allein aus Ihrem Text heraus nachvollziehen.

Nachprüfbarkeit von Aussagen, deren Stichhaltigkeit nicht aus der Argumentation Ihres Manuskriptes, also „immanent", hervorgeht, war der erste Grund für die Wichtigkeit von Quellenangaben. Auch der zweite Grund hat damit zu tun, daß Wissenschaft ein sozialer Prozeß, ein Gemeinschaftswerk ist. Sie können einen guten Gedanken äußern, eine interessante Idee entwickeln, eine scharfsinnige Schlußfolgerung ziehen – und all dies ist immanent, also durch Nach-Denken Ihrer Gedanken vom Leser nachzuvollziehen. Da Sie sich nicht auf etwas beziehen, was der Leser Ihnen einfach glauben müßte, wenn er es nicht anhand der Quelle nachprüfen könnte, wäre eine Quellenangabe hier also nicht nötig. Es kann aber sein, daß das, was Sie da so Überzeugendes zu Papier gebracht haben, gar nicht von Ihnen stammt. Sie haben es bei jemanden anderen gelesen. Auch Sie sind von der Richtigkeit dieser Gedanken überzeugt, und insofern sind sie inzwischen auch Ihre eigenen Gedanken. Dennoch gehört es sich einfach, den Autor anzugeben, von dessen Ideen Sie sich haben beeinflussen lassen. Mir geht es hier nicht um den Gesichtspunkt des Urheberrechts – das ist ein anderes Thema, und zwar eines, das für Arbeiten, die im Studium zu schreiben sind, wohl nur sehr geringe Bedeutung hat. Den Autor anzugeben, von dem Sie wesentliche Gedanken übernommen haben, darin sehe ich einen Ausdruck der **Anerkennung** und des **Dankes**, den Sie jemandem leisten, der Ihnen etwas gegeben hat. Sie zeigen damit, daß Sie an einem sozialen Prozeß teilnehmen und daß Sie sich dessen bewußt sind, daß man in einem solchen Prozeß auch füreinander arbeitet und voneinander lernt.

Daß es nicht korrekt ist, sich mit fremden Federn zu schmücken, bedarf keiner Erörterung. Gerade wer meint, daß Eigentumsdenken in bezug auf geistige Produkte unangebracht sei, wird nicht das Bedürfnis haben, sich etwas ans Revers zu heften, was dort nicht hingehört. Sie könnten damit erreichen, daß Sie eine gute Note für eine gedankliche Leistung bekommen, die Sie gar nicht erbracht haben. Das mag eine Verlockung sein, zumal dann, wenn ein Scheitern droht. Aber seien Sie vorsichtig: In extremen Fällen kann Ihnen das als Täuschungsversuch ausgelegt werden, und das hat dann sicher ganz unangenehme Folgen für Ihre Studienkarriere.

Andererseits darf man das alles auch nicht übertreiben.

● Der wissenschaftliche Grundsatz der Quellenangabe findet in der Regel nur Anwendung in Bezug auf **allgemein zugängliche Quellen**. Vielleicht war es aber nicht Platon, durch den Sie auf eine ganz bestimmte grundlegende Einsicht gestoßen sind, sondern Ihre Tante Mechthild, von der es nun leider gar keine zitierfähigen Publikationen gibt. Es wird so viel dummes Zeug als Wissenschaft publiziert, und es gibt so viele kluge und weise Menschen, die uns etwas zu sagen haben, von denen wir lernen können, ohne daß je ein Wort von ihnen gedruckt würde, daß es eigentlich gar nicht richtig ist, das Prinzip der Quellenangabe so eingeschränkt zu handhaben. Wie oft ist Ihnen wohl in wissenschaftlichen Werken eine Anmerkung begegnet von der Art: „Auf diesen Gedanken brachte mich meine Tante Mechthild bei einem Gespräch in der Silvesternacht 1976"? Wenn alles korrekt zuginge, müßten solche Anmerkungen nämlich ganz bestimmt zuhauf vorkommen. Statt dessen werden praktisch nur wissenschaftliche Werke zitiert und so der Eindruck erweckt, als ob das wissenschaftliche geistige Leben sich nur aus sich selbst speist. Was ein völlig falscher Eindruck ist und mit beiträgt einerseits zur maßlosen Überschätzung der Bedeutung von Wissenschaft für unsere geistige Kultur insgesamt, andererseits zur Unterschätzung des Alltags als Quelle von Anregungen und Einsichten für die Wissenschaft.

● Von welchem Gedanken können Sie schon sagen, daß Sie zu ihm nicht durch die Gedanken anderer zumindest angeregt worden sind und daß in ihm nichts enthalten sei, was nicht auch woanders geäußert wurde. Vieles, von dem Sie anfangs noch wußten, woher Sie es haben, wer Sie angeregt, überzeugt hat, wird Ihnen mit der Zeit so zu eigen, daß Sie sich dessen nicht mehr bewußt sind, es ursprünglich woandersher übernommen zu haben, oder jedenfalls nicht mehr wissen, welches die Quelle war. Die Integration von Einsichten, Erkenntnissen, Ideen, die Sie von anderen übernommen haben, verändert diese auch. Im Zusammenhang Ihres Denkens sind es nicht mehr dieselben. Der Grundsatz als solcher bleibt bestehen, daß man in wissenschaftlichen Arbeiten seine Quellen anzugeben hat. Aber in letzter Konsequenz ist er gar nicht durchführbar, so daß die Grenzen nicht ganz leicht festzulegen sind, ab wann Sie Einsichten, Ideen und Erkenntnisse, die Sie übernommen, aber auch sich zu eigen gemacht haben, als eigene Gedanken ausgeben dürfen.

Ich würde sagen: Sie **müssen** immer dann die Quelle angeben,

- wenn es sich um Erkenntnisse handelt, zu denen Sie selber durch bloße Anstrengung des Geistes nicht hätten gelangen können, Erkenntnisse zum Beispiel, die durch Feldforschung, Laborexperimente, empirische Untersuchungen ermöglicht worden sind;

- wenn es sich um grundlegende methodische, wissenschaftstheoretische, philosophische Annahmen handelt, auf denen Ihre eigenen Gedanken aufbauen, ohne daß Sie dieses Fundament selbst gelegt haben.

Sie **sollten** die Quelle außerdem angeben,

- wenn Sie Gedanken wiedergeben, die Sie zwar überzeugend finden, die aber noch nicht zum festen Bestandteil Ihres eigenen Denkens geworden sind;

- wenn Sie die Aufmerksamkeit des Lesers auf einen unbekannten oder (zu) wenig bekannten Autor leiten wollen;

- wenn Sie Ihre Dankbarkeit dafür zum Ausdruck bringen wollen, daß Sie von jemandem etwas Bedeutsames gelernt haben.

Auf der anderen Seite kann man auch zuviel zitieren. Viele Studierende legen den wissenschaftlichen Grundsatz der Quellenangabe so extensiv aus, daß sie meinen, nun müßten sie so ziemlich jeden Satz, den sie schreiben, auf irgendeine wissenschaftliche Quelle zurückführen, und sei es der größte Allgemeinplatz oder eine Erkenntnis, in der nicht mehr als gesunder Menschenverstand oder alltägliche Erfahrung zum Ausdruck kommt.

Kein Ersatz für Argumentation!

Schließlich ist es zu einer unwahrscheinlich verbreiteten Unsitte geworden, sich auf wissenschaftliche Quellen zu berufen **statt** zu argumentieren. Indem man einen wissenschaftlich renommierten Autor zitiert, glaubt man sich eine nähere Begründung ersparen zu können. Wenn der und der das sagt (äußerst beliebt war zum Beispiel eine Zeitlang der Name Habermas), dann wird das schon so durchgehen. Nun ist aber der betreffende renommierte Autor keineswegs seinerseits zu seinem Renommée dadurch gekommen, daß er andere renommierte Autoren zitiert hat, sondern dadurch, daß er seine eigenen Positionen auf überzeugende Weise argumentativ, empirisch oder sonstwie begründen konnte. Diese Begründungen spart man sich und setzt an ihre Stelle die Berufung auf eine Quelle. Und warum spart man sie sich? Wahrscheinlich, weil man sie selbst gar nicht kennt oder jedenfalls nicht verstanden hat. Man zitiert diesen Autor oder beruft sich auf ihn, weil er halt allgemein zitiert oder ins Feld geführt wird. Der Mühe, seine Theoriebildung geistig nachzuvollziehen, entzieht man sich ebenso wie der Mühe, diesen Nachvollzug in eigenen Worten wiederzugeben. So aber wird Wissenschaft zur Frage von Glauben an Autoritäten und Glaubensgemeinschaften, die sich um Autoritäten herum bilden.

Ich kann Sie nicht davon abbringen oder abhalten (sofern das überhaupt nötig ist), Quellenangaben und Zitate so einzusetzen, indem ich behaupte, daß Sie damit nicht durchkommen. Bei vielen Betreuern wird diese Methode wahrscheinlich wirklich funktionieren, zumal, wenn Sie einen Autor zitieren, dem Ihr Betreuer sich sehr verbunden fühlt. Dann merkt er es oft nämlich selbst gar nicht, daß die theoretischen Hintergründe völlig fehlen, weil er sie automatisch parat hat und daher womöglich gar nicht vermißt.

Schief gehen kann die Sache dann allerdings, wenn sich das Fehlen des Hintergrundes darin zeigt, daß ein Zitat in völlig falschen gedanklichen Zusammenhang eingebracht wird. So etwas kann natürlich ganz schön Minuspunkte einbringen, vor allem, wenn es als bewußter Versuch interpretiert wird, den Betreuer zu bluffen.

Zitate „aus zweiter Hand"

In diesen Zusammenhang gehört auch das „Zitat aus zweiter Hand". Ihre Quelle ist in diesem Falle die „zweite Hand" und nicht der Originaltext. Sie geben also korrekterweise die Literatur an, in der Sie das Zitat gefunden haben, und tun nicht so, als ob Sie aus dem Originaltext zitieren, indem Sie die Literaturangabe aus der „zweiten Hand" abschreiben. Heikel ist die Sache allemal. Der Autor, aus dessen Text Sie das Zitat übernehmen, weiß und hat zu verantworten, ob er es richtig interpretiert hat und ihm nicht Gewalt antut durch die neuen Zusammenhänge, in die er es gestellt hat. Sie als Zweit-Zitierer hängen in dieser Beziehung völlig in der Luft. Sie kennen das Spiel „Stille Post"? Vielleicht ist das Zitat inwischen schon aus dritter, vierter Hand? Es mag – selbst wenn es im Wortlaut noch korrekt wiedergegeben wird, was natürlich keineswegs sicher ist – mittlerweile seinem ursprünglichen gedanklichen Umkreis so entfremdet sein, daß es buchstäblich nicht mehr wiederzuerkennen ist. Alles spricht also dafür, daß Sie auf Zitate „aus zweiter Hand" möglichst selten zurückgreifen.

In Ihr Literaturverzeichnis gehört nur die Literaturangabe zu dem Text, aus dem Sie das Zitat übernommen haben, nicht aber die zum Originaltext. Ausnahme: Der sekundär zitierte Text spielt eine besondere Rolle für Ihre Abhandlung und ist im Original nicht oder nur sehr schwer zugänglich. In dem Falle müssen Sie Ihrer Literaturangabe den „Fundort" hinzufügen. Schreiben Sie hinter die Literaturangabe: `[zitiert nach: ...]`.

5.4.3 Technik der Quellenangabe und des Zitierens

Zur bibliographisch korrekten Aufnahme von Literaturangaben ➜ Abschnitt 4.1
Beispiele zu Quellenangaben, Kurzbelegen und Zitaten ➜ Musterseiten 9 und 10

Technik der Quellenangabe

Jede Quellenangabe muß hinreichend genau sein, um den Leser tatsächlich zur Quelle zu führen, falls er das wünschen sollte. Bei gedrucktem Material (außer Texten zum Beispiel auch Fotos, Abbildungen, Grafiken, Tabellen) sind das die genauen bibliographischen Angaben, die es erlauben, die Quelle zu identifizieren und Zugang zu ihr zu finden. Bei anderen Quellen halten Sie sich immer die Richtlinie vor Augen: Der Leser muß anhand Ihrer Angaben die Quelle identifizieren und möglichst auch ausfindig machen können. Bei einem Film zum Beispiel gibt man analog zur bibliographischen Angabe Regisseur und Titel des Filmes an, eventuell noch den Produzenten und möglichst die Verleihfirma (Bezugsquelle). Bei einer Rundfunk- oder Fernsehsendung Namen der Sendung, Sender und Sendetermin, gegebenenfalls den Autor oder Regisseur; eventuell eine Bezugsquelle (zum Beispiel Landesbildstelle). Ich will Sie hier nicht mit allen möglichen Eventualitäten langweilen. Das Prinzip jedenfalls ist doch klar?

Fast immer handelt es sich im Studium um gedrucktes und dann auch meist wiederum um Text-Material. Ihre Quellenangabe ist in dem Falle also eine Literaturangabe. Die Art der Quellenangabe ist davon abhängig, in welcher Weise Sie auf andere Literatur Bezug nehmen.

1. Sie übernehmen **originalgetreu** (Sie „zitieren"). Ein Text würde also wörtlich wiedergegeben, eine Tabelle so abgeschrieben, wie Sie sie in einer Publikation vorgefunden haben, eine Abbildung kopiert und in Ihr Manuskript eingefügt. Bei Text wird die aus Abschnitt 4.1 bekannte bibliographische Angabe zu dem Werk gemacht, aus dem Sie zitiert haben, und die Nr. der Seite/n angegeben, auf dem/ denen das Zitat wiederzufinden ist. Bei Abbildungen und dergleichen fügt man hinzu: „Quelle: ..." Es folgt wiederum die bibliographische Angabe mit Seitenzahl.

2. Sie übernehmen **sinngemäß**. Text geben Sie in eigenen Worten wieder; das Zahlenmaterial einer Tabelle übernehmen Sie, ändern aber ihren Aufbau, die Anordnung der Spalten oder Zeilen, die zugrundegelegte Maßeinheit; eine Abbildung empfinden Sie mit Ihren eigenen gestalterischen Mitteln nach. Bei Text schreiben Sie in diesem Falle vor die bibliographische Angabe „Vgl." (= „Vergleiche") oder „S." (= „Siehe"). Bei der „sinngemäßen" Übernahme von Tabellen oder Abbildungen schreiben Sie ebenfalls „Vgl. ...", „S. ..." oder „Nach: ..." vor die Quellenangabe.

3. Sie schreiben etwas (oder stellen etwas in anderer Form dar), das sich in **ähnlicher** Weise in einem anderen Werk findet, ohne daß Sie es daraus übernommen haben. Dann schreiben Sie „Vgl. auch ..." oder „S. auch ..." vor die Quellenangabe. Für den Leser hilfreicher wäre allerdings eine nähere Angabe dazu, was er denn in dem anderen Werk finden kann. Sie könnten zum Beispiel schreiben: „Ähnlich äußert sich ..."; „Zum selben Ergebnis kommt ..."; „Zusätzliche Informationen finden sich bei ...".

4. Sie schreiben etwas (oder stellen etwas in anderer Form dar), wozu in einem anderen Werk eine **andere** Position vertreten wird. Darauf wollen Sie hinweisen. Dann schreiben Sie „Vgl. aber ...". Hilfreicher wiederum wäre eine präzisere Angabe wie: „Diese Auffassung wird nicht geteilt von ..."; „Zu anderen Ergebnissen kommt ...".

Streng genommen gehören nur die beiden ersten Punkte unter die Überschrift „Quellen-Angabe", jedenfalls wenn man, wie üblich, darunter die Angabe der Quellen versteht, aus denen Sie geschöpft haben. Die beiden anderen Punkte gehören eigentlich unter die Überschrift „Quellenhinweise" oder „Literaturhinweise", weil Sie dem Leser Hinweise geben, wo er zusätzliches Material finden kann für eine vertiefende Beschäftigung mit dem Material. Außerdem demonstrieren Sie mit solchen Hinweisen Literaturkenntnisse über das hinaus, was Sie direkt verarbeiten konnten.

Die vollständigen bibliographischen Angaben zu einer Literaturquelle können schon mal leicht eine Karteikarte füllen. Wollten Sie die bei jedem Zitat aufs neue anmerken, könnten Sie einen guten Teil Ihrer Arbeit nur mit diesen sich ständig wiederholenden bibliographischen Angaben bestreiten. Wenn Sie Probleme haben, genügend Seiten voll zu kriegen, mag sich das anbieten. Ansonsten stört dieser Ballast nur. Es gibt daher einige **Abkürzungstechniken:**

1. Nur bei der **ersten** Erwähnung wird die **vollständige** bibliographische Angabe gemacht. Bei der nächsten Erwähnung wird zwar der Verfasser- oder Herausgebername noch vollständig aufgeführt (der Vorname kann abgekürzt oder ganz weggelassen werden, wenn keine Verwechslung möglich ist), beim Titel aber begnügen Sie sich mit einer stichwortartigen Abkürzung, und den Rest sparen Sie sich ganz, indem Sie nur noch schreiben „a.a.O." (= „am angegebenen Ort"). Die Seitenangabe für das Zitat dürfen Sie natürlich nicht weglassen.

    Wenn Sie zwischendurch gar keinen anderen Titel desselben Autors angeführt haben, können Sie sich auch die Kurzfassung des Titels sparen und gleich hinter den Namen des Autors schreiben „a.a.O." (plus Seitenangabe). Und wenn Sie überhaupt keine andere Literatur zwischendurch zitiert haben, schreiben Sie überhaupt nur „ebenda" (plus Seitenangabe), lassen also auch noch den Verfasser- oder Herausgebernamen weg.

2. Sie geben im Text und in den Anmerkungen beziehungsweise Fußnoten zum Text gar keine vollständigen bibliographischen Angaben, sondern behalten diese dem **Literaturverzeichnis** vor und benutzen im Text durchweg Abkürzungen. Diese müssen es dem Leser aber erlauben, das Werk eindeutig zu identifizieren und im Literaturverzeichnis die vollständigen Angaben zu finden. Die **abgekürzte Literaturangabe** enthält immer den Verfasser- oder Herausgebernamen (bei mehreren gleichnamigen Autoren mit Vornamen) und zusätzlich entweder eine Abkürzung des Titels oder, noch kürzer, nur das Jahr der Erscheinens. Gibt es mehrere Titel desselben Verfassers aus demselben Jahr, muß man der Angabe des Erscheinungsjahres noch ein a, b, c ... zufügen. (Dieses Buch würde also zitiert als „Sesink, Wissenschaftliches Arbeiten" oder „Sesink 1993"; gibt es mehrere Sesinks, als „W. Sesink 1993", gibt es mehrere W. Sesinks als „Werner Sesink 1993"; gibt es mehrere Titel von Sesink aus dem Jahr 1993, heißt es: „Sesink 1993a".)

Was spricht nun für oder gegen die eine oder andere Technik der Quellenangabe?

Die erste Weise ist die traditionelle, und sie wird immer noch viel gebraucht. Ich sehe nicht, worin ihre Vorteile liegen. Von großem Nachteil ist auf jeden Fall, daß bei wiederholtem Zitieren desselben Titels der Vermerk „a.a.O." oder „ebenda" wenig aussagekräftig ist. Er verlangt vom Leser, im Manuskript zurückzublättern, um eine Identifikation des Titels vornehmen zu können. Es kann äußerst lästig sein, wenn ich zum Beispiel auf Seite 125 ein interessantes Zitat finde, als Quellenangabe „Matthias a.a.O." finde und nun (vorausgesetzt, die Quellenangaben werden in Fußnoten jeweils auf derselben Seite unten abgedruckt und nicht am Ende des Textes zusammengefaßt) Seite für Seite durchblättern muß, um die erste und vollständige Angabe des Titels zu finden. Blättere ich rückwärts, steht die Erstangabe natürlich auf der Seite 9, blättere ich vorwärts, steht sie ebenso selbstredend auf der Seite 121. Jedenfalls ergeht es mir immer so. Oder ich übersehe die Erstzitierung und muß nochmals durchblättern. (Etwas weniger problematisch ist diese Zitiertechnik, wenn die Quellenangaben sich in „Endnoten" finden. Denn dann sind die Suchwege kürzer.)

Alles spricht daher für die zweite Technik. Informativer ist dabei die Variante mit der Kurzfassung des Titels. Wenn Sie allerdings sehr viel zitieren, wirkt die ständige Wiederholung des Kurztitels, womöglich ein dutzendmal auf einer Seite, ermüdend. In solchen Fällen würde ich die weniger informative, aber eben auch wesentlich kürzere Variante mit der Jahreszahl vorziehen. (Wenn Sie die Quellenangaben in den laufenden Text setzen, ist dies die einzig mögliche Form. Zur Plazierung der Anmerkungen ➜ Abschnitt 5.4.4)

Die Angabe der Jahreszahl beim Quellen-Beleg sollte sofort eine **geistes-, wissenschafts- und sozialgeschichtliche Einordnung** des Werkes erlauben. Wenn Sie ältere Werke nach neueren Ausgaben zitieren, ist das besonders wichtig. Eine Angabe wie „Hegel 1970" für die Zitierung der „Rechtsphilosophie" aus dem Jahre 1821 ist unsinnig. Hier müssen Sie das **Jahr des Ersterscheinens** oder – wenn das Werk zu Lebzeiten seines Verfassers gar nicht erschienen ist – das Jahr der Entstehung angeben (im genannten Falle „Hegel 1821"). Das gleiche gilt für Belege nach Übersetzungen von Werken, da auch diese meist erst einige Jahre nach dem Erscheinen in der Originalfassung herauskommen. Auch hier ist die Angabe des ursprünglichen Erscheinungsjahres korrekter. Diese Angaben finden Sie praktisch immer auf den ersten Seiten eines Buches, oft auf der Rückseite des Titelblatts oder in Vorbemerkungen des Herausgebers, Bearbeiters, Übersetzers.

Etwas diffiziler ist die Sache, wenn man nach einer **neueren Auflage** zitiert. Ist es eine unveränderte Auflage oder ein Wiederabdruck, so ist das Jahr des ersten Erscheinens dieser Fassung anzugeben. Ist es eine veränderte Auflage, so ist die Angabe des Jahres ihres Erscheinens dann gerechtfertigt, wenn kein allzu langer Zeitraum zwischen Ersterscheinen und dem Erscheinen dieser Auflage verstrichen ist und wenn die Veränderungen der neuen Auflage substantiell sind. Denn dann ist es gerechtfertigt zu sagen: So hat der Verfasser seine Position erst seit dieser Auflage in der Öffentlichkeit vertreten. Ist seit dem Ersterscheinen des Werkes hingegen ein längerer Zeitraum verstrichen oder sind die Veränderungen der neuen Auflage marginal, sollte das Jahr der Erstauflage angegeben werden.

Diese Regeln kollidieren nun allerdings mit der **Angabe der Seitenzahlen**, wenn Sie nicht nach der Erstauflage zitieren, sondern nach einem Wiederabdruck oder einer Neuauflage, für die möglicherweise eine andere Paginierung gilt. Bei vollständigem bibliographischem Beleg ist das kein Problem. Dort können Sie den Hinweis auf das Jahr des Ersterscheinens in Klammern hinzufügen. Schwierig wird es beim Kurzbeleg. Wollen Sie hier wirklich korrekt und informativ zugleich sein, so müssen Sie sowohl das Jahr des Ersterscheinens angeben als auch das Jahr der Ausgabe, auf die sich Ihre Seitenangaben beziehen. Wenn Sie zum Beispiel aus Hegels „Rechtsphilosophie" nach der Werkausgabe des Suhrkamp-Verlags von 1970 zitieren (oder das Werk referieren), könnte das im Kurzbeleg so aussehen: (Hegel 1821, zit. 1970, S. xy).

Zitiertechnik

Beispiele ➜ Musterseite 9

Ein wörtliches Zitat wird grundsätzlich durch **doppelte Anführungsstriche am Zitatanfang und am Zitatende** gekennzeichnet.

Wollen Sie innerhalb des Zitats etwas **auslassen**, um es auf die Ihnen wesentlich erscheinenden Kernaussagen zu komprimieren, müssen Sie die ausgelassenen Stellen durch drei Punkte kennzeichnen. Manchmal werden diese auch zusätzlich in eckige Klammern gesetzt; das muß aber nur dann sein, wenn Sie Ihre Auslassungen unterscheidbar machen müssen von entsprechenden Auslassungszeichen im zitierten Original.

Müssen Sie innerhalb des Zitats etwas **einfügen** oder **verändern**, um es grammatisch anzupassen oder ein fehlendes Wort zu ergänzen, dann setzen Sie Ihre Ergänzung in eckige Klammern. Sofern es sich nicht nur um eine Ergänzung handelt, die sich aus dem gegenüber seinem Ursprungszusammenhang veränderten Satzgefüge ergibt, in das das Zitat bei Ihnen gestellt wurde, sofern Sie also etwa eine Erläuterung hinzufügen oder einen kleinen Kommentar, müssen Sie zusätzlich innerhalb der eckigen Klammern hinter der Hinzufügung einen entsprechenden Hinweis geben; am besten die Anfangsbuchstaben Ihres Vor- und Nachnamens, weil Hinweise wie „der Verf." mehrdeutig sind.

Zitate im Zitat werden durch **einfache** Anführungsstriche am Anfang und Ende gekennzeichnet.

Fehler (Rechtschreib- oder Interpunktionsfehler) **im Original** werden nicht korrigiert. Um deutlich zu machen, daß es sich nicht um einen von Ihnen eingeschleusten Fehler handelt, können Sie dahinter in eckige Klammern ein Ausrufezeichen oder [sic!] setzen. Auch veraltete Schreibweisen werden beibehalten und nicht modernisiert.

Hervorhebungen im Original werden im Zitat wiedergegeben. Es ist allerdings nicht nötig, die Form der Hervorhebung mitzuübernehmen (was oft auch schreibtechnisch gar nicht möglich wäre). Benutzen Sie die Form der Hervorhebung, die Sie auch sonst in Ihrem Text anwenden.

5.4.4 Anmerkungen, Fußnoten

Zur Fußnotenverwaltung mit Hilfe eines Textverarbeitungsprogramms ➜ Abschnitte 8.5 und 11.3

„Anmerkungen" ist der Oberbegriff für alle Zusätze, die Sie zu Ihren Ausführungen im laufenden Text machen. Quellenangaben sind solche Zusätze; aber auch Kommentare, ergänzende oder weiterführende Literaturhinweise. „Fußnoten" sind eigentlich Anmerkungen, die am Fuße einer Seite stehen; oft wird die Bezeichnung jedoch synonym für Anmerkungen überhaupt gebraucht, also auch für Anmerkungen, die erst am Ende des gesamten laufenden Textes oder von Abschnitten beziehungsweise Kapiteln angefügt werden. Letztere müßten genau genommen „Endnoten" heißen. In neuerer Zeit hat sich zusätzlich die Methode verbreitet, Quellenangaben (in Kurzform; ➜ Abschnitt 5.4.3), in Klammern gesetzt, in den laufenden Text einzufügen. Auch diese Art der Quellenangabe könnte man als eine Form von Anmerkungen bezeichnen.

In Anmerkungen gehört alles, was den gedanklichen Fluß Ihrer Arbeit unterbricht oder von ihm abführt, zugleich aber für eine Überprüfung oder für das Verständnis des von Ihnen Geschriebenen von gewisser Bedeutung ist. Die Quellenangabe ist ein typischer Fall für eine Anmerkung.

Andere Beispiele sind:

- Hinweis auf weiterführende oder ergänzende Literatur;

- Hinweis auf abweichende oder gegensätzliche Positionen oder Erkenntnisse in anderen Schriften;

- Auseinandersetzung mit in der Literatur vertretenen Positionen, soweit diese nicht unmittelbarer Gegenstand der Arbeit sind;

- Kommentar zu einer im Text referierten Literaturpassage;

- ergänzende Informationen, die für den im Text dargestellten Gedankenzusammenhang nicht unabdingbar sind.

Die Liste der Beispiele ließe sich lange fortführen. Ich denke aber, Sie sehen schon, wozu Anmerkungen da sind und wann man sie einsetzt. Dazu gehört auch, daß Sie wissen, was in Anmerkungen nicht hineingehört: Anmerkungen sollen nicht zum Abladeplatz für all das werden, was Sie sonst noch so wissen und an Wissen demonstrieren wollen, was aber mit dem, was Sie in der Arbeit thematisieren, wenig oder nichts zu tun hat. Wenn Sie sich in dieser Beziehung unsicher sind, dann fragen Sie sich doch einfach, ob jemand, der sich für das von Ihnen bearbeitete Thema interessiert, wohl voraussichtlich auch Interesse hätte für den Inhalt der vorgesehenen Anmerkung.

Lesbar, verständlich und überzeugend sein muß Ihr Text aber in jedem Fall auch **ohne** die Anmerkungen.

Die Stelle, an der die Anmerkung ihrem Sinne nach eingefügt werden soll, wird durch ein Zeichen (**Anmerkungs- oder Fußnotenzeichen**) gekennzeichnet. Dieses Zeichen enthält einen Hinweis darauf, wo die Anmerkung zu finden ist. Meist nimmt man dafür eine Zahl, hochgestellt oder in Klammern gesetzt, jedenfalls deutlich vom fließenden Text abgehoben. Unter der betreffenden Zahl findet der interessierte Leser dann die dazugehörige Anmerkung. Das Anmerkungs- oder Fußnotenzeichen gehört bei wörtlichen Zitaten grundsätzlich an deren Ende, hinter die abschließenden Anführungsstriche.

Für den Leser ist es natürlich angenehmer, wenn er die Anmerkungen (als „Fußnoten" im wörtlichen Sinne) am unteren Ende derselben Seite findet. Dann genügt ein kurzer Blick, um sich zu informieren und zu entscheiden, ob man den Inhalt der Anmerkung für wichtig oder interessant genug hält, um die Lektüre des fließenden Textes an dieser Stelle zu unterbrechen und sich mit dem Inhalt der Anmerkung zu beschäftigen (oder sich dies für später vorzunehmen). Wenn man hingegen erst das Ende des Textes und dort dann die betreffende Anmerkungsnummer suchen muß, wird der Lesefluß doch so erheblich gestört, daß man oft lieber darauf verzichtet. Man kann das natürlich so wenden: Wenn Sie wollen, daß der Leser Ihre Anmerkungen tatsächlich zur Kenntnis nimmt, dann sollten Sie die leserfreundliche „Fußnote" verwenden. Wenn die Anmerkungen für Sie mehr eine lästige Pflichtübung sind und außer Quellenangaben ohnehin nichts Bedeutsames enthalten, schadet es nichts, wenn Sie sie am Ende des Textes (als „Endnoten") in einem eigenen Textblock zusammenfassen.

Es bleibt Ihnen übrigens gar nichts anderes übrig, wenn unter Ihren Anmerkungen eine oder mehrere einen **Umfang** erreichen, daß sie den laufenden Text von der Seite verdrängen würden. Ab einem gewissen Umfang (über 1-2 Seiten hinausgehend) sollten Sie sich allerdings fragen, ob diese Anmerkung nicht doch sinnvollerweise in den laufenden Text integriert werden oder als eigener „Exkurs" (➜ Abschnitt 5.4.5) eingefügt werden könnte.

Es gibt jedoch noch ein ganz praktisches Argument, das für eine Anfügung der Anmerkungen hinter den laufenden Text spricht: die schreibtechnische Schwierigkeit, die es mit sich bringt, immer genau den für die Fußnoten benötigten Platz auf der Seite zu berechnen und entsprechend freizuhalten. Wer das je versucht hat, kennt die bei anmerkungsreichen Arbeiten häufig wiederkehrende Situation, daß man vor der Alternative steht, eine Zeile laufenden Text noch einzufügen und sich damit eine Fußnote einzuhandeln, die nicht mehr auf die Seite paßt und das Folgeproblem erzeugt, den Rest der Fußnote beim Platzbedarf der nächsten Seite wieder mitberücksichtigen zu müssen, oder die Zeile nicht mehr dazuzunehmen und dadurch ein Loch unten auf der Seite zu lassen. Es ist aus diesem Grunde allgemein akzeptiert, daß bei maschinenschriftlichen Manuskripten der Anmerkungsapparat hinten, unmittelbar im Anschluß an den Text, angefügt wird.

Außer den bereits genannten Unbequemlichkeiten für den Leser ergibt sich daraus noch ein Problem, über das Sie nachdenken sollten. Wenn Sie im laufenden Text wörtliche Zitate aus irgendwelchen Schriften einfügen, dann setzen Sie hinter das Zitat ein Anmerkungszeichen und verweisen damit auf die Anmerkung, in der die betreffende Quelle genannt wird. Befindet sich die Anmerkung als Fußnote auf derselben Seite, kann der Leser mit einem Blick sehen, von welchem Autor das Zitat stammt, auch wenn dieser im laufenden Text nicht genannt wurde. Nach meiner Auffassung gehört aber die **Kenntnis des Autors eines Zitats** zum Verständnis des laufenden Textes, in dem das Zitat eingefügt wurde. Bei der „Endnoten"-Lösung bedarf es einiger Mühe, diese Information zu bekommen. Sie sollten dann also überlegen, wie Sie dem Leser helfen können. Eine Möglichkeit ist die, daß Sie wörtliche Zitate immer durch einen Hinweis auf den Autor einleiten oder einen solchen Hinweis sonstwie im laufenden Text unterbringen. Eine andere Möglichkeit ist die, daß Sie auf die im vorhergehenden Abschnitt vorgestellte Methode der **Kurzfassung von Quellenangaben** zurückgreifen (Verfasser und Erscheinungsjahr), die Sie dann in Klammern in den laufenden Text einfügen. Anmerkungen, die nur Quellenangaben enthalten, fallen so ganz weg, und der Anmerkungsapparat hintendran enthält nur noch zusätzliche Kommentare, weiterführende Literaturhinweise und dergleichen. Der Leser aber weiß immer sofort, von wem die jeweils zitierten Äußerungen stammen.

Schließlich ist die Methode der in den laufenden Text eingefügten Kurzfassung der Quellenangabe auch dazu geeignet, eine sonst ins Uferlose anwachsende Zahl von Anmerkungen auf ein erträgliches Maß zu reduzieren. Sie bietet sich daher auch dann an, wenn Sie weitere Anmerkungen (die mehr oder anderes enthalten als bloße Quellenangaben) als „Fußnoten" unterbringen. Viele solcher Anmerkungen im laufenden Text stören zwar zweifelsohne auch den Lesefluß. Aber eine Latte von Fußnoten unter jeder Textseite, die jeweils für ein armseliges „ebenda, S. ..." eine Zeile Platz beanspruchen, sieht sicher noch weniger schön aus.

Sofern aus dem laufenden Text eindeutig hervorgeht, daß Sie immer noch dieselbe Quelle zitieren oder referieren, brauchen Sie nicht jedesmal aufs neue die gesamte Kurzfassung des Titels in Klammern einzufügen. Es genügt dann bei den auf die erste Quellenangabe folgenden Hinweisen auf diese Quelle die Seitenangabe. Zwischendurch darf natürlich keine andere Quelle zitiert worden sein.

Fußnoten im engeren Sinne können seitenweise, kapitelweise oder ganz durchlaufend numeriert werden. Anmerkungen, die Sie im Anschluß an den Text zusammenfassen, werden kapitelweise oder ganz durchlaufend numeriert.

5.4.5 Exkurse

Einen Exkurs könnte man als eine etwas zu lang geratene Anmerkung bezeichnen. Er enthält Ausführungen, die nicht so ganz in den sonstigen Gang der Argumentation passen beziehungsweise in seinen systematischen Aufbau, die eben irgendwie „abführen". Andererseits muß ein Zusammenhang zu Ihrem Thema schon da sein. Allein die Überschrift „Exkurs" rechtfertigt nicht, daß Sie den Leser mit irgendetwas langweilen, das absolut nicht zum Thema gehört und dem, was Sie in der Arbeit ansonsten ausführen, auch keinen zusätzlichen Aspekt verleiht oder Ausblicke auf benachbarte und mit Ihrem Thema zusammenhängende Gegenstandsfelder eröffnet. Weil die Einfügung von Exkursen oft eine Verlegenheitslösung darstellt (man kriegt mit der regulären Darstellung nicht die nötige Seitenzahl voll; da ist noch etwas, das man selbst sehr wichtig und interessant findet, aber irgendwie gelingt es nicht, es in die Systematik einzubauen), sind manche Betreuer nicht sehr positiv dazu eingestellt. Umso wichtiger ist es, den **Zusammenhang zu Ihrem Thema** ausdrücklich auszuführen. Damit können Sie nämlich auch zeigen, daß Sie sich gründliche Gedanken über den systematischen Aufbau Ihrer Arbeit gemacht haben, und das gibt immer Pluspunkte.

5.5   Zusammenfassungen, Schluß

Zusammenfassungen sind eine Freundlichkeit gegenüber dem Leser. Sie dürfen aber auch nichts anderes sein als Zusammenfassungen. Also: Nicht daß Sie bei der Gelegenheit noch den einen oder anderen Gedanken einfügen, den Sie vorher gar nicht ausgeführt hatten. Außerdem sollten Zusammenfassungen so knapp sein wie nur möglich. Wenn der Leser an einer solchen Zusammenfassung angekommen ist, dann bieten Sie ihm damit einen Rückblick über die zurückgelegte Wegstrecke, und dabei dürfen Sie ihm natürlich nicht nochmal wieder die Anstrengung, die er gerade ja hinter sich hat, aufs neue zumuten.

Aber auch für Sie selbst kann eine Zusammenfassung einen guten Effekt haben. Wenn Sie versuchen, Ihre Gedanken zusammenzufassen, merken Sie nämlich eher, wo Ungleichgewichte und Inkonsequenzen in Ihrer Darstellung waren, welche Punkte zu kurz kamen, wo Sie allzu weitschweifig wurden und wo sich eine Passage nicht so recht zu den anderen fügen will. Haben Sie noch genügend Zeit, könnten Sie die Sache nun umkehren und ausgehend von dem in Ihrer Zusammenfassung aufs Wesentliche komprimierten Gedankengang Ihre ausführliche Darlegung im laufenden Text so überarbeiten, daß diese ausführliche Darstellung und Ihre Zusammenfassung besser zusammen passen.

Zusammenfassungen haben ihren Platz am Ende von Sinnabschnitten oder am Ende des gesamten Manuskripts. Ob Sie zwischendurch, zum Beispiel nach jedem Kapitel oder Abschnitt der Arbeit, eine Zusammenfassung machen, hängt auch vom Umfang der gesamten Arbeit ab. Alle paar Manuskriptseiten eine Zusammenfassung wäre reichlich übertrieben. Aber wenn Sie eine 100-seitige Arbeit in 3 Abschnitte eingeteilt haben und zum Abschluß eines jeden Abschnitts eine Zusammenfassung von – sagen wir: – 1 bis 2 Seiten schreiben, dann geht das schon in Ordnung. Der Leser freut sich über die Hilfe, und wenn der Leser angenehme Gefühle hat, kann das für Sie niemals schlecht sein. Außerdem können Sie in einer Zusammenfassung demonstrieren, daß Sie in der Lage sind, Ihre Gedanken, im Wortsinne, „zusammenzunehmen".

Einen **Schluß** sollten Sie nach Möglichkeit vorsehen, weil er Ihrer Arbeit eine gewisse Abrundung gibt. Der Schluß kann eine Zusammenfassung der Arbeit sein oder ein Resumée, in dem die Bedeutung der gewonnenen Erkenntnisse noch einmal auf den Punkt gebracht wird. Er kann auch einen Ausblick geben auf sich anschließende Fragestellungen oder Forschungsperspektiven. Nennen Sie den Schluß nicht „Schluß", sondern so, daß aus der Überschrift hervorgeht, um welche Art von Schluß es sich handelt: „Zusammenfassung", „Ausblick" oder „Zusammenfassung und Ausblick".

5.6 Indices (Register) und Verzeichnisse

Erstellung von Indices und Verzeichnissen mit Hilfe eines Textverarbeitungsprogramms ➜ Abschnitte 8.6 und 11.6

Register sind – meist alphabetisch, gelegentlich auch systematisch – geordnete Verzeichnisse von Namen (Autoren- oder Personen-Register) und/ oder Schlagwörtern (Sach- oder Schlagwort-Register) mit Angabe der Seiten, auf denen sich dazu etwas findet. Sie dienen der **Erschließung des Inhalts** von – meist umfangreichen – Werken. Register (auch Indices genannt) sind nützlich, wenn man aus einem Buch nur punktuell Informationen zu einem bestimmten Schlagwort oder Autor herausholen will, ohne das ganze Buch lesen oder durchblättern zu müssen.

Verzeichnisse sind (wie das Inhaltsverzeichnis) am Textlauf orientiert und begegnen Ihnen oft als „Verzeichnis der Abbildungen" oder „Verzeichnis der Tabellen", die in einem Werk enthalten sind. Sinn haben solche Verzeichnisse meiner Ansicht nach nur, wenn die Tabellen oder Abbildungen wirklich **wesentlich eigenständige Leistungen oder Gegenstände** darstellen und nicht nur zur Illustration von Aussagen dienen, die im laufenden Text gemacht werden. In einem Buch, zu dessen wesentlichen Inhaltsbestandteilen es gehört, statistisches Material zu einem Thema zu präsentieren, stellt ein Verzeichnis der Tabellen und Diagramme natürlich eine große Hilfe zur Inhaltserschließung dar. Und wenn in eine kunsthistorische Abhandlung Fotos der angesprochenen Kunstdenkmäler aufgenommen werden, ist ein Verzeichnis der Abbildungen ebenfalls unbedingt angebracht. Analoge Beispiele lassen sich sicher auch aus etlichen anderen Wissenschaftsbereichen anführen. Vergessen Sie nicht, Tabellen und Abbildungen im Text durchzunumerieren.

Auch ein Verzeichnis der in Ihrem Manuskript verwendeten Abkürzungen ist nötig, wenn es sich nicht nur um allgemein übliche, sondern beispielsweise um fachspezifische oder ungebräuchliche Abkürzungen handelt.

Register stehen immer am Ende einer Arbeit. Verzeichnisse können – je nachdem, welches Gewicht man der in ihnen enthaltenen Information für die Erschließung des Inhalts gibt – am Anfang (hinter dem Inhaltsverzeichnis) oder am Ende plaziert werden.

5.7 Literaturverzeichnis

Bibliographische Aufnahme von Literaturangaben ➜ Abschnitt 4.1
Literatursuche, -auswahl und -beschaffung ➜ 3. Kapitel
Erstellung eines Literaturverzeichnisses mit Hilfe des Textverarbeitungsprogramms *Word* ➜
Abschnitt 11.7
Beispiele ➜ Musterseiten 11 und 12

Im Literaturverzeichnis wird alle Literatur mit den vollständigen, zur Identifikation
und Beschaffung notwendigen bibliographischen Angaben aufgeführt, die Sie in
Ihrer Arbeit zitiert oder erwähnt haben.

Es ist eine Gewissensfrage, ob Sie auch solche Literatur dort aufnehmen sollten, auf
die Sie in der Arbeit zwar nicht ausdrücklich eingegangen sind, von der Sie aber
meinen, daß sie zu den geistigen Quellen gehört, aus denen Sie geschöpft haben.
Eigentlich wäre es korrekt, sofern man das Literaturverzeichnis als **Dokumentation
der geistigen Quellen einer Arbeit** ansieht. Aber das wäre wohl doch eine Über-
strapazierung des Literaturverzeichnisses. Letztlich müßte es sonst darauf hinauslaufen, daß Sie in das Literaturverzeichnis alles aufnehmen, was Sie je gelesen haben.
Denn in irgendeiner Weise wird es sicher zur Bildung Ihres Geistes und damit auch
zur Abfassung dieser Arbeit beigetragen haben. Eine etwas nüchternere Betrachtung
reduziert seine Funktion auf den Nachweis der ausdrücklich verwendeten Quellen.
Die geistigen Einflüsse, die zur Prägung der eigenen wissenschaftlichen Auffassung-
en beigetragen haben, sind ohnehin nicht vollständig zu dokumentieren; ja, sie sind
Ihnen wahrscheinlich zu großen Teilen gar nicht bewußt.

Beliebt ist das Literaturverzeichnis als **Belesenheitsausweis** oder als Dokumentation
des wissenschaftlichen Niveaus einer Arbeit. Aber ein umfangreiches Literaturverzeichnis als solches besagt nur, daß Sie in vielen Büchern herumgestöbert und aus
vielen Büchern zitiert haben. Ob Sie das, was Sie da an Quellen anführen, auch
tatsächlich **verarbeitet** haben, ob Sie sich intensiv damit **auseinandergesetzt** haben,
darüber sagt es gar nichts. Das kann nur die Arbeit selbst zeigen. Ein Umkehrschluß
ist zwar nicht zwingend, aber durchaus möglich: Je umfangreicher das Literaturverzeichnis, desto oberflächlicher wurde die angeführte Literatur wohl gelesen. Auch
diesen Schluß kann nur die Arbeit selbst widerlegen. In aller Regel wird der Betreuer
Ihrer Arbeit recht genau merken, in welcher Relation der Eindruck, den das Literaturverzeichnis erweckt, zu dem Eindruck steht, den der Inhalt Ihrer Arbeit auf ihn
gemacht hat. Besser stehen Sie allemal da, wenn Sie trotz geringer Titelzahl im
Literaturverzeichnis eine gehaltvolle Arbeit abgeliefert haben, als wenn Ihr Betreuer
schließen muß, daß der Berg an Titeln, die Sie für Ihre Belesenheit ins Feld führen, in
keinem Verhältnis steht zur entbundenen geistigen Maus.

Nichtsdestoweniger ist ja gar nicht zu bezweifeln, daß das Literaturverzeichnis im
Wissenschafts- und Studienbetrieb – gerechtfertigterweise oder nicht – als Indikator
dafür angesehen wird, wie gründlich sich der Verfasser einer Arbeit mit seinem
Thema beschäftigt hat. Es ist also sicher nicht falsch zuzusehen, daß das Literaturverzeichnis nicht allzu knapp ausfällt. Aber das setzt voraus, daß Sie sich die
Literatur auch wirklich einigermaßen gründlich ansehen müssen. Literaturangaben
„aus zweiter Hand" gehören jedenfalls nicht in Ihr Literaturverzeichnis, selbst dann

nicht, wenn Sie aus dem betreffenden Werk ein Zitat wörtlich übernehmen, das Sie in einem anderen Text gefunden haben. (➔ 5.4.2) Ausnahme: Der sekundär zitierte Text spielt eine besondere Rolle für Ihre Abhandlung und ist im Original nicht oder nur sehr schwer zugänglich. In dem Falle müssen Sie Ihrer Literaturangabe den „Fundort" hinzufügen. Schreiben Sie hinter die Literaturangabe: [zitiert nach: ...].

Wenn Sie während Ihres Studiums wenig (an wissenschaftlicher Literatur) gelesen haben, dann sagt das nichts über Ihre potentiellen Fähigkeiten als Wissenschaftler aus. Sie haben halt keinen rechten Zugang gefunden, und vielleicht hat der Studienbetrieb Sie auch nicht gerade zum Lesen motiviert. Aber Sie befinden sich dann in der Situation, nicht auf tatsächlich vorhandene Belesenheit zurückgreifen zu können, und sind nahezu ausschließlich auf das verwiesen, was Sie während der Bearbeitungszeit Ihres Themas an Literatur lesen und verarbeiten konnten. Das kann dann so viel nicht sein, das ist klar. Aber dies dann durch Bluff zu überspielen, ist eine äußerst riskante Angelegenheit. Ich kann davon nur abraten. Mißlingt der Bluff, haben Sie bei Ihrem Betreuer des weiteren wahrscheinlich nicht mehr gerade einen Stein im Brett. Vielleicht begegnen Sie ihm wieder bei der mündlichen Prüfung?

Bei der **formalen** Gestaltung des Literaturverzeichnisses sind zuerst die Konventionen für die bibliographische Aufnahme von Literatur zu berücksichtigen (➔ Abschnitt 4.1). Die Literatur wird **alphabetisch geordnet** nach dem ersten Element der bibliographischen Angabe (Verfasser- beziehungsweise Herausgeber-Name/n oder Sachtitel). Eine **Unterteilung** der Literaturangaben **in Primär- und Sekundärtexte** ist oft sinnvoll. Im ersten Teil des Literaturverzeichnisses werden dann alle Texte und Materialien angeführt, die den eigentlichen Untersuchungsgegenstand der Arbeit bilden, im zweiten Teil die Texte, die sich („sekundär") auf dieses „primäre" Material beziehen (zu dieser Unterscheidung ➔ auch Abschnitt 2.3). Diese Unterteilung ist nicht unbedingt nötig, wenn es sich bei Primär- und Sekundärtexten durchweg um wissenschaftliche Texte handelt. Sie sollte aber vorgenommen werden, wenn das Material, auf das Sie sich in Ihrer Arbeit stützen, zum Teil nicht-wissenschaftlicher Herkunft ist (zum Beispiel historische Quellen, statistisches Material, Dichtung, Gesetzestexte).

Achten Sie auf eine **einheitliche Form** der Literaturangaben. Setzen Sie also nicht in einem Fall die Verlagsangabe hinzu und im anderen Falle nicht. (In Literaturverzeichnissen wissenschaftlicher Arbeiten wird oft nur der Erscheinungsort ohne Verlag angegeben. Was der Sinn dieser Verkürzung sein soll, ist mir unklar. Sicher ist die Angabe des Verlags informativer als die Angabe des Erscheinungsorts, mit der allein man wenig anfangen kann.)

Es ist empfehlenswert, die zweite Zeile und die folgenden Zeilen einer Literaturangabe um einige (fünf) Leerzeichen einzurücken. Das erleichtert die Übersicht. Übersichtlichkeit kann zwar auch auf andere Weise erzeugt werden. Aber wenn Sie sich an den Vorschlag bezüglich der Unterscheidung von selbständiger und unselbständiger Literatur (➔ Abschnitt 4.1) halten wollen, wonach die Titel selbständig erschienener Werke unterstrichen (im Buchdruck entspricht dies kursivem Druck), die Titel unselbständig erschienener Texte in Anführungsstriche gesetzt werden sollten, fällt die Unterstreichung als mögliche Form der Hervorhebung für das erste

Element der Literaturangabe weg. Es kommt, wenn Sie sich an diese Konvention halten, nur die Einrückung als optische Absetzung der einzelnen Literaturangaben voneinander in Frage.

5.8 Anhang

Ein Anhang ist dazu da, umfangreichere Materialien, die für die Arbeit eine wichtige Rolle gespielt haben, zu dokumentieren. Das ist natürlich nur dann sinnvoll und berechtigt, wenn diese Materialien sonst nur schwer oder gar nicht zugänglich sind (historische Quellen und Dokumente, statistisches Material, Gesetzestexte, Bildmaterial und ähnliches); oder bei Materialien, die im Zusammenhang der Arbeit selbst entstanden sind (Fragebögen und Auswertungsdaten bei empirischen Arbeiten, Beobachtungsprotokolle, Interviews und ähnliches).

Benutzen Sie den Anhang nicht, um Eindruck zu schinden. Die wenigsten Betreuer wissenschaftlicher Arbeiten sind begeistert, wenn ihnen zugemutet wird, zusätzlich zum eigentlichen Text der Arbeit noch Kenntnis zu nehmen von diversen Beigaben. Beschränken Sie sich auf das, was wirklich notwendig ist.

5.9 Schriftbild und Layout

Textgestaltung ist eine besondere Stärke von Textverarbeitungsprogrammen. ➜ Abschnitt 8.3
Praktische Textgestaltung mit dem Textverarbeitungsprogramm *Word* ➜ Abschnitte 10.1 und 11.2

Die äußere, optische Gestaltung Ihres Manuskripts wird von zwei hauptsächlichen Gesichtspunkten bestimmt:

* dem **Schriftbild**;

  dazu zähle ich die Wahl: Schreibmaschine oder Druck; die Wahl des Schrifttyps; die Wahl der Schriftgröße; auch die Sauberkeit des Schriftbildes; und

* dem **Layout**;

  dazu zähle ich in erster Linie die Wahl der Anordnung des Geschriebenen auf dem Papier: also Seitenränder ringsum, Paginierung (Plazierung der Seitenzahl), Kopf- oder Fußzeilen; auch den Zeilenabstand; die Gestaltung von Überschriften; die Übersichtlichkeit des Inhaltsverzeichnisses.

An vielen Hochschulen gibt es mehr oder weniger detaillierte Vorschriften über die äußere Manuskriptgestaltung. An die müssen Sie sich natürlich halten. Andernfalls gebe ich Ihnen folgende Tips.

5.9.1 Schriftbild

Ich gehe davon aus, daß Sie Ihr Manuskript mit der Schreibmaschine schreiben. (Falls Sie einen PC einsetzen und auch, wenn Sie Ihre Arbeit auf einem PC schreiben lassen wollen, sollten Sie sich zusätzlich im 8., 10. und 11. Kapitel orientieren.) Wenn Sie das Manuskript auf Ihrer eigenen Schreibmaschine schreiben oder schreiben lassen, gibt diese Ihnen den Schrifttyp und die Schriftgröße vor. Da ist dann nichts zu wählen. Lassen Sie in einem Schreibbüro schreiben, wird man Ihnen vielleicht einige Alternativen anzubieten haben. Stehen Sie vor der Frage, welche **Schriftgröße** (= Schriftgrad) Sie wählen sollen (in der Regel haben Sie die Wahl zwischen einer 10-Punkt- oder einer 12-Punkt-Schrift), dann sollten Sie sich vor Augen halten, daß die Wahl einer 12-Punkt-Schrift den Umfang des Manuskripts um rund 20 % gegenüber einer 10-Punkt-Schrift anwachsen läßt. Ein Manuskript, das in 10-Punkt-Schrift 80 Seiten Umfang hat, wächst in 12-Punkt-Schrift auf 96 Seiten. Die Wahl der Schriftgröße kann Ihnen also dabei helfen, auf eine bestimmte vorgegebene Seitenzahl zu kommen, ohne daß Sie das Manuskript in durchsichtiger Weise auf Länge oder Kürze quälen müssen. Wird die Schriftgröße in Zeichen pro Zoll (cpi) angegeben, gelten folgende Entsprechungen: 12 Punkt = 10 cpi; 10 Punkt = 12 cpi.

Hervorhebungen im Text werden durch Unterstreichung, Großbuchstaben oder durch Sperrung kenntlich gemacht. (Sperrung bedeutet, daß Sie zwischen die einzelnen Buchstaben eines Wortes immer ein Leerzeichen einfügen; zwischen zwei gesperrten Wörtern fügen Sie dann drei Leerzeichen ein, zwischen einem normal geschriebenen und einem gesperrten Wort zwei Leerzeichen.) Sperrung und Großbuchstaben sollten Sie nur für einzelne Wörter, nicht für längere Textpassagen benutzen, sonst wird das Schriftbild unübersichtlich. Beschränken Sie sich auf eine Art, höchstens zwei Arten von Hervorhebung. Das läßt das Schriftbild ruhiger erscheinen.

Wichtig für den ersten Eindruck, den Ihre Arbeit macht, ist **Sauberkeit des Schriftbildes**. Reinigen Sie regelmäßig die Typen Ihrer Schreibmaschine. Besonders in den vielgebrauchten kleinen Buchstaben setzt sich – je nach verwendetem Farbband – bald so viel Farbbandschwärze ab, daß das Schriftbild schmutzig wird. **Tippfehler** kommen einfach vor, schließlich sind Sie keine gelernte Schreibkraft. Bemühen Sie sich um saubere Korrektur. Also: Nicht einfach den richtigen Buchstaben feste über den falschen knallen, sondern erst den falschen übertünchen beziehungsweise abheben, dann den richtigen einsetzen. Aber vor allem: Lassen Sie Tippfehler nicht unkorrigiert stehen; lesen Sie nach Fertigstellung Ihres Manuskripts unbedingt gründlich Korrektur. Daß im fertigen Manuskript einzelne Tippfehler stehen bleiben, ist nahezu unvermeidlich. Stehenbleibende Tippfehler in größerer Zahl aber zeigen, daß Sie sich der Mühe des Korrekturlesens nicht mehr unterzogen haben und es dem Betreuer überlassen, diese Fehler beim Lesen im Kopf zu korrigieren. Das ist eine Zumutung. Lassen Sie jemand anderen Korrektur lesen, denn Sie selbst kennen Ihre Arbeit zu gut, als daß Sie noch sicher sein könnten, daß Ihnen kein Fehler entgeht. Versprechen Sie dem betreffenden, daß Sie es für ihn auch tun – denn eine angenehme Arbeit ist das weiß Gott nicht.

Und dies ist auch gleich der Punkt, um auf das leidige Thema **Rechtschreibung** zu kommen. Beim Korrekturlesen entdecken Sie Tippfehler. Aber wenn Sie unsicher sind in der Rechtschreibung und Zeichensetzung, werden Sie Ihre Rechtschreib- und Interpunktionsfehler natürlich nicht finden. In dem Falle müssen Sie sich Hilfe suchen, und das sollten Sie auch unbedingt tun. Rechtschreibschwäche ist weder ein Charakterfehler noch ein intellektueller Mangel. Mit einer solchen Schwäche muß man halt leben wie mit anderen Schwächen auch. Und das heißt in diesem Fall, daß man zusehen muß, diese Schwäche anderen nicht zum Ärgernis werden zu lassen. Irgendjemanden in Ihrem Freundes- oder Bekanntenkreis wird es doch geben, dem Sie Ihr Problem darlegen können und der bereit und fähig ist, Ihnen aus der Klemme zu helfen. Wenn das nicht der Fall ist, rate ich Ihnen, ordentlich Geld zusammenzukratzen und sich einen PC mit einem Textverarbeitungsprogramm zuzulegen, das über eine fähige Rechtschreibprüfung verfügt. Ein solches Programm kann zwar nicht alle Fehler finden; aber viele der für eine ausgeprägte Rechtschreibschwäche typischen Fehler wird es aufdecken (➔ Abschnitt 8.2.1).

5.9.2 Layout

Manuskriptblätter werden grundsätzlich nur **einseitig beschrieben**. Da die Arbeit einem Betreuer zur Begutachtung vorgelegt wird, können Sie nicht ein normales Buch-Layout zum Vorbild nehmen. Für seine Anmerkungen braucht der Gutachter einen **Korrekturrand**. Meist wird der Korrekturrand links zugegeben, obwohl dies nur für linkshändige Betreuer praktisch ist. Ich würde ihn mir rechts wünschen. Kalkulieren Sie dafür ungefähr 5 cm ein. Außerdem müssen Sie berücksichtigen, daß nach Art der Bindung oder Heftung der Arbeit am linken Blattrand etwas Platz (ungefähr 1 cm) verloren gehen kann.

Für den **Zeilenabstand** gilt als Standard 1 1/2-zeilig (entsprechend 3 Rasterstellungen am Walzenrad einer Schreibmaschine). Ein geringerer Zeilenabstand (1-zeilig = 2 Rasterstellungen am Walzenrad) ist für Textpassagen angebracht, die Sie optisch absetzen wollen: zum Beispiel für längere Zitate im Text, für Fußnoten und Anmerkungen, gegebenenfalls für Exkurse. Einen größeren Zeilenabstand (oder Einschub einer Leerzeile) wählen Sie unterhalb von Überschriften. Am Ende eines Textabschnitts vor der Überschrift des folgenden Abschnitts sollten Sie zwei bis drei Leerzeilen freilassen. (Der Abstand einer Überschrift zum vorhergehenden Text sollte größer sein als der Abstand zum folgenden Text.)

Überschriften werden unterstrichen. Wollen Sie eine Hierarchie der Überschriften optisch unterstützen, könnten Sie auf der höchsten Hierarchie-Ebene die Überschrift durchweg in Großbuchstaben und doppelt unterstrichen schreiben. Auf der zweiten Ebene wird einfach unterstrichen; auf der dritten benutzen Sie keine Großbuchstaben. Eine vierte Ebene könnten Sie durch unterbrochene Unterstreichung kennzeichnen. (Beim Einsatz eines Computers haben Sie erheblich vielfältigere Gestaltungsmöglichkeiten. ➔ Abschnitte 8.3.1 und 11.2.1) Setzen Sie die Überschriften linksbündig (nicht zentriert).

Gliedern Sie Ihren Text durch **Absätze**. Lassen Sie zwischen den Absätzen eine Zeile Abstand. Absätze sind Lesehilfen, die den Leser freundlich stimmen. Einzelne Absätze sollten möglichst kürzer sein als eine Seite.

Über die **Plazierung der Anmerkungen bzw. Fußnoten** habe ich mich ja schon im Abschnitt 5.4.4 ausgelassen. Im maschinenschriftlichen Manuskript empfiehlt es sich, die Anmerkungen im Anschluß an den Text zusammenzufassen.

Die **Seitenzahl** setzen Sie unter oder über den Text. (Gebräuchlicher in Manuskripten ist oberhalb, beim Buchdruck unterhalb.) Achten Sie auf ausreichenden Abstand zum laufenden Text, damit die Seitenzahl mit einem Blick als solche erfaßt werden kann und nicht vom Text optisch eingefangen wird. Bei einem einseitig beschriebenen Manuskript ist es für den Leser am praktischsten, wenn die Seitenzahl rechtsbündig über oder unter dem Text steht.

Müssen Sie nachträglich in Ihr Manuskript Seiten einfügen (nachdem Sie bereits die Seiten Ihres Manuskripts mit Seitenzahlen versehen haben), erhalten diese die Nummer der vorhergehenden Seite, mit einem zusätzlichen a versehen (eine nach Seite 21 eingefügte Seite erhält die Seitenzahl 21a). Auf beiden Seiten wird unten rechts ein Hinweis auf die folgende Seite angebracht (auf der Seite 21 steht: `folgt 21a`; auf der eingefügten Seite steht: `folgt 22`).

Eine **Kopfzeile** wird manchmal eingesetzt, um für jede Seite das Kapitel oder den Abschnitt anzugeben, in dem sich der Leser gerade befindet. Das ist leserfreundlich. Außerdem verleiht eine solche Kopfzeile, wenn sie durch eine Linie vom laufenden Text abgetrennt wird, dem Schriftbild insgesamt mehr Geschlossenheit und Ruhe. Aber in maschinenschriftlichen Manuskripten sind Kopfzeilen sehr unüblich.

Das Schriftbild sollte sauber und übersichtlich, das Layout dem Charakter der Arbeit angemessen sein. Aber Sie sollten auch den Manuskript-Charakter nicht zu verleugnen versuchen. Im Gegenteil: Ein allzu perfektes Outfit läßt auch von der harten Arbeit zu wenig spürbar werden, die Sie hineingesteckt haben. Es ist nicht schlimm, wenn erkennbar bleibt, daß Sie noch im fertigen Manuskript (saubere!) Korrekturen vorgenommen haben. Das unterstreicht, daß Sie sich bis zur letzten Sekunde nicht zufrieden gegeben haben. Und ein allzu aufwendiges Schriftbild und Layout, das versucht, der Perfektion von Buchdruck nahezukommen (diese Versuchung liegt gerade beim Einsatz eines Computers nahe; ➜ Abschnitt 11.2.1), kann unbescheiden wirken, wenn es den Eindruck erweckt, Sie seien der Meinung, eine perfekte Arbeit abgegeben zu haben. Selbst wenn Sie dieser Meinung tatsächlich und möglicherweise zu Recht sind: Signalisieren Sie lieber Bescheidenheit.

5.9.3 Einige schreibtechnische Regeln

Vor Satzzeichen steht **kein Leeranschlag** („Spatium"). Das Satzzeichen steht direkt hinter dem letzten Zeichen des vorhergehenden Textes.

Nach Satzzeichen steht ein **Leeranschlag,** es sei denn, es folgen (etwa bei einem Zitat) abschließende Anführungszeichen.

```
Vor Satzzeichen steht kein Leeranschlag. Nach Satz-
zeichen steht ein Leeranschlag.
```

Vor einer **öffnenden** runden oder eckigen **Klammer** steht ein **Leeranschlag.**

Hinter einer öffnenden Klammer folgt **kein Leeranschlag,** sondern direkt das erste Zeichen des in die Klammer eingeschlossenen Textes.

Vor einer **schließenden** runden oder eckigen **Klammer** steht **kein Leeranschlag.** Die Klammer folgt direkt auf das letzte Zeichen des eingeschlossenen Textes.

Hinter der **schließenden Klammer** folgt ein **Leeranschlag** oder ein Satzzeichen.

```
Vor einer öffnenden und hinter einer schließenden
Klammer steht (wie hier demonstriert) ein Leeran-
schlag, hinter der öffnenden und vor der schließen-
den Klammer hingegen nicht.
```

Steht ein **vollständiger Satz in Klammern,** so gehört das abschließende Satzzeichen mit in die Klammer.

```
(Steht ein vollständiger Satz in Klammern, so gehört
das abschließende Satzzeichen mit in die Klammer.)
```

Hinter **Anführungszeichen** am Anfang und vor Anführungszeichen am Ende steht kein Leeranschlag.

```
"Hinter Anführungszeichen am Anfang und vor Anfüh-
rungszeichen am Ende steht kein Leeranschlag."
```

Vor und nach Gedankenstrichen steht jeweils ein **Leeranschlag,** es sei denn, es folgt ein Satzzeichen.

```
Vor und nach Gedankenstrichen steht - außer in be-
sonderen Fällen - jeweils ein Leeranschlag.
```

Nach Aufzählungszeichen wie 1., a) folgt ein **Leeranschlag,** es sei denn, es folgt ein Satzzeichen.

```
Nach Aufzählungszeichen wie 1., a) folgt ein Leeran-
schlag, es sei denn, es folgt ein Satzzeichen.
```

6. Kapitel
Leistungsnachweise

In diesem Kapitel wird auf die besonderen Anforderungen eingegangen, die die verschiedenen Formen von Leistungsnachweisen im Studium an Sie stellen:
- Seminarprotokoll,
- Referat (Seminarvortrag),
- Thesenpapier,
- Klausur,
- Haus- oder Abschlußarbeit.

Grundsätzliches zur Abfassung schriftlicher wissenschaftlicher Arbeiten aller Art ➜ 5. Kapitel
Arbeitshilfen, die ein Textverarbeitungsprogramm Ihnen bieten kann, ➜ 8. Kapitel
Praktische Schritte bei der Abfassung wissenschaftlicher Arbeiten im Studium unter Einsatz des Textverarbeitungsprogramms *Word* ➜ 10. und 11. Kapitel

Nachdem ich Ihnen im vorhergehenden Kapitel erläutert habe, was Sie bei der Abfassung von wissenschaftlichen Arbeiten grundsätzlich beachten und befolgen sollten, werde ich in diesem Kapitel auf die Besonderheiten eingehen, die die verschiedenen Arten von Leistungsnachweisen, denen Sie während Ihres Studiums begegnen werden oder schon begegnet sind, charakterisieren. Wenn Sie beispielsweise für ein Seminar ein Thesenpapier zu schreiben haben, dann können Sie sich in dem entsprechenden Abschnitt dieses Kapitels orientieren, was dabei zu beachten ist. Vorausgesetzt ist dabei, daß Sie mit Fragen der wissenschaftlichen Vorarbeiten (Literaturrecherche und Materialdokumentation) und der Manuskriptabfassung im allgemeinen keine Probleme mehr haben. Falls doch, müßten Sie ergänzend in den betreffenden allgemeinen Kapiteln (➜ 3. bis 5. Kapitel) nachlesen, worauf es dabei ankommt.

Wenn Sie einen Leistungsnachweis erwerben wollen, werden die Spielregeln von demjenigen bestimmt, der Ihre Leistung zu beurteilen hat. Werden die Erwartungen offen und eindeutig formuliert, umso besser für Sie. Andernfalls müssen Sie versuchen, sie aus ihm herauszufragen. Die Fragen, mit denen Sie den Dozenten zur Offenlegung seiner Erwartungen bewegen wollen, müssen präzise sein und zeigen, daß Sie sich bereits einige Gedanken gemacht haben. Wenn Sie eine Aufgabe übernommen haben, die Ihnen einen Leistungsnachweis einbringen soll, dann stellen Sie Ihre diesbezüglichen Fragen erst, wenn Sie sich darüber klar geworden sind, in welcher Hinsicht Sie genauere Auskunft brauchen. Die nachstehenden Ausführungen zu den verschiedenen Arten von Leistungsnachweisen sollen Ihnen dabei helfen.

In jedem Falle sollten Sie zu Ihrer eigenen Absicherung und Beruhigung mit dem Aufgabensteller die folgenden Punkte klären:

- zu berücksichtigende **Literatur** (➜ 3. Kapitel)

- **formale Gestaltung** des Manuskripts (➜ 5. Kapitel, vor allem Abschnitt 5.9)
  (Möglicherweise verlangt der Dozent einen Korrekturrand spezieller Breite, einen bestimmten Zeilenabstand, bestimmte Angaben auf dem Titelblatt, Fußnoten statt Endnoten. Normalerweise können Sie sich an das halten, was im

5. Kapitel über Manuskriptgestaltung gesagt wird. Aber manche Dozenten haben eben ihre eigenen Vorstellungen darüber, wie so etwas aussehen muß.)

• **Abgabetermin**
(Dieser liegt für Abschlußarbeiten generell fest; er ist auch für andere Leistungsnachweise manchmal allgemeinverbindlich geregelt.)

• **Korrektur- oder Überarbeitungsmöglichkeit** nach Abgabe (entfällt grundsätzlich bei Abschlußarbeiten)
(Viele Dozenten, Institute oder Fachbereiche schließen eine Überarbeitungsmöglichkeit nach Abgabe einer Arbeit grundsätzlich aus. Andere geben die Chance einer Nach-Besserung, um die Note zu heben oder um die Arbeit überhaupt in den noch ausreichenden Leistungsbereich zu hieven. Sie müssen dabei berücksichtigen, daß eine Rückgabe zwecks Überarbeitung vom Dozenten verlangt, daß er seine Kritik und Verbesserungs- oder Korrekturvorschläge dem Verfasser schriftlich oder mündlich deutlich macht. Wenn der betreffende Dozent viele Arbeiten zu betreuen hat, kann dies eine ganz erhebliche zeitliche Belastung darstellen, die wirklich den Rahmen seiner Möglichkeiten sprengt. In solchen Fällen ist es sicher verständlich, wenn gesagt wird, eine nachträgliche Überarbeitung sei ausgeschlossen. Hinnehmen müssen Sie das allerdings auch in Fällen, wo Sie vielleicht der Meinung sind, der Dozent sei doch nicht so belastet, daß ihm dies nicht zuzumuten sei.

Wenn Sie die Arbeit nicht zur Korrektur zurückbekommen, müssen Sie natürlich zusehen, daß Sie schon vor der Abgabe möglichst sicher gehen, die Erwartungen und Anforderungen des Dozenten zu erfüllen. Alle Punkte, in denen Sie unsicher sind, sollten Sie sich dann notieren und in der Sprechstunde des Dozenten zur Sprache bringen.)

Schließlich gibt es jeweils Fragen vorzuklären, die mit der besonderen Art des Leistungsnachweises zusammenhängen und die daher in den folgenden Abschnitten jeweils behandelt werden.

Es wird Ihnen dabei auch deutlich werden, daß es sich nicht nur um formale Fragen handelt. Die rein formalen Fragen sind sogar weniger von den individuellen Vorstellungen des betreffenden Dozenten abhängig. Bei Leistungsnachweisen, die auch eine **inhaltliche Funktion** für den Verlauf einer Veranstaltung haben, wie bei Protokollen, Thesenpapieren und Referaten, beziehen sich die Erwartungen des Dozenten dagegen möglicherweise auch auf diese Funktion und sind daher bestimmt von seinen speziellen Absichten und Planungen zum Seminarverlauf.

Da es hier um den erfolgreichen Nachweis von Leistungsfähigkeit geht, wollen Sie natürlich vor allem wissen, auf welche Art von wissenschaftlicher „Leistung" es jeweils im besonderen ankommen soll. Hierzu müssen wir vorweg jeweils ein wenig über die Funktion nachdenken, die die betreffende Leistung im Rahmen des Studienbetriebs der Hochschulen zu erfüllen hat (und die sich nicht unbedingt in der Prüfungs-Funktion erschöpft). Meist sind in diesem Zusammenhang auch einige spezielle Schwierigkeiten anzusprechen, die mit der Abfassung einer Arbeit des betreffenden Typs verbunden sind. Aus der Funktion ergeben sich normalerweise die

Anforderungen an ein „gutes" Protokoll, Thesenpapier usw. – abgesehen natürlich von den speziellen Erwartungen, die dieser oder jener Dozent damit verknüpft und auf die Sie sich einstellen müssen. Wenn Sie zeigen können, daß Sie die jeweilige Funktion der Aufgabe begriffen und ihr gerecht zu werden versucht haben, ist das schon Nachweis einer wissenschaftlichen Leistung. Die Erörterungen schließen jeweils ab mit einer Zusammenstellung von Regeln für die Abfassung der Arbeit.

6.1   Seminarprotokoll

Zum Zuhören und Mitschreiben im allgemeinen ➡ Abschnitt 2.2

Funktion eines Seminarprotokolls

Seminarprotokolle werden – vor allem im Grundstudium – oft verlangt, wenn es um den Erwerb von Leistungsnachweisen geht. Aber das Protokoll hat darüber hinaus eine **Funktion für die Veranstaltung selbst,** und ein gutes Protokoll zeichnet sich dadurch aus, daß es dieser Funktion gerecht wird.

Leider meinen viele Studierende, daß das Protokoll einer Seminarsitzung nur eine Angelegenheit zwischen ihnen und dem Dozenten ist; und leider verhalten sich auch viele Dozenten so. Der ursprüngliche gute Sinn eines Protokolls hingegen ist die **Dokumentation des Seminarverlaufs,** sowohl für die Teilnehmer des Seminars (den Protokollanten und den leitenden Dozenten eingeschlossen), als auch für Dritte, die sich darüber informieren wollen. Aus einer guten Protokollierung seines Seminars kann der Seminarleiter Rückmeldung gewinnen, die er braucht, um seine inhaltliche Planung und den tatsächlichen Verlauf zueinander in Beziehung zu setzen. Sie kann ihm außerdem von großem Nutzen sein, wenn er später wieder einmal eine Veranstaltung zum gleichen oder einem ähnlichen Thema vorhat. Werden die Protokolle in einer Mappe gesammelt und allen Seminarteilnehmern zugänglich gehalten, können diese sich problemlos über den Inhalt versäumter Sitzungen informieren. Überdies halten Protokolle das ganze Semester über den Gesamtzusammenhang der Seminarinhalte präsent (falls ein solcher besteht). Sofern von ihnen entsprechender Gebrauch gemacht wird, verringert sich die Gefahr, daß der Horizont der einzelnen Teilnehmer jeweils nur auf den Umkreis des von ihnen besonders behandelten Themas beschränkt bleibt und sich der Gesamtzusammenhang der Themen im Seminar in isolierte Bruchstücke auflöst.

Über der Funktion des Protokolls als Leistungsnachweis geht dieser gute Sinn des Protokollierens oft verloren. Da es der Seminarleiter ist, dem das Protokoll zur Begutachtung ausgehändigt wird, denkt sein Verfasser auch oft nur daran, wie dieser es wohl aufnimmt. Man schreibt an die Adresse des Seminarleiters.

Darin liegt die Gefahr, daß die beiden Zielsetzungen: die, dem Seminarleiter zu zeigen, was man zu leisten vermag, und die, eine für die anderen Seminarteilnehmer oder außenstehende Dritte verständliche und hilfreiche Inhaltsangabe des Verlaufs der Seminarsitzung zu liefern, miteinander in Konflikt geraten. Sie versuchen vielleicht, dem Seminarleiter durch den Gebrauch von Fachausdrücken zu imponieren, die normalen Sterblichen nicht ohne weiteres verständlich sind, nach dem Motto: Wir beide (der Seminarleiter und ich) wissen schon, was gemeint ist. Es ist aber ein großer Unterschied, ob der Seminarleiter etwas aus dem Protokoll herauslesen kann, ob er sein Seminar darin wiedererkennt, oder ob andere Teilnehmer oder Außenstehende damit etwas anfangen können.

Ein Protokoll, das nicht nur für den Seminarleiter oder die anwesenden Seminarteilnehmer gedacht ist, darf nicht voraussetzen, daß man die Seminarsitzung besucht haben muß, um zu verstehen, worum es geht. Im Gegenteil, es sollte so abgefaßt sein, daß es jemandem, der nicht dabei war, das Wesentliche vermittelt, ohne mehr vorauszusetzen, als die Seminarteilnehmer selbst in die Sitzung mitbringen mußten, um ihr folgen zu können. Wenn Sie ein solches Protokoll schreiben müssen, geben Sie es jemandem zu lesen, der nicht dabei war, und bitten Sie ihn, offen zu sagen, ob er alles versteht und ihm klar wird, worum es in der Sitzung ging.

Fragen, die der Vorklärung bedürfen

Versuchen Sie zuvor, die Vorstellungen des Seminarleiters über den Charakter des Protokolls zu erfragen:

- Soll es sich um ein Verlaufs- oder um ein Ergebnisprotokoll handeln?

- Erwartet er, daß weiterführenden Hinweisen (etwa auf eine Textstelle bei einem bestimmten Autor) nachgegangen wird?

- Sollen Textstellen, die im Seminar besprochen wurden, im Wortlaut wiedergegeben werden?

- Ist es erwünscht, daß Sie nachträglich Ihre eigenen Gedanken zu bestimmten Inhalten dem Protokolltext hinzufügen?

- Abgabetermin?

Verlaufs- oder Ergebnisprotokoll?

Diese gängige Unterscheidung zielt darauf, daß ein Protokoll entweder den gesamten Darstellungs-, Argumentations- und/oder Diskussionsverlauf wiedergibt oder sich darauf beschränkt, die hauptsächlichen Ergebnisse festzuhalten. Die Unterscheidung hört sich leichter an, als sie ist.

Da ja auch ein **Verlaufsprotokoll** keine wörtliche Stenografie all dessen sein soll, was im Seminar überhaupt gesagt wurde, verlangt es vom Protokollanten eine Entscheidung darüber, was als „wichtiger" Beitrag zum Seminar anzusehen ist. Tja, was ist „wichtig" in einem Seminar?

- Ist eine unhaltbare Behauptung, die jedoch eine halbstündige heftige Diskussion provoziert hat, wichtig? Sie ist jedenfalls für den Verlauf der Seminardiskussion wichtig geworden. Also sollte sie wohl ins Protokoll aufgenommen werden.

- Oder ist ein kluger Gedanke, der nicht weiter verfolgt wurde, wichtig? Hier kommt es darauf an, ob Sie nur die Beiträge, die in irgendeiner Weise den Fortgang des Seminars bestimmt oder zu ihm beigetragen haben, protokollieren wollen, oder auch solche Beiträge, die eine mögliche andere Wende der Diskussion, einen anderen Argumentationspfad hätten einleiten können, die aber nicht weiter verfolgt wurden. Im ersten Falle entsteht ein geschlosseneres Bild von einem scheinbar recht folgerichtigen Seminarverlauf, ein gewissermaßen geschöntes, geglättetes Bild, während im zweiten Falle auch die verpaßten, vernachlässigten, ignorierten oder ausgeklammerten Alternativen deutlich werden können.

- Was ist überhaupt ein „wichtiger" Gedanke? Einer, den eine Seminarleiterin geäußert oder zu dem sie beifällig genickt hat; einer, den mehrere andere Seminarteilnehmer als „klug" oder „interessant" bezeichnet haben; einer, dem niemand etwas entgegengesetzt hat; oder einer, den Sie selbst als bedeutsam empfinden? Wenn die Seminarleiterin ihn für wichtig hielt, ist es sicher taktisch richtig, ihn ins Protokoll aufzunehmen. Wenn er Anklang bei anderen Seminarteilnehmern gefunden hat, hat er wohl auch zum Seminarverlauf beigetragen, und sollte deshalb aufgenommen werden. Und wenn Sie selbst ihn für bedeutsam halten, dann sollten Sie sehen, daß Sie ihn so ins Protokoll aufnehmen, daß er dort auch als bedeutsam erscheint.

Ebenso schwierig wie die Frage, was zum Verlauf eines Seminars gehört, ist die Frage zu beantworten, was denn **Ergebnisse** in einem Seminar sind. Es ist nun mal – vor allem in den Geistes- und Sozialwissenschaften – nicht so, daß Wissenschaft eindeutige Ergebnisse zeitigt. Es mag sein, daß eine Seminarleiterin die Veranstaltung so regiert, daß als Ergebnis immer das gilt, was sie als solches vorgesehen hat. Eine Seminardiskussion hätte also dann ein Ergebnis, wenn sie zu einer von der Leiterin für richtig gehaltenen Position gelangt. Es ist in solchen Fällen gelenkter Diskussion sicher angebracht, in einem Ergebnisprotokoll diese Stationen festzuhalten; die Seminarleiterin wird es dann so erwarten und damit zufrieden sein.

Bei einer weniger gelenkten und offeneren Diskussion wird es weitaus schwieriger sein, so etwas wie Ergebnisse festzuhalten. Die Diskussion mag hierhin und dorthin gehen; man einigt sich nicht; der Dozent hält sich heraus oder bekennt zwar seine Auffassung, will diese aber nicht verbindlich machen; undsoweiter. Was Sie dann festhalten können, sind allenfalls gewisse Schwerpunkte der Diskussion und die dazu geäußerten, eventuell voneinander abweichenden oder einander widersprechenden Positionen.

Ob Verlaufs- oder Ergebnisprotokoll – das Protokollieren erfordert in jedem Falle von Ihnen hohe Konzentration. Sie müssen nicht nur ständig voll wach dabei sein (was Ihnen sonst in der betreffenden Veranstaltung vielleicht schwer fallen mag). Sie müssen auch immer ganz auf dem laufenden sein, wie das gerade Behandelte im Zusammenhang steht mit dem Gesamtthema, und müssen beim Zuhören schon in gewissem Maße strukturieren. Sie können sich in einer ähnlichen Position sehen wie ein Gesprächsleiter, der ebenfalls ständig die Übersicht über Struktur und Zusammenhang einer Diskussion behalten muß.

Ganz übel ist natürlich, wenn Sie nicht mitbekommen, worum es geht, weil Sie es nicht verstehen. Daher: Wenn jemand sich für Sie unklar ausdrückt, die Sache aber wichtig zu sein scheint für das Protokoll, fragen Sie sofort zurück – als Protokollant haben Sie das Privileg, dazwischen zu fragen, ohne sich an eine Rednerliste halten zu müssen. Der Betreffende möge noch einmal langsam und deutlich so formulieren, daß Sie es für das Protokoll mitschreiben können. Fehlt Ihnen dazu der Mut oder wollen Sie nicht einen längeren Monolog des Seminarleiters oder eine gerade entbrannte Diskussion unterbrechen, dann sehen Sie zu, daß Sie nach der Sitzung herausbekommen, worum es ging (wenn es immer noch als sehr wichtig erscheint). Vielleicht erschließt es sich Ihnen ja im nachhinein aus dem Gesamtverlauf der Sitzung. Sonst versuchen Sie doch, den- oder diejenigen, deren Beiträge Ihnen unverständlich blieben, anzusprechen: „Entschuldige(n Sie), ich habe das Protokoll zu schreiben und möchte sicher gehen, daß ich vorhin in der Sitzung Deinen (Ihren) Beitrag auch ganz richtig verstanden habe; es ging doch um ... (Stichwort). Kannst Du (können Sie) mir noch einmal ganz kurz Deine (Ihre) Position erläutern?“ Unter vier Augen fällt es dann wahrscheinlich auch leichter, weitere Verständnisfragen zu stellen.

Weiterführende Hinweise

Die an der Hochschule Lehrenden können Ihnen nicht alles präsentieren, was zu einem Thema an wissenschaftlichen Theorien und Befunden vorliegt. Abgesehen davon, daß sie natürlich selbst nicht alles kennen, was es da gibt, werden sie auch auf vieles, das ihnen durchaus bekannt ist und interessant erscheint, nur Hinweise geben. Diese Hinweise mögen so global sein („Dies ist ein Feld, zu dem die Psychoanalyse sehr interessante Theorien beigesteuert hat.“), daß es kaum lohnt, sie auch nur zu registrieren. Wahrscheinlich sind sie nur dazu gedacht, den weiten Horizont des Dozenten ins Licht zu rücken, ohne daß der ihn wirklich unter Beweis zu stellen braucht. So etwas brauchen Sie nicht ins Protokoll aufzunehmen.

Allein Hinweise, mit denen die Seminarteilnehmer konkret etwas anfangen können, sind wichtig und sollten ins Protokoll aufgenommen werden. In der Regel handelt es sich um Literaturverweise. Falls er es nicht von sich aus tut, bitten Sie den Seminarleiter um die genaue Literaturangabe (genau heißt, daß die Angaben ausreichen, das betreffende Werk in der Bibliothek ausfindig zu machen oder über Fernleihe zu bestellen; zur korrekten bibliographischen Literaturangabe ➜ Abschnitt 4.1). Wenn er die Angaben nicht im Kopf hat, bitten Sie ihn, sie Ihnen für das Protokoll nachzureichen. Das gleiche gilt natürlich, wenn Literaturhinweise von Seminarteilnehmern kommen. Sonst müßten Sie versuchen, die Angaben selbst herauszubekommen (➜ Abschnitt 3.1). Handelt es sich um einen Verweis auf eine bestimmte, nicht allzu umfangreiche, aber wichtige Quelle oder einen wichtigen Textabschnitt im Werk eines Autors, wäre es natürlich sehr hilfreich, wenn Sie diese Quelle beziehungsweise diesen Ausschnitt den Lesern des Protokolls zugänglich machen könnten, sei es durch eine Abschrift (wenn der Umfang nicht zu groß ist), sei es, daß Sie dem Protokoll eine Kopie beifügen. Aber wie gesagt, dies ist nur angebracht, wenn der weiterführende Hinweis nicht auf einen Nebenpfad führt oder sonstwie exotischen Charakters ist.

Normalerweise haben Sie für ein Protokoll nicht allzu viel Zeit, in der Regel wohl nur ein paar Tage. Denn wenn es seinen Zweck im Rahmen des Seminarverlaufs erfüllen soll, muß es den Interessenten möglichst rasch vorliegen. Von daher kann man vom Protokollanten im Regelfall nicht erwarten, daß er zeitraubende Recherchen anstellt, um vage oder unpräzise Hinweise des Seminarleiters in brauchbare Angaben umzusetzen.

Wiedergabe von Textauszügen

Die wörtliche Wiedergabe von Textauszügen ist immer dann sinnvoll, wenn ein Referat oder die Seminardiskussion sich auf den Wortlaut eines Textes beziehen, vor allem also bei Textanalysen und Textkritik. Werden nun Positionen, Argumente und Diskussionsergebnisse protokolliert, ist es für den Leser sehr erleichternd, die betreffende referierte, diskutierte oder kritisierte Passage jeweils gleich mitgeliefert zu bekommen, ohne sie im Text suchen oder sich überhaupt erst den betreffenden Text besorgen zu müssen. Geht es um nur kurze Textpassagen, kann man sie in den laufenden Protokolltext einfügen; sonst sollte man sie als Anhang dazu geben. Aber versichern Sie sich, daß es dem Seminarleiter recht ist, wenn Sie so vorgehen.

Eigene Gedanken im Protokoll

An sich hat ein Protokoll nur die Aufgabe, eine Seminarsitzung so wiederzugeben, wie sie stattgefunden hat, ohne dem etwas hinzuzufügen. Ihre eigenen Gedanken zum Thema haben darin nur etwas zu suchen, wenn Sie sie in der Sitzung auch geäußert haben. Ansonsten sollten Sie sich jeder Stellungnahme und Bewertung strikt enthalten.

Es mag aber sein, daß es der Seminarleiter gut findet, wenn Sie über das eigentliche Protokoll hinaus die Gedanken, die Sie sich zum Inhalt der Sitzung gemacht haben und die Ihnen vielleicht erst im nachhinein, bei der Ausformulierung des Protokolls gekommen sind, ebenfalls zu Papier bringen und abgeben. Diese Ergänzung muß dann aber deutlich vom eigentlichen Protokolltext getrennt werden und als zusätzliche Überlegung des Verfassers gekennzeichnet sein. (Zur Trennung von Darstellung und Kommentar ➜ Abschnitt 5.4.1)

Abgabetermin

Ein Protokoll, das seine Aufgabe für das Seminar erfüllen soll, muß möglichst bald vorliegen. In der Regel stehen also für die Ausformulierung nur wenige Tage zur Verfügung. Das Beste ist, Sie schieben die Abfassung gar nicht erst hinaus, sondern machen sich an die Arbeit, solange Ihre Erinnerung an die Sitzung noch frisch ist. Von der Zeit, die Ihnen zur Verfügung steht, hängt auch ab, wieweit Sie noch zusätzliche Recherchen anstellen können, um Ihr Protokoll anzureichern. Klären Sie den spätestmöglichen Abgabetermin auf jeden Fall mit dem Seminarleiter, damit weder er noch Sie böse Überraschungen erleben.

Zwölf Regeln:

1. Versuchen Sie, das Protokoll möglichst **sofort nach der Sitzung** anzufertigen.

2. Denken Sie bei der Abfassung daran, daß es für jemanden informativ und verständlich sein soll, der selbst an der Sitzung **nicht teilgenommen** hat.

3. Außer den üblichen Angaben soll das **Titelblatt** Auskunft geben über Datum und Thema der protokollierten Sitzung und gegebenenfalls über den oder die Referenten, die in der Sitzung am Zuge waren. Wenn in der Sitzung wissenschaftliche Texte oder Quellentexte behandelt wurden, stellen Sie hierzu die genaue bibliographische Angabe dem Text voran.

4. Geben Sie am Anfang des Protokolls eine ganz kurze **Übersicht** über die **Gliederung** des Protokolls. In der Regel sollte diese sich an den Phasen des Sitzungsverlaufs orientieren. (Zum Beispiel: 1. Wiederholung der Inhalte der vorhergehenden Sitzung; 2. Referat über ...; 3. Diskussion über das Referat)

5. Sorgen Sie für eine **optisch** sofort erfaßbare entsprechende Gliederung des Protokolltextes durch Absätze, Überschriften, Einrückungen.

6. Wenn Sie aufgrund eigener Kenntnis des behandelten Textes **Ergänzungen** vornehmen wollen, die über das hinausgehen, was in der Sitzung zur Sprache kam, müssen Sie diese als solche kennzeichnen und sollten begründen, warum Sie sie für sinnvoll halten.

7. Bei der Protokollierung eines Referates ist darauf zu achten, daß Referat und eigene **Beiträge von Seminarteilnehmern** (einschließlich des Seminarleiters) deutlich voneinander getrennt werden. Da es besonders schwierig ist, in bezug auf den Vortrag des Referenten auseinanderzuhalten, wo er nur wiedergibt und wo er interpretiert oder etwas hinzufügt, sollten Sie als Protokollant im Zweifel entsprechende Rückfragen stellen.

8. Wenn Sie aus Gründen der Lesbarkeit, oder um eine schlüssigere inhaltliche Abfolge herzustellen, **Umstellungen** gegenüber dem tatsächlichen Sitzungsverlauf vornehmen, sprechen Sie dies im Protokoll an und begründen Sie es. (Das gilt streng nur für Verlaufsprotokolle.)

9. **Materialien**, die der Seminarleiter oder ein Referent verteilt haben (wie Textauszüge, Infopapier, Thesenpapier) oder die per Overheadprojektor präsentiert wurden, sollten dem Protokoll als Anlage beigefügt werden.

10. **Tafelanschriften,** die der Verdeutlichung von Zusammenhängen dienen oder sonst von wesentlichem Informationsgehalt für die Sitzung waren, sollten ins Protokoll übernommen und entsprechend gekennzeichnet werden.

11. Gedanken, die Ihnen bei der Rekapitulierung des Sitzungsverlaufs gekommen sind, die aber in der Sitzung selbst nicht zum Tragen gekommen sind, können Sie dem Protokoll als „Kommentar" hinzufügen, wenn Sie sie erkennbar vom eigentlichen Protokoll absetzen.

12. Lassen Sie das Protokoll jemanden **durchlesen**, der an der Sitzung **nicht teilgenommen** hat. Wenn der oder die es informativ und verständlich findet, was Sie geschrieben haben, dann kann das Protokoll so schlecht eigentlich nicht sein.

6.2 Referat (Seminarvortrag)

Zur Notwendigkeit, sich in seine Ansprechpartner hineinzuversetzen, um sich verständlich zu
machen, ➔ Abschnitt 2.5 („Sich vermitteln")
Zur Unterstützung eines Referats durch ein Thesen- oder Infopapier ➔ Abschnitt 6.3

Das Referat ist in der Regel eine **schriftliche Arbeit**, die zu einem bestimmten
festgelegten Termin im Seminar zum **Vortrag** kommen soll. Zwar ist im Prinzip auch
denkbar, daß ein Referat ganz ohne schriftliche Grundlage oder nur auf Basis einiger
notierter Stichworte gehalten wird, aber erstens sind die wenigsten Studenten (und
auch nicht alle Hochschullehrer) in der Lage, vor einem Auditorium frei über ein
Thema zu referieren, und zweitens wollen viele Seminarleiter vorher durchsehen
können, was der Referent vorzutragen gedenkt. Die schriftliche Ausarbeitung ist also
die Regel. Die Themen für Referate beziehungsweise ihre Gegenstände werden in
der Regel vergeben (und nicht von den Referenten bestimmt). Das heißt, sie sind
vorweg vom Seminarleiter festgelegt und in eine Reihenfolge gebracht worden, in
der sie dann im Semester nacheinander zum Vortrag kommen sollen.

Damit verbunden ist, daß der Seminarleiter meist eine recht genaue Vorstellung
davon hat, was das Referat zu leisten hat. Das kann sich auf eine bestimmte
Schwerpunktsetzung bei einem Thema beziehen, auf die Behandlung einer bestimmten Frage, deren Erörterung in den Mittelpunkt gestellt werden soll, oder auf die
Auswertung bestimmter Literatur zum Thema.

Eigentlich bedeutet referieren so viel wie wiedergeben. Meist geht es ja auch darum:
Wiedergabe von wissenschaftlicher Literatur. Insofern wird bei der Abfassung eines
Referats als erstes das bedeutsam, was im Abschnitt 2.3 über „Lesen und Exzerpieren"
ausgeführt wurde. Aber das ist natürlich nicht alles. Letztlich soll das, was man da
aus den Texten herausgeholt hat, ja in einem mündlichen Vortrag den anderen
Seminarteilnehmern vermittelt werden. Diesem Punkt wird leider meist viel zu
wenig Beachtung geschenkt.

Ein Vortrag muß anders strukturiert und formuliert werden als eine zum Lesen
bestimmte Ausarbeitung. Sie müssen sich praktisch in die Situation Ihrer Zuhörer
versetzen und sozusagen **vom Zuhören her** das zu Sprechende organisieren. Einem
Text, der sich gut liest, ist beim Zuhören möglicherweise kaum zu folgen. (Umgekehrt gilt das in weit geringerem Maße.) Wenn dann noch dazu kommt, daß der
Referent vor lauter Aufregung, aus Unsicherheit oder aus sonstigen Gründen am Text
klebt, kaum aufschaut und so den Zuhörern auch kaum Gelegenheit gibt, Zwischen-
fragen zu stellen, dann entsteht schnell die typische Situation, die fast jeder aus
Referate-Seminaren kennt: Spätestens nach 15 Minuten wandern die Gedanken der
meisten Zuhörer sonstwohin, der Referent redet gegen eine Wand, und wenn er eine
Viertelstunde vor Schluß zum Ende kommt und zur Diskussion auffordert, herrscht
lähmendes Schweigen, falls nicht einzelne Seminarteilnehmer oder der Seminarleiter sich erbarmen und ein paar Anstandsfragen stellen, deren Beantwortung und
Diskussion doch kaum jemanden interessieren kann, weil die wenigsten wissen,
worum es überhaupt geht.

Selbstverständlich ist es überhaupt eine Zumutung, länger als eine Dreiviertelstunde einem Referat zuhören zu sollen. Das Konzentrationsvermögen der Zuhörer wird damit überfordert, selbst wenn es sich um einen rhetorisch gut gemachten Vortrag handelt. Noch länger kann man eigentlich nur bei außerordentlichem Interesse am Thema zuhören; und auch dann darf der Vortrag nicht nur völlig Neues für den Zuhörer beinhalten. Die Normalsituation ist aber sicher nicht die, daß die Seminarteilnehmer an jedem Referats-Thema brennend interessiert sind. Außerdem sitzen sie ja da, um über das Thema des Seminars Neues zu lernen. Und unter diesem Gesichtspunkt sind schon dreiviertelstündige Vorträge zu lang. Wird das Referat am Stück gehalten, sollte es meines Erachtens **nicht länger als eine halbe Stunde** dauern. Noch besser wäre, wenn es in, sagen wir: drei, Stücke gegliedert werden könnte, die jeweils nur etwa eine Viertelstunde dauern, woran sich dann die Möglichkeit einer ebensolangen Aussprache anschließt.

Natürlich wollen Sie in so einem Referat gegenüber zum Beispiel einer Seminarleiterin unter Beweis stellen, was Sie alles zum Thema wissen. Und wenn Sie einen Text geschrieben haben, dessen Verlesung die gesamte Seminarsitzung in Anspruch nimmt, dann haben Sie vielleicht ein sichereres Gefühl, als wenn Sie sich auf die Unwägbarkeiten einer Seminardiskussion einlassen müßten; vor allem auf die Unwägbarkeit, ob überhaupt eine Diskussion zustande kommt. Je geringer der zeitliche Anteil des Referierens an der Sitzungszeit, umso größer diese Unsicherheit.

Die meisten Seminarleiter werden wohl nicht darauf bestehen, daß Sie einen anderthalbstündigen Vortrag halten. Klären Sie die ungefähre Länge ab, die gewünscht wird. Dabei sollten Sie bedenken, daß auch Seminarleiter sich oft vor der Situation fürchten, daß der Referent endet und eine Diskussion einfach nicht in Gang kommen will. Das nämlich setzt ihn unter Druck, nun eine Diskussion zu beginnen, um die drohende Leere zu überbrücken. Und was soll er fragen, worüber soll er eine Diskussion anzetteln, wenn der Inhalt des Referats für ihn als Fachmann nichts Neues, Überraschendes, Fragwürdiges enthält, worüber er sich vom Referenten Aufschluß erwarten kann? Was dann zustande kommt, sind diese bemühten Schein-Diskussionen – oder der Dozent beginnt, seine eigenen Auffassungen zum Thema zu entwickeln und also eine Art Korreferat zu halten.

Vierzehn Regeln:

1. Klären Sie mit dem Seminarleiter ab, **wie lange** Sie vortragen sollen/dürfen.

2. Der **Umfang** des Manuskripts ist strikt auf die Länge zu begrenzen, daß seine (langsame und gut betonte) Verlesung die vorgesehene Zeit nicht überschreitet. Das müssen Sie vorher ausprobieren. Lesen Sie den Text jemandem vor (oder sprechen Sie ihn auf Kassette), und stellen Sie fest, wie lange Sie brauchen und ob das Sprechtempo stimmt. (Es ist immer besser, das jemanden anderen beurteilen zu lassen.)

3. Ihr Manuskript muß für Sie selbst **einwandfrei lesbar** sein. Sie verlieren an Würde, wenn Sie beim Vortrag Schwierigkeiten haben, Ihre eigene Schrift zu entziffern.

4. Stellen Sie einleitend das genaue **Thema des Referats** vor. Nennen Sie nicht einfach nur den Titel, sondern versuchen Sie, das Thema in einem oder einigen wenigen Sätzen so zu umschreiben, daß man sich schon etwas darunter vorstellen kann. Geben Sie außerdem die Autoren und Texte an, auf die Sie sich beziehen. Sagen Sie dazu, wann die Autoren gelebt haben (falls es sich nicht um zeitgenössische Autoren handelt) und wann der betreffende Text erstmals erschienen ist. Die genauen bibliographischen Angaben (➜ Abschnitt 4.1) können Sie an die Tafel schreiben. Oder Sie müssen sie so langsam vorlesen, daß man sie mitschreiben kann.

5. Geben Sie vorweg eine kurze **Übersicht** über das Gesamt-Referat. Wenn Sie beim Vortrag eine Gliederung in Stichworten an die Tafel schreiben, per Overhead-Projektor an die Wand werfen oder in vervielfältigter Form verteilen können – umso besser. (Das sollte nicht die mündlich gegebene Übersicht ersetzen, sondern als zusätzliche Erinnerungsstütze während des Vortrags dienen.) Nehmen Sie während des Vortrags ausdrücklich Rückbezug auf diese Übersicht.

6. Formulieren Sie **kurze Sätze**, die man sofort verstehen kann. (Bei langen Sätzen weiß der Zuhörer am Ende nicht mehr, wie der Satz begann.) Um zu prüfen, ob Ihr Vortrag dieser Forderung genügt, halten Sie ihn probeweise vor jemandem, der vom Thema nicht allzu viel weiß. Wenn er folgen kann, werden andere, die schon vertrauter sind mit der behandelten Materie, wohl erst recht keine Schwierigkeiten haben.

7. Scheuen Sie nicht davor zurück, besonders wichtige Aussagen noch einmal zu **wiederholen**, sinngemäß, aber mit anderen Worten; wenn der Wortlaut wichtig ist, ruhig auch wörtlich.

8. Geben Sie nach Abschluß eines zusammenhängenden Gedankengangs in Kurzform noch einmal eine knappe **Zusammenfassung** der wesentlichen Aussagen. (Bei einem Vortrag können und sollten solche Zusammenfassungen nach wesentlich kürzeren Abschnitten erfolgen als bei einer Arbeit, die zum Lesen bestimmt ist. In einem Vortragstext können Sie nach jeweils 10-15 Minuten Vortragszeit eine solche Zusammenfassung geben. Das entspricht im Manuskript etwa 4-6 Seiten. In einer Arbeit, die man lesen soll, wäre das entschieden zu früh.)

9. Bei **wörtlichen Zitaten** aus Texten müssen Sie Anfang und Ende des Zitats so deutlich machen, daß man es beim Zuhören verfolgen kann. Bei langen Zitaten sagen Sie zwischendurch notfalls etwas wie: „Ich zitiere immer noch." Da die Angabe von Zitat-Anfang und -Ende den Redefluß unterbricht, sollten Sie möglichst wenig wörtlich zitieren.

10. Trennen Sie deutlich zwischen den referierten Aussagen und Ihrer Interpretation und Bewertung. In der Regel ist Ihre **Interpretation und Bewertung** bei Referaten **nicht** gefragt. Ihre Hauptleistung hat also darin zu bestehen, dem referierten Text gerecht zu werden (Sie müssen zeigen, daß Sie ihn verstanden haben) und Ihr Verständnis den Zuhörern zu vermitteln (die Zuhörer müssen aus

Ihrer Darstellung den Text ebenso verstehen können, wie er Ihrer Meinung nach zu verstehen ist). (Zur Trennung von Beschreibung und Erklärung, von Darstellung und Kommentar ➜ Abschnitt 5.4.1)

11. Kündigen Sie den **Schluß** Ihres Vortrags an. Das mobilisiert noch einmal die Aufmerksamkeit Ihrer Zuhörerschaft für die abschließenden Ausführungen. Der Ankündigung muß nach wenigen Sätzen wirklich das Ende folgen!

12. Schließen Sie Ihr Referat mit einigen Sätzen, die die **Hauptaussagen** Ihres Vortrags aufgreifen und zugleich hierauf bezogene **offene Fragen oder Probleme** formulieren, um einen Anstoß für anschließende Diskussion zu geben.

13. Vermeiden Sie in der **Diskussion** eine Identifizierung mit den referierten Texten. Verständnisfragen oder kritische Einwände sind an Sie nur insoweit gerichtet, als Sie es mehr oder weniger gut vermocht haben, den referierten Positionen gerecht zu werden und sie den Zuhörern verständlich zu machen. Anders als vom Pressesprecher der Bundesregierung wird von Ihnen nicht erwartet, daß Sie mit den Autoren, für die Sie sprechen, übereinstimmen. Wenn es doch erwartet wird, machen Sie klar, daß man es nicht von Ihnen erwarten darf.

14. Bringen Sie nicht inhaltliche Quantität auf Kosten der Vermittlungs-Qualität. Lieber **weniger, und das gut** angebracht, als mehr, und das an den Zuhörern vorbeigeschaufelt. Wenn Sie das Gefühl haben, Sie müßten dem Seminarleiter zeigen, daß Sie mehr drauf haben, als Sie anbringen konnten, dann vereinbaren Sie mit ihm, daß Sie dieses Mehr nur in der schriftlichen Fassung unterbringen, die Sie ihm abliefern.

6.3   Infopapier, Thesenpapier

Thesen sollen Diskussion provozieren. Zur Bedeutung des wissenschaftlichen Streits ➜ Abschnitte 2.4 und 2.5

Um den im vorhergehenden Abschnitt genannten Schwierigkeiten eines Referate-Seminars abzuhelfen, kamen Thesenpapiere in Mode. Teils sind sie gedacht zur Ergänzung und Unterstützung des vorzutragenden Referats, teils sollen sie es ersetzen.

6.3.1 Infopapier oder Thesenpapier?

Nicht jedes Papier, das die Seminarteilnehmer in die Hand bekommen, ist ein Thesenpapier, auch wenn es so genannt wird. Ein **Thesenpapier** enthält Thesen, die zur Rückfrage, zum Widerspruch provozieren sollen. Ein Papier, das Informationen liefert, die lediglich zur Kenntnis genommen werden sollen, ist kein Thesenpapier. Ich gebrauche dafür die Bezeichnung Infopapier.

Ein **Infopapier** kann ein Referat unterstützen, indem es Informationen gibt, deren Vortrag im Referat ermüdend wirken würde (etwa Gesetzestexte) oder die in schriftlicher Form angemessener zu präsentieren sind (zum Beispiel Zahlenmaterial, Schaubilder). Ein Infopapier kann auch ein Thesenpapier unterstützen, wenn es Informationen enthält, die zur Kenntnis genommen werden müssen, um bestimmte Thesen (zum Beispiel Schlußfolgerungen aus empirischen Daten) überhaupt diskutieren zu können.

Machen Sie sich die Unterscheidung zwischen Infopapier und Thesenpapier klar und geben Sie kein Infopapier ins Seminar, wenn ein Thesenpapier verlangt ist. Trennen Sie Thesenpapier und Infopapier, wenn Sie meinen, zum besseren Verständnis Ihrer Thesen zusätzliche Informationen geben zu müssen.

6.3.2 Thesenpapier als Unterstützung eines Referats

Die Unterstützung eines Referats durch ein Thesenpapier kann sich auf zwei Dinge beziehen:

- Es gibt dem Zuhörer eine Stütze, um dem Vortrag besser folgen zu können.

- Es gibt Anregungen und Anstöße zur Diskussion über das Referat.

Das Thesenpapier als Stütze des Zuhörers ist nicht einfach nur eine für die Seminarteilnehmer vervielfältigte Gliederung des Referats. Vielmehr soll es die wesentlichen Aussagen des Referats in Thesenform enthalten. Das eigentliche Referat kann dann so aufgebaut sein, daß die Thesen – wie auf dem Papier formuliert – vorgetragen und jeweils – über das Papier hinausgehend – erläutert und begründet werden. (In diesem Fall würde das Thesenpapier dem Referat die Gliederung vorgeben und insofern doch eine Gliederung des Referats darstellen.) Die Gliederung des Referats kann aber auch unabhängig von der Thesenformulierung aufgebaut sein.

Eine **These** ist eine **Behauptung**. Sie soll Widerspruch oder das Verlangen nach einer Begründung provozieren. Da Thesen möglichst kurz und prägnant formuliert sein sollten (deshalb sind sie zur Strukturierung eines mündlichen Vortrags gut geeignet), bedürfen sie meist auch einer Erläuterung. Der These muß also im Referat eine Erläuterung und Begründung entsprechen. Eine These, die Sie in den Raum stellen, ohne ihr etwas folgen zu lassen, hat ihren Sinn verfehlt. Sie soll zu nachfolgenden Erörterungen überleiten und hat den Sinn, diesen eine Art Orientierungslinie mitzugeben. Eine vorausgeschickte These kann den Zuhörer zu größerer Aufmerksamkeit motivieren – vorausgesetzt natürlich, daß die These eine interessante oder provokante Behauptung enthält, also nicht banal ist. Sonst provoziert sie nicht Aufmerksamkeit, sondern gelangweiltes Gähnen und Achselzucken.

Wenn Sie eine These aufstellen, die nicht die Einleitung, sondern den **Abschluß** eines Gedankenganges markiert, so hat dies nur Sinn, wenn sie zugleich als Einleitung in eine nachfolgende Diskussion gedacht ist. Auch in diesem Falle sollten Sie etwas zur

Erläuterung und Begründung zu sagen haben und sich nicht mit der Einstellung: „Nun diskutiert mal schön; ich hab mein Teil geleistet", zurücklehnen und abtreten. Wer eine These aufstellt, muß sich auch für sie stark machen – sonst ist das ganze eine läppische Spielerei. Ich betone das deshalb, weil ich immer wieder sehe, daß Studierende sich dann, wenn eine von ihnen geäußerte These starken Widerspruch erfährt und sie herausgefordert werden, ihre These argumentativ zu vertreten, am liebsten ganz schnell von ihr distanzieren möchten: So ernst habe ich es doch nicht gemeint! Da fühlen sich die Diskussionspartner zu recht leicht verschaukelt.

Auf der anderen Seite können Sie eine These, von deren Plausibilität Sie zuerst ganz überzeugt waren, aber selbstverständlich auch ohne weiteres wieder aufgeben, wenn Ihnen die Gegenargumente einleuchten. Das gehört zur wissenschaftlichen Redlichkeit. Eine wissenschaftliche Diskussion ist schließlich kein Kampf mit Siegern und Besiegten, in dem Sie versuchen müssen, unter allen Umständen die Oberhand zu bewahren. (Es gibt den Typ des Disputanten, dem es sehr schwer fällt, eine einmal aufgestellte Behauptung fallen zu lassen, auch wenn sie sich nicht mehr halten läßt. Obwohl selbst schon gar nicht mehr überzeugt, verteidigt er sie weiterhin hartnäckig und verbissen. Ich selbst neige anscheinend zu solchem Diskussionsverhalten.)

Manche Referenten stellen auch an das Ende ihrer Ausführungen einen thesenartigen Gedanken, der den Zuhörern mitgegeben werden soll, um ihnen die ins weitere Leben hineinreichende Bedeutung des Referats nahezubringen. Wenn Studierende ihren Kommilitonen auf diese Weise etwas mit auf den Weg geben wollen, mag das leicht etwas großkotzig wirken. Es ist auch eine recht billige Methode, dem Abschluß seines Vortrags Bedeutung zu geben, ohne für das Weitere noch verantwortlich zu sein. Man gibt – wie ein Lehrer seinen Schülern Hausaufgaben aufgibt – seinen Zuhörern etwas zum Denken mit – als ob die sonst nicht wüßten, womit sie ihren Kopf nach dem Vortrag noch sinnvoll beschäftigen sollen. Lassen Sie so etwas sein!

6.3.3 Thesenpapier statt Referat

Wenn das Thesenpapier an die Stelle eines Referates treten soll, dann bedeutet dies zweierlei:

- Nicht ein Vortrag, sondern **Diskussion** soll den Seminarverlauf maßgeblich bestimmen. (In der Regel wird dies damit zusammenhängen, daß der thematisierte Inhalt weniger in gesicherten Erkenntnissen der Wissenschaft besteht als in Problemen, über die strittige wissenschaftliche Positionen existieren.)

- Der Aufbau des Thesenpapiers soll eine Art **Leitfaden** für die Diskussion bieten.

Die **Struktur** solcher Thesenpapiere kann unterschiedlich aussehen:

Die lineare Abfolge:

**These, Begründung der These –
2. These, Begründung dieser These usw.**

Diese Form bietet sich an, wenn Sie im wesentlichen **eine** bestimmte wissenschaftliche Position – das kann auch Ihre eigene sein – in Thesenform vorzutragen und in der Diskussion zu begründen gedenken. (Man kennt eine analoge Form der wissenschaftlichen Selbstdarstellung bei Promotionen und Habilitationen als „Disputation": Der Kandidat stellt sich beziehungsweise seine wissenschaftliche Position der Befragung und Kritik durch ein Auditorium.)

Sie sind durch die Thesenform in diesem Falle stark **auf die referierte Position festgelegt** und müssen praktisch als Sprecher eines anderen auftreten, auch wenn Sie dessen Position gar nicht teilen, müssen also eine Art „Advocatus diaboli" spielen. Wenn Sie nicht Ihre eigene Position vertreten und sich auch nicht die referierte Position zu eigen machen, geraten Sie bei dieser Form in eine schwierige Lage, da Sie natürlich die fremde Position nicht so vertreten können, wie ihr Urheber es sicher könnte, andererseits sich aber auch nicht ohne Verlust von ihr distanzieren können, da aus einer Diskussion über Thesen, hinter denen niemand steht, schnell die Luft heraus ist. (Nichts ist übler, als wenn sich alle gegen eine Position einig sind, die niemand der Anwesenden vertritt. Billige Polemik und gegenseitiges Schulterklopfen lassen dann im Hörsaal oder Seminarraum leicht Stammtischatmosphäre aufkommen.)

Die Kontroverse:

**These, Begründung der These –   Gegenthese, Begründung der Gegenthese
2. These, Begründung dieser These –   2. Gegenthese, Begründung usw.**

In dieser Form lassen sich gut **kontroverse** in der Wissenschaft vertretene **Positionen** zum behandelten Thema darstellen. Durch die ausgewogene Darstellung mit Pro und Contra können Sie selbst distanziert bleiben, auch wenn Sie sich eine der Positionen zu eigen machen.

Allerdings besteht bei dieser Form auch die Gefahr eines Eindrucks von Beliebigkeit: „Man kann eben alles so oder so sehen." Wichtig ist daher, die Positionen auch wirklich gegeneinander zu stellen und nicht nur nebeneinander. Das heißt, die Argumente zu den Thesen beziehungsweise Antithesen müssen sich wirklich aufeinander beziehen und dürfen nicht aneinander vorbeizielen.

Die dialektische Entwicklung:

These, Begründung der These –   Gegenthese, Begründung der Gegenthese
Synthese, Begründung der Synthese –
2. These, Begründung dieser These –   2. Gegenthese, Begründung
erneute Synthese, Begründung usw.

Diese Form unterscheidet sich von den beiden anderen durch das Entwicklungs-moment. Während in der ersten Form eine Position sozusagen einsam ihre Bahn zieht (erst durch die Diskussion kommt ein soziales Moment hinein), in der zweiten Form zwei Positionen einander starr gegenüberstehen (diese Starre wird wiederum erst durch die Diskussion gelöst), stellt diese Form des Thesenpapiers eine **dialektische Entwicklung** dar. These und Antithese kommen in Dialog, das heißt sie verharren nicht im Gegensatz, sondern gehen aufeinander ein. Im Idealfall kommen sie – aufgrund der gegeneinander vorgebrachten Argumente – zu einer gemeinsamen Position, der Synthese. Das bedeutet nicht einfach, daß sie ihre ursprüngliche Position verlassen haben. Sondern sie haben sich so modifiziert, daß sie miteinander vereinbar werden.

In einer solchen Bewegung kann man manchmal Entwicklungen in der Theorie-tradition nachzeichnen: Erst wurde von X die erste Position vertreten; dann von Y die Gegenposition; schließlich wurden beide Positionen aufgehoben in der Synthese, die Z geleistet hat. Vielleicht lassen sich auch zeitgenössische Positionen in dieser Weise darstellen, daß die Schule x gegen die Schule y theoretisch zu Felde zieht, während doch die Schule z gezeigt hat, daß ihr Gegensatz ganz überflüssig ist.

Oder Sie können Ihre eigene Position als Synthese zu einer bestimmten These-Antithese-Konfrontation darstellen. Das läßt eine Position immer stark aussehen. Ob sie es wirklich ist, hängt davon ab, ob sie eine wirkliche Synthese ist oder nur ein fauler Kompromiß, ein „mittlerer Weg" oder dergleichen.

Kompromisse und „mittlere Wege" zeichnen sich dadurch aus, daß sie Gegensätze aufheben, indem sie das, was den Gegensatz ausmacht oder begründet, einfach ausklammern beziehungsweise zwischen zwei Extremen die goldene Mitte wählen. Das mag der Alltagspragmatik durchaus entgegenkommen, die sich Auseinanderset-zungen und Schwierigkeiten ersparen will. Es dient aber absolut nicht dem Fort-schritt der wissenschaftlichen Erkenntnis. Dafür daß die Wahrheit immer in der Mitte liegt, gibt es keinerlei Grund. Warum sollte sie?

Was also ist ein wirkliche **Synthese**?

Zunächst einmal muß der in These und Antithese formulierte Gegensatz ganz ernst genommen und darf nicht verwässert werden. Dann muß der tiefere Grund dieses Gegensatzes herausgestellt werden. Bei diesem Zurückgehen oder In-die-Tiefe-Gehen wird sich herausstellen, ob in letzter Instanz unvereinbare Grundpositionen vorliegen, die sich niemals vereinbaren lassen werden, oder ob es bestimmte Annah-men, Zwischenargumente und dergleichen sind, die aus in der Tiefe gleichen Grund-positionen Gegensätze werden lassen.

Jede Position, die das Entstehen der Gegensätzlichkeit erklären kann, steckt selbst nicht mehr in diesem Gegensatz, sondern wird zur übergreifenden Position, die beide

Argumentationslinien in ihr eigenes Argumentationsgeflecht aufgenommen hat (➜ hierzu meine Überlegungen in den Abschnitten 2.4 und 2.5).

Acht Regeln:

1. Verwechseln Sie nicht **Infopapier** und **Thesenpapier**!

2. Ein Titelblatt ist überflüssig. Aber die entsprechenden Angaben (Seminar, Datum der Sitzung und Ihr Name) sollten sich am „**Kopf**" des Thesenpapiers (und/ oder eines Infopapiers) finden.

3. Thesenpapiere müssen **kurz und bündig** sein. Mehr als 2, vielleicht noch 3 Seiten (in Abhängigkeit vom Layout) sind zuviel. Längere Erläuterungen, die man in Ruhe und konzentriert lesen müßte, sind unangebracht. Wenn es Ihnen gelänge, jede These in die Form eines einzelnen kurzen Satzes zu bringen, wäre das optimal.

4. Auch ein Thesenpapier hat ein **Thema**, auf das sich die Behauptungen der Thesen beziehen. Stellen Sie die Formulierung dieses Themas Ihrem Thesenpapier voran und verfassen Sie Ihre Thesen so, daß ihr Bezug zum Thema ins Auge springt.

5. Machen Sie es, wie Luther es angeblich gemacht hat: **Numerieren** Sie Ihre Thesen durch. Das erleichtert die Orientierung und trägt zum plakativen Charakter bei, den Ihr Papier haben sollte.

6. Ein Thesenpapier ist kein Kurzreferat oder die Kurzfassung eines Referats. Thesen stellen auch nicht einen Sachverhalt dar, den man zur Kenntnis nimmt, sondern Behauptungen auf, die zum Widerspruch, zur Nachfrage, zur Diskussion **provozieren**. Keine Banalitäten und auch keine sachlichen Feststellungen in Thesenform kleiden!

7. Grundsätzlich ist bei einem Thesenpapier darauf zu achten, daß das Papier **nicht** alles schon **vorwegnimmt**, was zu diskutieren es anregen soll. Nehmen Sie sich mit Ihrem Papier nicht den (Diskussions-)Wind aus den Segeln! Wenn es zum Verständnis der Thesen nötig ist, sachliche Hintergrundinformationen zu geben, so sollte dies in einem separaten Infopapier geschehen. Auch Begründungen Ihrer Thesen sollten im Papier nur skizziert werden. Sie müssen etwas in der Hinterhand behalten.

8. Seien Sie gut darauf vorbereitet, Ihre Thesen zu **erläutern** und gegebenenfalls zu **verteidigen**. Vielleicht sehen andere die Provokation gar nicht, die Sie im Sinne haben, und halten Ihre These für eine Trivialität. Dann sollten Sie in der Lage sein, deutlich zu machen, wieso das, was Sie in der These behaupten, nicht selbstverständliche Gültigkeit hat.

6.4 Klausur

Für Klausuren ist es wichtig, Übung im Schreiben zu haben. ➜ Abschnitt 2.6

Ich gehe davon aus, daß Sie Ihre Klausur nicht fertig in der Tasche mitbringen. In dem Falle hätten Sie nur das Problem, nicht aufzufallen bei Ihrem Versuch, das Aufsichtspersonal über Ihre Absichten zu täuschen. Dazu kann ich Ihnen keine Ratschläge geben. Daß es nicht erlaubt ist, wissen Sie selbst.

Klausuren gehen von der Unterstellung aus, daß Sie das Thema vorher nicht kennen, das Sie zu bearbeiten haben. Dennoch müssen Sie sich darauf vorbereiten können.

Die beste Vorbereitung wäre zweifelsohne eine umfassende Kenntnis des gesamten Faches oder Fachgebiets, in dem Sie die Klausur schreiben, so daß Sie nichts überraschen könnte und Sie auf alles vorbereitet wären. Das ist unmöglich. Ich kann Ihnen versichern, daß unter solchen Voraussetzungen selbst von Ihren Professoren niemand mit der Gewißheit in eine Klausur gehen könnte, sie zu bestehen. Um sich auf eine Klausur vorbereiten zu können, muß man den Bereich, aus dem die Themen stammen können, eingrenzen. Entweder ist klar, daß Ihnen nur Kenntnisse abverlangt werden, die Ihnen in einer Lehrveranstaltung oder in einem Zyklus von Lehrveranstaltungen vermittelt wurden. Oder es gibt Absprachen mit dem Themensteller über entsprechende Eingrenzungen.

Die Vorarbeiten, die Sie zur Vorbereitung auf eine Klausur zu leisten haben, konzentrieren sich auf Lektüre und Literaturauswertung. Andere Vorarbeiten sind von geringerer Bedeutung, da sie vor allem auf Materialauswertung für schriftliche Arbeiten ausgerichtet sind, die Ihnen bei einer Klausur ja ausdrücklich nicht erlaubt ist. Hier sollen Sie meist ohne äußere Hilfsmittel, und das heißt ohne schriftliche Unterlagen, Ihr Thema rein aus dem Kopf bearbeiten.

Eine Klausur zeichnet sich zudem durch den enormen **Zeitdruck** aus, unter den Sie gestellt werden. Nur, was Sie in zwei bis vier Stunden zu Papier bringen können, zählt, egal, was Sie sonst noch alles im Kopf haben und zu Papier bringen könnten, wenn man Ihnen mehr Zeit ließe. Hier wird also Geschwindigkeit zu einem Maßstab für wissenschaftliche Qualifikation. Mir ist zwar schleierhaft, warum die Konstrukteure von Prüfungsordnungen diesen Gesichtspunkt der Geschwindigkeit so wichtig nehmen, aber die Dinge liegen nun mal so.

Daraus ergibt sich, daß Sie sich auf eine Klausur auch unter dem Gesichtspunkt vorbereiten sollten, daß Sie **schnell** arbeiten können. Mit der Fülle und dem Tiefgang Ihrer wissenschaftlichen Kenntnisse hat das wenig zu tun. Wichtiger ist, daß Sie in der Lage sind, aus Ihrem Wissensschatz schnell das Benötigte auszugraben und ihm Struktur zu geben; daß Sie beim Schreiben nicht ständig nach passenden Worten suchen und um die richtige Formulierung ringen müssen.

Wenn Sie sich nun auf den Bereich, aus dem das Klausurthema vermutlich gestellt werden wird, vor allem in der Weise vorbereiten, daß Sie lesen und nochmals lesen, dann werden Sie zwar möglicherweise über viel Wissen verfügen, auf das Sie in der Klausur zurückgreifen können. Was Sie wissen, wird ein Vielfaches von dem sein, was Sie in den paar Stunden niederschreiben können. Sie werden also nicht vor dem

Problem stehen, daß Ihnen nichts einfällt. Aber Sie sind völlig unvorbereitet auf das Problem des Zeitfaktors.

Natürlich müssen Sie sich einen soliden Wissensfundus schaffen. Aber das ist nicht alles. Auf das Problem des Zeitfaktors können Sie sich nur vorbereiten, wenn Sie Übung darin haben, Ihr Wissen zu sichten, zu ordnen und zu strukturieren (wenn Sie das können, haben Sie zu Beginn der Klausur schnell eine brauchbare Gliederung stehen); und darin, Ihre Gedanken schriftlich zu formulieren (dann brauchen Sie während der Klausur nicht verzweifelt nach Formulierungen zu suchen; der Text fließt Ihnen aus der Feder).

Für beides weiß ich keinen besseren Rat, als zu den vorgesehenen Themenbereichen der Klausur zu Hause **vorweg kleinere Aufsätze zu schreiben.** Sobald Sie sich eine gewisse Basis an Kenntnissen durch Lektüre geschaffen haben, sollten Sie versuchen, dazu aus dem Kopf eine kleine Abhandlung zu schreiben. Dabei ordnen Sie schon einmal Ihre Gedanken, Sie bekommen Übung, die betreffenden Sachverhalte zu formulieren, und Sie merken, wo Sie noch Lücken haben. Außerdem bekommen Sie ein Gefühl dafür, wieviel man in bestimmter Zeit schreiben kann. Warten Sie damit nicht bis zum Tag vor der Klausur. Machen Sie sich die Mühe schon frühzeitig. Dann können Sie aufgrund der dabei gemachten Erfahrung Ihre inhaltlichen Vorbereitungen gezielter fortsetzen und sich kurz vor der Klausur noch einmal hinsetzen und Ihr nun erweitertes Wissen ausformulieren.

Es ist nicht nötig, daß Sie das Klausurthema genau kennen. Formulieren Sie für Ihre Abhandlungen ziemlich umfassende Themen. Sie werden dann länger brauchen, all Ihr Wissen dazu in eine gedankliche Ordnung zu bringen und niederzuschreiben. Vielleicht ein paar Tage. Aber die Mühe lohnt sich. Ist das Klausurthema dann enger gefaßt, müssen Sie gedanklich zwar abspecken, können aber auf das, was Sie an gedanklicher Ordnung und Formulierungen im Kopf haben, zurückgreifen, ohne ein ausformuliertes Papier in der Tasche zu haben. Denn was man einmal geschrieben hat und erst recht, was man zweimal geschrieben hat, ist wesentlich präsenter, als was man nur gelesen und im Kopf verarbeitet hat.

Sie dürfen aber nicht versuchen, Ihre zu Hause geschriebene Abhandlung wörtlich zu rekapitulieren, also diese Abhandlung auswendig zu lernen. Dann werden Sie unflexibel in Bezug auf die Anpassung des Gedankenaufbaus an die genaue Themenstellung der Klausur. Und Sie suchen womöglich krampfhaft nach den wörtlichen Formulierungen in Ihrem Gedächtnis und verlieren Zeit, wenn sie Ihnen unter dem Druck der Situation einfach nicht einfallen wollen.

6.5   Hausarbeit, Abschlußarbeit

Protokoll, Referat und Thesenpapier sind Sonderformen wissenschaftlicher Arbeiten, deren Anforderungen stark geprägt sind von ihrer Funktion im Seminarbetrieb. Die Erläuterung der Elemente schriftlicher wissenschaftlicher Arbeiten des 5. Kapitels ist daher nur von eingeschränktem Nutzen für ihre Abfassung. Hausarbeiten und

Abschlußarbeiten dagegen stellen die klassische Form der schriftlichen wissenschaftlichen Arbeit im Studium dar. Wer eine solche Arbeit zu schreiben hat, sollte sich daher besonders intensiv mit dem 5. Kapitel beschäftigen.

In einer **Hausarbeit** haben Sie sozusagen im kleinen schon einmal die Fähigkeiten unter Beweis zu stellen, die dann im großen in der **Abschlußarbeit** zum Tragen kommen sollen. Es ist in der Tat schwierig, einen entscheidenden qualitativen Unterschied zu einer Abschlußarbeit herauszustellen. Man könnte sagen: Von allem deutlich weniger. Es steht (in der Regel) weniger Zeit zur Verfügung. (Es wird zwar manchmal eine mehrmonatige Bearbeitungszeit zugestanden; aber dabei wird davon ausgegangen, daß – anders als bei einer Abschlußarbeit – die Abfassung der Hausarbeit nur eine unter etlichen anderen Studienaktivitäten ist.) Die Arbeit hat geringeren Umfang. Das Thema ist (in der Regel) enger umgrenzt. Es ist weniger Literatur zu berücksichtigen. Ihre eigenen Gedanken sind in geringerem Maße gefragt und mehr Ihre Fähigkeit, die Gedanken anderer wissenschaftlicher Autoren zu erfassen und wiederzugeben.

Bei einer Hausarbeit im **Grundstudium** wird üblicherweise nur oder fast nur Reproduktion verlangt: die Wiedergabe wissenschaftlicher Erkenntnisse ohne eigene Stellungnahme. Im **Hauptstudium** wird von Ihnen schon eher erwartet, daß Sie die referierten Erkenntnisse bewertend in Zusammenhänge einordnen, die Sie als relevanten Bewertungshorizont ausweisen können. Aber dies wird von den Dozenten sehr unterschiedlich gesehen. Eine Vorklärung dieser Frage ist daher unbedingt anzuraten. Sonst bemängelt der eine Dozent den zu geringen Gehalt an eigener gedanklicher Leistung, die sich für ihn originär in kritischer Stellungnahme beweist. Und der andere verlangt, Sie sollten erst einmal zeigen, daß Sie zur korrekten Erfassung wissenschaftlicher Texte und angemessener Wiedergabe ihres Gehalts in der Lage sind, bevor Sie sich erlauben dürfen, Ihren eigenen Senf dazuzugeben.

Für die **Wahl des Themas einer Hausarbeit**, vor allem im Hauptstudium, gibt es meines Erachtens zwei Hauptkriterien:

● Ihr Interesse am Thema;

● Legung von Fundamenten für spätere Prüfungsleistungen.

Wenn beides miteinander vereinbar ist, umso besser.

Bei der **Wahl des Themas für eine Abschlußarbeit** sollten Sie zusätzlich berücksichtigen:

● Hat das Thema einen Bezug zu Ihrer voraussichtlichen späteren Berufstätigkeit?

● Können Sie durch die Bearbeitung des Themas eine zusätzliche Qualifikation unter Beweis stellen, die Ihre Chancen auf dem Arbeitsmarkt vergrößert?

● Läßt sich die Bearbeitung des Themas für eine vielleicht geplante spätere Promotion ausbauen?

Wollen Sie diese Kriterien zur Geltung bringen, sollten Sie natürlich zusehen, das Thema selbst bestimmen zu können. Ein Thema, das Sie interessiert, werden Sie mit sehr viel mehr Lust bearbeiten, und das kann der Qualität Ihrer Arbeit nur zugute kommen. Und der Blick auf die spätere Prüfung sorgt dafür, daß Sie Themen bearbeiten, die als Prüfungsthemen zumindest in Betracht kommen (und gute Vorarbeiten können der Aussicht auf die Prüfung ein wenig von ihrem Schrecken nehmen), ohne daß Sie sich damit festlegen. Es ist auch ein besseres Gefühl, Arbeit in eine Sache zu stecken, die anschließend nicht ein für allemal erledigt ist, sondern auf der Sie weiter aufbauen können.

Nur wenn Sie sich ein Thema geben lassen, besteht überhaupt die Gefahr, daß Ihr Betreuer Ihre Arbeitskraft für eigene Zwecke (Zuarbeit zu einem Forschungsprojekt oder ähnliches) ausnutzt. Solange der Nutzen gegenseitig ist, ist dagegen auch nichts einzuwenden. Seien Sie trotzdem auf der Hut! Vage Versprechungen auf eine spätere Einstellung als Mitarbeiterin oder Mitarbeiter sollen Sie vielleicht nur ködern. Informieren Sie sich bei Kommilitonen über diesbezügliche Erfahrungen mit dem betreffenden Dozenten.

Es ist immer gut, wenn Sie über die Dinge, an denen Sie arbeiten, mit jemandem sprechen können, der ein ähnliches Interesse an ihnen hat. Das kann verhindern helfen, daß Sie sich in Ihren theoretischen Vorstellungen einigeln und zu keiner Distanz ihnen gegenüber mehr fähig sind.

Die Anfertigung einer Hausarbeit steht meist nicht unter dem zeitlichen Druck, unter dem die zuvor genannten Leistungsnachweise wegen ihrer Funktion für ein laufendes Seminar stehen. Dadurch, daß Ihnen oft eine längere Bearbeitungsfrist eingeräumt wird, sind Sie eingeladen, mehr persönliche Bedeutung hineinzulegen: sie zum Anlaß zu nehmen, den Stand der eigenen wissenschaftlichen Entwicklung nicht nur dem Betreuer, sondern auch **sich selbst** unter Beweis zu stellen. Für Abschlußarbeiten gilt dies verstärkt. Das motiviert und hemmt. Es motiviert zunächst dazu, sich ordentlich ins Zeug zu legen, und verleitet dazu, die Ansprüche an sich selbst ziemlich hoch zu schrauben. Und da liegt das Problem: Es erweist sich für viele Studierende als äußerst schwierig, den eigenen Ansprüchen gerecht zu werden (oder den eingebildeten Ansprüchen des Betreuers). Ewig bleibt man unzufrieden mit dem bisher zu Papier Gebrachten, man nimmt sich vor, das Manuskript noch weiter zu verbessern, dies noch zu lesen und das noch; den Aspekt noch zu berücksichtigen und jenen. Zugleich sinkt die Arbeitsmotivation rapide, man schiebt auf, zieht anderes vor, und irgendwann ist die Arbeit nur noch eine Belastung. Was soll man dagegen tun?

Als erstes: Die Ansprüche an sich selbst dürfen Sie nicht nach dem ausrichten, was Sie gerne können würden, sondern an dem, was Sie wirklich erwiesenermaßen schon können und wozu Vorarbeiten von Ihnen vorliegen. Das hat meist wesentlich **bescheidenere** Themenstellungen zur Konsequenz, als sie Ihnen in den Sinn kommen, wenn Sie sich ein „interessantes" Thema vornehmen. Das heißt nicht, daß Sie so ein „interessantes" Thema nun ganz fallen lassen müssen. Aber Sie müssen zusehen, daß Sie enger umgrenzte Themen ausfindig machen, die zwar nicht das interessante Thema in seiner wissenschafts- oder welterschütternden Globalität erschöpfen, wohl aber dazu geeignet sind, Ihren wissenschaftlichen Horizont in einer überschaubaren Teilfrage ein Stück zu erweitern. Generalisten, die die globalen Menschheitsprobleme im Sack haben und in wenigen Sätzen auf den Punkt bringen können, haben wir genug in unseren politischen Führungsgremien. Denen sollten Sie nicht versuchen,

Konkurrenz zu machen. Wer sich vornimmt, in einer 25-seitigen Hausarbeit das ökonomische Thema „Markt oder Plan" einer abschließenden Beurteilung zuzuführen, sollte sich ein Betätigungsfeld aussuchen, in dem es mehr auf Glauben und Glaubenmachen ankommt als auf theoretische Aufklärung.

Als zweites sollten Sie sich eine **Frist für die Fertigstellung** setzen und eingedenk dessen, daß man in Dingen, die man nur mit sich selbst ausgemacht hat, schon mal weich werden kann, diese Frist mit dem Betreuer vereinbaren (falls die nicht – wie auf jeden Fall bei einer Abschlußarbeit – ohnehin festliegt). Und dann: sich die Arbeit so einteilen, daß Sie ein paar Wochen vor dem vereinbarten Termin fertig werden. Wenn es geht, vereinbaren Sie mit Ihrem Betreuer, daß Sie ihm eine vorläufige Fassung der Arbeit (Rohfassung) nach ca. 2/3 der Bearbeitungszeit zur Prüfung vorlegen. Dann können Sie einigermaßen sicher sein, daß in Ihrem Kopf nicht Ansprüche des Betreuers ihr Unwesen treiben, die in der Wirklichkeit gar nicht existieren, oder Aspekte unbeachtet bleiben, deren Berücksichtigung man von Ihnen erwartet. Bei Hausarbeiten ohne festen Abgabetermin sollten Sie auch daran denken, daß es für Ihren Betreuer sehr lästig ist, wenn er irgendwann plötzlich eine Arbeit präsentiert bekommt, an deren Vereinbarung er sich, wenn überhaupt, nur noch ganz dunkel erinnert und zu deren Thema er aktuell gar keine Beziehung mehr hat, weil sich seine Arbeitsschwerpunkte verlagert haben.

Versuchen Sie, zwischen Fertigstellung der Rohfassung und endgültiger Überarbeitung Ihres Manuskripts eine **Pause** einzuschieben, in der Sie sich mit anderem (zum Beispiel mit der Vorbereitung auf eine Klausur in einem anderen Fach) beschäftigen. Sie gewinnen so etwas Distanz zu Ihrem Werk und können an die abschließende Überarbeitung wieder etwas freier und unvoreingenommener herangehen. Auch gegebenenfalls notwendige Kürzungen fallen Ihnen danach erfahrungsgemäß leichter. (Diese Pause müssen Sie ohnehin einkalkulieren, wenn Ihr Betreuer bereit ist, sich die Rohfassung Ihrer Arbeit durchzusehen.)

Acht Regeln:

1. Wählen Sie nach Möglichkeit **selbst** das **Thema**.

2. Wählen Sie für **Hausarbeiten** ein Thema, das

    * Sie **interessiert**;

    * als späteres **Prüfungsthema** in Betracht kommt;

    * zu dem Sie schon **Vorarbeiten** geleistet haben.

3. Wählen Sie für **Abschlußarbeiten** ein Thema, das

    * einen Bezug hat zu Ihrer späteren **Berufspraxis**;

    * es Ihnen erlaubt, **zusätzliche Qualifikationen** unter Beweis zu stellen, die Ihre Arbeitsmarktchancen erhöhen;

    * sich eventuell zu einem **Dissertationsthema** ausbauen läßt.

4. Formulieren Sie ein **bescheidenes** Thema, das Sie nach eigener realistischer Einschätzung Ihrer Leistungsfähigkeit mit großer Sicherheit bewältigen können. Vermeiden Sie globale Themen, deren Grenzen Sie nicht überschauen.

5. Suchen Sie sich einen **Partner**, den Ihr Thema auch interessiert und mit dem Sie über Ihre Probleme und Erkenntnisse während der Bearbeitungszeit diskutieren können.

6. Setzen Sie sich auch bei Arbeiten, für die eine Abgabefrist nicht vorgeschrieben ist, eine **Bearbeitungsfrist,** und vereinbaren Sie mit Ihrem Betreuer einen spätesten Abgabetermin. Spekulieren Sie nicht auf Fristverlängerung.

7. Vereinbaren Sie, wenn es geht, daß Ihr **Betreuer** die Arbeit noch vor der endgültigen Abgabe **durchsieht**.

8. Planen Sie eine ca. 1-2wöchige **Bearbeitungspause** nach ca. 2/3 der Bearbeitungszeit und Fertigstellung der Rohfassung ein, und zwar auch dann, wenn Ihr Betreuer die Rohfassung nicht durchzulesen in der Lage oder bereit ist. Geben Sie die Arbeit dann ersatzweise einer anderen Person zum Durchlesen. (Überfallen Sie die betreffende Person aber nicht mit diesem Ansinnen. Verabreden Sie das vorher.)

4

Der Computer als Mittel wissenschaftlichen Arbeitens

In diesem Teil des Buches werde ich Ihnen den Computer als Mittel des wissenschaftlichen Arbeitens vorstellen. Meine Ausführungen sind hauptsächlich dazu gedacht, Ihnen eine Vorstellung davon zu vermitteln, was es heißt, den Computer als Arbeitsmittel im Studium einzusetzen und welche Möglichkeiten sich Ihnen damit bieten. Das soll Ihnen die Entscheidung leichter machen, ob Sie sich nun so ein Ding anschaffen oder nicht. Haben Sie sich positiv entschieden, werden Sie sich anhand anderer Bücher in die grundlegende Handhabung von Geräten („Hardware") und Programmen („Software") einarbeiten müssen, und zwar anhand von Büchern, die auf Ihre spezielle Geräte-Programm-Kombination abgestellt sind. Das sind in erster Linie die Handbücher, die Sie beim Kauf eines Computers und von Programmen mitgeliefert bekommen.

Die anwendungsbezogenen Ausführungen des 8. und 9. Kapitels orientieren sich an den angebotenen Programmfunktionen. Der fünfte Teil (10. und 11. Kapitel) orientiert sich an den Arbeitsschritten bei der Anfertigung einer schriftlichen wissenschaftlichen Arbeit. Die Kapitel 7 bis 9 sollten Sie zur **Vororientierung über den Nutzen eines Computers** lesen, die Kapitel 10 und 11, wenn Sie Computer oder Textverarbeitungsprogramm im Studienalltag praktisch nutzen wollen.

7. Kapitel
Allgemeines über das wissenschaftliche Arbeiten mit dem Computer

In diesem Kapitel sage ich Ihnen, worauf Sie sich gefaßt machen müssen, wenn Sie in Erwägung ziehen, sich einen Computer als Arbeitsmittel im Studium zuzulegen.

Spezielles über das wissenschaftliche Arbeiten mit dem Computer ➜ Kapitel 8 bis 11

Ich halte den Computer für ein sehr nützliches Arbeitsmittel. Allerdings arbeite ich auch schon seit Jahren beruflich mit ihm und werde ihn noch viele Jahre einsetzen. Ob sich die Anschaffung eines Computers auch für Sie lohnt, ist nicht nur eine Frage des finanziellen, sondern auch des Arbeits-Aufwands. Denn obwohl Sie sich ja das

Ding anschaffen werden, um sich die Arbeit zu erleichtern, bedeutet ein Computer im Haus zunächst einmal sehr viel **Mehrarbeit**. Das müssen Sie sich klarmachen. Bis Sie sich eingearbeitet haben, vergeht – je nachdem, was Sie alles damit anstellen wollen – einige Zeit. Wenn Sie sich z.B. einen Computer anschaffen wollen, um Ihre Staatsexamens- oder Diplomarbeit darauf zu schreiben, deren Abgabetermin schon feststeht, dann dürften Sie kaum die Zeit übrig haben, sich parallel zur Abfassung der Arbeit auch noch mit den Möglichkeiten eines Textverarbeitungsprogramms zu beschäftigen.

Daraus folgt nicht zwangsläufig, daß es unsinnig ist, sich in einer solchen Situation einen Computer zuzulegen. Was nötig ist, um den Computer wie eine sehr **komfortable Schreibmaschine** zu benutzen, läßt sich relativ leicht und schnell erlernen. Sie müssen dann aber fürs erste darauf verzichten, die weitergehenden Möglichkeiten, die Textverarbeitungsprogramme heute bieten, auszureizen. Die Frage ist ferner, ob Sie denn für den Computer auch nach Ablieferung der Arbeit voraussichtlich noch Verwendung haben. Falls dies wahrscheinlich nicht der Fall ist, lohnt sich die Anschaffung bestimmt nicht – jedenfalls nicht die Anschaffung als Arbeitsmittel.

Wenn Sie sich in einer Situation einen Computer ins Haus holen, in der Sie unter Zeitdruck stehen, ist es noch viel wichtiger als sonst schon, jemanden an der Hand zu haben, der mit der Bedienung eines Computers und des eingesetzten Programms so vertraut ist, daß er Ihnen bei den unvermeidlichen Pannen, die einem Anfänger unterlaufen, aus der Patsche helfen kann. Falls Sie unter Zeitdruck stehen und Ihnen dann plötzlich ganze Textteile auf Nimmerwiedersehen verschwinden, müssen Sie schon eiserne Nerven haben, um nicht die Fassung zu verlieren.

Ich plädiere dafür, sich den Computer **möglichst frühzeitig** im Studium, am besten gleich zu Anfang, zuzulegen. Denn für die vier bis sechs Jahre Studium lohnt er sich auf jeden Fall, auch wenn Sie ihn nachher vielleicht nicht mehr brauchen sollten – was aber wohl nur selten der Fall sein wird. Wer auch in seinem späteren Beruf viel zu schreiben, viele Informationen zu sammeln und auszuwerten haben wird, wer Lehrer werden oder in die Wirtschaft gehen will, wird einen Computer ganz sicher auch nach dem Examen oder Diplom gebrauchen können. In all diesen Fällen lohnt sich die Anschaffung daher auch, wenn der Abschluß des Studiums schon nahegerückt ist.

Wenn Sie sich möglichst früh einen Computer anschaffen, haben Sie meist doch mehr Luft, die Möglichkeiten dieser Technik intensiv zu erkunden. Mit dem Computer zu arbeiten, ist etwas anderes, als mit der Schreibmaschine zu arbeiten. Es bedeutet eine ganz andere Art der Arbeitsorganisation. Bei der Anschaffung zu einem späteren Zeitpunkt wird daher eine **Umorganisation der Arbeit** fällig. Dann liegt meist schon mehr oder weniger umfangreiches Material vor, in dem auch schon einige Arbeit steckt. Und all das müßte nun in die neue Arbeitsform überführt werden, um es mit dem neuen Arbeitsmittel weiter nutzen zu können. Bei der Anlage einer Literatur- und Schlagwortkartei werden Sie das auch tatsächlich tun, weil eine in herkömmliche Karteikartenstapel und computerisierte Datenbank geteilte Kartei äußerst unpraktisch wäre. Sie werden also alle Karteikarten (so sie denn angelegt wurden) noch einmal abschreiben, um sie mit dem Computer auswerten zu können. Wie lästig! Ihre Referate, Hausarbeiten, Thesenpapiere werden Sie dagegen kaum noch einmal abschreiben. Das hat den Nachteil (den Sie allerdings auch als Vorteil ansehen können), daß Sie Textauszüge daraus nicht einfach in neue Texte kopieren können. (Der Vorteil ist: Wenn Sie gezwungen sind, Passagen, die Sie übernehmen wollen, neu zu schreiben, können Sie sie auch gleich neu formulieren und so ausdrucksmäßig dem Fluß des neuen Textes eingliedern.)

Worauf müssen Sie sich nun gefaßt machen, wenn Sie sich entschlossen haben sollten, Ihre Arbeit im Studium mit Hilfe eines Computers zu erledigen?

Auf jeden Fall müssen Sie zu etwas **mehr Disziplin** bereit sein, als ohne Computer nötig. Bestimmte Dinge müssen Sie einfach immer tun, wenn Sie größeren Schaden abwehren wollten. So wie Sie immer dann, wenn Sie Ihr Auto verlassen, die Handbremse anziehen und vielleicht noch einen Gang einlegen, um Ihr Auto gegen Wegrollen zu sichern, so müssen Sie auch bei der Arbeit am Computer bestimmte Dinge grundsätzlich und immer tun. So sollten Sie grundsätzlich das Ergebnis Ihrer Arbeit abspeichern, bevor Sie das Gerät für längere Zeit (mehr als 2 Minuten) verlassen oder gar abschalten. Sonst fummelt Ihnen jemand anderes am Gerät herum, der Strom fällt aus oder was auch immer, und alles, was Sie seit dem letzten Abspeichern eingegeben haben, ist verloren. Sie müssen **unbedingt regelmäßig**, am besten nach jedem Arbeitstag, mindestens einmal in der Woche, **Sicherungskopien** Ihrer Dateien anlegen. Sonst verlieren Sie eventuell das Resultat von Wochen oder Monaten Arbeit, wenn Ihre Festplatte ihren Geist aufgibt, Ihnen jemand (oder Sie selbst) Kaffee über die Datendiskette schüttet oder andere fatale Dinge geschehen.

Katastrophen können über Sie kommen, auch wenn Sie ganz herkömmlich mit Papier und Stift oder Schreibmaschine arbeiten. Zum Beispiel kann Ihr Haus in Flammen aufgehen. Aber solche Groß-Katastrophen sind doch relativ selten, und bei kleineren Katastrophen (wie Kaffeetasse umschütten; Ascheglut fallen lassen) lassen sich Ihre lädierten Unterlagen wenigstens halbwegs rekonstruieren. Notfalls muß etwas noch mal abgeschrieben werden. Die Katastrophen, die Ihnen mit dem Computer passieren können, sind fast immer gleich etwas umfangreicher. Winzige Beschädigungen einer Datei können dafür sorgen, daß sie überhaupt nicht mehr lesbar ist für Ihren Computer und damit für Sie. Deswegen können Sie sich hier weniger Schludrigkeit leisten.

Die Arbeit mit einem Computer erleichtert es sehr, Ordnung zu halten. Aber sie **verlangt** auch **mehr Ordnung**. Auf dem Schreibtisch und meinetwegen im ganzen Zimmer verstreut, auf dem Boden, unter Tischen, auf Stühlen und in Regalen und Schränken mögen Sie Ihre Unterlagen in einem für Außenstehende undurchschaubaren und undurchdringlichen Chaos von Papierstapeln deponiert haben, ohne jedes System, ohne jede Ordnung. Irgendwie werden Sie trotzdem fast immer über kurz oder lang das finden, was Sie suchen. Aus zwei Gründen: Erstens haben Sie irgendwo in Ihrem Hirn irgendeine Assoziation aufbewahrt, die Ihnen zur Erinnerung daran verhelfen kann, wo sie die Sache hingelegt haben: „Das war doch, als der Dingsbums hier war, um das mit mir zu diskutieren, da haben wir die neue Cure-LP gehört, und bei dem einen Stück mit dem langsam-nervigen Synthesizer-Intro bin ich in die Küche gegangen, um Kaffee zu kochen, und da hab ich im Rausgehen das Papier irgendwo da rechts neben der Tür auf einen Stapel gelegt." Zweitens können Sie die Papierstöße durchblättern und dabei, auch wenn Sie das Geschriebene nur überfliegen, meist sofort erkennen, wenn das Gesuchte dabei ist. Beide Hilfen stehen Ihnen bei Texten, die Sie auf einem Computer gespeichert haben, nicht zur Verfügung.

Der Computer **anonymisiert** Ihre Texte. Damit meine ich: Texte, die Sie auf dem Computer eingegeben haben, sehen untereinander alle gleich aus, und man sieht ihnen auch nicht mehr an, von wem sie stammen. Damit fallen Assoziationskrücken weg, die Ihnen das Schriftbild sonst geben kann: Ihre Handschrift beispielsweise (Sie wissen vielleicht noch, es war ein schnell, mit flüchtiger Hand geschriebener Text), Korrekturen, die Sie in den Text hineingeschrieben haben. Sie können Ihr gesamtes Material auch nicht mehr mit einem Rundblick durchs Zimmer ins Visier nehmen; Sie können nicht mal eben einen Stoß Papier, der Ihnen ins Auge fällt („da könnte es sein"), durchblättern; es gibt keine individuellen Orte mehr, an denen Sie Ihr Material unterbringen; Sie haben keine Erinnerungsstütze mehr am besonderen Papier, an besonderen Tintenfarben („Das stand doch auf so einem abgerissenen karierten Blatt, mit grünem Filzstift") undsoweiter. Sie können sich also nicht mehr auf eine Ordnung verlassen, die sich bei Ihnen bisher möglicherweise mehr assoziativ, über die Gestalt der Welt um Sie herum, hergestellt hat. **Sie müssen systematisch Ordnung halten in einem Raum ohne vielfältige sinnlich wahrnehmbare Eigenschaften.**

Das bedeutet: All Ihr Material ist, wenn es abgespeichert ist, vor Ihren Augen verborgen. Nur auf dem Bildschirm Ihres Computers (oder auf dem Drucker) können Sie es wieder zum Vorschein bringen. Dazu aber müssen Sie den Befehl erteilen, eine Datei zur Ansicht zu „laden" bzw. zu „öffnen". Ob die betreffende Datei die sein wird, die Sie suchen, können Sie nur an einigen Kennzeichen erkennen, die Ihnen aufgelistet werden: Namen der Datei, Dateityp, Dateigröße, Datum der Erstellung. Sie müssen also dafür sorgen, daß anhand dieser Merkmale all Ihr Material eindeutig identifizierbar ist. Denn sollten Sie wirklich einmal einige „Stöße Papier" von ein paar Hundert Seiten am Computer-Bildschirm „durchblättern" müssen, weil Ihnen absolut nicht einfallen will, in welcher Datei Sie dieses lange Zitat von Keynes nebst der neoklassischen Kritik daran gebracht haben, die Sie jetzt unbedingt brauchen, dann werden Sie feststellen, daß so etwas ungefähr zehnmal so lange dauert wie „in echt". Erstens dauert das Blättern selbst schon viel länger, und zweitens müssen Sie sich den Inhalt der Bildschirmseiten viel genauer und konzentrierter durchsehen, weil das Schriftbild Ihnen keinerlei Anhaltspunkte gibt.

Jeder Text, den Sie schreiben, ist eine Individualität, und beim herkömmlichen Arbeitsverfahren sehen Sie ihm die an, auch wenn Ihnen das nicht bewußt ist. Sie haben ihn in einer bestimmten Lebenssituation geschrieben, in einer bestimmten Stimmung, entspannt oder unter Zeitdruck, langsam und sorgfältig überlegend oder hastig, flüchtig. Das alles drückt sich aus in den sinnlich wahrnehmbaren Eigenschaften des zu Papier gebrachten Textes: im Duktus Ihrer Handschrift, in der Plazierung des Textes auf dem Papier, in der Anzahl der Korrekturen und Durchstreichungen, im Papiermaterial, im benutzten Stift, in Kaffeeflecken und Eselsohren, im Vergilbungsgrad und dergleichen. All das geht beim Schreiben auf dem Computer verloren.

Vielleicht verdeutlicht Ihnen folgender Vergleich, wie gravierend die eintretende Veränderung ist. Betrachten Sie Ihre Texte als eine Schar von menschlichen Individuen, die Ihnen durchweg persönlich bekannt, ja vertraut sind. Wenn diese Schar irgendwo versammelt ist, können Sie ein bestimmtes Individuum meist sofort durch einen Blick über die gesamte Gruppe herausfinden. Die Arbeit mit dem Computer versetzt Sie nun in die Situation von jemandem, der die Menschenschar nicht mehr sieht, sondern nur einen Stapel Pässe vor sich liegen hat und allein anhand der darin festgehaltenen Angaben über die Identität der Personen ein bestimmtes Individuum ausfindig machen soll. Wenn er die Namen aller kennt, ist das relativ einfach – obwohl es auch da schon Schwierigkeiten geben kann: Hieß er nun Walther Schmidt oder Walter Schmitz? Sonst müssen Sie die Individualität aus den Angaben im Paß rekonstruieren: Nationalität, Wohnort, Geburtsort, Geburtsdatum, Größe. Das kann bei einer großen Zahl von Personen, die zur Auswahl stehen, sehr zeitraubend sein und manchmal erfolglos: Sie haben die betreffende Person genau vor Augen, aber Sie wissen doch einfach nicht mehr, wie sie heißt, wie groß und wie alt, welches ihre Augenfarbe ist.

Genau so geht es Ihnen nun mit Ihren Texten. Sie müssen sie anhand von ein paar dürftigen Merkmalen identifizieren: Name (dessen Länge – je nach Betriebssystem – auf 8 bis 30 Zeichen begrenzt ist), „Nationalität" (ein Zusatz, der den Datei-Typ charakterisiert), „Wohnort" („Such-Pfad", der angibt, in welchem „Verzeichnis" bzw. „Ordner" die Datei zu finden ist), „Geburtsdatum" (Datum, zu dem die Datei zuletzt abgespeichert worden ist), Größe (in „Bytes" = Zeichen).

Wie ein guter Bürokrat mit Personalakten umgeht, die ihm die Individuen repräsentieren, mit denen er persönlich vielleicht nie in Berührung kommt, so müssen Sie nun mit Ihren Texten umgehen: Sie müssen Ihre Texte immer eindeutig „beschriften" und ordentlich (nach einer einmal festgelegten und durchgehaltenen Ordnung) „abheften" und „wegstellen". Das heißt, Sie müssen immer Namen vergeben, die einmalig und zugleich aussagekräftig sind (wenn der Name nur 8 Zeichen umfassen darf, ist es nicht ganz einfach, auch noch für die zweite bis xte abgewandelte Fassung eines Textes Namen zu finden, die hinreichende Hinweise auf den Inhalt geben). Sie müssen die Datei immer mit dem aktuellen Stand abspeichern (Sie dürfen also Arbeit nicht einfach „liegen lassen"). Und Sie müssen die Datei zielgerichtet an einer „Stelle" abspeichern, an der Sie sie später wiederzufinden gedenken (also nicht „irgendwohin" abspeichern).

Das Beste ist, Sie bewahren parallel zur computermäßig gespeicherten Datei auch immer noch einen **Ausdruck** davon auf, mit dem Sie das dann „in echt" tun, was Sie auf dem Computer simulieren: beschriften (mit dem Datei-Namen, unter dem Sie abgespeichert ist), abheften (auf dem aktuellen Stand halten) und wegstellen (in einen Ordner, der die gleiche Bezeichnung trägt wie der „Ort", an dem Sie die Datei abgespeichert haben). Damit gewinnen Sie ein bißchen sinnliche Greifbarkeit zurück, aber doch nicht in vollem Umfang. Denn auch ein Computer-Ausdruck unterscheidet sich noch erheblich von einem mit der Schreibmaschine oder gar mit der Hand geschriebenen Text: Er hat seine Geschichte verloren, tritt immer in Reinschrift auf, mit dem immer gleichen gleichmäßigen Schriftbild, auf dem immer gleichen Druckpapier. Erst wenn Sie ihn in herkömmlicher Manier von Hand weiterbearbeiten, kann er etwas von der sinnlichen Qualität wiedererlangen, die die Arbeit mit dem Computer ihm genommen hat. (Sie werden sich übrigens wundern, wieviel mehr bedrucktes Papier sich plötzlich an Ihrem Arbeitsplatz türmen wird. Keine Rede von „papierlosem Büro"!)

Die Arbeit am Computer macht also das wissenschaftliche Arbeiten auf jeden Fall noch **unsinnlicher**, als es sonst schon ist. Das gilt auch für die Arbeitssituation insgesamt. Sie sind an einen bestimmten Arbeitsplatz gefesselt, wenn Sie nicht einen der kleinen tragbaren Computer („Laptops", „Notebooks" oder „Powerbooks") Ihr eigen nennen. Die **ergonomischen** Anforderungen an einen Bildschirmarbeitsplatz (und an die sollten Sie sich im Interesse Ihrer Gesundheit unbedingt halten) tun ein übriges. Bevorzugt wird eine eher verdunkelte als helle Umgebung (keine Sonne von vorn und keine Sonne von hinten); Ihr Arbeitszimmer wäre am besten ein ziemlich dunkles „Loch", in dem nur die unmittelbare Arbeitsplatzumgebung etwas erhellt ist – **der Computer ist ein „Innenarchitekt" mit ziemlich abartigem Geschmack.** Wenn Sie mit dem Stift in der Hand über ein Blatt Papier gebeugt am Schreibtisch sitzen, werden Sie immer wieder den Kopf heben, aus dem Fenster schauen, jemanden ansehen, den Blick umherschweifen lassen oder auch einfach nur ins Leere starren. Wenn Sie am Computer arbeiten, werden Sie merken, daß der Computerbildschirm den Blick außerordentlich stark fesselt. An mir selbst und an vielen Menschen, mit denen ich zu tun habe, kann ich es feststellen: Den meisten fällt es schwer, den Blick davon zu lösen, zum Beispiel um sich jemandem zuzuwenden, der mit einem spricht, oder um den Blick überhaupt mal wieder auf etwas Ansehnlicheres zu richten, als es diese „Glotze" darstellt.

Sie müssen wissen, ob Sie das wollen. Ich kann es niemandem verdenken, der das nicht will. Es kommt halt darauf an, ob Sie für den Gewinn, den Sie vom Computer haben und der in den folgenden Kapiteln dargestellt werden wird, diesen Preis zu zahlen bereit sind.

8. Kapitel
Möglichkeiten eines Textverarbeitungs-
programms – Übersicht über die wichtigsten
Funktionen

Dieses Kapitel sagt Ihnen, was Sie mit einem Textverarbeitungsprogramm beim Schreiben wissen-
schaftlicher Arbeiten im Studium anfangen können. Es informiert über:
- Texterfassung,
- Korrektur und Überarbeitung,
- Typographische Gestaltung und Layout,
- Gliederungsfunktion,
- Erstellung von Inhaltsverzeichnissen,
- Fußnotenverwaltung,
- Erstellung von Registern und Verzeichnissen,
- Erzeugung von Sonderzeichen und Formeln,
- Einfügung von Tabellen, Grafiken und Bildern,
- Bildschirmdarstellung und Druck

und weitere Funktionen.

Wenn Sie wissen wollen, wie Sie diese Funktionen in der Praxis nutzen, und zwar am Beispiel des
Textverarbeitungsprogramms *Word*, ➜ 10. und 11. Kapitel
Elemente einer wissenschaftlichen Arbeit – unabhängig vom Computereinsatz – ➜ 5. Kapitel

In Werbetexten oder beim Durchblättern von Handbüchern zu Textverarbeitungsprogrammen werden Sie mit einer Fülle von Funktionen konfrontiert, deren Bezeichnungen Ihnen – wenn Sie sich nicht schon gut auskennen – oft wenig sagen. Was zum
Beispiel sind „Stylesheets" oder „Druckformate", „Zeichenformatierungen" oder
„Absatzformatierungen", und wozu sind sie gut? Oder was haben Sie sich unter
einem „Outliner" und einer „Gliederungsfunktion", was unter einem „Thesaurus"
vorzustellen? Ist das etwas, das Sie beim Anfertigen von Arbeiten im Studium
gebrauchen können?

In diesem Kapitel möchte ich Ihnen eine Übersicht geben über die für Sie wichtigsten
Funktionen von Textverarbeitungsprogrammen: ihre Bezeichnungen, ihre Wirkungsweise und ihren Nutzen. Im 11. Kapitel werde ich umgekehrt vorgehen. Dort werde
ich ausgehen von den Elementen einer wissenschaftlichen Arbeit und dann danach
fragen, mit Hilfe welcher Funktionen eines Textverarbeitungsprogramms sie am
besten zu realisieren sind.

Meine Kenntnis der Textverarbeitung auf Computern beziehe ich aus meinen Erfahrungen mit dem Textverarbeitungsprogramm *Word* von Microsoft. Mit diesem Programm arbeite ich seit etlichen Jahren, und ich kenne sowohl seine *MS-DOS-* als
auch seine *Macintosh-* und seine *Windows-*Versionen aus eigener praktischer Erfahrung. Wenn Sie sich die entsprechend leistungsfähige Hardware kaufen können,
sollten Sie unbedingt mit der *Macintosh-* oder *Windows-*Version arbeiten. Aufgrund
ihrer grafisch orientierten Benutzeroberfläche verlangen sie mehr Hardware-Leistung (sprich: teurere Computer), erleichtern aber die Einarbeitung ungemein, bieten
eine viel angenehmere Arbeitsumgebung und sind in allen Dingen, die mit der

ästhetischen Textgestaltung und deren Sichtbarmachung am Bildschirm zusammenhängen, den *MS-DOS*-Versionen haushoch überlegen.

Zwar laufen Programme unter grafischen Benutzeroberflächen prinzipiell langsamer
als unter *MS-DOS*, weil ein großer Teil der Hardware-Leistung vom Aufbau dieser
Oberfläche geschluckt wird. Aber Sie selbst werden schneller, weil auf der anderen
Seite *MS-DOS*-Programme einen großen Teil **Ihrer** Leistung schlucken durch schlech-
tere und uneinheitliche Bedienungskonzepte sowie mangelhafte Kontrolle über das
Ergebnis Ihrer Arbeit. Unter dem Strich arbeiten Sie – vor allem als AnfängerIn und
GelegenheitsnutzerIn – sehr viel schneller mit einem grafisch orientierten System.

Wenn ich in diesem Kapitel schildere, wozu Sie die Funktionen eines Textverarbeitungsprogramms wie *Word* nutzen können, dann ist *Word* nur als Beispiel
anzusehen. **Was** man machen kann, deckt sich bei den besseren Textverarbeitungsprogrammen weitgehend, aber nicht vollständig. In den letzten Jahren haben sich die
Programme einerseits von Version zu Version im Funktionsumfang (also in der Fülle
dessen, was man damit machen kann) erweitert, andererseits einander angeglichen.
Wie man die verschiedenen Funktionen nutzt, unterscheidet sich schon sehr viel
stärker. Jedes Programm hat da sein eigenes Bedienungskonzept – wobei die Unterschiede im *MS-DOS*-Bereich größer sind, weil es dort nicht eine so weitgehende
Standardisierung der Bedienungsfunktionen gibt wie bei den grafisch orientierten
Systemen.

Im *MS-DOS*-Bereich ist es daher kaum ratsam, von einem Programm, in das man
sich gründlich eingearbeitet hat, auf ein anderes Programm umzusteigen, weil es
vielleicht die eine oder andere brauchbare Funktion zusätzlich hat. Es müßte sich
schon um ganz entscheidende Vorzüge handeln, wenn sich der Aufwand lohnen soll.
Bei *Macintosh*- und *Windows*-Programmen ist dies weniger problematisch. Ganz
einfach ist der Umstieg von *Windows* auf *Macintosh* (und umgekehrt), weil die
großen Softwarefirmen ihre Programme inzwischen mit nahezu identischem
Funktionsumfang und Bedienungskonzept für beide Systeme anbieten. Daß im
folgenden immer wieder darauf Bezug genommen wird, was man in *Word* machen
kann, hat nichts damit zu tun, daß ich dieses Programm für das beste halte und Ihnen
ebenfalls unbedingt zur Anschaffung empfehle. Ich kann sehr gut damit arbeiten.
Aber es hat auch seine Macken. Vielleicht wäre ich mit einem anderen Programm
glücklicher.

Die meisten beschriebenen Funktionen sind in allen Programmen verfügbar, die sich
auf dem Level von *Word* bewegen. Im einzelnen gibt es jedoch durchaus Unterschiede. Es kann also sein, daß ich hier etwas darstelle, was dieses oder jenes Programm
nicht kann. Auf der anderen Seite mag das eine oder andere fehlen, was zum
Leistungsumfang anderer Programme gehört, nicht aber zu dem von *Word*. Aufgrund
meiner Darstellung sollten Sie, auch wenn Sie noch nie vor einem Computer
gesessen oder mit einem Textprogramm gearbeitet haben, in etwa ermessen können,
wie bequem oder auch umständlich das Arbeiten mit einem Textprogramm ist. In
anderen Programmen mag manches etwas einfacher gehen als in *Word*. Anderes ist
dafür umständlicher zu realisieren. Alles in allem dürfte *Word* aber einen ganz
brauchbaren Maßstab abgeben.

In Umfang und Wirkungsweise der Funktionen sind sich die *Word*-Versionen sehr ähnlich. Aber es gibt auch Abweichungen, auf die ich nötigenfalls hinweise. *Word* für *Windows* nenne ich **WinWord**, *Word* für *Macintosh* **MacWord** und „Word für *MS-DOS* **DosWord**.

8.1   Funktionen zur Texterfassung

Wenn Sie sich gerade einen Computer mit Textverarbeitungsprogramm gekauft haben und nun zu Hause loslegen, werden Sie ungefähr ein bis zwei Tage brauchen, um damit so arbeiten zu können, wie Sie bisher mit Ihrer elektrischen oder mechanischen **Schreibmaschine** gearbeitet haben.

Bevor Sie das können, müssen Sie wissen:

- wie die Gerätekomponenten miteinander verbunden werden (Tastatur, Maus, Bildschirm und Drucker müssen mit passenden Kabeln an die entsprechenden Buchsen, die sogenannten Schnittstellen des Computergehäuses angeschlossen werden);

- wie und in welcher Reihenfolge Sie die Geräte einschalten;

- wie Sie das Betriebssystem (die Arbeitsgrundlage für Ihre Programme) und die Benutzeroberfläche laden (beim *Apple-Macintosh* ist das ein Vorgang, der automatisch nach dem Einschalten des Computers abläuft; bei *MS-DOS*-Geräten unter *Windows* müssen das Betriebssystem *MS-DOS* und die Benutzeroberfläche *Windows* nacheinander geladen werden; bei entsprechend eingerichteten Systemen wird auch *Windows* automatisch geladen; sonst muß *Windows* nach Erscheinen der *MS-DOS*-Oberfläche – einer dunklen Bildschirmfläche mit einsam blinkendem Eingabezeichen – eigens gestartet werden);

- wie Sie Disketten ins Laufwerk einlegen;

- wie Sie Disketten formatieren (Sie können auch fertig formatierte Disketten kaufen);

- wie Sie sich Überblick verschaffen über das, was auf der Festplatte und/oder auf der Diskette gespeichert ist;

- wie Sie das Textverarbeitungsprogramm auf der Festplatte Ihres Computers installieren (falls das nicht schon jemand für Sie gemacht hat);

- wie Sie das Textverarbeitungsprogramm starten;

- was diejenigen Tasten bewirken, über die eine Computertastatur zusätzlich zur üblichen Schreibmaschinentastatur verfügt;

- wie Sie mit der Maus umgehen;

- wie Sie Geschriebenes aufbewahren („speichern" oder „sichern") und später wieder herbeiholen („laden" oder „öffnen") können.

Das sieht jetzt nach einer umfangreichen Liste aus; aber das meiste davon ist wirklich keine Aktion. Wie gesagt, ein bis zwei Tage, und Sie sind mit Computer ungefähr auf dem Stand, auf dem Sie auch ohne waren. Ungefähr, denn manchen Vorteil der Textverarbeitung gegenüber der Schreibmaschine können Sie aus dem Stand nutzen.

Nehmen wir an, Sie haben diese ein bis zwei Tage hinter sich und Ihr Textverarbeitungsprogramm gestartet. Dieses präsentiert Ihnen nun auf dem Bildschirm eine leere Fläche, die Sie beschreiben können, und ein meist blinkendes Markierungszeichen, „Einfügemarke" oder „Text-Cursor" genannt, das Ihnen die Stelle anzeigt, an der die Zeichen, die Sie auf der Tastatur eingeben, erscheinen werden. Vorausgesetzt, Sie wissen, wie eine Schreibmaschinentastatur betätigt wird, können Sie nun – fast wie gewohnt – loslegen. Fast wie gewohnt – denn einiges ist anders.

Automatischer Zeilenumbruch („Word-Wrapping")

Am Zeilenende brauchen Sie **keine Wagenrücklaufschaltung** zu betätigen. (Sie **dürfen** es auch nicht, sonst berauben Sie sich einiger Vorteile, die Ihnen ein Textverarbeitungsprogramm gegenüber der Schreibmaschine zu bieten hat.) Das Programm sorgt für einen **automatischen Zeilenumbruch**. Das heißt: Wenn ein Wort nicht mehr in die Zeile paßt, wird es in die nächste Zeile genommen. Das Schreiben gestaltet sich dadurch, nach kurzer Eingewöhnung, flüssiger. Die dennoch auch auf der Computertastatur vorhandene Wagenrücklauftaste („Return"-Taste) dient zum Abschluß von Absätzen.

Ad-hoc-Korrektur

Die Ad-hoc-Korrektur, beim Schreibmaschineschreiben ein Greuel, wird zum reinen Vergnügen. Überflüssige Zeichen werden auf Tastendruck gelöscht, ohne daß ein Loch entsteht, weil der Text automatisch zusammenrückt. Fehlende Zeichen können an beliebiger Stelle und in beliebigem Umfang eingefügt werden. Der schon geschriebene Text macht automatisch Platz. Der neu geschriebene Text schiebt eventuell rechts vom Cursor stehenden Text beiseite, ohne ihn zu löschen. Und schließlich können Sie gleichzeitig löschen und einfügen, indem Sie alten Text mit neuem Text „überschreiben".

Dies allein sind Vorzüge der Textverarbeitung auf dem Computer, die manchen zur Legitimation ihres Einsatzes schon reichen würden. Bevor ich mit dem Computer gearbeitet habe, habe ich alle Manuskripte handschriftlich verfaßt und erst die Endfassung mit der Schreibmaschine abgeschrieben. Es gibt Leute, die tippen direkt in die Maschine. Mir war immer ein Rätsel, wie man damit zurecht kommen kann, wenn sich doch beim Schreiben ständig Umorganisationen des Textes, größere Streichungen und Ergänzungen ergeben. Ganz abgesehen von den normalen Tippfehlerkorrekturen, die jemand, der wie ich nicht des Zehnfinger-Blindschreibens mächtig ist, laufend vornehmen muß. Wer direkt in die Schreibmaschine schreibt, muß schon ein fähiger Maschinenschreiber sein, und offensichtlich kommen ihm die Gedanken gleich in Endfassung.

Als ich dann den Computer hatte, habe ich erstmal einige Zeit (ungefähr ein Jahr) in derselben Weise weitergearbeitet, also erst mit der Hand geschrieben und dann abgeschrieben. Inzwischen schreibe ich direkt in den Computer. Der Hauptgrund ist die ungeheuer komfortable Korrekturmöglichkeit. Dazu kommt, daß ich auf der Computertastatur wegen ihrer Leichtgängigkeit (die mich am Anfang eher gestört hatte) viel schneller und flüssiger schreiben kann als auf einer Schreibmaschinentastatur. Der Fluß des Schreibens entspricht viel mehr dem bei der handschriftlichen Manuskriptabfassung.

Bewegen im Text

Sie können **im Text herumwandern** und **herumspringen**. Außer der Einfügemarke, die Ihnen anzeigt, an welcher Stelle im Text Sie gerade arbeiten, sehen Sie auf dem Bildschirm ein zweites Zeichen, dessen Lage Sie mit der Maus verändern können und das seine Gestalt wechselt, je nachdem, an welcher Stelle des Bildschirms Sie sich gerade befinden: den Mauszeiger. Während Sie beim Schreiben auf der Maschine mit dem Walzenrad hantierten, vielleicht Blätter aus- und einspannen mußten, um eine bestimmte Textstelle aufzusuchen, versetzen Sie nun einfach mit dem Mauszeiger die Einfügemarke an die gewünschte Position. (Bei *DosWord* ist das Arbeiten mit der Maus nicht obligatorisch.)

Sie sehen allerdings auf dem Bildschirm (wenn Sie keinen Großbildschirm angeschlossen haben) immer nur ungefähr 20-30 Zeilen Ihres Textes, je nach eingestelltem Zeilenabstand. In der Breite passen – in Abhängigkeit von der Schriftgröße – etwa 70-80 Zeichen in eine Zeile. Sie haben somit weniger als die Hälfte eines DIN-A-4-Blattes im Blick. Hier liegt ein Nachteil der Textverarbeitung am Bildschirm. Der **Überblick** über Ihr Gesamtmanuskript ist **eingeschränkt**. Auf dem Schreibtisch können Sie mehrere Blätter gleichzeitig ausgebreitet haben, die Sie mit einem Blick übersehen. Auch das reale Durchblättern geht wesentlich schneller vonstatten als der entsprechende simulierte Vorgang (seitenweises „Scrollen") auf dem Bildschirm.

Meist bewegen Sie sich mit den Cursortasten oder der Maus zeichen-, zeilen- oder seitenweise durch den Text. (Eine „Seite" ist hier immer das, was gleichzeitig auf den Bildschirm paßt. Ihre Länge hängt also auch von der Größe Ihres Bildschirms ab.) Ein Textprogramm bietet Ihnen außerdem ein paar Hilfen, um sich in umfangreicheren Manuskripten zurechtzufinden und zu bewegen. So gibt es Tasten, mit deren Hilfe Sie an Anfang oder Ende einer Zeile, Ihres auf dem Bildschirm sichtbaren Textes oder des gesamten in Bearbeitung befindlichen Textes springen können. In der rechten Randleiste des Textfensters befindet sich bei *WinWord* und *MacWord* ein Kästchen, das Sie mit der Maus greifen und nach oben oder unten verschieben können. Auch damit können Sie sich durch den Gesamttext manövrieren. Ferner gibt es in allen Versionen die „Suche"-Funktion, bei der Sie die Möglichkeit haben, eine Zeichenfolge, zum Beispiel ein Wort, anzugeben, bis zu dessen erstem Auftreten der Cursor springen soll. In *WinWord* ist es außerdem möglich, vorher eingefügte Textmarken, bestimmte Zeilen, Fußnoten und Anmerkungen aufzusuchen.

Automatischer Seitenumbruch

Sofern der Seitenumbruch durchgeführt ist (andernfalls wissen weder Sie noch das Programm, wo welche Seite beginnt und aufhört), können Sie bestimmte Textseiten direkt ansteuern. Wenn Sie wollen, erledigt *Word* den **Seitenumbruch „im Hintergrund"**. Das heißt: Während Sie arbeiten, berechnet das Programm den Seitenverbrauch Ihres Textes und zeigt Ihnen am Bildschirm an, auf welcher Seite des Textes Sie sich jeweils befinden und an welcher Stelle des Textes ein Seitenumbruch vorgenommen wird, also eine neue Seite beginnt.

Speichern des Textes

Ihr Text wird beim Schreiben im Hauptspeicher oder Arbeitsspeicher aufbewahrt. Was sich darin befindet, ist flüchtig. Es hat Bestand nur, solange Sie den Computer nicht ausschalten. Schalten Sie aus, ist alles, was Sie geschrieben haben, auf Nimmerwiedersehen verschwunden, wenn Sie nicht zwischendurch **gespeichert** oder **gesichert** haben. „Speichern" oder „Sichern" heißt, das Geschriebene auf sogenannten „Massenspeichern" zu deponieren: auf der Festplatte oder auf einer Diskette im Diskettenlaufwerk. Beim Abspeichern müssen Sie Ihrem Text einen Namen geben. Den braucht das Programm, um ihn später wiederfinden zu können, wenn Sie ihn sich noch einmal vornehmen wollen.

Word sorgt auf Ihren Wunsch **automatisch** für ein Abspeichern in gewissen, von Ihnen vorgebbaren Zeitabständen. Und die jeweils vorletzte abgespeicherte Version wird, sofern Sie das wünschen, zusätzlich als **„Sicherungskopie"** aufbewahrt. Dann kann zumindest nicht mehr so furchtbar viel passieren.

8.2 Funktionen zur Korrektur und Überarbeitung

Die Ad-hoc-Korrektur habe ich noch der Texterfassung zugerechnet. Jetzt geht es um die **nachträgliche Korrektur bereits erfaßter Texte**. Dies entspricht der Korrektur des getippten Manuskripts beim Arbeiten mit der Schreibmaschine. (Korrektur bedeutete dort praktisch immer Neuschreiben. Das wird jetzt anders.) Grundsätzlich sollten Sie Korrekturlesen Ihres Textes nicht am Bildschirm vornehmen, sondern an einem Probeausdruck Ihres Textes. Das schont Ihre Augen, und die Fehlererkennung ist sicherer. Es ist eine Erfahrungstatsache, daß Sie bei Korrektur am Bildschirm viel eher Tippfehler übersehen als bei der Korrektur an einem Probeausdruck.

8.2.1 Rechtschreibprüfung („Spell-Checker")

Der Grundsatz, nur an einem Probeausdruck Korrektur zu lesen, kann keine Anwendung finden, wenn Sie ein **Programm zur Rechtschreibprüfung** („Spell-Checker") einsetzen, das fast allen Textprogrammen heute beigefügt ist. Das geht natürlich nur am Bildschirm. Wer sich unsicher fühlt in der Rechtschreibung, mag das Angebot einer Rechtschreibprüfung durch den Computer für eine verlockende Sache halten. Die Realität wird ihn schwer enttäuschen. Im Grunde sind diese Programme nämlich meilenweit davon entfernt, eine wirkliche Rechtschreibprüfung vorzunehmen. Was sie machen, ist, die von Ihnen geschriebenen Wörter daraufhin zu prüfen, ob sie in den dem Programm beigefügten (und von Ihnen laufend zu ergänzenden) Wörterbüchern vorkommen oder aus Wortteilen von Wortteile-Listen zusammengesetzt sind. „Richtig" und „falsch" heißen also so viel wie „enthalten" oder „nicht enthalten".

Damit ist schon alles über die **Grenzen** dieser Programme gesagt. Sie bieten eine gewisse Unterstützung beim Aufsuchen von **Tippfehlern** (ausgelassene, vertauschte, doppelt geschriebene Buchstaben), helfen Ihnen aber **nicht** wirklich bei der **Rechtschreibung**. Es können nämlich nur solche Fehler entdeckt werden, die zu Wörtern führen, die es in dieser Schreibweise nicht gibt. Bei Unsicherheiten darüber beispielsweise, ob es nun „das" oder „daß" heißen muß, kann Ihnen nicht geholfen werden. Prüfung der Interpunktion fällt sowieso nicht in ihr Metier. Auf der anderen Seite werden Sie zu Beginn ihres Einsatzes laufend damit aufgehalten, daß Ihnen Wörter als unbekannt gemeldet werden, die korrekt sind, aber sich noch nicht in den Wortlisten (Wörterbüchern) des Programms befinden. Sie müßten schon einige Zeit konsequent die Mühe auf sich nehmen, ständig das Wörterbuch weiter auszubauen, um dann später einmal mehr Hilfe als Behinderung von ihnen zu haben.

Ich weiß wirklich nicht, ob Rechtschreibprogramme sehr nützlich sind. Sie entheben Sie auf jeden Fall nicht der Notwendigkeit einer gründlichen Korrekturlesung Ihres Textes. Ich benutze die Rechtschreibprüfung nie.

Bei einer ausgeprägten **Rechtschreibschwäche** allerdings kann Ihnen diese Funktion durchaus recht hilfreich sein, weist Sie sie doch mit großer Wahrscheinlichkeit auf die meisten groben Rechtschreibfehler hin, zum Beispiel auf solche, die durch das Vertauschen von Buchstaben entstehen. Verlassen Sie sich aber auf keinen Fall darauf, daß das Programm Ihnen die Korrektur abnimmt. Wird Ihnen ein Wort als „unbekannt" gemeldet, müssen Sie **im Duden nachschauen**, ob es tatsächlich falsch geschrieben und wie es richtig zu schreiben ist. Ein mit Unterstützung durch die Rechtschreibhilfe vorkorrigiertes Manuskript sollten Sie danach aber trotzdem noch einer Person Ihres Vertrauens zum Korrekturlesen geben, die die kniffligeren Rechtschreibprobleme beherrscht, vor denen jedes Korrekturprogramm passen muß.

Am ehesten werden Sie die Rechtschreibprüfung wohl gebrauchen können, wenn Sie häufig **englische Texte** zu schreiben haben und *Word* Ihnen englische Wörterbücher zur Verfügung stellt. Erstens sind Sie selbst wahrscheinlich (noch) weniger firm in der englischen als in der deutschen Rechtschreibung. Und zweitens kennt die englische Sprache weniger grammatische Abwandlungen eines Wortes und weniger kontextabhängige Varianten von Schreibweisen, so daß die Rechtschreibprüfung hier ohnehin viel zuverlässiger funktioniert als im Deutschen.

8.2.2 Automatische Silbentrennung

Viel wichtiger als eine Funktion zur Rechtschreibprüfung ist eine **gute Trennhilfe**. Sie unterstützt Sie darin, an den Zeilenenden fällige Silbentrennungen vorzunehmen, um dem Aussehen Ihres Textes mehr Geschlossenheit zu verleihen. Ohne Silbentrennung würde bei linksbündigem Flattersatz der rechte Rand wegen großer Unterschiede der Zeilenlängen zu sehr flattern. Und bei Blocksatz würden wenig gefüllte Zeilen zu große Wortabstände aufweisen, so daß der Text löchrig wirkt.

Wenn Sie mit der Schreibmaschine schreiben, fügen Sie am Zeilenende bei Trennungen einen Trennstrich (Bindestrich) ein. Arbeiten Sie mit dem Computer, sollten Sie dies nicht tun. Bei Veränderungen des Textes würde der Bindestrich vom Zeilenende weg in die Zeile hineinwandern. Textverarbeitungsprogramme können „optionale" **Trennstriche** einfügen, die nur dann gedruckt werden, wenn sie am Zeilenende stehen. Sie können solche „optionalen" Trennstriche mit einer besonderen Tastenkombination von Hand einsetzen. Bei längeren Texten sollten Sie dies allerdings von der Trennhilfe erledigen lassen. Die findet nämlich viel schneller die Stellen im Wort, an denen eine Trennung nötig und möglich ist. (*WinWord* berücksichtigt dabei auch eine von Ihnen vorgegebene „**Trennzone**". Nur wenn das Loch am Zeilenende größer würde als die „Trennzone", wird ein Trennvorschlag gemacht. Das ist nützlich, wenn man Häufungen von Trennstellen an den Zeilenenden vermeiden will.)

Sie haben die Wahl zwischen einer automatischen Trennhilfe mit und einer ohne Bestätigung. So zuverlässig sind die Trennhilfen noch nicht, daß Sie sie guten Gewissens ohne Bestätigung einsetzen können. Sie arbeiten nach Wörterbüchern, nach Regeln oder nach beidem und führen in ca. 99 % der Fälle zu einem richtigen Trennvorschlag. Die Trennregeln sind ebenso wie die Wörterbücher sprachenspezifisch, so daß eine Trennhilfe für englische Texte nicht taugt, um brauchbare Trennvorschläge für einen deutschen Text zu machen. (Das müssen Sie berücksichtigen, wenn Sie mit einer englischen Version von *Word* arbeiten sollten.) Auch wenn eine Fehlerquote von 1 % im gedruckten Text selbstverständlich nicht tolerierbar ist, stellt die Trennhilfe eine enorme Erleichterung dar. Sie brauchen die Trennstellen nicht selbst zu suchen; der Bildlauf durch den Text wird automatisch vorgenommen; die meisten Trennvorschläge können Sie akzeptieren; und nur ab und zu müssen Sie selbst die richtige Trennstelle vorgeben. Sie können die Trennhilfe auf den gesamten Text oder auf markierte Textpassagen anwenden.

Programme, die nach Wörterbuch trennen, sind in der Regel **lernfähig**. Wenn Sie eine vom Programm vorgegebene falsche Trennung korrigieren, „merkt" sich das Programm das und trennt in Zukunft gemäß Ihrer Vorgabe. *Word* kann das nicht.

Auch sonst ist die Trennhilfe von *Word* nicht gerade ein Ruhmesblatt. Sie arbeitet nur auf Anforderung, in einem eigenen Arbeitsdurchgang, also nicht während der Texterfassung selbst wie bei manchen anderen Programmen. Außerdem weigert sie sich, Wörter zu trennen, die durch runde oder eckige Klammern eingeschlossen sind. Nach solchen Wörtern müssen Sie also den ganzen Text noch einmal durchsuchen, nachdem Sie die Trennhilfe eingesetzt haben. Meist ergeben sich aus Ihren dann von Hand vorgenommenen Trennungen Verschiebungen im Zeilenumbruch, welche weitere zusätzliche Trennungen notwendig machen. Und wenn Ihnen die Trennhilfe meldet, das Ende des Dokuments sei erreicht, dann dürfen Sie sich nicht täuschen lassen. Die Fußnoten hat *Word* beim Trennen nämlich aus unerfindlichen Gründen ausgelassen. Anscheinend zählt es die nicht zum Dokument. Sie müssen also die Trennhilfe anschließend noch einmal durch die Fußnoten schicken (was man leicht schon mal vergißt).

Ärgerlicher als unterlassene Trennungen sind natürlich falsche Trennungen. Auf der anderen Seite können falsche Trennvorschläge des Programms sofort korrigiert werden, während unterlassene Trennungen oft erst beim Ausdruck durch häßliche Löcher am Zeilenende oder – bei Blocksatz -, über die Zeile verteilt, auffallen.

8.2.3 Ersetzen

Vielleicht stellen Sie nach Fertigtippen Ihres Manuskripts fest, daß Sie den Namen eines bestimmten, häufig zitierten Autors durchweg falsch geschrieben haben. Nun müßten Sie an entsprechend vielen Stellen die Korrektur vornehmen, wenn es nicht die Funktion „Ersetzen" gäbe. Sie geben das Wort an, das ersetzt werden soll, in diesem Fall also die falsche Schreibweise des Namens, und setzen das Wort ein, das an seine Stelle treten soll, in diesem Falle also die richtige Schreibweise des Namens. Auf Knopfdruck wird das Programm dann automatisch, mit oder ohne Bestätigung durch Sie, an allen Stellen die nötige Korrektur durchführen.

Außer Text lassen sich bei *MacWord* und *WinWord* auch Formatierungen und Druckformate (➜ hierzu Abschnitt 8.3.5) auf diese Weise nachträglich austauschen. Alles, was unterstrichen formatiert war, könnte kursiv formatiert werden. Oder ein Fremdwort, das Sie im gesamten Text in Anführungsstriche gesetzt haben, soll doch stattdessen lieber kursiv und ohne Anführungsstriche gedruckt werden.

Die Funktion „Ersetzen" können Sie auch nutzen, um sich bei komplizierteren Namen, Wörtern oder Redewendungen die Arbeit zu erleichtern, indem Sie beim Schreiben irgendein Kürzel verwenden, das Sie dann später im gesamten Text durch das ausgeschriebene Wort ersetzen lassen.

8.2.4 Löschen, Ausschneiden, Verschieben, Kopieren

Löschen und Ausschneiden

Bei der Überarbeitung eines Manuskripts fallen oft Arbeiten an, welche sich auf größere Textpassagen beziehen, die vielleicht halbe, ganze oder mehrere Seiten einnehmen. Text, den Sie verwerfen, werden Sie – wenn Sie nicht mit einem Computer arbeiten – durchstreichen, bei größeren Passagen vielleicht auch abschneiden oder ausschneiden und ebenso wie ganze Seiten, die Sie nicht mehr brauchen, in den Papierkorb werfen. Im Textprogramm heißt das „Löschen" oder „Ausschneiden" von Text. „Löschen" und „Ausschneiden" sind nicht dasselbe. Beim „Löschen" ist der Text anschließend weg. Beim „Ausschneiden" wird er aus dem Dokument herausgenommen, vorläufig jedoch noch – in einer **„Zwischenablage"** (in *DosWord* heißt die Zwischenablage „Papierkorb") – aufbewahrt.

Sie können Text natürlich zeichenweise löschen. Wenn es sich um größere Textteile handelt, kann das jedoch etwas langwierig werden. Um etwas mit größeren Textteilen anstellen zu können, gibt es in Textprogrammen die sogenannten Blockoperationen. Ganze **Text-Blöcke** (lückenlos zusammenhängende Textpassagen) werden markiert (das geschieht auf unterschiedliche Weise; entweder wird dazu mit dem Cursor oder der Maus eine Markierung über den Text gezogen, oder Text wird wort-, zeilen- oder abschnittsweise mit entsprechenden Tastaturbefehlen markiert), und dann kann man sie zum Beispiel löschen oder etwas anderes mit ihnen machen. Die neueren *Word*-Versionen erlauben leider immer noch nicht, mehrere nicht zusammenhängende Textblöcke gleichzeitig zu markieren und anschließend einer gemeinsamen Bearbeitung zu unterziehen.

Text, den Sie bei herkömmlicher, nicht-computerisierter Arbeitsweise durchgestrichen oder in den Papierkorb geworfen haben, ist nicht endgültig weg. Sollte sich herausstellen, daß Sie ihn doch noch brauchen, können Sie das Durchgestrichene höchstwahrscheinlich immer noch entziffern oder die weggeworfenen Blätter wieder aus dem Papierkorb hervorholen. Text, den Sie mit einem Textprogramm aus einem Dokument entfernt haben, muß auch noch nicht endgültig weg sein. Statt ihn zu „löschen", können Sie ihn „ausschneiden". Er wird dann in einer „Zwischenablage" (bei *DosWord* im „Papierkorb") aufbewahrt, aus der er wieder hervorgeholt werden kann. Dies aber nur solange, bis ein anderer Textteil „ausgeschnitten" wird und in der Zwischenablage landet. Dann wäre das, was vorher drin war, wirklich endgültig weg, wenn es nicht immer noch die Möglichkeit gäbe, die jeweils letzte Operation **rückgängig** zu machen.

In diesem Fall heißt das: In der Zwischenablage liegt eine mehrseitige Textpassage, die Sie an eine andere Stelle verschieben wollen. Nun korrigieren Sie eine andere kleine Textpassage und schneiden dabei wieder ein Textstück aus, das Sie nicht mehr benötigen. In diesem Augenblick fällt Ihnen erst wieder ein, daß Sie den langen Text von vorher ja noch brauchen. Aber jetzt ist er nicht mehr in der Zwischenablage, weil er von dem Textstück verdrängt wurde, das Sie kurz zuvor bei der Korrektur ausgeschnitten haben. Wenn Sie nun die letzte Operation rückgängig machen, kehrt dieses Textstück wieder aus der Zwischenablage zurück in den Text, und die lange Textpassage liegt wieder in der Zwischenablage. Noch mal Glück gehabt! (In *Word* läßt sich nur der jeweils **letzte** Arbeitsschritt rückgängig machen. Und es verfügt über nur **eine** Zwischenablage. Andere Programme bieten ein Rückgängigmachen mehrerer Schritte an und stellen mehrere Zwischenablagen zur Verfügung.)

Versehentliches Löschen ist eines der häufigsten und fatalsten Mißgeschicke, das Ihnen bei der Arbeit mit einem Textprogramm passieren kann und vermutlich auch passieren wird. In die Programme sind daher verschiedene **Schutzmaßnahmen** eingebaut. Zwei (die Zwischenablage und die Funktion „Rückgängig") habe ich Ihnen eben genannt. Eine weitere Sicherung besteht darin, daß jeweils die vorletzte abgespeicherte Version Ihres Textes als **Sicherungskopie** aufbewahrt werden kann. Wenn Sie wollen, erstellt *Word* eine solche Kopie jeweils automatisch, sobald Sie eine geänderte Version abspeichern. Oft ist die gelöschte Passage darin noch enthalten, und Sie können sie aus der Sicherungskopie in die aktuelle Fassung kopieren.

Verschieben

Bei der Überarbeitung eines Manuskripts wird nicht nur gestrichen und hinzugefügt, sondern auch umgestellt. Textteile werden verschoben. Wenn Sie von Hand arbeiten, machen Sie das vielleicht, indem Sie die betreffende Textpassage ausschneiden und an anderer Stelle wieder einkleben. **Cut and paste** (ausschneiden und einkleben) nannte man denn auch früher die entsprechende Funktion eines Textprogramms. Wie beim Löschen markieren Sie den betreffenden Textblock und schneiden ihn aus. Er wandert dann in die Zwischenablage (in *DosWord* in den „Papierkorb"). Mit dem Cursor gehen Sie daraufhin an die Stelle im Text, an die die Passage verschoben werden soll und fügen sie nun aus der Zwischenablage wieder ein. Das entspricht dem Einkleben.

Der Weg über die Zwischenablage ist aber nicht immer ratsam. Vielleicht befindet sich dort gerade ein Textstück, das Sie noch brauchen. Die neueren *MacWord*- und *WinWord*-Versionen stellen Ihnen Funktionen zum **„Verschieben"** zur Verfügung, **ohne** die **Zwischenablage** in Anspruch zu nehmen. Wollen Sie Text nur über kurze Strecken verschieben, können Sie ihn jetzt außerdem auch mit der Maus greifen und an die gewünschte Stelle im Text ziehen. Auch hierbei bleibt der Inhalt der Zwischenablage unangetastet.

Kopieren

Häufig werden Sie Textteile wörtlich in andere Texte (seltenst wohl an eine andere Stelle im selben Text) übernehmen wollen. Ohne Computer heißt das: abschreiben. Oder Sie machen sich Kopien der betreffenden Textseiten, schneiden die benötigten Passagen aus und kleben sie an der Stelle ein, an der Sie sie einfügen wollen. Im Textprogramm hat die entsprechende Funktion große Ähnlichkeit mit der des Verschiebens über die Zwischenablage. Nur „schneiden" Sie den Text nicht „aus", sondern „kopieren" ihn in die Zwischenablage (in *DosWord* in den „Papierkorb"). Der Text bleibt also auch an der Ursprungsstelle stehen. Ansonsten ist das weitere Vorgehen wie beim „Ausschneiden" und „Einfügen". Auch für das Kopieren steht in den neueren *MacWord*- und *WinWord*-Versionen eine Funktion zur Verfügung, welche die Zwischenablage nicht beansprucht.

Fenstertechnik

Kopieren hat vor allem Sinn als Übertragung von Textteilen von einem Text zum andern. Alle Textprogramme haben heute die Möglichkeit, **mehrere** (in *Word* etwa zwischen 8 und 15) **Texte gleichzeitig** zur Bearbeitung bereit zu halten. Auf jeden der Texte hat man dann Zugriff durch ein **Fenster**. Diese Fenster, so müssen Sie sich vorstellen, erlauben den Einblick jeweils in ein „Zimmer" des „Hauses" Arbeitsspeicher; und jedes der „Zimmer" wird von einem Text „bewohnt". Von weitem betrachtet, können Sie mehrere Fenster gleichzeitig in Blick nehmen; jedes Fenster bietet dann nur einen relativ kleinen Textausschnitt zur Ansicht dar. Dem entspricht eine Bildschirmdarstellung, bei der alle geöffneten Fenster mit ihren Texten gleichzeitig zu sehen sind. Für jedes Fenster steht dann nur ein entsprechend kleiner Teil des Bildschirms zur Verfügung.

Auf einem normal großen Bildschirm werden die Fenster schnell zu klein, wenn man mehrere von ihnen neben- oder untereinander plaziert. Meist liegen die Fenster daher hintereinander. Im Vordergrund liegt der Text, den Sie gerade bearbeiten, und füllt den ganzen Bildschirm aus. Die anderen Texte bleiben sozusagen unsichtbar im Hintergrund. Sie können aber problemlos zwischen den Fenstern wechseln, und immer kommen Sie wieder an die Stelle in einem Text zurück, an der Sie ihn verlassen haben. Diese Fenstertechnik macht es sehr leicht, zwischen verschiedenen Texten Textblöcke auszutauschen (oder gleichzeitig an verschiedenen Texten zu arbeiten, falls das einmal anliegt).

Sie können aber auch denselben Text zugleich in zwei oder mehr Fenster laden und auf diese Weise denselben Text an verschiedenen Stellen gleichzeitig bearbeiten (oder sehr schnell Textteile von einer Stelle zur anderen innerhalb eines Textes schieben), ohne sich erst umständlich mit dem Cursor durch den Text vor- und zurückarbeiten zu müssen. Auf das „Zimmer", in dem sich der Text befindet, haben Sie nun sozusagen durch zwei Fenster Zugriff, durch die jeweils verschiedene Teile des Textes sichtbar sind.

Im Gegensatz zur Öffnung eines zweiten Fensters für denselben Text bleiben bei einer **Teilung des Textfensters** beide Darstellungen des Textes sozusagen aneinander gebunden. Wenn Sie im oberen Ausschnitt einen Bildlauf durchführen, wandert der Text im unteren Ausschnitt synchron mit. Sinnvoll kann eine Teilung dann sein, wenn Sie in beiden Ausschnitten unterschiedliche Ansichten des Textes wählen; im oberen Ausschnitt beispielsweise die auf Überschriften reduzierte Gliederungssicht (➜ Abschnitt 8.4.1) und im unteren Ausschnitt die normale Ansicht. Sie können dann den oberen Ausschnitt zum raschen und zielgerichteten Durchwandern eines umfangreichen Manuskripts benutzen, wobei im unteren Ausschnitt jeweils die dazugehörigen Textabschnitte auf den Bildschirm gebracht und bearbeitet werden können.

8.2.5 Überarbeitungsfunktion (nur *DosWord* und *WinWord*)

Zur praktischen Arbeit mit der Überarbeitungsfunktion in *Word* ➜ Abschnitt 11.2.7

DosWord und *WinWord* stellen eine sogenannte Überarbeitungsfunktion bereit. Wenn Sie in diesen Textbearbeitungsmodus wechseln, gelten alle von Ihnen vorgenommenen Änderungen fortan nur auf Widerruf. Was Sie löschen, wird nur durchgestrichen, und was Sie zusätzlich einfügen, wird unterstrichen oder auf eine andere von Ihnen ausgewählte Weise kenntlich gemacht. Später können Sie sich endgültig entscheiden, ob Sie die Änderungen übernehmen oder zugunsten der alten Fassung verwerfen wollen. Diese Funktion ist sehr nützlich, um sich vor voreiligen Manuskriptänderungen zu schützen. Sie können sie auch einsetzen, um in den Manuskripten anderer Personen Korrekturen anzubringen oder um anderen Personen die Möglichkeit zu geben, zu Ihrem Manuskript Überarbeitungsvorschläge zu machen.

8.2.6 Bearbeitungs-Anmerkungen

„Anmerkungen" sind eine spezielle Art Fußnoten (➔ Abschnitt 8.5), die aber separat von den „richtigen" Fußnoten verwaltet werden. Hier werden Anmerkungen gemacht, die in erster Linie **für den Erstellungsprozeß** selbst gedacht sind. Dabei ist wohl an Textdokumente gedacht, die von mehreren Personen bearbeitet werden. Die Anmerkungen sind nämlich mit den Initialien des Bearbeiters versehen. Sie können die Funktion natürlich auch benutzen, um für sich selbst Kommentare in den Text einzufügen, die nicht mit ausgedruckt werden sollen. Das können Sie allerdings auch einfacher haben, indem Sie die Anmerkung ganz normal als laufenden Text eingeben und verborgen formatieren. Die Anmerkungsfunktion kann jedoch hilfreich sein, wenn man zwei Arten von Fußnoten benötigt, nämlich erstens „Fußnoten" im engeren Sinne, also Anmerkungen, die jeweils unten auf der Seite gedruckt werden, und zweitens **„Endnoten"**, die am Ende des Textes zusammengefaßt und ausgedruckt werden.

8.2.7 Textstellen verbinden (nur *MacWord* und *WinWord*)

Vielleicht brauchen Sie manchmal identische Textpassagen in verschiedenen Dokumenten. Bei jeder Überarbeitung einer solchen Passage im Ursprungsdokument müßten Sie dann den überarbeiteten Text wieder aufs neue in das andere Dokument kopieren und dort die alte Fassung überschreiben. Das ist umständlich, und man kann es leicht vergessen. *MacWord* und *WinWord* erlauben über die Funktion „Inhalte einfügen" die **Verbindung von identischen Textpassagen** in verschiedenen Dokumenten. Verändern Sie eine solche Passage in einem Dokument, werden automatisch auch alle mit ihr verbundenen Passagen in den anderen Dokumenten aktualisiert.

Für mich ist das eine außerordentlich nützliche Funktion, weil ich oft Texte mehrfach verwende, zum Beispiel erst als Aufsatz, dann für ein Vortragsmanuskript und schließlich für Seminarunterlagen. Komme ich nun zu neuen Schlußfolgerungen oder möchte ich einen neuen Literaturhinweis einfügen, dann brauche ich meinen Text nur noch an einer Stelle umzuarbeiten, und automatisch wird er auch an den anderen damit verbundenen Stellen aktualisiert.

8.2.8 Automatische Querverweise (nur *DosWord* und *WinWord*)

Es kommt vor, daß Sie im laufenden Text Ihres Manuskripts **auf eine andere Textstelle** mit Seitenangabe oder daß Sie in einer Fußnote auf eine andere Fußnote **verweisen** wollen. Bei Ergänzungen oder Umstellungen im Text müssen diese Verweise immer wieder aktualisiert werden. *DosWord* und *WinWord* ermöglichen es, solche Querverweise jeweils automatisch auf den Stand zu bringen. Die Stelle, auf die ein Querverweis Bezug nimmt, erhält hierzu eine Markierung („Textmarke"), anhand derer sie durch das Programm eindeutig zu identifizieren ist.

Für das Schreiben wissenschaftlicher Texte sind die Korrektur- und Überarbeitungsmöglichkeiten von unschätzbarer Bedeutung. Bis zur Endfassung Ihres Textes werden Sie ihn immer wieder umschreiben. Das ist auf dem Computer wirklich wunderbar einfach. Und zugleich haben Sie immer ein druckfertiges Manuskript der jeweils aktuellen Fassung. Sie können daher ohne Furcht vor nachher fälligem Neuschreiben Rohfassungen Ihrer Arbeit Bekannten oder dem Betreuer Ihrer Arbeit in einer lesbaren Version zwischendurch zur Begutachtung vorlegen.

Wenn Sie Ihre Korrekturen und Überarbeitungen abgeschlossen haben, kommt nicht noch die Schreibarbeit hintennach. Viele kennen doch das leidige Problem: Sie sind Sonntagabend inhaltlich endlich mit der Arbeit fertig (Abgabetermin ist am Montag), und jetzt muß alles in der Nacht von Sonntag auf Montag noch fehlerfrei und sauber getippt werden. Sie selbst sind mindestens so fertig wie die Arbeit, so daß Sie noch mehr Tippfehler machen werden als sonst schon. Und jemand anderem ist das (eigentlich!) nicht zuzumuten. Solcher Probleme sind Sie mit einem Computer ein für allemal enthoben.

8.3   Typographische Gestaltung und Layout

Zum Arbeitsprinzip bei der Textgestaltung (Textformatierung) mit *Word*s Druckformaten ➡ Abschnitte 10.1 und 10.2

Im Computerjargon kann „Formatieren" zweierlei bedeuten:

- **Disketten** oder **Festplatten** werden formatiert.

- Und **Texte** werden formatiert.

Das erste ist eine Funktion des **Betriebssystems** (und heißt bei Apple-*Macintosh*-Computern „Initialisieren"); das zweite eine Funktion des **Textverarbeitungssystems**. Lassen Sie sich davon nicht verwirren. Beides hat nichts miteinander zu tun. Textformatierung bedeutet Gestaltung des Erscheinungsbildes Ihres Textes.

Während die **typographische (Schriftbild-)Gestaltung** Ihres Textes durch die von Ihnen benutzten Schriftarten, Schriftgrößen und Schriftschnitte bestimmt wird, legt das **Layout** die Plazierung Ihres Textes auf dem Papier fest. Beides zusammen macht die ästhetische Wirkung des gedruckten Werkes aus. Immer aber sollte man bedenken, daß die Ästhetik bei wissenschaftlichen Texten in erster Linie der Lesbarkeit zu dienen hat – oder ihr jedenfalls nicht entgegenstehen darf.

Meine Unterscheidung von typographischer Gestaltung und Layout ist nicht ganz trennscharf. Zum Beispiel ist der Zeilenabstand ein Faktor, der strenggenommen die Plazierung des Textes betrifft; dennoch kann man ihn auch dem Schriftbild zuordnen, da er in direkter Abhängigkeit von der Schriftgröße steht.

Die in *Word* möglichen Formatierungen beziehen sich auf die Elemente oder Teile, in die sich ein Text untergliedern läßt. Das kleinste mögliche Element ist das einzelne **Zeichen**. Die kleinste mögliche Texteinheit ist der **Absatz**, der beliebig viele Zeichen enthalten kann. Die nächstgrößere Einheit ist der **Abschnitt**, der beliebig viele Absätze enthalten und im Extremfall das gesamte **Dokument** umfassen kann. (*DosWord* kennt keine Abschnitte.)

Formatierungen von **Zeichen** legen Schriftart, Schriftgröße und Schriftschnitt (fett, kursiv) fest, die „Laufweite" der Buchstaben, die Druckfarbe der Zeichen sowie die Auszeichnung, die Sie den Zeichen jeweils zuordnen wollen (unterstrichen, hochgestellt, tiefgestellt).

Formatierungen von **Absätzen** definieren, ob der Text als linksbündiger oder rechtsbündiger Flattersatz gesetzt werden soll, ob zentriert oder mit rechtem und linkem Randausgleich (Blocksatz). Außerdem wird darin der Zeilenabstand eines Absatzes festgelegt, der Abstand zum vorhergehenden oder nächsten Absatz, ein eventueller Einzug links oder rechts gegenüber dem Satzspiegel und ein eventueller Einzug der ersten Zeile eines Absatzes. In der Absatzformatierung können auch Tabulatoren gesetzt werden. Über eine eigene Formatierungsfunktion können Absätze zusätzlich mit Einfassungen („Rahmen") versehen werden.

MacWord und *WinWord* erlauben, ein Dokument in mehrere **Abschnitte** einzuteilen, für die jeweils separat Plazierung von Kopf- und Fußzeilen, Seitennumerierung, Spaltenanzahl, in *WinWord* auch die Einstellung der Seitenränder festgelegt werden können.

Zu den Formatierungen, die das gesamte **Dokument** betreffen, gehört die Festlegung des Papierformats für den Ausdruck, des Bereichs auf dem Papier, innerhalb dessen gedruckt wird (des „Satzspiegels"), sowie die Plazierung der Fußnoten (am Seitenende, am Ende eines Abschnitts oder am Dokumentende). In *MacWord* und *DosWord* läßt sich der Satzspiegel nur für das gesamte Dokument einstellen.

Bei *DosWord* ist es nicht möglich, das Dokument in mehrere Abschnitte zu unterteilen. Formatierungsanweisungen für die Plazierung von Seitenzahlen, Kopf- und Fußzeilen gelten also für das gesamte Dokument.

8.3.1 Formatierung von Zeichen

Welche Schriftbildqualität Sie erzeugen können, hängt kaum vom Textprogramm und fast ausschließlich vom Drucker ab, den Sie zur Verfügung haben. Mit Tintenstrahl- oder Laserdruckern können Sie ein ziemlich gutes Schriftbild erreichen. Nadeldrucker sind akzeptabel, wenn man ihren **Schönschreibmodus** nutzt. Beim **Schnellschreib-** (oder „Entwurfs"- bzw. „Draft"-)**Modus** hingegen kommt der berüchtigte Computerdruck heraus, der die Buchstaben aus Sparsamkeitsgründen aus so wenigen Punkten zusammensetzt, daß man das gemeinte Zeichen so gerade noch identifizieren kann. Im Schönschreibmodus werden die Zeichen hingegen aus einer größeren Anzahl von Punkten zusammengesetzt, so daß Sie die einzelnen Punkte weniger oder kaum noch sehen und das Schriftbild sich eher dem der Tintenstrahl- und Laserdrucker annähert (deren Geschlossenheit aber nicht ganz erreicht). Den Schnellschreibmodus von Nadeldruckern sollten Sie weder sich noch sonst einem Leser Ihrer Manuskripte zumuten.

Von der Schreibmaschine her kennen Sie nur sehr wenige Möglichkeiten zur **Variation des Schriftbildes** innerhalb eines Textes. Bei einer mechanischen oder elektrifizierten Schreibmaschine alten Typs konnten Sie auf verschiedene Weise unterstreichen, Sie konnten gesperrt schreiben und Großbuchstaben sowie Kombinationen davon einsetzen. Bei den neueren Typenrad- oder Kugelkopfmaschinen konnten Sie durch Wechsel des Typenrads oder Kugelkopfs außerdem unterschiedliche Schriftgrößen, Schriftarten und Schriftschnitte zu Papier bringen. Das alles und einiges mehr geht auch mit einem Textverarbeitungsprogramm.

In *Word* bestimmen Sie das typographische Erscheinungsbild vor allem über die sogenannte **Zeichenformatierung.** Sie haben die Auswahl zwischen verschiedenen **Schriftarten, Schriftgrößen, Schriftschnitten** und sonstigen **Hervorhebungen** oder **Auszeichnungen.**

Schriftart

Die Schriftart bestimmt das **Aussehen der Schrift**. Welche Schriftarten Sie einsetzen können, hängt entweder von der Ausstattung Ihres Druckers ab (viele Drucker haben einen bestimmten Schriftenvorrat eingebaut) oder davon, welche Schriftarten Ihnen Ihr System zur Verfügung stellt (bei *DosWord* entspricht dem die Verfügbarkeit von sogenannten Softfonts). Benutzen Sie Schriften, die Ihr Drucker eingebaut hat, beschleunigt dies den Druck. Sonst muß das System die entsprechenden Schriftinformationen jeweils erst an Ihren Drucker senden, bevor der Druck beginnen kann.

Lassen Sie sich nicht durch die Angaben irreführen, die in der Druckerwerbung oft gemacht werden, indem auch noch die unterschiedlichen Schriftschnitte einer Schriftart (wie Fettdruck, Kursivdruck) als „Schriften" mitgezählt werden. Ein Drucker, der Ihnen mit angeblich 37 Schriften ins Haus geliefert wird, verfügt wahrscheinlich tatsächlich nur über 11 Schriftarten, von denen 9 Schriftarten in mehreren Schriftschnitten vorhanden sind.

Drucker, die in erster Linie für *MS-DOS*-Programme konstruiert sind, können meist nur die Schriftarten drucken, mit denen sie ausgeliefert werden. Manche (vor allem Laserdrucker) sind auch in der Lage, **Softfonts** von der Festplatte zu laden und beim Druck zu verwenden. Damit *DosWord* einen Drucker ansteuern kann, braucht es den zu diesem Drucker gehörigen **Druckertreiber** für *Word* (eine an *DosWord* adressierte Beschreibung der Möglichkeiten dieses Druckers). Auch *Windows* und *Macintosh*-Systeme brauchen eine solche Druckerbeschreibung, die dann aber für jedes Programm unter *Windows* (nicht jedoch für andere *MS-DOS*-Programme) beziehungsweise für jedes *Macintosh*-Programm herangezogen wird (während die Druckertreiber für *DosWord* für andere Programme keinen Wert haben). Außerdem ist *Word* in der Lage, mit *TrueType*- und *Postscript*-Schriften zu arbeiten (➜ Abschnitt 8.10).

Bei den Schriftarten kann man unterscheiden zwischen

* **Proportionalschriften** und **nicht-proportionalen Schriftarten** sowie zwischen

* **Schriften mit und ohne Serifen.**

Nicht-proportionale Schriftarten sind Schriften, bei denen die einzelnen Zeichen immer den gleichen Raum einnehmen. Ein W zum Beispiel erscheint dann etwas zusammengeschoben, „eng" im Schriftbild, während ein i eher gedehnt wirkt. Solche Schriften kennen Sie von der Schreibmaschine. Dagegen wird bei **Proportional-schriften** das „Design" eines Zeichens seinem „Raumbedarf" angepaßt, so daß ein W erheblich mehr Platz einnimmt als ein i. Proportionalschrift läßt den Druck sehr viel weniger nach Schreibmaschine und mehr nach Buchdruck aussehen.

```
Nicht-proportionale Schriftarten sind Schriften, bei
denen die einzelnen Zeichen immer den gleichen Raum
einnehmen. Ein W zum Beispiel erscheint dann etwas
zusammengeschoben, „eng" im Schriftbild, während ein
i eher gedehnt wirkt:
WWWWWWWW - Dies sind 8 W's in der Schriftart Courier.
WWWWWWWW - Dies sind 8 W's in der Schriftart Times.
iiiiiiii - Dies sind 8 i's in der Schriftart Courier.
iiiiiiii - Dies sind 8 i's in der Schriftart Times.
```

Proportionale und nicht-proportionale Schriften

Serifen nennt man die kleinen Häkchen und feinen Striche, mit denen die Zeichen mancher Schriftarten oben und unten versehen sind. Zum Beispiel ist die *Times*, in der dieses Buch gedruckt ist, eine Schrift mit Serifen. Für größere Textmengen, etwa in Zeitungen und Büchern, werden meist Schriften mit Serifen verwendet, weil sie als lesefreundlicher gelten. Serifenlose Schriften wie die *Helvetica* werden eher bei weniger umfangreichen Textblöcken und für Überschriften eingesetzt.

Serifen nennt man die kleinen Häkchen und feinen Striche, mit denen die Zeichen mancher Schriftarten oben und unten versehen sind. Zum Beispiel ist die „**Times**", in der dieses Buch gedruckt ist, eine Schrift mit Serifen. Schriften mit Serifen weisen meist auch unterschiedliche Strichstärken auf. Für größere Textmengen, etwa in Zeitungen und Büchern, werden meist Schriften mit Serifen verwendet, weil sie als lesefreundlicher gelten.

Serifenlose Schriften wie die **Helvetica** werden eher bei weniger umfangreichen Textblöcken und für Überschriften eingesetzt.

Auch die **Optima**, die für die Überschriften in diesem Buch verwendet wurde, ist eine serifenlose Schrift. (Man merkt allerdings an ihren unterschiedlichen Strichstärken, daß sie aus einer Serifenschrift durch Weglassen der Serifen entwickelt wurde.)

Schriften mit und ohne Serifen

Schriftgröße („Schriftgrad")

Auf der Schreibmaschine haben Sie normalerweise eine Schriftgröße fest installiert. Wenn Ihre Maschine eine größere Schrift hat, dann wird es eine 12-Punkt-Schrift sein, wenn sie eine kleinere Schrift hat, eine 10-Punkt-Schrift. („Punkt" ist ein typographisches Maß und entspricht etwa 0,38 mm.) Die Schriftgröße gibt die **Höhe** des Zeichens an, und zwar inklusive Unterlänge (unteres Ende etwa des g) und Oberlänge (oberes Ende etwa des f).

Schriftgröße ca. 200 Punkt (vor Verkleinerung)

Die Auswahl der möglichen Schriftgrößen ist bei *DosWord* und oft auch bei *WinWord* durch die festgelegten Größen der in den Drucker eingebauten Schriften oder per „Download" in den Drucker ladbaren „Softfonts" definiert – es sei denn, der Drucker ist mit der Fähigkeit ausgestattet, die Größe seiner Schriften frei zu **skalieren** (also aus einer Grundschrift zu berechnen und auszudrucken). Neuere *Windows*-Versionen und *Macintosh*-Computer besitzen die Fähigkeit zur Skalierung von Schriften als Systemeigenschaft (**TrueType-Schriften**) beziehungsweise sind in der Lage, in Zusammenarbeit mit einem Postscript-Interpreter die ebenfalls frei skalierbaren **Postscript-Schriften** einzusetzen (➜ Abschnitt 8.10).

WinWord und *MacWord* können bei freier Skalierung Schriftgrößen zwischen 4 Punkt und 16383 Punkt (das entspricht einer Höhe von über 16 m) verwenden.

Schriftschnitte und Hervorhebungen

Schriftschnitte nennt man Abwandlungen einer Grundschrift, deren Buchstaben früher in Blei „geschnitten" wurden. Die gebräuchlichen und auch in *Word* anwendbaren Schriftschnitte sind Kursiv, Fett, Kapitälchen sowie Kombinationen davon. Durch Einsatz von unterschiedlichen Schriftschnitten kann man Textpassagen oder einzelne Zeichen voneinander absetzen oder hervorheben. Die im folgenden genannten Schriftschnitte und Hervorhebungen, die *Word* ermöglicht, lassen sich auch miteinander kombinieren.

Unterstreichung ist (neben Sperren) auf einer Schreibmaschine in der Regel die einzige Möglichkeit zur Hervorhebung von Textteilen. *Word* stellt Ihnen verschiedene Unterstreichungsarten zur Verfügung: einfache Unterstreichung, eine wortweise Unterstreichung (nicht in *DosWord*), doppelte Unterstreichung und (nur in *MacWord*) punktierte Unterstreichung (hier nicht darstellbar). Unterstreichung werden Sie hauptsächlich in Überschriften verwenden und für Hervorhebungen im Text, wenn dieser in einer Schreibmaschinenschrift gesetzt ist.

Wenn Sie Proportionalschriften einsetzen, wie sie im Zeitungs- und Buchdruck üblich sind, werden Sie eher andere Formen der Hervorhebung wählen. Beim Buch- und Zeitungsdruck sind Unterstreichungen im Text nämlich unüblich. Hier wird meist der Schriftschnitt **Kursiv** gewählt. *Kursivschrift* hemmt den Lesefluß und provoziert dadurch zu stärkerer Konzentration auf das Gelesene.

In Nachschlagewerken, Handbüchern und Lehrbüchern finden Sie dagegen häufig den Schriftschnitt **Fett**. Diese auffälligste Form der Hervorhebung zieht den Blick auch beim kursorischen Lesen und flüchtigen Durchblättern unmittelbar auf bestimmte Textpassagen.

MacWord und *WinWord* bieten ferner die Möglichkeit zur **Veränderung der „Laufweite"**, das heißt des Buchstabenabstands, in Punkt-Schritten. Gesperrte Schrift finden Sie oft in älteren Büchern. Inzwischen ist diese Art der Hervorhebung zwar ziemlich verpönt. Aber man kann sie manchmal gut gebrauchen, um – vor allem in Überschriften, bei fettem Schriftschnitt und bei größeren Schriftgraden – den Zeichenabstand mehr dem eigenen ästhetischen Empfinden anzupassen. Die Laufweite läßt sich auch verringern. Die Schrift wirkt dann komprimiert.

In *DosWord* könnten Sie Sperrung erzielen, indem Sie wie auf der Schreibmaschine von Hand die nötigen Leerzeichen eingeben. Das Programm erkennt dann aber nicht mehr die Worteinheit, sondern behandelt jedes Zeichen als eigenes Wort. Es funktionieren also nicht mehr die automatische Trennhilfe, die Rechtschreibprüfung (die meldet wahrscheinlich jeden einzelnen Buchstaben als unbekann), der automatische Zeilenumbruch. Wenn Sie in *DosWord* Text auf diese Weise gesperrt haben, müssen Sie daher diese Dinge vor dem endgültigen Ausdruck sorgfältig überprüfen.

Kapitälchen unterscheiden sich von **Großbuchstaben** („Versalien") dadurch, daß einerseits das betreffende Wort ebenfalls insgesamt in Großbuchstaben erscheint, die Großbuchstaben aber, die an Stelle von Kleinbuchstaben stehen, in einer eher den Kleinbuchstaben entsprechenden Größe eingesetzt werden. Bei großgeschriebenen Wörtern ist also der erste Buchstabe wie bei einem normal geschriebenen Wort ebenfalls größer. KAPITÄLCHEN wirken, vor allem im laufenden Text, zurückhaltender als GROSSBUCHSTABEN. Großbuchstaben und Kapitälchen werden in erster Linie in Überschriften verwendet. Bisweilen werden auch Autorennamen im Text auf diese Weise hervorgehoben.

Hoch- und Tief-Stellung kennen Sie natürlich aus mathematischen Formeln (Exponent und Index). Auf der Schreibmaschine haben Sie das am Walzenrad geregelt. Fußnotenzeichen werden ebenfalls in der Regel durch Hochstellung (eventuell bei geringerer Schriftgröße) gekennzeichnet. Auch die Angabe einer Auflagenziffer durch hochgestellte Zahl hinter oder vor dem Erscheinungsjahr der Auflage ist üblich.

Schließlich gibt es noch die Optionen „**durchgestrichen**" und „**verborgen**". Die Formatierung ~~durchgestrichen~~ ist von Wichtigkeit, wenn in einem Dokument sowohl die ursprüngliche als auch die geänderte Fassung sichtbar bleiben sollen. *WinWord* und *DosWord* benutzen sie für die Überarbeitungsfunktion (➜ Abschnitt 8.2.5). „Verborgen" ist eine Formatierung, die vor allem dafür gedacht ist, Informationen in den Text aufnehmen zu können, die nicht für die Druckfassung bestimmt sind: zum einen programminterne Anweisungen, über die Sie Kontrolle haben müssen, wie Schlüsselzuweisung für Index- und Verzeichniseinträge; zum andern Kommentare und dergleichen, die Sie selbst anbringen. Verborgen formatierte Passagen werden am Bildschirm durch eine punktierte Unterstreichung gekennzeichnet. Sie können, müssen aber nicht mit ausgedruckt werden. Auch ihre Bildschirmdarstellung läßt sich unterdrücken.

8.3.2 Formatierung von Absätzen

Ein Absatz ist das, was Sie zwischen zwei Absatzendeschaltungen (Betätigungen der „Return"-Taste) eingegeben haben. Absatzformatierungen können sich auf einzelne, mehrere oder alle Absätze eines Dokuments beziehen. Aufeinanderfolgende Absätze können je unterschiedliche Formatierungen erhalten.

Über die Absatzformatierung legen Sie fest, ob Ihr Text links-, rechtsbündig, zentriert oder im Blocksatz gedruckt wird. Normalerweise wird **linksbündig** geschrieben. **Blocksatz**, also bündige Ausrichtung des Textes am linken und rechten Rand, ist Standard beim Buch- und Zeitungsdruck, dort in Verbindung mit einer proportionalen Schrift. **Zentrierung** von Text können Sie bei Überschriften gebrauchen, sieht aber nur gut aus in Verbindung mit Blocksatz im laufenden Text. **Rechtsbündige Ausrichtung** des Textes kann zum Beispiel bei Kopf- und Fußzeilen auf rechten (ungeraden) Seiten oder für die Datumsangabe in einem Briefkopf sinnvoll sein.

Über die Absatzformatierung legen Sie fest, ob Ihr Text links-, rechtsbündig, zentriert oder im Blocksatz gedruckt wird. Über die Absatzformatierung legen Sie fest, ob Ihr Text links-, rechtsbündig, zentriert oder im Blocksatz gedruckt wird. Normalerweise wird im **linksbündigen Flattersatz** geschrieben.

Über die Absatzformatierung legen Sie fest, ob Ihr Text links-, rechtsbündig, zentriert oder im Blocksatz gedruckt wird. **Blocksatz**, also bündige Ausrichtung des Textes am linken und rechten Rand, ist Standard beim Buch- und Zeitungsdruck, dort in Verbindung mit einer proportionalen Schrift.

Über die Absatzformatierung legen Sie fest, ob Ihr Text links-, rechtsbündig, zentriert oder im Blocksatz gedruckt wird. **Zentrierung** von Text können Sie bei Überschriften gebrauchen, sieht aber nur gut aus in Verbindung mit Blocksatz im laufenden Text.

Über die Absatzformatierung legen Sie fest, ob Ihr Text links-, rechtsbündig, zentriert oder im Blocksatz gedruckt wird. **Rechtsbündige Ausrichtung** des Textes kann zum Beispiel bei Kopf- und Fußzeilen auf rechten (ungeraden) Seiten oder für die Datumsangabe in einem Briefkopf sinnvoll sein.

Absatzausrichtungen

Eine sehr wichtige Funktion der Absatzformatierung ist die Festlegung von **Zeilenabständen**. Sie können so feine Zwischenabstufungen vornehmen, wie sie auf der Schreibmaschine nicht möglich sind. Sie haben dadurch bessere Möglichkeiten, den Zeilenabstand auf Schrifttyp und -größe abzustimmen. Variationen von Zeilenabständen für verschiedene Textteile sind kein Problem. Zum Beispiel können Sie dafür sorgen, daß mehrzeilige Überschriften in einem größeren Schriftgrad auch einen größeren Zeilenabstand, daß Fußnoten und längere Zitate im Text einen geringeren Zeilenabstand erhalten (vielleicht kombiniert mit einer kleineren Schriftgröße).

Sie können dafür sorgen, daß Absätze jedesmal mit demselben **Erstzeileneinzug** beginnen, ohne daß Sie hierfür Leerzeichen eingeben müssen (deren Raumbedarf bei Proportionalschrift am Bildschirm sowie bei Blocksatz generell schwer zu kontrollieren ist). Einen Erstzeileneinzug könnten Sie zum Beispiel anstelle eines Abstandes zur Kennzeichnung des Anfangs eines neuen Absatzes benutzen.

Ferner können Sie bestimmen,

- daß **Absätze** immer im vorbestimmten **Abstand** voneinander bzw. von einer Überschrift gedruckt werden;

- daß **folgende Absätze** (zum Beispiel auf eine Überschrift folgender Text) **nicht** durch Seitenumbruch **abgetrennt** werden (dadurch wird verhindert, daß eine Überschrift einsam am unteren Seitenrand steht);

- daß die **Zeilen** eines Absatzes (zum Beispiel einer Überschrift) **nicht** durch einen Seitenumbruch voneinander **getrennt** werden;

- daß oberhalb eines Absatzes eine **neue Seite** beginnen soll (zum Beispiel bei Kapitelüberschriften) (nicht in *DosWord*);

- daß **Absatzeinrückungen** wie in diesem Absatz (zum Beispiel bei Zitaten, Text hinter Spiegelstrichen) automatisch vorgenommen werden;

- daß Absätze durch **Linien** oder **Umrahmungen** von anderen Textteilen abgesetzt werden (nützlich, wenn man bestimmte Teile des Textes, zum Beispiel Tabellen oder besonders wichtige Zitate oder Thesen hervorheben will);

- daß Absätze mit einer **Schattierung** hinterlegt werden, deren Dunkelheit in Prozentschritten (hier 10 %) von Hellgrau bis Schwarz gewählt werden kann;

- daß ein Absatz immer an einer **bestimmten Stelle** (zum Beispiel immer genau in der Mitte) **der Seite** gedruckt wird.

8.3.3 Formatierung von Textabschnitten

Wenn Sie ein Dokument neu anlegen, besteht es zunächst immer aus **einem** Abschnitt. Abschnittformatierungen beziehen sich daher solange auf das **gesamte Dokument**, wie Sie es nicht in **mehrere Abschnitte unterteilt** haben. (In *DosWord* ist dies nicht möglich. Die im folgenden genannten Festlegungen beziehen sich dort also immer auf das gesamte Dokument. Um den gleichen Effekt zu erzielen, müssen Sie dort daher Ihr Dokument in entsprechende selbständige Dateien aufteilen.) Nach einer Aufteilung in Abschnitte (in *DosWord* in selbständige Dateien) können Sie innerhalb eines Dokuments für jeden Abschnitt (in *DosWord* für jede Datei) gesondert festlegen:

- in wieviel **Spalten** Ihr Text gedruckt werden und wie groß der Abstand zwischen den Spalten sein soll; durch Einteilung in Abschnitte können in Ihrem Dokument einspaltiger und mehrspaltiger Text aufeinander folgen (Beispiel → Abschnitt 11.2.4);

- ob Ihr Text mit **Kopf- und/oder Fußzeilen** versehen und wie diese gestaltet werden sollen; teilen Sie Ihr Dokument kapitelweise in Abschnitte ein, kann jedes Kapitel mit einer anderen Kopf- oder Fußzeile versehen werden; Kopf- und Fußzeilen können außerdem für linke und rechte Seiten (wie in diesem Buch) unterschiedlich definiert werden;

- ob die erste Seite eines Abschnitts (**Titelseite**) ohne oder mit einer anderen Kopf-beziehungsweise Fußzeile gedruckt werden soll;

- ob und wo **Seitenzahlen** automatisch eingefügt und wie sie gezählt werden sollen; Seitenzahlen können auch in Kopf- oder Fußzeilen integriert werden, wie dies in diesem Buch beispielsweise gemacht wurde;

- (nur *WinWord*) wie der Text zwischen oberem und unterem Seitenrand **vertikal ausgerichtet** werden soll: bündig am oberen Seitenrand, zentriert zwischen oberem und unterem Seitenrand oder sowohl mit oberem als auch unterem Seitenrand bündig abschließend (als „Block"); während bei der horizontalen Ausrichtung von Zeilen in der Absatzformatierung Blocksatz durch Vergröße-rung des Wortabstands erzielt wird, wird er hier durch Vergrößerung der Abstän-de zwischen den Absätzen erreicht; diese Funktion (man nennt sie auch „vertika-len Keil") sorgt dafür, daß nebeneinander liegende Seiten auch unten auf gleicher Höhe abschließen (die Druckvorlage zu diesem Buch wurde mit einem Pro-gramm erstellt, daß einen solchen Ausgleich nicht vornehmen kann).

8.3.4 Formatierungen für das gesamte Dokument

Da Sie theoretisch auf unterschiedlichen Papierformaten drucken können (praktisch werden Sie im Studium wohl meist auf DIN A 4 Hochformat drucken), müssen Sie dem Programm das von Ihnen gewählte und vom Drucker verarbeitbare **Papier-format** mitteilen. Immerhin kann es des öfteren nützlich sein, für tabellenartige Darstellungen und Übersichten das DIN A 4 Querformat wählen zu können, das auch von den billigsten Tintenstrahl- und Laserdruckern zusätzlich zum Hochformat bewältigt wird.

In *MacWord* und in *DosWord* legen Sie für das gesamte Dokument einen **Satzspiegel** fest, das heißt den Bereich auf dem Papier, innerhalb dessen der laufende Text plaziert wird, indem Sie die Seitenränder für oben und unten, links und rechts angeben (➜ Musterseite 1). In *WinWord* bezieht sich diese Festlegung nur auf Abschnitte; der Satzspiegel kann also innerhalb eines Dokuments variiert werden.

Für Arbeiten im Studium werden Sie normalerweise die Blätter einseitig bedrucken. Wenn man von Ihnen einen breiteren Korrekturrand verlangt und wenn Sie am linken Rand für die Heftung etwas an Rand zugeben, erhalten Sie einen **asymmetrischen Satzspiegel**, der für alle Blätter gleich ist.

Sollte doch einmal beidseitiger Druck vorgesehen sein, wird es notwendig sein, bei asymmetrischem Satzspiegel die Seitenränder für linke und rechte Seiten zu spie-geln, so daß sich jeweils innen oder außen der breitere beziehungsweise schmalere Seitenrand befindet. Auch dies können Sie im Programm einstellen.

Des weiteren bestimmen Sie für das gesamte Dokument, wo **Fußnoten** plaziert werden sollen: am Ende einer Seite, direkt unter dem Text (falls dieser die Seite nicht füllt), am Ende eines Abschnitts oder am Ende des Dokuments. Außerdem legen Sie die Art ihrer Numerierung fest. (In *DosWord* haben Sie nur die Optionen Seitenende und Dokumentende.)

Erwähnenswert ist auch die **Absatzkontrolle**. Sie verhindert sogenannte „Hurenkinder" und „Schusterjungen". „Schusterjungen" sind alleinstehende erste Zeilen eines Absatzes am Ende einer Seite; „Hurenkinder" sind alleinstehende letzte Zeilen eines Absatzes am Anfang einer Seite. Sie sind bei den Schriftsetzern, die diese Namen für sie geprägt haben, unerwünscht.

Schließlich können Sie in *MacWord* mehrere Dokumente zu einem Gesamtmanuskript zusammenfassen und angeben, in welcher Reihenfolge die Dokumente aufeinander folgen sollen. Bei der Seitenzählung, der Anlegung von Verzeichnissen und Registern sowie beim Drucken werden dann die angegebenen Dokumente durchlaufend als ein übergeordnetes Dokument behandelt. Deshalb können Sie bei umfangreicheren Arbeiten ihr Manuskript unbesorgt in mehrere kleinere, handlichere Dokumente aufteilen. Mehrere Dokumente hintereinander drucken zu lassen, ist auch in *WinWord* und *DosWord* möglich.

8.3.5 Druckformate („Stylesheets")

Zum Thema „Druckformate" ausführlich ➜ 10. Kapitel

Die Formatierungsmöglichkeiten, die Textverarbeitungsprogramme wie *Word* zur Verfügung stellen, sind außerordentlich vielfältig. Besonders die Formatierungen für Zeichen und Absätze enthalten zahlreiche Optionen und Kombinationsmöglichkeiten. „Druckformate", auch „Stylesheets" genannt, erleichtern den Umgang damit sehr.

Druckformate sind **Bündel von Formatierungsanweisungen**, die sich auf Absätze und Zeichen beziehen. Einige fertige Druckformate werden von *Word* zur Verfügung gestellt. Wichtiger ist aber, daß Sie selbst Druckformate definieren können. Durch einen einzigen Befehl, die Zuweisung eines Druckformats zu einer Textpassage, erreichen Sie die Ausführung aller in dem Druckformat enthaltenen Formatierungsanweisungen. Und das können beliebig viele sein.

In *DosWord* gibt es drei Arten von Druckformaten: Druckformate für Zeichen, für Absätze/Zeichen und für Bereiche (letztere legen Formatierungsanweisungen für das gesamte Dokument fest). Druckformate allein für Zeichen und Druckformate für Bereiche (beziehungsweise Abschnitte) gibt es in *WinWord* und *MacWord* nicht. Deren Druckformate enthalten nur Anweisungen für die Formatierung von Absätzen, kombiniert mit Anweisungen für die Formatierung der Zeichen in diesen Absätzen.

8.4 Gliederungsfunktion, automatische Erstellung von Inhaltsverzeichnissen

8.4.1 Gliederungsfunktion („Outliner")

Zur praktischen Arbeit mit der Gliederungsfunktion von *Word* ➜ Abschnitt 11.1

Über die Schwierigkeiten, bei Bildschirmdarstellung in einem längeren Text die Übersicht zu wahren, habe ich schon gesprochen. *Word* verfügt nun über eine Funktion, die in dieser Hinsicht eine große Erleichterung darstellt: die Gliederungsfunktion, auch „Outliner" genannt.

Die Gliederungsfunktion eines Textprogrammes sorgt dafür, daß die den Text gliedernden Überschriften von Kapiteln und Abschnitten mitsamt ihrer Hierarchie vom normalen Text unterschieden werden. Sie können daher zwischen normaler Textdarstellung und **Gliederungsansicht** hin- und herschalten. Um nun innerhalb Ihres Textes zu einem bestimmten Abschnitt zu gelangen, brauchen Sie sich nicht mehr mit Cursor- und Page-Tasten oder etlichen Mausklicks durch den Text zu arbeiten, sondern können direkt durch die Gliederungspunkte wandern und so sehr schnell an Ihr Ziel gelangen. Die Gliederungsansicht können Sie Ihren Bedürfnissen anpassen, indem Sie zu Überschriften gehörigen Text sichtbar machen oder ausblenden. Sie können auch die Überschriften von Unterkapiteln ein- oder ausblenden und so ein mehr oder weniger differenziertes Bild Ihrer Gliederung auf den Bildschirm holen.

Ähnlich wie die Fenstertechnik erlaubt Ihnen dies, Textteile rasch an einen anderen Ort zu transportieren oder zu kopieren. Auch wenn Sie mehrere Stellen eines Textes zugleich in Bearbeitung haben oder wenn Sie Literatur auswerten, die für verschiedene Teile Ihrer Arbeit relevant ist, erleichtert es Ihnen die Gliederungsfunktion sehr, die Stellen aufzusuchen, zu denen Ihnen gerade ein interessanter Gedanke einfällt oder an denen Sie einen Literaturhinweis oder ein Zitat unterbringen wollen.

Sie können mit der Gliederungsfunktion auch ganze Kapitel, Abschnitte oder sonstige mit eigenen Überschriften in der Gliederungshierarchie versehene Teile Ihres Textes **umstellen**, indem Sie lediglich die **Überschrift** an einen anderen Ort versetzen. Das Programm bringt dann sogar auf Wunsch die Kapitel-Numerierung wieder in die richtige Ordnung.

Die Gliederungsfunktion kann Sie aber noch in einer ganz anderen Hinsicht unterstützen. Wenn Sie sich über das von Ihnen zu bearbeitende Thema Klarheit verschafft haben, werden Sie wahrscheinlich Ihre Ausarbeitung damit beginnen, daß Sie sich eine vorläufige erste Gliederung des voraussichtlichen Gedankengangs Ihrer Arbeit notieren. Das sollten Sie gleich unter Zuhilfenahme der Gliederungsfunktion des Textprogramms machen, wenn sie verfügbar ist. Erfahrungsgemäß schmeißt man die Gliederung am Anfang ziemlich häufig wieder um, strukturiert neu und hat bald das schönste Durcheinander auf dem Papier. Wenn Sie mit der Gliederungsfunktion arbeiten, haben Sie immer eine saubere Übersicht über den derzeitigen Stand Ihrer Überlegungen.

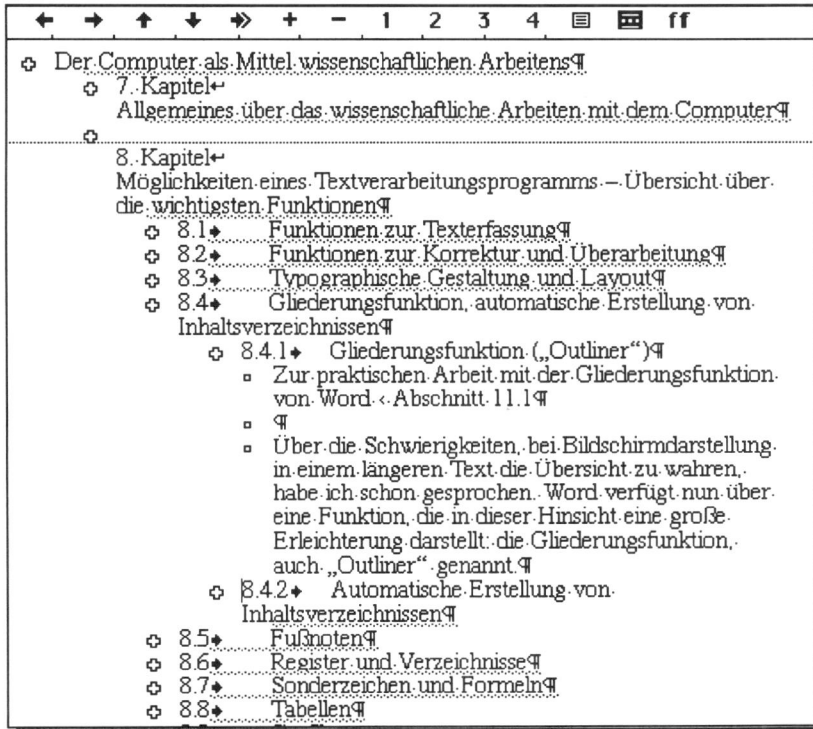

Gliederungsansicht in *MacWord*

(Die ersten drei Gliederungsebenen wurden eingeblendet.
Zum Abschnitt 8.4 wurde zusätzlich die vierte Gliederungsebene eingeblendet.
Zum Abschnitt 8.4.1 wurde der Text eingeblendet.)

Die Gliederungsfunktion hilft Ihnen ferner dabei, sich später in Texten schnell wieder zurechtzufinden, deren Aufbau Ihnen nicht mehr ganz geläufig ist. Sie orientieren sich zunächst an der Gliederung, gehen auf den Gliederungspunkt, zu dem Sie gern den Inhalt rekapituliert hätten, drücken eine Taste (oder eine Tastenkombination), und der zugehörige Text erscheint auf dem Bildschirm.

8.4.2 Automatische Erstellung von Inhaltsverzeichnissen

Erstellung eines Inhaltsverzeichnisses mit *Word* in der Praxis ➜ Abschnitt 11.8

Die Gliederungsfunktion dient dem Textprogramm auch dazu, automatisch ein Inhaltsverzeichnis zu dem betreffenden Text zu erstellen. Bei komplexen, stark verschachtelten Gliederungen, wo das eine Hilfe wäre, werden Sie mit *Word*s

Voreinstellungen kaum ein übersichtliches Erscheinungsbild erhalten, da Sie je nach Gliederungstiefe (Anzahl der Ebenen in der Gliederungshierarchie) und je nachdem, ob die Gliederungspunkte ein- oder mehrzeilige Überschriften tragen, unterschiedliche Einrückungen vornehmen müssen. Sie müssen dann die Druckformate (➜ Abschnitt 8.3.5 und 10. Kapitel) für das Inhaltsverzeichnis Ihren Bedürfnissen anpassen.

Nutzen Sie nicht die Gliederungsfunktion, werden Sie bei der Erstellung von Inhaltsverzeichnissen insbesondere mit den **Tabulatoren** (➜ Abschnitt 8.8) zu tun bekommen. Da Tabulatoren links- oder rechtsbündig gesetzt werden können, läßt sich im Prinzip alles verwirklichen, was Sie für ein übersichtlich gegliedertes Inhaltsverzeichnis brauchen. Alle Stellen, an denen die Numerierung von hierarchisch gleichgeordneten Gliederungspunkten beginnen soll, und die Stellen, an denen die dazugehörige Überschrift beginnen soll, werden mit linksbündigen Tabulatoren besetzt, die Stelle, an der die zugehörige Seitenzahl erscheinen soll, mit einem rechtsbündigen Tabulator.

8.5 Fußnoten

Zur Praxis der Fußnotenverwaltung mit *Word* ➜ Abschnitt 11.3

Ungefähr das Beste, was Textprogramme dem zu bieten haben, der wissenschaftliche Texte zu schreiben hat, ist die **automatische Fußnotenverwaltung**. In *Word* funktioniert das ganz besonders komfortabel. Sie befinden sich mit dem Cursor an der Stelle, an der eine Fußnote eingefügt werden soll, und wählen die Funktion Fußnote einfügen. *Word* fügt nun das fällige Fußnotenzeichen in den laufenden Text ein (hochgestellt, wenn Sie dies generell für Fußnotenzeichen so bestimmt haben), springt in den Bereich des Dokuments, in dem es die Fußnoten sammelt, und fügt dort ebenfalls das Fußnotenzeichen ein, hinter dem Sie nun den gewünschten Fußnotentext eingeben können. In *MacWord* und *WinWord* wird hierzu automatisch ein Fußnotenfenster im unteren Bildschirmbereich geöffnet, das umstandslosen Zugang zum Fußnotenbereich ermöglicht. In *DosWord* können Sie ebenfalls ein Fußnotenfenster öffnen. Dort geschieht dies nur nicht automatisch. Sind Sie damit fertig, setzen Sie den Cursor zurück in den laufenden Text.

Das Programm **numeriert** die Fußnoten – wenn Sie es nicht anders wünschen – automatisch immer richtig durch; das heißt es numeriert auch um, wenn Sie zusätzliche Fußnoten einfügen oder Fußnoten löschen. Eine Fußnote wird **gelöscht**, indem Sie das Fußnotenzeichen im Text löschen. Sie können Fußnoten auch **verschieben**, indem Sie das Fußnotenzeichen verschieben. (Löschen und Verschieben von Fußnoten geschieht auf die gleiche Weise wie das Löschen und Verschieben von Textblöcken; nur daß Sie jetzt lediglich ein einzelnes Zeichen, das Fußnotenzeichen, löschen bzw. verschieben, an dem ein ganzer Textblock, der Fußnotentext, „dranhängt".)

Sie wissen aus eigener Erfahrung oder können sich jedenfalls vorstellen, welche Mühe es macht, Fußnoten ans Ende der Seite zu plazieren, auf der sie angemerkt werden. In den meisten Textverarbeitungsprogrammen ist das kein Problem mehr. Beim Ausdruck werden die Fußnoten von *Word* je nach Wunsch ans Ende der Seite, ans Ende des Abschnitts (nicht in *DosWord*) oder ans Ende der ganzen Textdatei gestellt. Interessant ist die Funktion natürlich, um problemlos die entschieden leserfreundlichere Variante „Fußnoten auf derselben Seite wie das Fußnotenzeichen" zu realisieren. Zwischen Text und Fußnoten fügt *Word* eine Trennlinie ein, deren Aussehen Sie in *MacWord* und *WinWord* selbst bestimmen können. Paßt der Fußnotentext nicht mehr auf die Seite, wird er auf der nächsten Seite fortgesetzt. Das alles funktioniert sehr zuverlässig und präzise; da gibt es nichts zu meckern. (Was nicht vorgesehen ist: zwei Sorten von Fußnoten, Fuß- und Endnoten, zugleich, also solche, die auf dieselbe Seite, und solche, die ans Ende des Textes plaziert werden. Für Endnoten könnten Sie aber die Anmerkungsfunktion einsetzen. ➜ Abschnitt 8.2.6)

8.6 Register und Verzeichnisse

Zu Registern (Indices) und Verzeichnissen in wissenschaftlichen Manuskripten allgemein ➜ Abschnitt 5.6
Zur praktischen Erstellung von Registern und Verzeichnissen mit *Word* ➜ Abschnitt 11.6

Sie können in *Word* Indices und/oder Verzeichnisse erstellen. Ein **Index** (oder Register) ist an Schlagwörtern orientiert. Diese werden **alphabetisch** sortiert, und hinter jedem Schlagwort stehen die Seiten-Nummern, auf denen das Wort selbst oder Inhalte zu diesem Wort zu finden sind. Ein **Verzeichnis** ist **am Textlauf orientiert**. Ordnungskriterium ist die Seiten-Nummer, und die Einträge werden in der Reihenfolge aufgelistet, in der sie im Text vorkommen. Einem einzelnen Indexeintrag können gleichzeitig mehrere Seiten-Nummern zugeordnet sein. In Verzeichnissen ist jedem Eintrag nur eine Seiten-Nummer zugeordnet. Dafür können hier zur selben Seiten-Nummer mehrere Einträge untereinander stehen.

Die Index- und Verzeichnisfunktion von *Word* sorgt für die automatische Zusammenstellung eines Indexes oder eines Verzeichnisses, indem sie den Text nach Zeichenreihen durchsucht, die als Index- oder Verzeichniseinträge markiert sind, und sie auflistet.

Aber: *Word*s Index- und Verzeichnisfunktion erfaßt keine Einträge in Fußnoten und Anmerkungen! Sie sind also gezwungen, Begriffe und dergleichen, die in einen Index oder ein Verzeichnis aufgenommen werden sollen und die in Fußnoten stehen, eigens noch einmal in den laufenden Text zu schreiben, verborgen zu formatieren und dann als Eintrag zu markieren.

8.7   Sonderzeichen und Formeln

Sonderzeichen

Bei einer mechanischen Schreibmaschine ist jede Taste fest mit einem Anschlaghebel verbunden, dessen Kopf zwei Zeichen enthält, zwischen denen mit Hilfe der Hochstelltaste gewechselt werden kann. Bei einer Typenrad- oder Kugelkopfmaschine wird ein austauschbarer Typenträger angesteuert, der ebenfalls pro Taste zwei Zeichen anbietet. Wenn Sie Zeichen erzeugen wollen, die in diesem Vorrat nicht enthalten sind (**Sonderzeichen**), müssen Sie sie von Hand oder mit Hilfe von Rubbelfolien einfügen oder – bei Typenrad- und Kugelkopfmaschinen – den Typenträger austauschen. Letzteres ist zu teuer, wenn man nur gelegentlich in die Verlegenheit kommt, Sonderzeichen einfügen zu müssen. Alle Varianten sind mit einigem Umstand verbunden und zum Beispiel für mathematische, naturwissenschaftliche und technische Darstellungen fast undurchführbar.

Mit dem Computer ist das Problem der Sonderzeichen dagegen ganz einfach zu lösen, weil die Zeichen, die eine bestimmte Taste erzeugt, dieser nur auf elektronischem Wege zugeordnet werden. Jeder Taste können daher auch beliebige andere Zeichen zugeordnet werden, sofern sie innerhalb eines sogenannten Zeichensatzes zur Verfügung stehen.

Die auf Computern einsetzbaren **Zeichensätze** verfügen durchweg über 256 Plätze für Zeichen (2^8 Zeichen = 8Bit-Zeichensatz). Normalerweise sind die meisten dieser Plätze mit den Zeichen besetzt, die man zum Schreiben üblicher Texte am häufigsten braucht. Diese Zeichen werden den Tasten der Tastatur so zugeordnet, daß die Belegung bis auf einige Zusatztasten der gewohnten Schreibmaschinentastatur entspricht. Die anderen Zeichen, die nicht auf die von der Schreibmaschine gewohnte Weise auf den Bildschirm gebracht werden können, sind dann die „Sonderzeichen". Auch diese Zeichen können aber in Textverarbeitungsprogrammen verwendet werden, entweder, indem die Platz-Nummer des Zeichens (die sogenannte **ASCII-Nummer**) angegeben wird, oder durch Drücken besonderer Tastenkombinationen (Beispiele für Zeichensätze ➜ Abschnitt 11.2.5).

Daneben gibt es spezielle Zeichensätze, die ausschließlich Sonderzeichen enthalten, also auch in der normalen Tastaturbelegung, so daß die Betätigung etwa der Taste mit dem Pluszeichen im Zeichensatz *Zapf Dingbats* dieses Zeichen: ☞ hervorbringt. Dazu gehören die Zeichensätze *Symbol* (der sowohl in *MacWord* als auch in *WinWord* zur Verfügung steht) und *Zapf Dingbats* (der in *MacWord* zur Verfügung steht).

Belegung der Schreibmaschinentastatur
in den Zeichensätzen (von oben) *Times, Symbol, Zapf Dingbats*

Formeln

Sehr einfache **Formeln** wie $a^2 + b^2 = c^2$ können Sie mit Hilfe der normalen Tastenbelegung sowie durch Hoch- und Tiefstellung eingeben. Für komplexere Formeln können Sie *MacWord*s Formel-Schriftsatzbefehle oder *WinWord*s Feld-Typ „Formel" anwenden.

$$\sqrt{169}$$

$$\sum_{i=1}^{m} i \ \sum_{j=1}^{n} (\sin\ xi\ +\ \cos\ xj)$$

Formeln, erstellt mit *MacWord*s Formel-Schriftsatzbefehlen

Noch komfortabler wird das Schreiben von Formeln in *MacWord* und *WinWord* durch den mitgelieferten **Formel-Editor**, ein zusätzliches Programm-Modul. Durch einfaches Mausklicken auf Symbole für mathematische Grundkonstruktionen wie Brüche, Wurzeln, Summen, Integrale, Produkte erstellen Sie leere Grundmuster, deren Felder Sie anschließend ausfüllen. Außerdem stehen Ihnen in diesem Modul über 150 mathematische Symbole zur Verfügung, auch solche, die der Zeichensatz „Symbol", mit dem *MacWord*s Formel-Schriftsatzbefehle und *WinWord*s Feldtyp „Formel" arbeiten, nicht enthält.

8.8 Tabellen

Tabellarische Darstellungen sind in wissenschaftlichen Arbeiten häufig anzutreffen. *Word* bietet für die Erstellung von Tabellen fünf unterschiedliche Arten von **Tabulatoren** an: Beim **linksbündigen** Tabulator bildet die Tabulatorposition den linken Ausgangspunkt eines Eintrags, von dem aus nach rechts geschrieben wird, bei einem **rechtsbündigen** Tabulator entsprechend den rechten Ausgangspunkt, von dem aus nach links geschrieben wird. Ein **zentrierter** Tabulator gibt das Zentrum eines Eintrags an (die eingegebenen Zeichen werden links und rechts von der Tabulatorposition gleichmäßig verteilt). Ein **Dezimalstellentabulator** markiert die Position, an der ein Komma oder Punkt als Dezimalstellen-Trennungszeichen gesetzt wird. Das braucht man bei Kolonnen untereinandergeschriebener Dezimalzahlen, zum Beispiel DM-Beträgen, damit die Kommata immer genau untereinander stehen, egal wieviel Stellen vor und nach dem Komma die Zahl hat. Und schließlich gibt es noch den **vertikalen** Tabulator, der an der Tabulatorposition jeweils einen senkrechten Strich setzt.

Tab. Typ:	linksb. Tab.	zentr. Tab.	Dezimalst. Tab.	rechtsb. Tab.
Zeile 1	Einkauf	Januar	325,225	Ausg. in 1000 DM
Zeile 2	Lager	Februar	2117,5	Warenbestand in 1000 DM
Zeile 3	Produktion	März	360	hergest. Stück
Zeile 4	Verkauf	April	755,3	Erlös in 1000 DM

Tabelle mit 4 Tabulatortypen

Sehr viel komfortabler geht die Erstellung von Tabellen mit *Word*s **Tabellenfunktion**; allerdings nur in *MacWord* und in *WinWord*. *DosWord* verfügt über diese Funktion nicht. Sie müssen lediglich Anzahl der Spalten und Zeilen angeben, und schon erscheint auf dem Bildschirm ein entsprechendes Gitternetz (das nur dann mit ausgedruckt wird, wenn Sie dies wünschen), genau eingefügt zwischen linkem und rechtem Seitenrand, in dessen Zellen Sie nun Ihre Einträge machen können. Diese Einträge können aus beliebigen Zeichen, Zahlen oder Text bestehen und einen beliebigen Umfang haben, da *Word* die Zeilenhöhe automatisch dem Platzbedarf anpaßt (aber nicht über eine Druckseite hinaus).

Die Breite jeder Spalte können Sie verändern. Sie können die Tabelle als ganze oder Zellen der Spalte mit Umrandungen unterschiedlicher Linienstärke oder mit einem Hintergrundraster (einer „Schattierung") unterschiedlicher Dichte, also Schwärzung versehen, neue Spalten oder Zeilen hinzufügen, nicht benötigte Spalten oder Zeilen entfernen. *DosWord*, das ja nicht über die Tabellenfunktion verfügt, erlaubt mit seiner „Linienfunktion" Einrahmungen von Tabellen, die mit Tabulatoren erstellt wurden.

Beim Erstellen von Tabellen zeigt sich schlagend die **Überlegenheit grafisch orientierter Systeme**, auch wenn man nicht mit der Tabellenfunktion arbeitet. Weil *MS-DOS*-Programme am Bildschirm wie eine Schreibmaschine operieren, nämlich die Zeichen immer in gleicher Größe und mit konstanter Zeichenbreite darstellen, ganz gleich, welche Schriftart und Schriftgröße Sie ausgewählt haben, stimmt die **Bildschirmdarstellung** bei *DosWord* nur dann mit dem **Druckbild** überein, wenn Sie eine 12-Punkt-Schrift mit fixer Zeichenbreite (Schreibmaschinenschrift) für den Ausdruck gewählt haben (➜ Abschnitt 8.10). Wenn Sie eine kleinere oder eine Proportional-Schrift wählen, passen zwischen die Tabulatorpositionen mehr Zeichen, als es auf dem Bildschirm erscheint. So können Sie in einer 10-Punkt-Proportionalschrift in eine 2,5 cm breite Spalte die Zahlen von 0 bis 8, also 9 Zeichen, schreiben, in einer 10-Punkt-Nichtproportionalschrift (Courier) die Zahlen von 0 bis 9, also 10 Zeichen, und in einer 12-Punkt-Nichtproportionalschrift (Courier) die Zahlen von 0 bis 7, also 8 Zeichen. Krasser und ganz anders fällt der Unterschied aus, wenn man einen in einer Proportionalschrift schmalen Buchstaben hineinschreibt, zum Beispiel lauter kleine l´s. In der Proportionalschrift passen dann 15 Zeichen in die Spalte, bei den beiden anderen Schriften bleibt es naturgemäß bei 10 Zeichen (10-Punkt-Schrift) und 8 Zeichen (12-Punkt-Schrift).

Auf dem Bildschirm sieht das so aus, als ob Sie bei der Proportionalschrift oder bei der kleineren Schrift über die Spaltenbreite hinausschreiben und der Beginn der nächsten Spalte nicht mehr korrekt bündig mit der festgelegten Tabulatorposition übereinstimmt. Außerdem kann es bei Proportionalschrift von Zeile zu Zeile wechseln, wieviele Zeichen in eine Spalte passen. Das Bild der Tabelle wirkt auf dem Bildschirm heillos chaotisch. Erst beim Ausdruck können Sie sehen, ob alles stimmt.

8.9 Grafiken

Einfache Schaubilder, wie sie in wissenschaftlichen Arbeiten oft zur Veranschaulichung von begrifflichen Zusammenhängen oder Organisationsstrukturen eingesetzt werden und deren Elemente nur aus geraden Linien bestehen, können Sie in *DosWord* mit der „**Linienfunktion**" erstellen. Andere Möglichkeiten zur Erstellung von Grafiken haben Sie in diesem Programm nicht.

WinWord und *MacWord* hingegen verfügen eigens über zwei **Grafikmodule**. Mit dem einen können Sie objektorientierte Grafiken erstellen, mit dem andern Präsentationsgrafiken (➜ Abschnitt 9.5). Die Grafikmodule zu *WinWord* sind *Windows*-Applikationen, die auch von anderen *Windows*-Programmen aus aufgerufen werden können. Bei *MacWord* sind die Grafikmodule wie der schon erwähnte Formel-Editor (➜ Abschnitt 8.7) integrierte Bestandteile des *Word*-Programmpakets, die allerdings bei der Installation des Programms nicht unbedingt mit eingebunden werden müssen.

Mit den Werkzeugen des Moduls zum **Zeichnen objektorientierter Grafiken** (das *Windows*-Programm heißt *MS-Drawing*) können Sie folgende Arten von Grafiken erstellen:

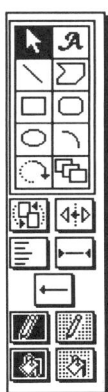

Grafik-
funktionen
in *MacWord*

- gerade und gebogene **Linien**;

- **Rechtecke** und **Quadrate**, auch mit abgerundeten Ecken;

- unregelmäßige **Polygone**;

- **Ellipsen** und **Kreise**;

- **Freihandgrafiken** (nur in *MS-Drawing*).

Linien können unterschiedlich stark, mit unterschiedlichen Farben und **Mustern** gezeichnet und (nur in *MacWord*) mit **Pfeilspitzen** an einem oder beiden Enden versehen werden. Geschlossene geometrische Objekte können mit unterschiedlichen Farben und **Mustern** gefüllt werden. Alle grafischen Elemente können **gedreht**, **dupliziert**, an einer vertikalen oder horizontalen Achse **gespiegelt**, vergrößert, verkleinert, verzerrt, beschnitten werden und einander in beliebiger Reihenfolge **überlagern**. Außerdem können Sie an belie-

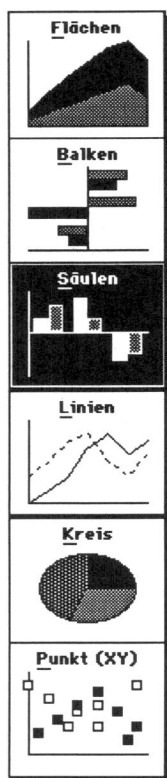

biger Stelle Text in Ihre Grafik einfügen. Der Text ist dann Bestandteil der Grafik und kann nur im Grafikfenster, nicht im normalen Textbearbeitungsmodus verändert werden. Text als (auch alleiniger) Bestandteil einer Grafik kann in *MacWord* wie andere grafische Elemente bearbeitet, also zum Beispiel auch gedreht werden.

Das zweite Grafikmodul (das *Windows*-Programm heißt *MS-Graph*) ermöglicht die Umsetzung von Zahlenmaterial in **Diagramme**, auch **Charts** genannt. Die grafisch zu veranschaulichenden Daten werden intern in einer Tabelle aufgenommen und gespeichert. In diese Tabelle können auch Daten aus einer in *Word* oder in einem Kalkulationsprogramm erstellten Tabelle importiert werden. Anschließend besteht die Möglichkeit, sie in folgende Diagrammtypen umzusetzen:

- **Flächendiagramme**,

- **Balken- und Säulendiagramme**,

- **Liniendiagramme**,

- **Kreisdiagramme** (Tortendiagramme),

- **Punktdiagramme** (XY-Koordinatensystem).

Alle Grafiken können Sie in *MacWord* und *WinWord* so plazieren, daß sie von Text umflossen werden.

Diagrammtypen

8.10 Bildschirmdarstellung und Druck

Die **Trennung von Schreiben und Drucken** macht die Funktionen eines Textprogramms erst möglich. Aber sie schafft auch das Problem: Wie bekomme ich **Kontrolle über das** nachher tatsächlich entstehende **Druckbild**?

Bildschirmdarstellung und **Ausdruck** sind innerhalb des gesamten Textverarbeitungssystems zwei verschiedene und getrennte technische Vorgänge. Wenn es nicht gelingt, schon auf dem Bildschirm Kontrolle über den Ausdruck zu erlangen, ist der Schreiber auf ein Trial-and-error-Verfahren angewiesen, bei dem er solange blind die vermutlich notwendigen Änderungen an seinem Manuskript vornimmt, bis er den Ausdruck hat, den er will. Bei *DosWord* sind Sie bis zu einem gewissen Grade heute immer noch auf diese Art von Blindflug angewiesen.

Weil Bildschirmdarstellung und Druckvorgang technisch verschiedene und getrennte Vorgänge sind, muß dafür gesorgt sein, daß zwischen beidem eine Entsprechung hergestellt wird, die dem Ideal einer vollkommenen Angleichung der Bildschirm-

darstellung an das tatsächliche Druckbild möglichst nahe kommt. Im Computer-
jargon gibt es dafür den unsäglichen Ausdruck: **WYSIWYG**, die Abkürzung von
„What You See Is What You Get" (Was Du [am Bildschirm] siehst, ist, was Du [beim
Ausdruck auf dem Papier] bekommst). In *MacWord* und in *WinWord* ist für eine
große Ähnlichkeit von Bildschirmdarstellung und Druck schon bei der Normal-
darstellung gesorgt.

Das heißt: Eine größere Schrift wird auch am Bildschirm größer dargestellt, verschiedene Schriftarten erscheinen auch am Bildschirm unterschiedlich, alle Schriftschnitte und Schriftauszeichnungen werden am Bildschirm dargestellt; Zeilen- und
Absatzabstände werden korrekt wiedergegeben. Kurz gesagt: Sie können die
typographische Gestaltung und das Layout Ihres Textes am Bildschirm recht genau
kontrollieren und müssen sich – anders als beim guten alten *DosWord*, dessen
normale Bildschirmdarstellung nicht die leiseste Ahnung vom Druckbild vermittelt –
beim Druck auf keine größeren Überraschungen mehr gefaßt machen.

Weil · Bildschirmdarstellung · und · Druckvorgang · technisch · verschiedene · und·
getrennte · Vorgänge · sind, · muß · dafür · gesorgt · sein, · daß · zwischen · beidem · eine·
Entsprechung·hergestellt·wird,·die·dem·Ideal·einer·vollkommenen·Angleichung·der·
Bildschirmdarstellung·an·das·tatsächliche·Druckbild·möglichst·nahe·kommt.·Im·
Computerjargon · gibt · es · dafür · den · unsäglichen · Ausdruck: · **WYSIWYG**, · die·
Abkürzung · von · „What · You · See · Is · What · You · Get" · (Was · Du · [am · Bildschirm]·
siehst, · ist, · was · Du · [beim·Ausdruck·auf·dem·Papier]·bekommst).·In·*MacWord*·und·
in·*WinWord*·ist·für·eine·große·Ähnlichkeit·von·Bildschirmdarstellung·und·Druck·
schon·bei·der·Normaldarstellung·gesorgt.¶

Das · heißt: · Eine · größere · Schrift · wird · auch · am · Bildschirm · größer · dargestellt,·
verschiedene · Schriftarten · erscheinen · auch · am · Bildschirm · unterschiedlich, · alle·
Schriftschnitte·und·Schriftauszeichnungen·werden·am·Bildschirm·dargestellt;·Zeilen-·
und·Absatzabstände·werden·korrekt·wiedergegeben.·Kurz·gesagt:·Sie·können·die·
typographische·Gestaltung·und·das·Layout·Ihres·Textes·am·Bildschirm·recht·genau·
kontrollieren · und · müssen · sich · – · anders · als · beim · guten · alten · *DosWord*, · dessen·
normale·Bildschirmdarstellung·nicht·die·leiseste·Ahnung·vom·Druckbild·vermittelt·–·
beim·Druck·auf·keine·größeren·Überraschungen·mehr·gefaßt·machen.¶

WYSIWYG?
Bildschirmdarstellung in *MacWord*

Einige Einschränkungen sind allerdings zu machen. Während die meisten Drucker
die Schriftzeichen mit mindestens 300 Punkten pro Zoll auflöst (man spricht von 300
dpi), schafft der Bildschirm nur eine Auflösung von 70 bis 80 dpi. Die **Bildschirmdarstellung** ist also grundsätzlich wesentlich **gröber** als das Druckbild. Typographische Feinheiten gehen hier zwangsläufig verloren. Die verschiedenen Schriftarten lassen sich daher zwar unterscheiden, aber – vor allem bei kleineren Schriftgrößen
und im kursiven Schriftschnitt – kaum identifizieren. Daß eine *Garamond* anders
aussieht als eine *Helvetica*, können Sie erkennen, aber eine Ähnlichkeit zwischen der
Garamond am Bildschirm und der *Garamond* im Druck ist nur mit großem Wohlwol-

len konstatierbar. In *WinWord* werden verschiedene Schriftarten überhaupt nur insofern dargestellt, als Serifenschriften und serifenlose Schriften eine unterschiedliche Bildschirmpräsentation erhalten, während innerhalb dieser Kategorien von Schriftarten keine Differenzierungen dargestellt werden. Eine *Bookman* sieht hier am Bildschirm genauso aus wie eine *Palatino oder* Times.

Sie erhalten bei *MacWord* und *WinWord* also auch im normalen Bearbeitungsmodus das, was man WYSIWYG nennt. *Word* zeigt Ihnen jedoch nicht das vollständige Layout. Seitenzahlen, Kopf- und Fußzeilen werden überhaupt nicht dargestellt, und die Fußnoten können Sie nur im gesonderten Fußnotenfenster sehen. Wollen Sie eine vollständige Kontrolle über das Layout erhalten, müssen Sie in das **Druckbild** wechseln. In dieser Darstellung zeigt Ihnen *Word* das gesamte Blatt Papier mit allen Elementen. Und Sie können in diesem Darstellungsmodus auch Text einfügen, Kopf- und Fußzeilen verändern, also alles, was Sie auch im normalen Darstellungsmodus tun können. Aber das Arbeiten in diesem Modus verläuft sehr viel träger: Der Bildschirm wird langsamer aufgebaut, und Sie können den Text bei weitem nicht so schnell „durchblättern" wie im Normalmodus.

In *DosWord* gibt es als Pendant zur Druckansicht den „Layout"-Modus, welcher den Text so anzeigen soll, wie er nachher beim Ausdruck erscheint. Zum Beispiel wird Blocksatz dann links- und rechtsbündig angezeigt; Textspalten werden nebeneinander gezeigt; Fußnoten erscheinen an der Textstelle, an der sie ausgedruckt werden. In dieser Darstellungsart kann man nicht vernünftig arbeiten. Der Bildschirmaufbau ist wesentlich langsamer; der Text wird auf dem Bildschirm möglicherweise plötzlich komplett nach rechts oder links verschoben (zum Beispiel wenn Sie einen Bundsteg eingegeben haben); um Blocksatz auf dem Bildschirm zu simulieren, werden in Zeilen mit weniger Zeichen ungleichmäßige Abstände zwischen den Wörtern eingefügt, was dazu führt, daß die Zeilenenden rechts oder links aus dem Blick verschwinden und dergleichen. Grauenhaft! Bei *DosWord* sollte man lieber in der normalen Darstellung arbeiten, sich dort allerdings die korrekten Zeilenumbrüche und die Schriftauszeichnungen (fett, kursiv, unterstrichen) zeigen lassen.

Schließlich gibt es in allen drei Programmversionen noch eine dritte Ansicht, die **Seitenansicht**. Hier erhalten Sie eine verkleinerte Gesamtansicht einer Seite oder von zwei aufeinander folgenden Seiten. Diese Ansicht eignet sich (auch in *DosWord*) gut, um den Gesamtaufbau einer Seite zu überprüfen. In *MacWord* und in *WinWord* kann man hier sogar einige Layout-Elemente (Seitenränder, Plazierung der Seitenzahl) verändern.

Mit der technischen Trennung von Bildschirmdarstellung und Druck hängt auch die Art und Weise zusammen, wie **Schriften** verwaltet werden. Für WYSIWYG brauchen Sie grundsätzlich jede Schrift, die Sie einsetzen wollen, in zweifacher Ausfertigung, als Bildschirmschrift und als Druckerschrift. Entweder liegen beide Schriftversionen von vornherein getrennt vor, oder sie werden aus einer gemeinsamen Grunddatei der Schrift erzeugt. Man nennt dies „skalieren". Wenn sie erst skaliert werden müssen, geht der Bildschirmaufbau natürlich langsamer vonstatten. Das ist der Fall, wenn Sie *True-Type*-Schriften einsetzen.

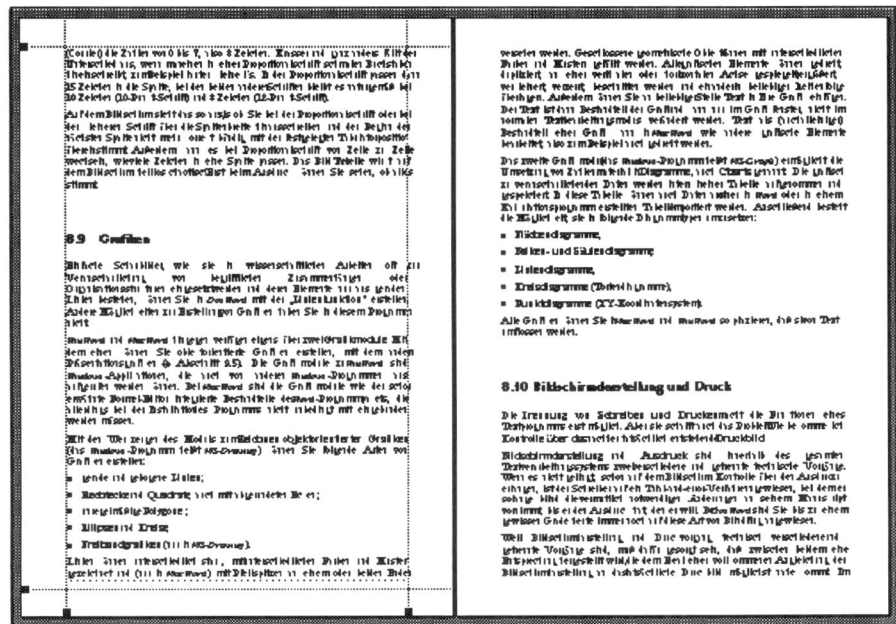

Seitenansicht in *Word*

Schneller geht es, wenn die **Bildschirmschriften** fertig vorliegen (oder wenn das Programm – wie *DosWord* – auf eine Anpassung der Bildschirmdarstellung an das Druckbild sowieso verzichtet). Allerdings werden Sie mit unterschiedlichen Schriftgrößen und Schriftschnitten arbeiten. Für die Geschwindigkeit des Bildschirmaufbaus wäre es daher am günstigsten, wenn alle Größen und Schnitte einer Schrift für die Bildschirmdarstellung fertig bereit gehalten würden. Aber das kostet einigen Arbeitsspeicherplatz – und der ist eigentlich immer knapp. In der Regel werden daher die Bildschirmschriften nur in einer oder wenigen hauptsächlich benötigten Grundgrößen und vielleicht auch nur im regulären Schnitt vorliegen; abweichende Größen und Schnitte werden dann durch das Betriebssystem bei Bedarf durch grobe Berechnungen erzeugt – und sehen entsprechend grob aus.

Ähnliches gilt für die **Druckerschriften.** Auch sie sind entweder in bestimmten Größen und Schnitten im Drucker eingebaut; oder sie werden per „Download" als ebenfalls fertig konfektionierte „Softfonts" von der Festplatte oder Diskette in den Drucker geladen; oder sie werden – im Drucker selbst oder im Computer – aus einer Grunddatei berechnet. Dafür sind Teilprogramme des Betriebssystems zuständig oder – für qualitativ besonders hochwertigen Druck – eine eigene Programmiersprache namens *Postscript.* Diese Sprache „versteht" aber nicht jeder Drucker. Um mit Postscript-Schriften arbeiten zu können, braucht man daher einen (teureren) postscriptfähigen Drucker mit Interpreter-Board für die Programmiersprache Postscript oder ein in Ihren Computer ladbares Programm, das die Postscript-Anweisungen so umsetzt, daß auch Drucker, die nicht postscriptfähig sind, „verstehen", was sie zu drucken haben. (Ein solches Programm ist *Adobe Type Manager*.)

Postscript ist aber nicht nur eine Schriftenerzeugungssprache, sondern darüber hinaus dazu entwickelt worden, auch **Grafiken** in hoher Qualität zu drucken. Es ist eine „Seitenbeschreibungssprache", also in der Lage, sämtliche Elemente einer zu druckenden Seite so in Druckanweisungen umzusetzen, daß – in Abhängigkeit von den Fähigkeiten des Druckers – immer das bestmögliche Druckbild zustande gebracht wird. Der *Adobe Type Manager* interpretiert nur den Schriftenbeschreibungsteil. Postscript-Grafiken können mit seiner Hilfe nicht auf Druckern ausgegeben werden, die nicht postscriptfähig sind. Dafür gibt es Postscript-Emulationen, die ihren Computer in die Lage versetzen, das – allerdings wesentlich langsamer – zu tun, was sonst das Postscript-Board im Drucker tun soll.

8.11 Weitere Funktionen in Stichworten

Die bisherigen Ausführungen haben bei weitem nicht den vollen Umfang der Möglichkeiten aufzeigen können, die ein Textverarbeitungsprogramm Ihnen bereitstellt. Weitere Funktionen, die für Sie von Nutzen werden könnten, will ich Ihnen noch in einigen Stichworten darstellen.

Textbausteine

Textbausteine sind sozusagen **Minidateien**, die als Sammlung in einer größeren Datei, der Textbausteindatei, zusammengefaßt werden. Die Textbausteine, die in dieser Sammlung enthalten sind, stehen Ihnen dann jederzeit zum Einfügen an beliebigen Stellen des Manuskripts zur Verfügung.

Wenn Sie bestimmte Textpassagen immer wieder brauchen, zum Beispiel einen Briefkopf, eine Grußformel, Ihre persönlichen Daten (Name, Adresse, Matrikelnummer für das Titelblatt Ihrer Arbeiten), ist es ganz praktisch, diese als Textbausteine abzuspeichern. Auch häufiger benötigte Vorlagen für Tabellen oder Grafiken lassen sich als Textbausteine bereit halten. Eine kleine Sammlung von Textbausteinen wird mitgeliefert, wenn Sie sich *Word* anschaffen.

Dateiverwaltung

Word bietet die Möglichkeit, zu jeder Textdatei ein „Datei-Info" (in *DosWord* heißt das „Kurzinformation") mit einzugeben, das ist eine Art **Steckbrief**. Der Name allein reicht oft nicht aus, um genügend Hinweise auf den Inhalt der Datei zu geben, zumal Sie in *DosWord* und in *WinWord* nur 8 Zeichen für die Namensgebung zur Verfügung haben. Im Datei-Info können Sie außer dem Titel noch ein Thema, den Autor des Textes, eine Versions-Nummer und Schlüsselwörter zum Inhalt eingeben.

Im **Datei-Manager** können Sie dann gezielt diese Informationen mit heranziehen, um sich über den genauen Inhalt einer Datei Aufschluß geben zu lassen oder um eine Datei zu suchen, deren genauer Name Ihnen entfallen ist, von der Sie aber noch wissen, welche Schlüsselwörter dazu notiert sein müßten.

Diese Funktion erlaubt Ihnen, Ihre eigenen Texte zu verschlagworten und so einen wesentlich effektiveren Zugriff auf Ihre wachsenden Bestände an Textdateien zu erhalten.

Rechnen im Text

Word kann auch rechnen: **addieren, subtrahieren, multiplizieren, dividieren und Prozentrechnung.** Text, in dem die Zahlen samt ihren Operatoren enthalten sind, wird einfach markiert, die Rechenfunktion aufgerufen, und das Ergebnis steht in der Zwischenablage. Diese Funktion kann Ihnen sogar während der Arbeit mit *Word* den Taschenrechner ersparen. Sie tippen die Rechenaufgabe einfach auf den Bildschirm, lassen sie von *Word* lösen und löschen sie anschließend wieder vom Bildschirm.

In Tabellen, die Zahlen enthalten, können Sie Spalten oder Zeilen markieren und mit der Funktion „Berechnen" die Summe der enthaltenen Zahlen bilden. Sind Zahlen mit Operatoren versehen, werden die entsprechenden Rechenoperationen durchgeführt. Sollte in einigen Feldern Text stehen, wird der einfach ignoriert.

Makroprogrammierung (nur *DosWord* und *WinWord*)

Makros sind kleine **Programme**, die Sie selbst erstellen können, um bestimmte Abfolgen von Arbeitsschritten (vor allem Tastatureingaben) zu automatisieren. Das erleichtert den Umgang mit Funktionen, die man zwar öfter braucht, die aber jedesmal den Durchgang durch eine Reihe von Menüs und Untermenüs verlangen. Makros können Sie in *DosWord* „aufzeichnen", indem Sie den **Makrorecorder** einschalten, danach die zu automatisierende Abfolge von Arbeitsschritten durchführen und anschließend die Aufzeichnung beenden. Sie können ein Makro aber auch wie in *WinWord* direkt in der **Makro-Programmiersprache** schreiben, so wie man in anderen Programmiersprachen auch Programme schreibt (in *WinWord* heißt die Sprache *WordBasic*). Damit haben Sie weitaus mehr Möglichkeiten (aber auch weitaus mehr Arbeit) als bei der Aufzeichnung mit dem Makrorecorder. Ein so erstelltes Makro erhält einen Namen, unter dem es abgespeichert wird und jederzeit aufgerufen und in Gang gesetzt werden kann.

Thesaurus

Ein Thesaurus ist eine Datei, die ein **Synonymwörterbuch** enthält. Die Thesaurus-Funktion sorgt dafür, daß das Programm zu einem von Ihnen markierten Wort im Wörterbuch nach Synonymen sucht und sie Ihnen am Bildschirm anzeigt. Sie können dann das markierte Wort in Ihrem Text durch ein Synonym ersetzen lassen. Die Qualität der Funktion hängt in erster Linie von der Qualität und dem Umfang des Wörterbuchs ab.

9. Kapitel
Weitere Einsatzmöglichkeiten
eines Computers

Dieses Kapitel gibt Ihnen einen kurzen Ausblick auf zusätzliche Einsatzmöglichkeiten eines Computers bei der
- Literaturverwaltung (mit einem Textverarbeitungs- oder Datenbankprogramm),
- Montage von Text und Grafik (mit einem Desktop-Publishing-Programm),
- Bewältigung umfangreicherer Berechnungen (mit einem Kalkulationsprogramm)
- Erstellung von Grafiken.

Ich vermute, daß ein Textverarbeitungsprogramm während des Studiums für die meisten von Ihnen das hauptsächlich oder sogar ausschließlich benötigte Programm ist. Falls Sie während Ihres Studiums an Forschungsvorhaben teilnehmen und die erhobenen Daten mit dem Computer ausgewertet werden sollen oder wenn spezielle Computeranwendungen zu Ihren Studieninhalten gehören, ist es mit der Beherrschung eines Textverarbeitungsprogramms natürlich nicht getan. Hier geht es aber nur darum, Ihnen Hinweise zu geben, wie Sie den Computer für die Arbeiten im Studium einsetzen können, die in diesem Buch beschrieben sind. Die Beschreibung weiterer Einsatzmöglichkeiten des Computers hat daher nur den Sinn, Ihnen einen groben Überblick darüber zu geben, was für Sie sonst noch von Interesse sein könnte.

9.1   Literaturverwaltung
mit einem Textverarbeitungsprogramm

Zur Anlage einer Literaturkartei im allgemeinen ➜ Abschnitt 4.1

Es gibt spezielle **Literaturverwaltungsprogramme**. Die bieten Ihnen meist alle nur wünschbaren Möglichkeiten zur Datenaufnahme und zur Auswertung Ihres Literaturdatenbestandes. Der Nachteil ist, daß sie eben deshalb auch recht schwerfällig zu handhaben sind. Die Aufnahme der Daten zu einem Literaturtitel ist dann jedesmal so aufwendig, daß man sich gern davor drückt und es womöglich schließlich ganz läßt. Wer hat schon Lust, sich bei jeder Titelaufnahme durch mehr als 20 Eingabefelder zu hangeln. Wie immer gilt auch hier, daß die beste Lösung nicht die mit den ausgefeiltesten Möglichkeiten ist, sondern die, die Sie auch tatsächlich auf Dauer anzuwenden bereit sind.

Hierzu muß man sich fragen, was Sie denn im Studienalltag – bezogen auf Literaturdokumentation – **wirklich brauchen**. Meine Antwort darauf ist: Sie brauchen

- die Möglichkeit, gezielt nach den vollständigen bibliographischen Angaben eines Werkes suchen zu können, von dem Sie entweder den Verfasser oder ein Stichwort aus dem Titel kennen;

• die Möglichkeit, anhand von Schlagwörtern zu bestimmten Themen die im eigenen Literaturdatenbestand enthaltenen Titel zusammenzustellen;

• die Möglichkeit, Literaturlisten und Literaturverzeichnisse zu erstellen.

Die simpelste Lösung ist der Einsatz eines Textverarbeitungsprogramms. Damit ist mehr möglich, als viele denken. Und dieses Verfahren hat zwei große Vorteile: Sie müssen sich nicht in die Bedienung eines neuen Programms einarbeiten. Und Sie können die aufgenommenen Daten direkt in Ihrem Textprogramm weiterverwenden, zum Beispiel in einer Literaturliste oder einem Literaturverzeichnis.

Eine andere, schon etwas weitergehende Möglichkeit ist die Anlage einer Literatur-kartei mit einem **Datenbankprogramm**. Gegenüber einem fertigen Literatur-verwaltungsprogramm haben Sie hierbei den Vorteil, die Datenstruktur genau auf Ihre Bedürfnisse anpassen und zum Beispiel alles weglassen zu können, was Sie nicht brauchen und was Sie bei der Datenaufnahme nur aufhält. (➜ Abschnitt 9.2)

Wenn Sie Ihre Literaturverwaltung mit dem **Textverarbeitungsprogramm** machen wollen, bedeutet das einfach nur, daß Sie die jeweiligen bibliographischen Daten als Text eingeben. Dabei halten Sie sich an die Datenstruktur, wie ich sie in Abschnitt 4.1 dargestellt habe. Jede Literaturangabe ist ein eigener Absatz, wird also durch Bedie-nung der „Return"-Taste abgeschlossen.

Sie können die Titel **in beliebiger Reihenfolge** eingeben. Um sie nachher alphabe-tisch nach dem Verfassernamen zu sortieren, markieren Sie einfach alle Angaben und rufen die Sortierfunktion des Programms auf. Die sorgt dann dafür, daß alle Absätze entsprechend dem Buchstaben, mit dem sie anfangen, umgruppiert werden. Von daher ist natürlich zwingend notwendig, daß Sie den Namen des Verfassers oder Herausgebers (oder – bei Werken ohne Verfasser oder Herausgeber – den Sachtitel) voranstellen und den Vornamen folgen lassen.

Ihre Literaturdatei ist damit eine – laufend wachsende – **Textdatei**, die Sie am besten immer mit laden, wenn Sie an einem Manuskript arbeiten. Die Literaturdatei wandert dann in ein zweites Fenster, und wenn Sie einen neuen Titel aufnehmen wollen, wechseln Sie einfach in dieses Fenster, schreiben die entsprechenden bibliographischen Daten hinein und kehren zurück. Sollten Sie für Ihr Manuskript bestimmte bibliographische Angaben benötigen, holen Sie sich die – mit „Ausschneiden und Einfügen" (➜ Abschnitt 8.2.4) – aus der Literaturdatei herüber.

Je umfangreicher Ihre Literaturdatei wird, desto schwieriger wird es natürlich, sich in ihr zurechtzufinden. Hier hilft Ihnen die „Suche"-Funktion des Textverarbeitungs-programms. Sie geben einfach den Bestandteil der Literaturangabe als Suchbegriff ein, der Ihnen bekannt ist (Verfassername, Stichwort aus dem Titel), und das Pro-gramm führt Sie an die Stelle, an der dieser Begriff zum ersten Mal auftaucht. Wollen Sie weitersuchen, wiederholen Sie den Suchbefehl so oft wie nötig.

Jedesmal, wenn Sie neue Literaturangaben hinzugefügt haben, sollten Sie Ihre Literaturdatei neu **sortieren** lassen. Dann ist sie aufgeräumt. Titel desselben Verfas-sers stehen zusammen, und das erleichtert die Übersicht über den Bestand. Doppel-einträge fallen auf und können entfernt werden.

Um nun noch effektiver mit Ihrer Literaturdatei arbeiten zu können, sollten Sie den bibliographischen Angaben **Schlagwörter** zum Inhalt hinzufügen. Dann haben Sie die Möglichkeit, themenbezogene Recherchen in Ihrem Literaturdatenbestand durchzuführen. Da dies nun Angaben sind, die Sie nur zur Auswertung Ihrer Literaturdatei benötigen, die aber zum Beispiel bei Übernahme der Literaturangaben in ein Literaturverzeichnis nicht mit ausgedruckt werden sollen, ist es ratsam, sie als „verborgenen" Text zu formatieren. (Das Gleiche machen Sie mit anderen Bestandteilen der Angaben, die Sie nicht mit ausdrucken wollen, wie der Angabe der Bibliothekssignatur oder der Reihenzugehörigkeit.) Dem Umfang Ihrer Verschlagwortung sind hierbei keine Grenzen gesetzt. Sie brauchen sich auch nicht an irgendeine Systematik zu halten. Spätere Änderungen oder Ergänzungen sind kein Problem. Und schließlich erlaubt die „Suche"-Funktion auch die Suche nach Wortteilen.

Die Zusammenstellung von Literaturlisten oder **Literaturverzeichnissen** ist bei dieser Lösung ebenfalls so einfach wie bei keiner anderen. Statt mit zwei Programmen wie bei den anderen Lösungen arbeiten Sie hier immer innerhalb eines Programms und können – mittels Fenstertechnik – aufs komfortabelste zwischen Literaturdatei und Ihrem Manuskript hin- und herwechseln. Zwar können Sie auch aus Datenbankprogrammen oder aus den speziellen Literaturverwaltungsprogrammen heraus drucken oder Daten an ein Textverarbeitungsprogramm übergeben, aber dies gestaltet sich doch allein schon deshalb aufwendiger, weil Sie sich mit dieser Funktion erst wieder vertraut machen müssen. Wenn Sie ein Literaturverzeichnis als Bestandteil einer umfangreicheren Arbeit direkt aus einem Datenbankprogramm heraus drucken, wird es nicht ganz einfach sein, die Formatierungen auf den Text abzustimmen, den Sie mit dem Textverarbeitungsprogramm formatiert haben. Denn diese Programme bieten naturgemäß nicht die Möglichkeiten der Formatierung wie ein Textverarbeitungsprogramm. Hier hingegen können Sie die entsprechenden Formatierungen (wie Unterstreichung oder Kursivsetzung selbständiger Titel) schon in der Literaturdatei vornehmen, und bei jeder Übernahme in ein Manuskript werden dann auch die Formatierungen gleich mit übernommen.

Und schließlich ist auch der **Datenaustausch** mit anderen Leuten so einfach wie nur etwas. All dies macht diese Form der Literaturverwaltung bei aller Einfachheit doch sehr flexibel.

Allerdings hat die hier vorgestellte Lösung einige gravierende **Nachteile**:

- Bei der Zusammenstellung von Literaturlisten oder -verzeichnissen müssen Sie Titel für Titel mit „Ausschneiden und Einfügen" übertragen. Das ist zwar einfach, kann aber bei umfangreichen Beständen zu einer äußerst **langwierigen** und **langweiligen** Betätigung werden.

- Die Suche nach bestimmten Titeln ist – wiederum in Abhängigkeit vom Gesamtumfang des Literaturdatenbestandes – **langsam**.

- Eine Literaturauswahl anhand vorgegebener Suchkriterien (Schlagwörter) kann Ihnen ein Textprogramm nicht zusammenstellen.

• Wenn Sie Ihre Literaturangaben durch ausführlichere Anmerkungen, Kommentare, Inhaltsangaben ergänzen, wächst die Literaturdatei sich rasch zu einem **unhandlichen** Koloß aus.

Sind dies Nachteile, die für Sie von Bedeutung sein könnten, dann kommt der Einsatz eines Datenbankprogramms in Betracht.

9.2 Anlage einer „Literaturkartei" mit einem Datenbankprogramm

Datenbankprogramme können Sie als die **computerisierten Formen des alten Karteikastens** betrachten. Sie sind daher gut geeignet, die im 4. Kapitel behandelte Literatur- und Materialdokumentation auf dem Computer zu erledigen. Der Aufbau einer Literaturdatenbank gehört zu den einfacheren Aufgaben, die man mit einem Datenbankprogramm erledigen kann, weil es hier nicht nötig ist, komplizierte Beziehungen zwischen verschiedenen Dateien herzustellen. Wichtiger als große Funktionsvielfalt ist daher, daß das Programm sich leicht bedienen läßt.

Die Arbeit mit einem Datenbankprogramm hat – wie gesagt – große Ähnlichkeit mit der Anlage einer herkömmlichen Kartei. Im vorhergehenden Abschnitt hatte ich Ihnen gezeigt, wie Sie auch ein Textverarbeitungsprogramm zur Literaturdokumentation einsetzen können. Im Textverarbeitungsprogramm entspricht ein Absatz der Literaturdatei sozusagen ebenfalls einer Karteikarte. Aber Sie schreiben die Literaturangaben hier einfach hintereinander weg, so wie Sie sie dann in einem Literaturverzeichnis ausgeben lassen wollen, ergänzt um einige zusätzliche „verborgene" („verborgen" formatierte) Informationen. Für Sie haben diese Angaben Struktur, nicht aber für das Textverarbeitungsprogramm. Das einzige Strukturmerkmal, das dieses „erkennen" kann, ist der Absatz. Darauf bezieht sich denn auch seine Sortierfunktion. Sie könnten aber nicht zum Beispiel nach Sachtiteln sortieren lassen. Das Programm kann – wegen fehlender Struktur – die verschiedenen Bestandteile der Literaturangaben nicht als solche voneinander unterscheiden. Die „Suche"-Funktion durchforstet entsprechend auch immer den gesamten Text. Daher ist sie relativ langsam.

Während Sie also die Daten im Textverarbeitungsprogramm nahezu unstrukturiert eingeben, müssen Sie sich bei der Verwendung eines Datenbankprogramms vorweg eine präzise **Datenstruktur** zurechtlegen, sozusagen Rubriken, in die Sie Ihre Karteikarten einteilen. Die verschiedenen Bestandteile der Literaturangaben werden dadurch für das Programm unterscheidbar, und Sortier- und Such-Funktionen können sich ganz gezielt auf einzelne dieser Rubriken beziehen. Dadurch wird die Auswertung des Literaturdatenbestandes erheblich beschleunigt.

In der Terminologie der Datenbankprogramme entspricht eine **Datenbank** in etwa einem Stapel von Karteikarten. Die einzelne Karteikarte heißt **Datensatz**, und die einzelne Rubrik nennt man **Feld**. Der erste Schritt bei der Anlage einer Literaturdatenbank besteht darin, die Struktur der Datensätze (die Rubriken der Karteikarten) festzulegen. Das heißt, Sie definieren Felder, indem Sie ihnen einen Namen, eine bestimmte Größe und einen Typ von Eintragung zuweisen. Eine solche Literaturdatenbank könnte zum Beispiel folgende Minimalstruktur haben:

Feld-Name	**Feld-Typ**
Verfasser	Text
Vorname	Text
Titel	Text
Erscheinungsort	Text
Erscheinungsjahr	Zeit

(In einem Datenbankprogramm wie *dBase* für *MS-DOS* müssen Sie außerdem die Feldgröße in Zahl der Zeichen vorher festlegen; außerdem tragen die Feldtypen andere Bezeichnungen.)

Das Datenbankprogramm hält danach sozusagen Blanko-Karten mit der definierten Datensatzstruktur bereit, in die Sie dann jeweils Ihre Literaturangaben eintragen, pro Titel einen Datensatz (entsprechend einer Karteikarte).

Wenn Sie die Datensatz-Struktur in obigem Beispiel mit den in Abschnitt 4.1 dargestellten Datenstrukturen für Literaturangaben vergleichen, werden Sie feststellen, daß Sie nicht alle Arten von Literatur in dieses Schema zwängen können. Werke, die keinen Verfasser haben und unter ihrem Sachtitel geführt werden, passen zum Beispiel ebensowenig hinein wie unselbständig erschienene Literatur (Beiträge zu Sammelwerken, Zeitschriftenaufsätze).

Sie haben nun verschiedene Möglichkeiten. Sie könnten **für jeden Literaturtyp eine eigene Datei mit je passender Datensatzstruktur** anlegen. Spezielle Literaturverwaltungsprogramme machen das so. Aber dann müssen Sie bei der Neueingabe von Literaturdaten ständig zwischen den verschiedenen Dateien wechseln. Und auch bei der Auswertung Ihres Literaturbestandes haben Sie immer mit mehreren Datenbanken zu tun. Das bedeutet, daß Sie zum Beispiel bei der Zusammenstellung von Literaturlisten die Daten aus mehreren Datenbanken zusammenführen müssen. Solche Dinge sind aber schon so kompliziert, daß man sie eigentlich nur tut, wenn man bereits für eine Automatisierung der entsprechenden Vorgänge gesorgt hat, das heißt wenn man sich ein entsprechendes Programm geschrieben hat. (Komplexere Datenbankprogramme verfügen zu diesem Zweck über eigene Programmiersprachen.) Hier geht es mir aber darum, denjenigen hilfreiche Tips zu geben, die gerade nicht vorhaben, erst programmieren zu lernen, bevor sie den Computer effektiv nutzen können.

Eine einfachere Möglichkeit wäre die, es bei einer Datenbank zu belassen und die **Struktur** so **auszuweiten**, daß allen Eventualitäten Rechnung getragen wird. Je nach Literaturart würde also immer nur ein Teil der Felder ausgefüllt, andere blieben leer.

Nur hätte das zur Konsequenz, daß die Datensatzstruktur eine Menge Felder aufweisen müßte, mehr sicher, als auf dem Bildschirm Platz haben. Eine Karteikarte könnte leicht zwei bis drei Bildschirmseiten umfassen, und um einen Titel aufzunehmen, müßte man sich durch eine Menge Felder auf mehreren Bildschirmseiten durcharbeiten.

Mein Vorschlag ist ein Mittelding zwischen strukturiert und unstrukturiert: die inhaltliche Füllung der Felder so offen zu halten, daß Einträge verschiedener Art in ihnen möglich sind. Das erste Feld etwa wäre eine Art Leitfeld, in dem jeweils die Angabe steht, nach deren Maßgabe das betreffende Werk in einem Literaturverzeichnis eingeordnet wird. Mal wäre/n das der oder die Verfasser, mal der oder die Herausgeber, mal der Sachtitel. Für den oder die Vornamen würde ich kein eigenes Feld vorsehen. Sie könnten mit in die Angaben des Leitfeldes aufgenommen werden. Ein zweites Feld enthielte die Sekundärangaben. Also: den Titel oder den Untertitel, die Quelle, der das Werk gegebenenfalls entnommen ist, die Zugehörigkeit zu einer Reihe. Ein drittes Feld enthielte den Erscheinungsort samt Angaben zu Auflage und Verlag, ein viertes das Erscheinungsjahr, ein fünftes die Seiten, auf denen ein eventuell unselbständig erschienener Titel zu finden ist.

Damit wären die Angaben, die für ein Literaturverzeichnis relevant sind, in fünf Feldern untergebracht, wovon normalerweise vier Felder gebraucht werden. Für selbständig erschienene Werke entfällt die Ausfüllung des fünften Feldes, für Zeitschriftenbeiträge die Ausfüllung des dritten Feldes. Die Suche nach Verfassernamen ließe sich wie bei den strukturierteren Lösungen auch auf das Leitfeld beschränken. Nur die Suche nach Stichwörtern aus dem Titel macht Schwierigkeiten. Normalerweise steht der Titel im zweiten Feld. Aber bei Werken ohne Verfasser oder Herausgeber stünde er im ersten Feld. In diesem Falle müßte die Suche zusätzlich auf das erste Feld ausgedehnt werden oder ohne Feldspezifizierung vorgenommen werden. Ich glaube, damit kann man zurecht kommen.

Auf der folgenden Seite zeige ich Ihnen, wie die entsprechende Literaturdatenaufnahme für einige Beispiele aussähe, die ich im Kapitel 4.1 angeführt habe. Feld 1 ist das „Leitfeld" (den Namen dafür wie die Namen für die anderen Felder können Sie willkürlich wählen; dem Programm ist egal, wie passend oder unpassend sie sind); Feld 2 das „Zusatzfeld"; Feld 3 enthält Angaben über Auflage, Erscheinungsort und Verlag; Feld 4 über Erscheinungsjahr; Feld 5 über Seitenzahl.

Feld Inhalt

```
1: Rousseau, Jean-Jacques:
2: Emile oder Über die Erziehung. Hg., eingeleitet und mit
   Anmerkungen versehen von Martin Rang. Übs. Eleonore
   Sckommodau.
3: Stuttgart: Reclam,
4: 1963
5: [leer]


1: Kochan, Detlef C. (Hg.):
2: Allgemeine Didaktik - Fachdidaktik - Fachwissenschaft.
   Ausgewählte Beiträge aus den Jahren 1953 bis 1969.
3: Darmstadt: Wissenschaftliche Buchgesellschaft,
4: 1968
5: [leer]


1: Deutsche Geschichte.
2: 1. Bd.: Von den Anfängen bis 1789. Hg. Joachim Streisand
   u.a.
3: 2. unveränd. Aufl. Berlin (Ost): Deutscher Verlag  der
   Wissenschaften,
4: 1967
5: [leer]


1: Thorn-Prikker, Jan:
2: Revolutionär ohne Revolution. Interpretationen der Werke
   Georg Büchners. Literaturwissenschaft - Gesellschafts-
   wissenschaft 33. Diss. Bonn 1976.
3: Stuttgart: Klett-Cotta,
4: 1978
5: [leer]


1: Lauterbach, Roland:
2: Auf der Suche nach Qualität: Pädagogische Software. In:
   Zeitschrift für Pädagogik 35
3: [leer]
4: (1985).
5: S. 699-710
```

Der große Vorteil ist, daß Sie Ihre Literaturangaben ganz ähnlich wie bei der Einfachlösung mit Textverarbeitungsprogramm ziemlich drauflos hineinschreiben können, ohne sich groß Gedanken darüber machen zu müssen, welchem Feld die jeweiligen Bestandteile der bibliographischen Angaben zuzuordnen sind. Fünf Felder passen auch gut auf den Bildschirm. Die Literaturangaben bleiben übersichtlich.

Zusätzliche Angaben können Sie in zusätzliche Felder eintragen, die dann ruhig außerhalb des normalerweise am Bildschirm sichtbaren Bereichs untergebracht werden können, wenn sie nicht mehr auf den Bildschirm passen. Diesen Bereich holen Sie sich dann nur bei Bedarf auf den Bildschirm. An zusätzlichen Feldern kommen vor allem in Betracht: Bibliothekssignatur bzw. Fundstelle; Stichworte zum

Inhalt; ein Anmerkungsfeld für umfangreichere Kommentare, Inhaltsangaben und dergleichen.

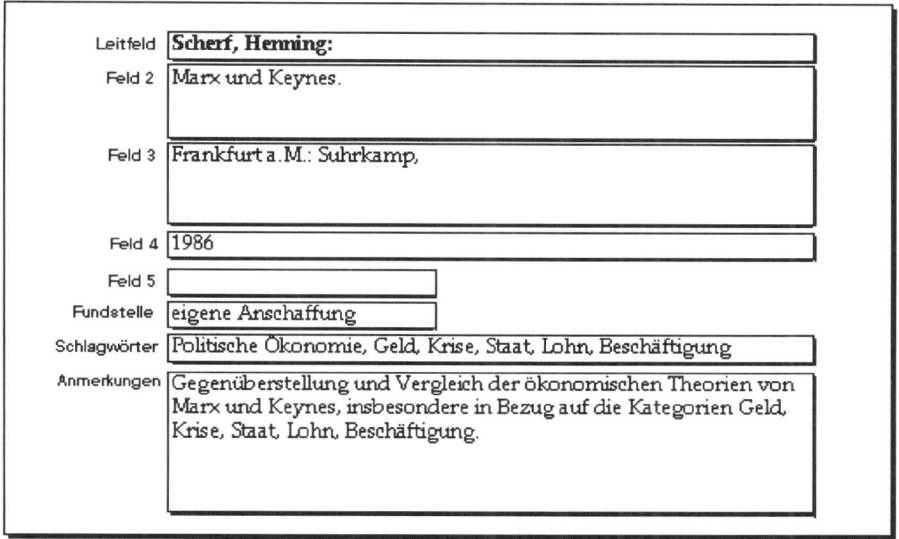

Eingabemaske für eine Literaturdatenbank
(in *Claris FileMaker*)

Datenbankprogramme haben eine **Suchfunktion**, die der in einem Textverarbeitungsprogramm sehr ähnlich ist. Allerdings können Sie in einem Datenbankprogramm gezielt in bestimmten Feldern suchen, und die Suche geht sehr viel schneller vonstatten. Diese Funktion werden Sie in Anspruch nehmen, wenn Sie nähere Angaben zu einzelnen Titel brauchen.

Der größte Vorteil beim Einsatz eines Datenbankprogramms ist die komfortable Möglichkeit, ganze **Literaturzusammenstellungen** vornehmen zu lassen, zum Beispiel alle Literatur, die in das Literaturverzeichnis einer umfangreichen Abschlußarbeit aufgenommen werden soll; oder alle Literatur, zu der Sie das Schlagwort „Ökologie" eingegeben haben. Es ist möglich, alle Datensätze (Karteikarten), die ein bestimmtes Kennzeichen aufweisen (etwa im Feld „Schlagwörter" das Wort „Diplomarbeit" oder „Ökologie"), zu einer neuen Datenbank (einer neuen Kartei) zusammenstellen zu lassen; oder dieselben Angaben als **Filter** wirken zu lassen, der aus der Literaturdatenbank nur die betreffenden Datensätze durchläßt. Diese Auswahl können Sie sich dann entweder direkt vom Datenbankprogramm ausdrucken lassen. Das genügt, wenn Sie nur eine Literaturliste brauchen, um beispielsweise in der Bibliothek die Beschaffung in die Wege zu leiten. Oder Sie übergeben sie als Textdatei an ein Textverarbeitungsprogramm. Das ist sinnvoll, wenn die Literaturangaben als Literaturverzeichnis dem Manuskript einer wissenschaftlichen Arbeit angehängt werden sollen.

Beim Ausdruck oder bei der Übergabe an ein Textverarbeitungsprogramm können Sie die Felder angeben, deren Inhalt ausgedruckt werden soll, und die Reihenfolge, in der sie gedruckt werden sollen. So werden Sie für Beschaffungsaktivitäten das Feld „Signatur bzw. Fundstelle" mit ausdrucken lassen, während Sie dasselbe Feld im Literaturverzeichnis einer Arbeit weglassen.

9.3 Desktop-Publishing

Am engsten verwandt mit Textverarbeitungsprogrammen sind die sogenannten Desktop-Publishing-Programme. Ich würde sie als Layout- oder Montage-Programme bezeichnen. Ihre eigentliche Stärke ist die **komfortable Integration von Grafik, Bild und Text** sowie **typographische Feingestaltung**. Man kann mit ihnen zwar auch Text erfassen und einfache Grafiken erstellen, aber in beiden Funktionen können sie den Spezialisten nicht das Wasser reichen.

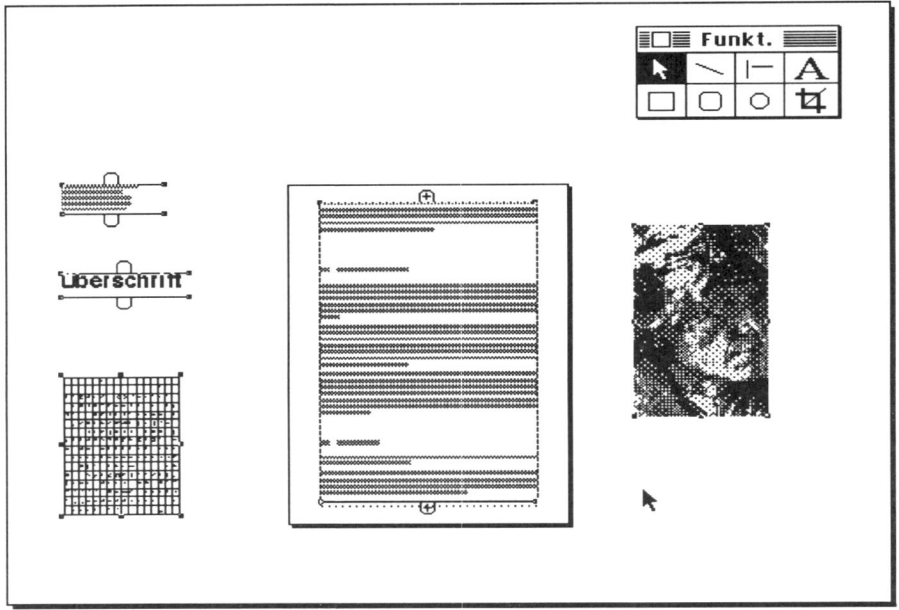

Montagefläche in einem DTP-Programm *(Aldus PageMaker)*:
in der Mitte das zu bedruckende Blatt,
links und rechts Text- und Grafikelemente, die mit der Maus „ergriffen"
und auf das Blatt geschoben werden können.

Üblicherweise übernehmen Sie Text aus einem Textverarbeitungsprogramm, Grafik aus einem Grafikprogramm, Bilder aus einem Bildbearbeitungsprogramm in das DTP-Programm und bauen sich am Bildschirm das Layout für den Ausdruck zusammen. DTP-Programme stellen Ihnen das Layout am Bildschirm (fast) so dar, wie es nachher tatsächlich aussehen wird. Grafiken, Bilder, Tabellen, grafische Gestaltungselemente wie Rahmen, Linien sind dort zu sehen, wo sie hingehören, und können verschoben oder geändert werden.

Wie Sie aus der Funktionsübersicht des 8. Kapitels entnehmen konnten, ermöglichen auch Textverarbeitungsprogramme wie *Word* die Integration von Text, Tabellen, Bildern und Grafiken. Aber die Plazierung der Elemente auf einer Seite ist dort doch wesentlich umständlicher zu bewerkstelligen. Wenn die Erfassung umfangreicher Texte nicht im Mittelpunkt steht, man dagegen sehr oft damit zu tun hat, Text mit Abbildungen und Grafiken zu mischen, sollte man unbedingt mit einem DTP-Programm arbeiten.

9.4 Kalkulation

Zur Einbindung von Tabellen aus Kalkulationsprogrammen in ein mit dem Textprogramm *Word* erstelltes Manuskript ➜ Abschnitt 11.4.3

Sie können in *Word* – auf dem Niveau eines ganz einfachen Taschenrechners – rechnen. Sie können auch Berechnungen durchführen lassen in Spalten und Zeilen von Tabellen. Auswertung umfangreicheren Zahlenmaterials und komplexere Rechenfunktionen lassen sich in *Word* jedoch nicht durchführen.

Tabellenkalkulationsprogramme stellen Ihnen **riesige Rechenblätter** zur Verfügung, die eingeteilt sind in Spalten und Zeilen. Jedes durch die Kreuzung von Spalten- und Zeilenlinien erzeugte Kästchen des Rechenblatts nennt man eine **Zelle**. In diese Zellen können Sie **Zahlen** eintragen oder auch **Texte**. Besonders wichtig aber ist, daß Sie in die Zellen **Formeln** eintragen können, die das Programm veranlassen, mit bestimmten Zelleninhalten Berechnungen durchzuführen. So können Sie die Summe der in einer Reihe von Zellen eingetragenen Werte berechnen lassen oder ihren Durchschnitt oder den statistischen Mittelwert. Bei jeder Veränderung von Werten in den Zellen kann automatisch das Ergebnis aktualisiert werden. Verschiedene Tabellen können auch miteinander verknüpft werden, indem sie einander Werte übergeben. Wenn ich daran denke, wieviele Stunden ich während des Physikpraktikums im Rahmen meines Chemie-Studiums an der statistischen Auswertung von Versuchsreihen gesessen habe (mit dem Rechenschieber), dann kann ich nur sagen: So etwas hätte ich brauchen können. (Für komplexere Statistik-Aufgaben gibt es darüber hinaus spezielle Statistik-Programme.)

Zahlen lassen sich in **Diagramme** umsetzen und veranschaulichen. Inzwischen haben alle Tabellenkalkulationsprogramme entsprechende Grafik-Funktionen zur automatischen Erstellung von Linien-, Balken-, Torten- und anderen Diagrammen. Für höhere Ansprüche gibt es aber auch Programme, die auf **Präsentationsgrafik**

(oder „Businessgrafik") spezialisiert sind. Außer der Veranschaulichung von Zahlen-
verhältnissen lassen sich damit Schaubilder, Organigramme und ähnliches erzeugen.

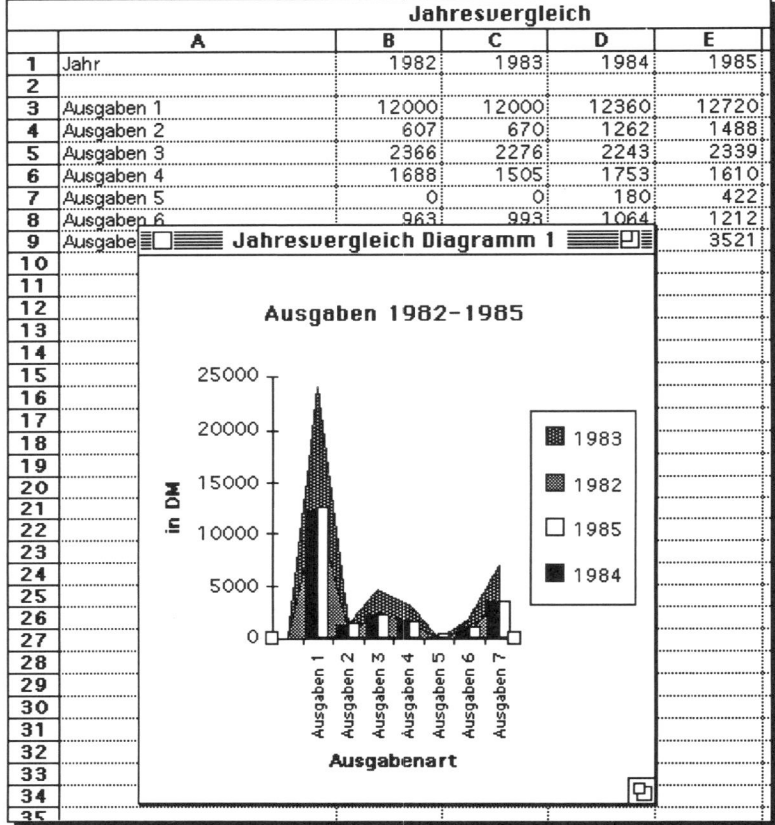

Arbeitsblatt in einem Tabellenkalkulationsprogramm (*Microsoft Excel*)

9.5   Grafik und Bildbearbeitung

Zur Einbindung von Grafiken und Bildern aus Grafik- und Bildbearbeitungsprogrammen in ein mit
dem Textprogramm *Word* erstelltes Manuskript ➜ Abschnitt 11.5.2

Bei vielen Arbeiten im Studium werden Sie Grafiken und Abbildungen in Ihre
Darstellung einbeziehen wollen. Ohne Computer haben Sie fotokopierte oder selbst
angefertigte Grafiken und Bilder in ihr Manuskript eingeklebt. Mit Computer haben
Sie die Möglichkeit, es anders zu machen. Sie können Grafiken am Bildschirm
erstellen, und Sie können Bildvorlagen digitalisieren und am Bildschirm bearbeiten.

Solche Grafiken und Bilder können Sie in Textdokumente, die Sie mit *Word* erstellt haben, einfügen. Wenn Ihr Dokument hauptsächlich Text und nur wenige Grafiken oder Abbildungen enthält, reichen die Möglichkeiten von *Word* auch aus. Kompliziertere Layouts mit vielen Grafikelementen und Abbildungen jedoch lassen sich sehr viel komfortabler mit Hilfe eines DTP-Programms zustande bringen.

Bei **Grafikprogrammen** sind zwei Funktionstypen zu unterscheiden: Malprogramme (im Namen oft durch ein „Paint" gekennzeichnet) und Zeichenprogramme (im Namen oft durch ein „Draw" gekennzeichnet). **Malprogramme** „malen" die Grafik, indem sie Punkt unter Punkt, Punkt neben Punkt setzen. Jeder Punkt ist – bei Schwarz-Weiß-Programmen – entweder schwarz oder weiß oder kann – bei Farbprogrammen – eine von 256 Graustufen oder noch mehr Farben annehmen. Wie fein die Grafiken durchgezeichnet sind, hängt von der Auflösung ab, das heißt davon, in wieviel nebeneinandergesetzte Punkte eine Linie gegebener Länge aufgelöst wird. Bildschirme lösen mit ca. 70 bis 80 Punkten pro Zoll (dpi) auf; Nadel- und Tintenstrahldrucker mit 300 bis 360 dpi, Laserdrucker mit 300 bis 600 dpi und die Fotobelichter in Satzstudios mit über 2000 dpi. Die neueren Malprogramme speichern intern eine höhere Auflösung, als auf dem Bildschirm dargestellt oder auf den üblichen Druckern ausgegeben werden kann. Sie enthalten sozusagen eine Qualitätsreserve für professionellen Druck. Je höher die Auflösung, umso mehr Grafikpunkte werden gespeichert, umso umfangreicher aber auch werden die entsprechenden Dateien.

Bei **Zeichenprogrammen** werden die Grafiken als mathematische Formeln gespeichert. Mit ihnen lassen sich daher nur solche Grafiken erstellen, die mathematisch beschreibbar sind, in erster Linie also geometrische Objekte. Auch solche Objekte werden bei der Ausgabe am Bildschirm oder auf dem Drucker in Punkte aufgelöst. Aber die Auflösung geschieht erst bei der Ausgabe (die Grafik wird nicht – wie bei Malprogrammen – in aufgelöstem Zustand, also Punkt für Punkt, gespeichert), und zwar so, daß die für das jeweilige Ausgabegerät höchstmögliche Auflösung erzielt wird.

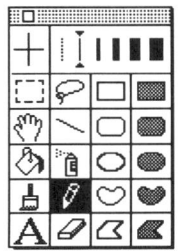 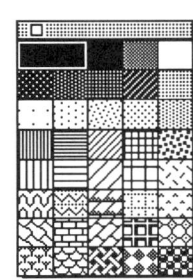 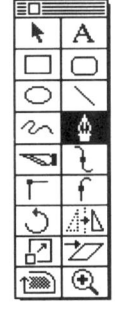

Werkzeuge und Muster in einem **Malprogramm** *(Claris MacPaint)* (links)

Werkzeuge in einem Postscript-**Grafikprogramm** *(Aldus Freehand)* (rechts)

Während „gemalte" Grafiken Punkt für Punkt bearbeitbar sind, sind „gezeichnete" Grafiken immer nur als ganze zu verändern. Bei „gemalten" Grafiken können Sie zum Beispiel einzelne Teile ausradieren oder umfärben. Das geht bei „gezeichneten" Grafiken nicht. Dafür können Sie bei diesen sehr leicht Manipulationen vornehmen, die sich als Parameteränderungen in den gespeicherten Formeln speichern lassen, zum Beispiel Größenveränderungen, Veränderungen der Linienstärke oder Verzerrungen.

Zum Typ der Zeichenprogramme gehören auch solche Programme, die speziell für geometrisch-konstruktives Zeichnen gedacht sind. Diese Programme enthalten „Bibliotheken" fertiger geometrischer Objekte für bestimmte Anwendungsbereiche. Man nennt sie **CAD-Programme** (Programme für „Computer-Aided-Design"). Mit ihrer Hilfe lassen sich zum Beispiel architektonische oder technische Konstruktionszeichnungen mit automatischer Bemaßung erstellen. Als Zeichenprogramme sind auch die Programme für **Präsentationsgrafik** anzusehen, die Zahlen in Schaubilder umsetzen und daher naturgemäß mit mathematischen Beschreibungen von geometrischen Objekten operieren, deren Parameter durch das im Schaubild zu illustrierende Zahlenmaterial variiert werden.

Beide Funktionstypen haben Vor- und Nachteile. Mit Malfunktionen haben Sie mehr Freiheiten der Gestaltung und Nachbearbeitung; bei den Zeichenfunktionen sind Sie auf geometrische Objekte beschränkt: gerade Linien, Kreise, Ovale, Recht- und Vielecke usw. Diese Funktionen bieten dafür Vorteile bei der Druckqualität. Es gibt Programme, die nur einen der genannten Funktionstypen beherrschen. Es gibt aber auch Programme, mit denen Sie sowohl malen als auch zeichnen und die auf unterschiedliche Weise erstellten Grafiken mischen können. Die Grafikmodule von *MacWord* und *WinWord* enthalten ausschließlich Zeichenfunktionen.

Schließlich sind einige Programme in der Lage, auch frei gemalte Grafiken in geometrische Objekte umzuinterpretieren. Was Sie gemalt haben, wird dann so zerlegt, daß die Einzelteile sich mathematisch beschreiben lassen. Auch die krummste Linie wird so zu einer Kombination geometrischer Objekte. Diese Programme integrieren die Gestaltungs- und Bearbeitungsfreiheit von Malprogrammen mit den Manipulationsmöglichkeiten und der Druckqualität von Zeichenprogrammen. Für die Druckanweisungen bedienen sie sich in der Regel der Seitenbeschreibungssprache *Postscript*. Mit ihnen erstellte Grafiken lassen sich dann nur auf *Postscript*-Druckern ausgeben.

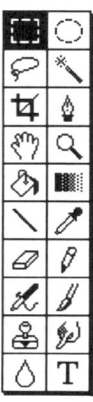

Bildbearbeitungsprogramme enthalten viele der für Malprogramme typischen Funktionen. Sie sind allerdings nicht in erster Linie dazu gedacht, Grafiken zu erstellen, sondern digitalisierte Bild- oder Fotovorlagen zu bearbeiten. Die Digitalisierung kann auf unterschiedlichem Wege erfolgen. Meist geschieht sie mit Hilfe eines Scanners. Ein Scanner ist eine Art Fotokopierer, der allerdings keine Kopie auf Papier liefert, sondern die Vorlage in Punkte auflöst, deren Daten in den Computer geschickt werden. Dort kann das Bild für weitere Bearbeitung (Veränderung von Helligkeit und Kontrast, Schärfe, Farben und Graustufen usw.; Retusche) auf den Bildschirm gebracht oder auch in ein Textdokument einbezogen werden.

Werkzeuge in einem Bildbearbeitungsprogramm (*AdobePhotoshop*)

5

Textverarbeitung in der Studienpraxis

Arbeitsschritte bei der Abfassung einer wissenschaftlichen Arbeit
(am Beispiel *Word* für *MS-DOS/Windows/Macintosh*)

Dieser Teil des Buches kann Ihnen absolut keine Einführung in *Word* und kein Handbuch ersetzen. Ich setze voraus, daß Sie das Arbeiten mit *Word* technisch beherrschen, wenn ich Ihnen im folgenden einige Hinweise zur Nutzung von *Word* bei der Abfassung von wissenschaftlichen Arbeiten im Studium gebe.

Wenn Sie *Word* im Studium einsetzen wollen, werden Sie bestimmte Funktionen des Programms mehr brauchen und andere weniger. Die üblichen Handbücher nehmen darauf keine Rücksicht. Ihre Autoren halten Sie für eine Büroschreibkraft, die vor allem Geschäftskorrespondenz abzuwickeln hat. Ich will Ihnen hingegen einige Grundlagen zum effektiven Einsatz des Programms für Ihre Zwecke vermitteln. Hierzu werde ich Ihnen sagen, **welche Funktionen von *Word* Sie in welchem Stadium der Abfassung Ihrer Arbeit wozu gebrauchen können**. Ich werde nicht darauf eingehen, wie Sie diese Funktionen technisch handhaben, also wo Sie wie oft klicken, welche Tasten Sie betätigen müssen und dergleichen. Wenn Sie das nicht wissen, müssen Sie im Handbuch nachsehen.

Meine Empfehlungen sind orientiert an den Vorschlägen, die ich Ihnen in den ersten Teilen dieses Buches zum wissenschaftlichen Arbeiten gemacht habe, und sie sind dazu gedacht, möglichst viel von dem aus *Word* herauszuholen, was für Sie von besonderem Nutzen ist, ohne stunden- und vielleicht tagelang nach den entsprechenden Informationen in 1000-seitigen Handbüchern herumsuchen zu müssen. Die Abfolge der Arbeitshinweise in diesem Teil des Buches orientiert sich am realen Arbeitsverlauf beim Schreiben einer Arbeit. (Deshalb werden Inhaltsverzeichnis und Titelblatt erst fast am Schluß des 11. Kapitels behandelt.)

10. Kapitel
Grundlagen und Vorbereitungen

In diesem Kapitel erfahren sie
* warum Sie von Anfang an mit Druckformaten arbeiten sollten,
* wie Sie sich die nötigen Arbeitsgrundlagen (Voreinstellungen und Druckformatvorlagen) für effektives Arbeiten mit *Word* schaffen und
* welche Grundregeln Sie bei der täglichen Arbeit am Computer unbedingt beachten sollten.

10.1   Das Prinzip der indirekten Textformatierung (Arbeiten mit Druckformaten)

In diesem Abschnitt geht es zugegebenermaßen etwas abstrakt zu. Ich will nämlich versuchen, Ihnen die Theorie der indirekten Textformatierung in *Word* zu vermitteln. Und das ist nicht ganz einfach. Es ist aber aus meiner Sicht nötig, um Ihnen verständlich zu machen, warum Sie auf jeden Fall **von Anfang an** bei der Textformatierung **mit Druckformaten arbeiten** sollten. Wenn Sie bereit sind, das zu tun, auch ohne so richtig zu verstehen, warum es sinnvoll ist, dann können Sie sich die Lektüre dieses Abschnitts sparen oder sie auf später verschieben.

10.1.1   Direkte und indirekte Formatierung in *Word*

Die Textformatierung ist eine der großen Stärken von *Word*. Um etwas davon zu haben, muß man sich allerdings an das heranwagen, was bei *Word* **Druckformate** heißt. Ich rate Ihnen dringend, von Anfang an nur mit Druckformaten zu formatieren. Warum, erkläre ich Ihnen gleich. Das Arbeiten mit Druckformaten gilt im allgemeinen als Domäne des fortgeschrittenen Anwenders. Ich bin aber der Meinung, daß es die **Grundlage** für eine wirklich effektive Nutzung von *Word* darstellt, weshalb sich gerade der **Anfänger** sogleich darauf einstellen sollte, nur mit Druckformaten zu arbeiten.

Wenn Sie irgendwo einen Kurzlehrgang *Word* von ein paar Stunden oder Tagen mitmachen, dann werden Sie höchstwahrscheinlich eine andere Art des Formatierens lernen. Formatieren mit Hilfe von Druckformaten nenne ich **indirekte Formatierung**; die andere Art, die man meist zuerst lernt oder beigebracht bekommt, weil sie schneller zu begreifen ist, nenne ich **direkte Formatierung**. Erst muß ich Ihnen den Unterschied deutlich machen; dann sage ich Ihnen, warum Sie die indirekte Formatierung anwenden sollten.

Formatieren von Text in einem Textverarbeitungsprogramm ist eine **Anweisung für die Druckausgabe** und – mit Einschränkungen – für die Bildschirmdarstellung. Entscheidend ist die Druckausgabe. Die Bildschirmdarstellung dient nur der Vorweg-Kontrolle: Sie sollen schon vor dem Ausdruck in etwa sehen können, was beim Druck herauskommt.

Eine **direkte Formatierung** bedeutet, daß die Formatierungsanweisung dem Text direkt bestimmte einzelne Formatierungen zuweist. Zum Beispiel: Die markierten Zeichen sollen fett gedruckt werden; der Zeilenabstand soll auf 14 Punkt festgelegt werden.

Eine **indirekte Formatierung** bedeutet, daß die Formatierungsanweisung dem Text auf dem Umweg über ihre **Interpretation durch ein Druckformat** eine Formatierung zuweist. Zum Beispiel: Der markierte Text soll so formatiert werden, wie es im Druckformat „a1" festgelegt ist. Die Formatierungsanweisung sagt in diesem Fall also nicht: Dieser Text soll fett gedruckt werden und einen Zeilenabstand von 14 Punkt erhalten. Sondern sie gibt dem Programm die Anweisung, im Druckformat „a1" nachzusehen, welche Formatierungen dort vorgesehen sind.

Indirekte Formatierung über Druckformate läßt sich in *WinWord* und *MacWord* nicht bei Formatierungen für Abschnitte und das gesamte Dokument anwenden. Sie ist dort auch nicht zum Formatieren einzelner Zeichen vorgesehen. Druckformate sind in *WinWord* und *MacWord* Kombinationen aus Absatz- und Zeichenformatierungen; sie enthalten alle für die typographische Gestaltung eines ganzen Absatzes nötigen Formatierungsanweisungen. Ganze Absätze sind auch Kopf- und Fußzeilen, Überschriften, Felder in Tabellen. In *DosWord* hingegen sind außerdem Druckformate für Zeichen und für „Bereiche" (ganze Dokumente) möglich.

10.1.2 Wozu Druckformatvorlagen?

Sie brauchen die indirekte Formatierung (und sollten daher mit Druckformaten arbeiten), wenn Sie

- wiederholt ganze **Gruppen von Formatierungsanweisungen** auf Teile Ihres Manuskripts anwenden und eine **einheitliche Gestaltung** Ihrer Manuskriptelemente wie Überschriften, Zitate, Fußnoten sicherstellen wollen;

- Ihre Texte je nach Bedarf mit **unterschiedlichem Schriftbild und/oder Layout** versehen und sich die Möglichkeit einer problemlosen **nachträglichen Veränderung von Formatierungen** für den gesamten Text offenhalten wollen;

- die **Bildschirmdarstellung** unabhängig von der Formatierung für den Druck gestalten wollen;

- *Word*s **automatische Formate** (zum Beispiel für Fußnotenzeichen) benutzen wollen;

- effektiv mit der **Gliederungsfunktion** arbeiten wollen;

- **Textteile** zwischen verschiedenen Texten **austauschen** wollen;

- in *DosWord* Ihre Texte auf **verschiedenen Druckern** ausgeben wollen.

Daß keiner dieser Punkte für den Einsatz des Programms im Studium irrelevant ist, will ich Ihnen im folgenden deutlich machen.

Abkürzung und Vereinheitlichung von Formatierungsvorgängen

Sagen wir, Sie wollten die Kapitelüberschriften Ihres Manuskripts in folgender Weise abweichend vom Normaltext formatieren:

1. größere Schrift (18 Punkt),
2. andere Schriftart (Helvetica),
3. Großbuchstaben,
4. fett,
5. zentriert,
6. Zeilenabstand 20 Punkt,
7. Abstand zum folgenden Text zusätzlich zum Zeilenabstand 20 Punkt,
8. Abstand zum vorhergehenden Text zusätzlichen zum normalen Absatzabstand 30 Punkt,
9. keine Zeilentrennung innerhalb der Überschrift,
10. folgender Text soll nicht durch Seitenumbruch abgetrennt werden.

Das sind 10 Formatierungsanweisungen, die Sie bei jeder Kapitelüberschrift eingeben müßten. Haben Sie aber einmal ein Druckformat, entsprechend definiert, können Sie durch Zuweisung dieses Druckformats **alle 10 Formatierungsanweisungen auf einen Schlag** durchführen. Das kürzt Formatierungsvorgänge erheblich ab. Zumal Sie Druckformate auch in neue und andere Manuskripte übernehmen können und nicht für jedes Manuskript neu definieren müssen.

Die Definition und Anwendung von Druckformaten lohnt sich besonders bei häufig gebrauchten und bei umfangreicheren Formatierungen. Häufig gebraucht werden zum Beispiel ganz sicher die Formatierungen für Überschriften, für Zitateinschübe, für Fußnotentexte, für Absätze mit hängenden Einzügen (erste Zeile linksbündig, der Rest eingerückt), für Literaturverzeichnisse.

Bei umfangreicheren Formatierungsanweisungen passiert es leicht, daß man bei wiederholter Anwendung einzelne Formatierungen ganz vergißt oder in abgeänderter Form eingibt. Mal vergißt man, den Abstand zum vorhergehenden Text anzugeben, mal gibt man einen abweichenden Abstand der Überschrift zum folgenden Text ein. Mal rückt man die zweite und die weiteren Zeilen einer Literaturangabe um 0,5 cm ein, mal um 0,6 cm. Die Formatierungen werden dadurch uneinheitlich und das Druckbild unregelmäßig. Durch Definition und Anwendung von Druckformaten läßt sich dies vermeiden.

Möglichkeit nachträglicher Veränderungen der Textformatierung für den gesamten Text

Manchmal ist es nötig oder wünschenswert, sich die Möglichkeit einer **Umgestaltung eines Manuskripts** offenzuhalten, zum Beispiel um sich auf unterschiedliche Vorgaben bezüglich des Layouts jeweils einstellen zu können. Eine Professorin verlangt als Zeilenabstand 1 1/2 Zeilen, der andere Dozent jedoch wünscht 2 Zeilen. Mal wollen Sie Ihren Text nach mehr aussehen lassen und wählen eine größere Schrift, mal müssen Sie komprimieren und wählen eine kleinere Schrift.

Oder Sie haben Ihren gesamten Text geschrieben und auch formatiert. Nun halten Sie den Ausdruck in Händen und sind unzufrieden. Sie haben alle Überschriften in Großbuchstaben (Versalien) formatiert, und das gefällt Ihnen auf einmal nicht mehr. Die Abstände zwischen den Absätzen stimmen nicht. Das Fußnotenzeichen sitzt zu hoch. Der Zeilenabstand in den Fußnoten ist zu groß. Undsoweiter.

Sie könnten jetzt alle diese unerwünschten Formatierungen im Text aufsuchen und einzeln ändern. Oder (nicht in *DosWord*) mit der Funktion Ersetzen die unerwünschten Formatierungen durch die nunmehr erwünschten austauschen – wobei Sie allerdings aufpassen müssen, daß Sie nicht auch solche Formatierungen austauschen, die bleiben sollen (wenn Sie zum Beispiel nicht nur Überschriften, sondern auch Autorennamen in Großbuchstaben gesetzt haben). Sicherer und schneller ist der Weg über die **Änderung der Druckformate**. Sie ändern die Formatierungsanweisungen für die Druckformate, und mit einem Schlag ist diese Änderung für den gesamten Text realisiert, ohne daß Sie am Text selbst noch irgendetwas machen müßten.

Noch einfacher geht es, wenn Sie die früher schon für einen anderen Text definierten Druckformate übernehmen wollen. Sofern Sie dieselben Namen (in *DosWord* dieselben Varianten-Nummern beziehungsweise Varianten-Bezeichnungen!) für die Druckformate gewählt haben, lassen sie sich mit einem Befehl gegeneinander austauschen, und alles: der laufende Text, alle Überschriften, Zitate, Kopfzeilen, Fußnoten und Fußnotenzeichen, das Inhaltsverzeichnis, das Literaturverzeichnis, erhält das neue Erscheinungsbild.

Unabhängigkeit der Bildschirmdarstellung vom Ausdruck

Man sollte meinen, es sei grundsätzlich erstrebenswert, daß Bildschirmdarstellung und Ausdruck so genau übereinstimmen wie nur möglich. Aber das gilt so eigentlich erst für die Abschlußphase, wenn der Ausdruck bevorsteht und man daher möglichst gute Kontrolle darüber haben möchte, was der Drucker nachher ausgibt.

Bei der Arbeit am Text, und das heißt, während der meisten Zeit, die Sie vor dem Bildschirm verbringen, stehen andere Kriterien im Vordergrund. Dann soll Ihnen die **Bildschirmdarstellung** einen **möglichst guten Überblick** über das von Ihnen Geschriebene geben. Und dieser Überblick ist schon deshalb ein Problem, weil Ihnen ein Bildschirm in der üblichen Größe ohnehin immer nur einen ziemlich kleinen Ausschnitt des Textes darstellen kann.

In Konflikt mit Ihrem Wunsch, möglichst viel von Ihrem Text am Bildschirm übersehen zu können, kommen Sie in *WinWord* und *MacWord* entweder, wenn der zu bedruckende Bereich auf dem Papier die Breite überschreitet, die Ihr Bildschirm noch darstellen kann (also etwa 18 cm), oder wenn er erheblich schmaler ist. In *DosWord* kommt es schon bei geringeren Zeilenlängen vor, daß der Bildschirm nicht mehr alle Zeichen einer Zeile anzeigen kann.

Ist der zu bedruckende Bereich breiter als die Bildschirmdarstellung, wird Ihr Text links oder rechts ein Stück abgeschnitten. Beim Schreiben schiebt *Word* den Text zwar hin und her, so daß Sie den Bereich immer im Bild haben, in dem Sie gerade schreiben. Aber dieses Hin- und Hergeschiebe auf dem Bildschirm ist ausgesprochen nervtötend und behindert Ihren Schreibfluß. Das macht sich besonders störend bemerkbar, wenn Sie an einem Gerät mit nicht übermäßig schnellem Bildaufbau arbeiten.

Ist der zu bedruckende Bereich hingegen erheblich schmaler als der auf dem Bildschirm gezeigte Ausschnitt, so nutzen Sie einen erheblichen Teil des Bildschirms nicht aus – und das, wo doch ohnehin der Platz selbst auf dem größten Bildschirm immer knapper ist, als man sich wünschen würde. Ähnlich wirkt sich für den Druck verlangter großer Zeilenabstand aus. Auch er verringert die sichtbare Textmenge.

Ein weiteres Problem bei *WinWord* und *MacWord* ist die Schriftgröße. Weil die Bildschirmdarstellung mit einer erheblich geringeren Auflösung arbeitet, die Schrift dort also wesentlich gröber gezeichnet erscheint, sind kleinere Schriftgrößen schwer zu lesen. Eine 10- oder 12-Punkt-Schrift, die im Ausdruck ohne irgendwelche Probleme lesbar ist, kann auf dem Bildschirm so mühsam zu entziffern sein, daß längeres Arbeiten damit Ihnen Kopfschmerzen verursacht. Für die Bildschirmdarstellung wäre also oft eine größere Schrift (mindestens 12, besser 14 Punkt) empfehlenswert, als sie für den Druck vorgesehen ist.

Wenn Sie sich ersparen wollen, nun jedesmal Ihren Text neu zu formatieren, je nachdem, ob Sie ihn am Bildschirm ansehen beziehungsweise bearbeiten oder ob Sie ihn ausdrucken wollen, müssen Sie wiederum mit Druckformaten arbeiten. In diesem Falle sollten Sie sich einen **Satz von Druckformaten** (eine „Druckformatvorlage") anlegen, der Ihnen grundsätzlich die **bestmögliche Bildschirmdarstellung** liefert, den Sie immer Ihren Texten zuordnen, wenn Sie daran arbeiten, und den Sie jeweils durch einen auf die Anforderungen für den Ausdruck abgestimmten Satz von Druckformaten ersetzen, wenn Sie ausdrucken wollen. Ich rate Ihnen, die Druckformate für die Bildschirmdarstellung zu Standard-Druckformaten zu bestimmen, da diese vom Programm immer automatisch einem neu zu schreibenden Text zugeordnet werden. Damit würden Sie diese sozusagen zu Bildschirmformaten machen.

Benutzung automatischer Formate

Automatische Formate sind **Druckformate**, die *Word* von sich aus, also **ohne** daß Sie dazu eine **Anweisung** geben, bestimmten Elementen Ihres Textes zuordnet. (In *MacWord* heißen sie Standard-Druckformate.) Natürlich kann *Word* von sich aus nicht unterscheiden, ob es sich bei dem, was Sie gerade schreiben, um normalen laufenden Text oder um ein Zitat oder um einen Eintrag im Literaturverzeichnis handelt. Normalerweise wird alles, was Sie schreiben, mit einem Druckformat formatiert, das sich in *MacWord* „Normal", in *WinWord* und *DosWord* „Standard" nennt und für das im Programm bestimmte Voreinstellungen gespeichert sind. Wenn Sie aber ein Fußnotenzeichen einfügen und danach einen Fußnotentext schreiben, „erkennt" *Word* dies, weil Sie hierzu zuvor die Funktion Fußnote aufrufen mußten.

Für das Fußnotenzeichen und für den Fußnotentext existieren ebenfalls automatische Druckformate mit programminternen Voreinstellungen. So wird ein Fußnotenzeichen automatisch immer höher gestellt und in kleinerer Schrift gesetzt. In der gleichen Weise „erkennt" das Programm auch andere Elemente Ihres Textes, die durch eine besondere Funktion aktiviert werden: Einträge in Verzeichnisse und Indices, Kopf- und Fußzeilen, automatisch eingefügte Seitenzahlen. Für all diese Elemente können Sie Druckformate definieren, die automatisch auf die betreffenden Textelemente angewandt werden, sobald Sie die dazugehörige Funktion aufrufen. Sehr praktisch!

Etwas anders funktionieren die automatischen Druckformate für Überschriften. Auch hierfür gibt es programminterne Voreinstellungen, die Sie verändern können. Sie heißen in *MacWord* „Überschrift 1" bis „Überschrift 9", in *WinWord* und *DosWord* „Gliederung 1" bis „Gliederung 7" *(DosWord)* bzw. „Gliederung 9" *(WinWord)*, entsprechend der Anzahl der möglichen Gliederungsebenen. Da *Word* natürlich nicht erkennen kann, wann ein Absatz als Überschrift gelten soll, müssen Sie die Druckformate für Überschriften wie andere Druckformate auch, ausdrücklich zuweisen. Das geschieht also nicht automatisch. Sind die Druckformate mit diesen Namen aber einmal entsprechend zugewiesen, „weiß" *Word*, welche Absätze Überschriften sind und kann aus ihnen automatisch ein Inhaltsverzeichnis zusammenstellen und dabei Ihre Formatierungsanweisungen berücksichtigen.

Arbeit mit der Gliederungsfunktion

Die automatischen Druckformate für Überschriften werden auch benötigt, wenn Sie mit der Gliederungsfunktion arbeiten wollen. Diese Funktion erlaubt Ihnen, **umfangreichere Manuskripte übersichtlich auf dem Bildschirm darzustellen** (➜ Abschnitt 8.4.1). Die Übersichtlichkeit wird erreicht durch Reduktion auf diejenigen Elemente Ihres Textes, die durch die entsprechenden Druckformate als Überschriften von Gliederungseinheiten gekennzeichnet sind. Das Ausmaß der Reduktion können Sie bestimmen.

Indem Sie für die Kennzeichnung von Überschriften automatische Druckformate benutzen, schlagen Sie sozusagen zwei Fliegen mit einer Klappe. Sie melden dem Programm durch Formatierung mit dem Druckformat „Überschrift x" bzw. „Gliederung x": Dies ist eine Überschrift auf der Gliederungsebene x (möglich sind 7 Gliederungsebenen in *DosWord* und 9 Gliederungsebenen in *WinWord* und *MacWord*) – das ist die Voraussetzung für die Möglichkeit, die Gliederungsfunktion in Anspruch zu nehmen. Und Sie formatieren diese Überschriften zugleich gemäß den Anweisungen, die Sie in dem angewandten Druckformat zusammengefaßt haben.

Austausch von Textteilen zwischen verschiedenen Texten

Im Laufe Ihres Studiums werden Sie eine ganze Reihe von schriftlichen Arbeiten, Aufzeichnungen und Entwürfen anfertigen. Manches davon werden Sie nur für diese eine Arbeit brauchen, anderes könnten Sie gut auch in anderen Arbeiten wiederverwenden. Gerade bei der Abfassung einer umfangreicheren Abschlußarbeit werden Sie auf **Vorarbeiten** zurückgreifen, die in verschiedensten Texten und Textstücken vorliegen.

Beim herkömmlichen Arbeiten schreiben Sie vielleicht ganze Passagen aus einer früheren Arbeit ab. Das können Sie sich beim Arbeiten mit dem Computer ersparen. Sie **kopieren** diese **Textteile** einfach aus dem ursprünglichen Text und fügen sie (mittels Fenstertechnik; ➜ Abschnitt 8.2.4) im neuen Text an der gewünschten Stelle ein.

Dabei werden allerdings die Formatierungen mitkopiert. Und wenn Sie direkt formatiert hatten, dann kann das Programm die alten Formatierungen nicht den für den neuen Text geltenden Formatierungsanweisungen anpassen. Der kopierte Textteil behält also sein ursprüngliches Aussehen weitgehend bei und wird dann vom Schriftbild her als Fremdkörper in dem neuen Text stehen. Sie haben dann noch einige Anpassungsarbeit zu leisten. In *DosWord* ist dies besonders lästig, weil sie dort meist erst beim Ausdruck merken, daß eingefügte Textpassagen aus früheren Manuskripten in der alten Formatierung übernommen wurden. Sofern Sie jedoch indirekt formatiert hatten, werden beim Kopieren automatisch **die alten Formatierungen passend umgewandelt**.

Ausdruck auf verschiedenen Druckern mit *DosWord*

Zwar werden Sie sich – denke ich – kaum mehr als einen Drucker gleichzeitig zulegen. Aber erstens kann es ja sein, daß Sie sich nach einiger Zeit einen anderen Drucker anschaffen wollen, weil Sie mit dem alten nicht mehr zufrieden sind, weil der alte Drucker seinen Geist aufgegeben hat oder warum auch immer. Es wäre sicher sehr lästig, wenn das für Sie bedeuten würde, alle Texte, die Sie bis dahin auf Ihrem Computer geschrieben haben, neu formatieren zu müssen. Und zweitens kann es sein, daß Sie zwar normalerweise Ihre Texte auf Ihrem Nadel-Matrixdrucker ausdrucken, aber für besondere Gelegenheiten, zum Beispiel für die Endfassung Ihrer Abschlußarbeit, gern einen besonders schönen Ausdruck hätten und dafür zu einer Freundin gehen, die Sie auf ihrem Laserdrucker ausdrucken läßt. Auch dann möchten Sie aber nicht alles neu formatieren müssen.

Gut, aber was hat das mit den Druckformatvorlagen zu tun? Die Sache ist die: Damit Ihre Formatierungen überhaupt druckwirksam werden können, müssen Sie dem Programm mitgeteilt haben, auf welchem Drucker Sie Ihren Text ausgeben wollen. Ich sagte Ihnen ja: Textformatierungen sind Anweisungen für die Druckausgabe. Diese Anweisungen richten sich aber an einen **bestimmten Drucker**, und der Drucker muß sie „verstehen" können. Aus der Beschreibung des für die Druckausgabe vorgesehenen Druckers (die entsprechenden Dateien tragen die Dateinamen-Erweiterung ".dbs", wobei „dbs" für Druckerbeschreibung steht; man sagt auch Druckertreiber dazu) entnimmt das Programm, welche Formatierungsanweisungen dieser Drucker überhaupt „verstehen" und realisieren kann, und das heißt, welche Möglichkeiten der Formatierung es Ihnen überhaupt zur Auswahl anbieten kann. Wenn Sie nun beispielsweise den Schrifttyp und die Schriftgröße festlegen wollen, dann bietet Ihnen das Programm nur die Möglichkeiten zur Auswahl an, über die Ihr

Drucker auch tatsächlich – laut Druckerbeschreibung (die allerdings, das muß ich Ihnen schon sagen, nicht immer hundertprozentig zuverlässig ist) – verfügt.

Sagen wir, Sie haben einen einfachen 9-Nadel-Drucker geerbt. Der hat als Schrifttyp Courier (eine Fix-Abstand-Schrift nach Schreibmaschinenart) eingebaut und sonst nichts. Etwas anderes als Courier können Sie daher auch nicht formatieren. Nun wollen Sie denselben Text auf einem Laserdrucker ausgeben. Der „kann" nun Times (eine Proportional-Schrift, die beim Buchdruck oft verwendet wird, so auch bei dem Ihnen hier vorliegenden Buch). Ihr Text ist aber, wenn er direkt formatiert wurde, nur mit Druckanweisungen für den 9-Nadel-Drucker versehen. Um ihn überhaupt auf dem Laserdrucker ausgeben zu können, muß dem Programm zuerst einmal die Druckerbeschreibung (der Druckertreiber) für den Laserdrucker „zum Lesen" gegeben werden. Tun Sie das nicht, erhalten Sie beim Ausdruck höchstwahrscheinlich Chaos, oder der Drucker rührt sich gar nicht. Mit der neuen Druckerbeschreibung aber kann das Programm die Anweisungen, die Sie für den 9-Nadel-Drucker gegeben hatten, in entsprechende Anweisungen für den Laserdrucker übersetzen. (Die Drucker „sprechen" meist nicht dieselbe Sprache. Deshalb die Notwendigkeit der Übersetzung.) Nur ist das mit der Entsprechung so eine Sache. Beim Übersetzungsvorgang sind „Mißverständnisse" nämlich nicht ausgeschlossen. Was zum Beispiel ein Hewlett-Packard-Laserdrucker als Times versteht, wird, wie ich selbst erfahren mußte, in der Übersetzung für einen Epson-Laserdrucker zu Helvetica. Außerdem nützt das ganze Übersetzen nichts, wenn der eine Drucker das einfach nicht kann, was in der Druckanweisung für den anderen Drucker enthalten war, oder wenn Sie Möglichkeiten des einen Druckers ansprechen wollen, die Sie in der Druckanweisung für den anderen Drucker gar nicht ansprechen konnten, weil der sie nicht hat. In unserem Beispiel heißt das: So wie Ihr Text formatiert ist (nämlich auf die Möglichkeiten des 9-Nadel-Druckers abgestellt), kann das Programm auch aus dem Laserdrucker nur Courier herausholen. Wenn Sie eine Times haben wollen, müssen Sie den gesamten Text umformatieren.

Das mag noch relativ einfach vor sich gehen, solange Sie keine weiteren Besonderheiten verwirklichen wollen, zum Beispiel verschiedene Schriftgrößen für laufenden Text (12 Punkt), Fußnoten (10 Punkt) und Überschriften (14 Punkt). Oder Kursivschrift für Hervorhebungen im Text. All das, die Differenzierungen der Schriftgröße, des Schriftschnitts, sind Möglichkeiten, über die Ihr einfacher Matrixdrucker nicht verfügte, die Sie also auch nicht formatieren konnten. Wenn Sie die Möglichkeiten des Laserdruckers nutzen wollen, müßten Sie die entsprechenden Formatierungen also nunmehr neu vornehmen. Ihr so für die Ausgabe auf dem Laserdrucker formatierter Text wäre aber danach wiederum nicht mehr passend formatiert für die Ausgabe auf Ihrem Matrixdrucker. Dafür müßten Sie Ihre Formatierungen wieder rückgängig machen. Mit einem Wort: **Für jeden Druckerwechsel muß ein Text eigens umformatiert werden** – oder Sie erleben alle möglichen Überraschungen. Der Zeitpunkt, zu dem Sie Ihr Manuskript auf einem Drucker mit besonderen Möglichkeiten ausgeben, ist aber meist nicht einer, zu dem Sie auf Überraschungen erpicht sind. Oder anders gesagt: Überraschungen, die Sie womöglich Stunden vor dem Bildschirm kosten, sind wohl das letzte, das Sie sich in dieser Situation wünschen.

Wenn Sie nun indirekt, also mittels Druckformaten, formatieren, brauchen Sie sich nicht mehr an den Textformatierungen zu schaffen zu machen, sondern nur noch an der Druckformatvorlage. Sie brauchen dort nur die Druckformate gemäß den Möglichkeiten des anderen Druckers umzuinterpretieren, und schon werden für den gesamten Text die entsprechenden Umformatierungen automatisch vom Programm vorgenommen. Und wenn Sie sich den Wechsel zwischen verschiedenen Druckern auf die Dauer erleichtern wollen, dann können Sie je eine Druckformatvorlage für jeden der Drucker auf Vorrat halten, die Sie bei Bedarf zuordnen. Druckformatvorlage A enthält dann die (zwangsläufig relativ wenig differenzierten) Druckformate für Ihren Matrixdrucker; Druckformatvorlage B die (wesentlich differenzierteren) Druckformate für den Laserdrucker (oder 24-Nadel-Drucker oder Tintenstrahldrucker oder ...).

Am Beispiel einiger Zeichenformatierungen will ich Ihnen das deutlich machen:

Tastenschlüssel	Variante	bedeutet in Druckformatvorlage A (für Matrix-Drucker)	bedeutet in Druckformatvorlage B (für Laserdrucker)
<Alt>-z f	1	12-Punkt-Courier, fett	12-Punkt-TimesRoman, fett
<Alt>-z x	2	12-Punkt-Courier, fett, unterstrichen	14-Punkt-TimesRoman, fett
<Alt>-z k	3	12-Punkt-Courier, unterstrichen	12-Punkt-TimesRoman, kursiv
<Alt>-f n	Fußnote	12-Punkt-Courier	10-Punkt-TimesRoman

Die gewählten Tastenschlüssel für die Druckformate sind beliebig auswechselbare Beispiele. Was ich demonstrieren will, ist: Durch Zuordnung der Druckformatvorlage B statt der Druckformatvorlage A werden die mit Hilfe von Tastenschlüsseln vorgenommenen Formatierungen uminterpretiert. Und bei dieser Uminterpretation kann zugleich auf die erweiterten Möglichkeiten eines anderen Druckers (hier eines Laserdruckers) zugegriffen werden: auf einen anderen (proportionalen) Schrifttyp, auf unterschiedliche Schriftgößen, auf kursiven Schriftschnitt. Der Vorteil der Abstimmung einer Druckformatvorlage auf einen Drucker ist, daß Sie bestimmt nur solche Formatierungsanweisungen verwenden, die der betreffende Drucker auch „verstehen" und realisieren kann.

Achtung: Die Formatierung im Text erfolgt in *DosWord* über Tastenschlüssel. Aber wenn Sie eine andere Druckformatvorlage Ihrem Text zuordnen, werden nicht die Formatierungen mit gleichem Tastenschlüssel ineinander überführt, sondern die **mit gleicher Varianten-Nummer bzw. gleicher Varianten-Bezeichnung, unabhängig vom zugeordneten Tastenschlüssel.** (Die möglichen Varianten-Bezeichnungen sind vorgegeben und für automatische Druckformate reserviert.) Wenn Sie das nicht beachten, können Sie beim Wechseln von Druckformatvorlagen sehr unangenehme Überraschungen erleben. Trüge im obigen Beispiel der Tastenschlüssel <Alt>-zf in Druckformatvorlage A die Varianten-Nummer 1 und in Druckformatvorlage B die

Varianten-Nummer 2 und der Tastenschlüssel <Alt>-zx in Druckformatvorlage A die Varianten-Nummer 2 und in Druckformatvorlage B die Varianten-Nummer 1, dann würden beim Wechsel der Druckformatvorlage die beiden Formatierungen vertauscht. <Alt>-zf in Druckformatvorlage A würde in Druckformatvorlage B in <Alt>-zx überführt und umgekehrt. Das ist sicher nicht das, womit man rechnet. Ich rate Ihnen aus diesem Grunde: **Sorgen Sie dafür, daß Sie in allen Druckformatvorlagen gleichen Tastenschlüsseln immer gleiche Varianten-Nummern und Varianten-Bezeichnungen zugewiesen haben.** Natürlich werden Zeichenformatierungen nur in Zeichenformatierungen überführt, Absatzformatierungen nur in Absatzformatierungen usw. Die Varianten-Nummer bezieht sich also immer zugleich auf eine Formatierungsart: Variante 1 der Zeichenformatierungen wird niemals in Variante 1 der Absatzformatierungen überführt.

10.2 Vorbereitung der Arbeitsgrundlage (Druckformate und Voreinstellungen)

Bevor Sie anfangen zu schreiben, sollten Sie

* eine **Standard-Druckformatvorlage** erstellen, die Ihnen optimales Arbeiten am Bildschirm ermöglicht und alle Formatierungsanweisungen enthält, die für Sie von Bedeutung werden könnten;

* mindestens eine weitere **Druckformatvorlage** erstellen, die den **Ausdruck** Ihres Manuskripts so steuert, daß er Ihren und den Anforderungen Ihres Betreuers genügt;

* die **Voreinstellungen** des Programms an Ihre Bedürfnisse anpassen.

10.2.1 Was sind Druckformatvorlagen?

Als **Druckformatvorlage** bezeichne ich einen beliebig umfangreichen **Satz von Druckformaten**. Wenn Sie zu einem Manuskript eine Reihe von Druckformaten definiert haben, die Sie speziell in diesem Manuskript anwenden, dann gehört zu diesem Manuskript ein Satz von Druckformaten, der bei jedem Sichern und Öffnen des Textes mitgesichert und mitgeöffnet wird.

Word bringt von Haus aus einen Satz an vordefinierten Druckformaten mit, die automatisch angewandt werden, wenn Sie nichts anderes bestimmen. Die in dieser **Standard-Druckformatvorlage** enthaltenen automatischen Druckformate können Sie nach Ihren Wünschen verändern und durch zusätzliche, nicht-automatische Druckformate ergänzen. Wann immer Sie einen neuen Text beginnen, werden die in der Standard-Druckformatvorlage enthaltenen automatischen Druckformate von *Word* angewandt; zugleich stehen Ihnen die darin von Ihnen eventuell zusätzlich eingefügten nicht-automatischen Druckformate auf Abruf zur Verfügung.

In *DosWord* wird jeder Satz erstellter Druckformate als „**Druckformatvorlage**" grundsätzlich unabhängig von den Texten verwaltet. Druckformatvorlagen stellen einen besonderen Datei-Typ dar, der durch den Namenszusatz ".dfv" gekennzeichnet wird. Bestehende Druckformatvorlagen können so beliebig bestehenden und neuen Texten zugeordnet werden. Diese Zuordnungen bleiben erhalten, solange Sie keine andere Zuordnung vornehmen. Eine neu erstellte Textdatei wird automatisch mit der Druckformatvorlage verbunden, die den Namen „Standard.dfv" trägt.

In *WinWord* und *MacWord* funktioniert das anders. Ausgenommen den Satz der von Haus aus mitgebrachten Druckformate sind alle anderen neu definierten Sätze von Druckformaten Bestandteile der Textdateien, bei deren Erstellung und Bearbeitung sie angelegt wurden und können nicht unabhängig von diesen als Vorlagen benutzt werden.

WinWord kennt jedoch sogenannte „**Dokumentvorlagen**", die Sie wie die Druckformatvorlagen in *DosWord* Ihrem Text zuordnen können und die außer Druckformaten auch noch Standardtext, Textbausteine, Makros und andere Voreinstellungen enthalten können. Auch Dokumentvorlagen stellen einen eigenen Datei-Typ dar, der durch die Endung ".dot" charakterisiert ist.

In *MacWord* haben Sie die Möglichkeit, die Druckformate einer Textdatei in eine andere zu übernehmen. Das ist praktisch, hat aber auch Nachteile. Denn wenn Sie auf diese Weise früher definierte Druckformate übernehmen wollen, müssen Sie sich daran erinnern, zu welchem Manuskript Sie die gewünschten Druckformate definiert hatten. Das betreffende Textdokument muß außerdem auf einem Massenspeicher, in der Regel auf der Festplatte, verfügbar sein. Das bedeutet, daß Sie alle Textdokumente, deren Formatierungen Sie vielleicht später einmal in anderen Texten wiederverwenden wollen, weiterhin auf Ihrer Festplatte verfügbar halten müssen. Es entstehen dadurch zwei Probleme: Sie könnten vergessen, welches Textdokument die gerade benötigten Druckformate enthält; und Sie belegen Speicherplatz mit Dokumenten, die Sie – bis auf die Formatierungsanweisungen – eigentlich gar nicht mehr benötigen. Praktischer wäre es zweifelsohne auch hier, wenn die Druckformate Ihnen in unabhängigen Vorlagen zur Verfügung stünden.

Auch in *MacWord* gibt es hierfür eine gute Lösung: die „**Formulare**". Sie legen Textdokumente an, die nichts enthalten außer einem Satz zusammenpassender Druckformate, die also praktisch aus nichts anderem bestehen als aus einer Druckformatvorlage. Solche Textdokumente speichern Sie als Formulare, das heißt unter dem „Dateiformat Formular" ab. Statt einen neuen Text zu beginnen, öffnen Sie in Zukunft ein Formular. Ihnen wird wie gewohnt ein leeres Blatt auf dem Bildschirm präsentiert; aber zugleich stehen Ihnen nun die gewünschten Druckformate zur Verfügung. (Formulare können natürlich auch Standard-Text enthalten, wenn Sie einen bestimmten Text, zum Beispiel die Angabe Ihres Namens, Ihrer Anschrift und Ihrer Matrikel-Nummer jedesmal brauchen.) Beim Abspeichern werden Sie zur Eingabe eines Namens aufgefordert, und das ursprüngliche Formular steht Ihnen unangetastet weiterhin zur Verfügung. Die im folgenden Abschnitt gegebenen Hinweise zur Erstellung von Druckformatvorlagen beziehen sich also für *MacWord* auf die Erstellung entsprechender Formulare.

Die Methode über Dokumentvorlagen oder Formulare hat noch einen sehr großen Vorteil. Sie können auf diese Weise nämlich auch Formatierungen vordefinieren, die sich in *WinWord* und *MacWord* nicht über Druckformate festlegen lassen. Seitenränder, Plazierung von Kopf- und Fußzeilen, Plazierung von Seitenzahlen, Plazierung von Fußnoten, Spaltensatz und anderes lassen sich so für unterschiedliche Bedürfnisse voreinstellen.

Bei der folgenden Darstellung werde ich davon ausgehen, daß Sie eine Standard-Druckformatvorlage brauchen, die optimal die Arbeit am Bildschirm unterstützt, und weitere Druckformatvorlagen, die für unterschiedliche Druck-Layouts gedacht sind.

10.2.2 Hinweise zur Erstellung von Druckformatvorlagen

Ich setze voraus, daß Sie wissen (oder nachzuschlagen bereit sind), wie man Druckformate definiert. Im folgenden werde ich daher nur einige Hinweise geben, worauf Sie bei der Definition achten sollten.

Beginnen Sie mit der Definition der Druckformatvorlagen für die Drucklayouts. In *MacWord* müssen Sie hierzu zunächst eine neue Textdatei anlegen, zu dieser alle auf Abschnitte und das gesamte Dokument bezogenen Einstellungen und Formatierungen vornehmen, die gewünschten Druckformate definieren und anschließend die Datei als **Formular** (das heißt unter dem „Dateiformat Formular") abspeichern. In *WinWord* erstellen Sie eine neue **Dokumentvorlage**, nehmen ebenfalls die auf Abschnitte und das gesamte Dokument bezogenen Einstellungen vor, definieren die gewünschten Druckformate und speichern sie anschließend ab.

Folgende auf Abschnitte und das gesamte Dokument bezogenen Einstellungen und Formatierungen (die in *DosWord* zum Teil über ein Druckformat für die Bereichsformatierung festgelegt werden können) müssen Sie in der Dokumentvorlage für *WinWord* beziehungsweise im Formular für *MacWord* vornehmen:

- Einstellung des **Papierformats** (DIN A 3, DIN A 4, DIN A 4 quer, DIN A 5 o.a.);
- Festlegung des **Satzspiegels**;
- ob **Seiten gespiegelt** werden sollen (für beidseitigen Druck);
- wo **Fußnoten** plaziert werden sollen;
- ob die **Absatzkontrolle** zur Verhinderung von „Hurenkindern" und „Schusterjungen" durchgeführt werden soll;
- in wieviel **Spalten** Ihr Text gedruckt werden und wie groß der Abstand zwischen den Spalten sein soll;
- ob Ihr Text mit **Kopf- und/oder Fußzeilen** versehen und wie diese gestaltet werden sollen;

- ob die erste Seite eines Abschnitts (**Titelseite**) ohne oder mit einer anderen Kopf- bzw. Fußzeile gedruckt werden soll;

- ob und wo **Seitenzahlen** automatisch eingefügt und wie sie gezählt werden sollen;

- (nur *WinWord*) wie der Text zwischen oberem und unterem Seitenrand **vertikal ausgerichtet** werden soll: bündig am oberen Seitenrand, zentriert zwischen oberem und unterem Seitenrand oder sowohl mit oberem als auch unterem Seitenrand bündig abschließend (als „Block").

Das erste zu definierende Druckformat ist das als **Basisformat** fungierende **automatische Druckformat für den laufenden Text**, das immer dann angewandt wird, wenn Sie nichts anderes wählen und wenn Sie nicht eine Funktion für besondere Textelemente wie Kopfzeilen oder Fußnoten aktivieren. In *WinWord* und *DosWord* heißt dieses Druckformat „Standard", in *MacWord* „Normal".

Alle anderen Druckformate definieren Sie als Abwandlungen des Basisformats „Standard" oder „Normal". Sie brauchen:

- die automatischen Druckformate für **Überschriften** bzw. **Gliederungsebenen**;

- ein automatisches Druckformat für die **Seitenzahl**, sofern sie nicht in Kopf- oder Fußzeilen integriert werden soll;

- die automatischen Druckformate für **Fußnotenzeichen** und **Fußnotentext**; in *WinWord* und in *DosWord* außerdem automatische Formate für Anmerkungszeichen und Anmerkungstext;

- die automatischen Druckformate für **Kopf- und Fußzeilen**;

- die automatischen Druckformate für **Index- und Verzeichniseinträge**;

- in *DosWord* **Zeichenformate** für Hervorhebungen im Text, je nach Möglichkeiten Ihres Druckers und je nach Ihren Wünschen und Bedürfnissen (Fettdruck, Kursivdruck, Unterstreichung, Großbuchstaben, Hochstellung, verborgenen Text oder Kombinationen davon);

- Druckformate für **eingerückte Absätze** in mehreren Abstufungen;

- Druckformate für **„hängende Einzüge"** (Aufzählungen) in mehreren Abstufungen;

- Druckformate für **optisch abzuhebende Textpassagen** (wie Zitate);

- ein Druckformat für das **Inhaltsverzeichnis**, sofern dieses nicht mit der Gliederungsfunktion automatisch erstellt wird;

- ein Druckformat für Einträge im **Literaturverzeichnis**;

und weitere Druckformate für speziell von Ihnen häufiger benötigte Formatierungen.

Druckformate erhalten in *MacWord* und *WinWord* **Namen**; bei automatischen Druckformaten sind die Namen vom Programm vorgegeben und können nicht geändert werden. In *MacWord* können Sie mehrere Namen vergeben; einen längeren, aussagekräftigen und einen ganz kurzen (am besten aus einem oder zwei Zeichen bestehend), um das Druckformat während der Arbeit schnell zuweisen zu können. Die in *WinWord* und *DosWord* definierbaren **Tastenschlüssel** erlauben eine noch schnellere Zuweisung.

Für die **Bildschirmdarstellung** mit Hilfe der **Standard-Druckformatvorlage** müssen Sie – wie schon gesagt – bei einigen Formatierungsaspekten besondere Anforderungen beachten.

In *DosWord* bezieht sich dies auf die Einstellung der Seitenränder in der Bereichsformatierung und auf die Zeilenabstände in den Absatzformatierungen. Die **Seitenränder** müssen Sie so einstellen, daß die gesamte Bildschirmbreite ausgenutzt wird, und die Zeilenabstände werden so definiert, daß möglichst viele Zeilen auf dem Bildschirm dargestellt werden. Im normalen Bildschirmmodus (80x25 Zeichen) passen 73 Zeichen in eine Zeile. Welchen Seitenrandeinstellungen das entspricht, hängt von der verwendeten Schriftart und Schriftgröße ab. Das müssen Sie auf einem Ausdruck nachmessen. Der **Zeilenabstand** in allen Absatzformatierungen muß auf einen geringeren Wert als 1,5 gestellt werden, damit die Bildschirmdarstellung 1zeilig statt 2zeilig wird und Sie nicht nur maximal 12 Textzeilen auf dem Bildschirm sehen.

In *WinWord* und in *MacWord* müssen Sie ebenfalls darauf achten, daß die **Seitenränder** so eingestellt werden, daß der zu bedruckende Bereich auf dem Bildschirm in der Breite vollständig dargestellt werden kann. Das ist der Fall, wenn Sie die Breite des Satzspiegels auf ungefähr 16 cm festlegen. Das ist auch für Probeausdrucke ein ganz brauchbarer Wert. Als Druckformat können Sie diese Einstellung zwar nicht definieren, wohl aber als Standard für alle neu erstellten Dokumente. Vom Standard abweichende Satzspiegel für spezielle Druck-Layouts können Sie in den Dokumentvorlagen (*WinWord*) beziehungsweise den Formularen *(MacWord)* speichern, mit deren Hilfe Sie die betreffenden Drucklayouts realisieren.

Den **Zeilenabstand** sollten Sie in *MacWord* und *WinWord* ungefähr 2 Punkt größer wählen als die Zeichengröße. Anders als in *DosWord* müssen Sie – wegen WYSIWYG – in *MacWord* und *WinWord* für die Bildschirmdarstellung auch auf die Auswahl von **Schriftart** und **Schriftgröße** Ihre Aufmerksamkeit richten. Die Möglichkeiten der Zeichenformatierung hängen natürlich davon ab, welche Schriftarten Ihnen zur Verfügung stehen. Benutzen Sie möglichst eine Serifenschrift, da diese auch am Bildschirm besser zu lesen ist als eine serifenlose Schrift. In *WinWord* spielen weitere Differenzierungen für die Bildschirmdarstellung ohnehin keine Rolle. Probieren Sie aus, ob schon eine 12-Punkt-Größe Ihnen unangestrengte Bildschirmarbeit erlaubt, oder ob Sie besser auf 14 Punkt gehen.

In *MacWord* ändert sich die Bildschirmdarstellung in Abhängigkeit von der gewählten Schriftart. Während ich eine Times erst ab 14-Punkt-Größe gut lesen kann, genügen mir bei *Palatino* oder *New Century Schoolbook* 12 Punkt. Die Qualität wird weiterhin mitbestimmt davon, auf welche Weise die Bildschirmfonts erzeugt werden.

Die beste Qualität (und den schnellsten Bildschirmaufbau) erhalten Sie bei Verwendung fertig in passender Größe konfektionierter **Bildschirmschriften**. Nicht ganz so gut ist die Qualität bei Einsatz von TrueType-Schriften oder des *Adobe-TypeManager*s.

Bei weitem am schlechtesten ist sie, wenn man es dem Betriebssystem überläßt, die benötigten, aber fehlenden Größen aus einer anderen vorhandenen Größe zu berechnen.

Obwohl die Standard-Druckformatvorlage für die Arbeit am Bildschirm gedacht ist, muß sie schon alle Formatierungen berücksichtigen, die für den Ausdruck wichtig sind, denn diese Formatierungen, obwohl für den Ausdruck bestimmt, nehmen Sie schließlich am Bildschirm vor. Standard-Druckformatvorlage und die Druckformatvorlage(n) für den Ausdruck werden daher **parallel** aufgebaut. Das heißt, in allen Druckformatvorlagen sollten die gleichen Druckformate mit den gleichen Identifizierungsmerkmalen (Namen und Kurzbezeichnungen in *MacWord*, Namen und Tastenschlüsseln in *WinWord*, Varianten-Bezeichnungen und Tastenschlüsseln in *DosWord*) enthalten sein, zu denen lediglich die unter diesen Namen beziehungsweise Varianten-Bezeichnungen gespeicherten Formatierungsvorschriften differieren. Nur so läßt sich ein problemloser Austausch der Formatierungen durch Austausch der Druckformatvorlagen gewährleisten.

Dieser Austausch geschieht, indem Sie in *DosWord* einem Text eine andere Druckformatvorlage zuweisen, in *WinWord* eine andere Dokumentvorlage zum Text wählen. In *MacWord* übertragen Sie den gesamten Text in die Zwischenablage, öffnen das gewünschte Formular und fügen den Text aus der Zwischenablage dort ein. (Wenn Sie hingegen die Druckformate eines Formulars in einen bestehenden Text übernehmen, werden alle Einstellungen, die nicht als Druckformate definiert sind, die sich also auf Textabschnitte und das gesamte Dokument beziehen, nicht mit übernommen. Wenn das nicht nötig ist, ist dieser Weg allerdings der schnellere.)

10.2.3 Optimierung der Voreinstellungen

Die folgenden Vorschläge für Grundeinstellungen beruhen auf Vorlieben, die mit meinem persönlichen Arbeitsstil zusammenhängen. Es kann gut sein, daß Sie teilweise andere Voreinstellungen bevorzugen. Wenn Sie schon länger mit *Word* arbeiten, werden Sie schon Ihre Lieblingseinstellung gefunden haben. Den andern schlage ich vor, es mal mit den Einstellungen zu probieren, die ich im folgenden aufliste.

In mehr oder weniger großem Umfang haben Sie in allen *Word*-Versionen die Möglichkeit, durch Voreinstellungen die Arbeitsweise des Programms und seine Bedienungsoberfläche Ihren Bedürfnissen anzupassen. Da die Möglichkeiten für *DosWord* auf der einen, *MacWord* und *WinWord* auf der anderen Seite sehr unterschiedlich sind, werde ich sie getrennt behandeln.

Die wichtigsten Voreinstellungen in *DosWord*

- **Verborgener Text** wird sichtbar dargestellt. (Er ist dann an einer gepunkteten Linie als Unterstreichung erkennbar.)

- Das **Zeilenlineal** wird eingeschaltet. Dadurch haben Sie immer eine Kontrolle über Tabulatorpositionen.

- Alle **Sonderzeichen** sollen sichtbar sein. Daran werden Sie sich erst etwas gewöhnen müssen, weil dadurch auch Zeichen auf dem Bildschirm dargestellt werden, die nicht gedruckt werden. Leerzeichen werden durch hochgestellte Punkte angezeigt, Tabulatorsprünge durch rechtsgerichtete Pfeile; die Absatz-endezeichen und die Zeichen für erzwungene Zeilenenden sind sichtbar. Wenn Sie sich daran gewöhnt haben, werden Sie bald merken, daß die Textüberarbeitung hierdurch erleichtert wird.

- **Zeilenumbrüche** lassen Sie sich so zeigen, wie sie auch beim Ausdruck vorgenommen werden.

- Der Bildschirm soll im **Grafikmodus** arbeiten. Der Bildschirmaufbau ist dann zwar etwas langsamer als im Textmodus, aber dafür haben Sie eine sehr viel bessere Kontrolle über die Zeichenformatierungen (fett, kursiv, hoch- und tiefgestellt). Wenn Ihr Rechner mit einer Hercules- oder einer EGA-Grafikkarte ausgestattet ist, haben Sie die Wahl zwischen 25 und 43 Zeilen; bei einer VGA-Karte zwischen 25, 30, 34, 43 oder 60 Zeilen. 25 Zeilen bieten eine große, gut lesbare Schrift; 43 Zeilen zeigen eine komplette DIN-A4-Seite. Was Sie hier einstellen, ist Geschmacksache.

- **Seitenumbruch** im Hintergrund sollten Sie nicht bei der Überarbeitung von Manuskripten wählen, wenn Sie Wert darauf legen, bestimmte Seiten in dem zu korrigierenden Manuskript mit der Gehezu-Funktion anwählen zu können. Beim Überarbeiten verändern sich nämlich sonst die Seitenumbrüche im Hintergrund und Sie werden möglicherweise an die falsche Stelle geführt.

- Sie stellen ein **Zeitintervall** ein, nach dem das Programm **automatisch ab-speichert**. Stellen Sie 15 Minuten ein, dann können Ihnen in Zukunft nicht mehr als die Arbeitsergebnisse einer Viertelstunde verloren gehen. Vielleicht haben Sie aber auch in dieser Viertelstunde Unsinn geschrieben und etwas Sinnvolles herausgelöscht und wollen gar nicht, daß dieser Unsinn nun abgespeichert wird. Deshalb sollten Sie außerdem festlegen, daß das automatische Speichern nur mit Bestätigung erfolgt.

Die wichtigsten Voreinstellungen in *WinWord* und *MacWord*

- **Seitenumbruch** im Hintergrund sollten Sie nicht bei der Überarbeitung von Manuskripten wählen, wenn Sie Wert darauf legen, bestimmte Seiten in dem zu korrigierenden Manuskript mit der Gehezu-Funktion anwählen zu können. Beim Überarbeiten verändern sich nämlich sonst die Seitenumbrüche im Hintergrund und Sie werden möglicherweise an die falsche Stelle geführt.

- *(MacWord:)* **RTF** (Text im formatierten Zustand) muß in der Zwischenablage verwendet werden, um die Formatierungen beim Kopieren und Verschieben über die Zwischenablage nicht zu verlieren.

- Dokumente sollten grundsätzlich im **normalen Bearbeitungsmodus** geöffnet werden. Im Druckbild zu arbeiten, hat nur Sinn, wenn Sie das Layout vor dem Ausdruck kontrollieren wollen.

- Lassen Sie sich die Dokumente mit **Lineal** und **Formatierungsleiste** öffnen, solange Sie noch an der Formatierung arbeiten. Nur wenn Sie mehr Platz für die Textdarstellung brauchen, schalten Sie sie aus.

- **Nicht druckbare Zeichen** sollten eingeblendet sein, weil Sie so bessere Kontrolle über Leerzeichen, Tabulatoren, Zeilen- und Absatzschaltungen, verborgen formatierte Steuerzeichen haben.

- Lassen Sie *Word* **automatisch sichern** beziehungsweise (in *MacWord*) zum Sichern auffordern, im Abstand von ungefähr 15 Minuten. Lassen Sie auch automatisch **Sicherungskopien** erstellen.

Word bietet Ihnen außerdem die Möglichkeit einer sehr weitgehenden **Anpassung der Bedienungselemente an Ihre Bedürfnisse.** So können Sie

- die **Belegung der Funktionsleiste** mit Symbolen für häufig benötigte Befehle frei gestalten,

- die **Belegung der Menüs** mit Befehlen verändern, nämlich

  - die Menüs entschlacken (nicht benötigte Befehle, zum Beispiel für Seriendruck, aus ihnen entfernen),

  - die Menüs anreichern (zusätzlich benötigte Befehle, zum Beispiel für den Schriftschnitt Kapitälchen, hinzufügen),

  - die Menüs sinnvoller gestalten (Befehle in andere Menüs verschieben; in *MacWord* zum Beispiel den Befehl für das Löschen von Tabellenzeilen und -spalten aus dem Menü Format in das Menü Bearbeiten),

  - veränderte Tastenschlüssel (Funktionstasten) für den Schnellaufruf der Befehle definieren (zum Beispiel auf die Funktionstasten F1 bis F12 die für Sie wichtigsten Befehle legen),

  - in *MacWord* ein zusätzliches Menü „Optionen" einrichten, in dem Sie immer wieder benötigte Dateien (zum Beispiel die Formulare, die Ihnen als Druckformatvorlagen dienen) unterbringen.

Und Sie können sogar verschiedene solcher **Grundeinstellungen im Set speichern**, so daß Sie beispielsweise bei der Bearbeitung von Manuskripten, die viele Tabellen und Formeln enthalten sollen, eine Spezialbelegung der Menüs und der Funktions- bzw. Werkzeugleiste aktivieren können, welche die hierfür besonders häufig benötigten Befehle berücksichtigt.

10.3 Die zehn wichtigsten Grundregeln für das Arbeiten am Computer

1. **Gewöhnen Sie sich unbedingt sofort einige Routinen ab**, die Sie vom Schreibmaschineschreiben her drauf haben:

    -   **Betätigen Sie am Zeilenende nie die „Return"-Taste**, um in eine neue Zeile zu gelangen! Der Zeilenumbruch funktioniert automatisch. Die „Return"-Taste schließt nicht Zeilen, sondern Absätze ab.

    -   **Benutzen Sie nie die Leertaste zum Einrücken von Text!** Benutzen Sie stattdessen die Tabulatortaste, oder – noch besser – Absatz-Formatierungen für Einzüge oder Zentrierung von Text!

    -   **Trennen Sie Silben nie mit dem Bindestrich!** Benutzen Sie „optionale" („weiche") Trennstriche, die nur gedruckt werden, wenn sie am Zeilenende stehen! Oder lassen Sie *Word* trennen und „optionale" Trennstriche einfügen!

2. Prägen Sie sich sofort den Befehl zur **Rückgängigmachung** von Fehleingaben ein!

3. Schalten Sie nie den Computer aus, bevor Sie *Word* **ordnungsgemäß geschlossen** (beendet) haben! Es kann sein, daß Sie eine noch in Bearbeitung befindliche Datei vergessen haben abzuspeichern.

4. Wenn Sie auf einem *MS-DOS*-Rechner eine Datei von Diskette bearbeiten, **wechseln Sie nie die Diskette, solange Sie an dieser Datei arbeiten!** Beenden Sie zuvor die Arbeit an dieser Datei, speichern Sie sie ab und schließen Sie sie! Sonst besteht die Gefahr von Dateizerstörungen.

5. **Sichern Sie die Ergebnisse Ihrer Arbeit täglich!** Abspeichern auf der Festplatte genügt nicht. Legen Sie sich mindestens eine zusätzliche Kopie Ihrer Dateien auf einem unabhängigen Massenspeicher (Diskette oder Wechselfestplatte) an, die Sie in kurzen Abständen aktualisieren!

6. **Beschriften Sie Ihre Disketten** mit einem genauen Inhaltsverzeichnis! Sie finden sonst bald nichts wieder.

7. Bewahren Sie von allen Texten auch die **Ausdrucke** auf! Notieren Sie sich auf den Ausdrucken, wo und unter welchem Namen Sie die dazugehörige Datei gespeichert haben!

8. Formatieren Sie, wenn immer es geht, mit **Druckformaten!** Gewöhnen Sie sich möglichst bald an das Arbeiten mit Druckformaten, auch wenn dies anfangs etwas mühseliger erscheint! Sehr bald können Sie damit viel schneller und zuverlässiger formatieren.

9. **Lesen Sie** längere Texte immer **an einem Zwischenausdruck Korrektur**, nicht am Bildschirm! Die Korrektur wird zuverlässiger, und Sie schonen Ihre Augen.

10. **Kopieren** Sie sich **diese Seite** mit den 10 Geboten und plazieren Sie sie solange wie nötig möglichst auffällig an Ihrem Arbeitsplatz!

11. Kapitel
Die Elemente des Manuskripts

Dieses Kapitel gibt eine Anleitung in praktischen Schritten zum Einsatz des Textverarbeitungsprogramms *Word* bei der Abfassung einer wissenschaftlichen Arbeit im Studium. Sie erfahren:
- wie Sie, am besten von Anfang an, mit der Gliederungsfunktion arbeiten,
- welche Möglichkeiten Sie bei der Texteingabe, bei der Textüberarbeitung und Textgestaltung haben,
- wie Sie Fußnoten eingeben,
- wie Sie Tabellen, Grafiken und Bilder einbinden,
- wie Sie Register und Verzeichnisse erstellen,
- wie Sie das Literaturverzeichnis erstellen,
- wie Sie das Inhaltsverzeichnis erstellen,
- wie Sie das Titelblatt gestalten,
- wie Sie paginieren,
- was Sie beim Druck beachten müssen.

Schaffung der Arbeitsgrundlage (Druckformatvorlagen und Voreinstellungen) ➜ Abschnitt 10.2
Möglichkeiten von Textverarbeitungsprogrammen allgemein ➜8. Kapitel
Abfassung einer wissenschaftlichen Arbeit unabhängig vom Computereinsatz ➜ 5. Kapitel
Weitere Möglichkeiten des Computereinsatzes ➜ 9. Kapitel
Grundregeln für das Arbeiten am Computer ➜ Abschnitt 10.3

11.1   Skizzierung der Gliederung

Zur Themenstrukturierung und Gliederung einer schriftlichen wissenschaftlichen Arbeit im allgemeinen ➜ Abschnitt 5.2

Wenn Sie mit einer Arbeit beginnen, werden Sie sich am Anfang in einigen Stichworten eine **Skizzierung des geplanten Aufbaus** zurechtlegen. Tun Sie dies doch
gleich unter Einsatz der Gliederungsfunktion (➜ Abschnitt 8.4.1)!

Um mit der Gliederungsfunktion arbeiten zu können, müssen Sie allerdings in einer
für das Textprogramm „erkennbaren" Weise Überschriften und ihre Hierarchie als
solche gekennzeichnet haben. Das geht mit Hilfe von **Druckformaten** (➜ Abschnitt
8.3.5 und 10. Kapitel). Wollen Sie die Gliederungsfunktion nutzen, müssen Sie sich
zuvor mit dem Einsatz von Druckformaten vertraut gemacht haben.

Sie schreiben sich zum Beispiel zuerst die Hauptgliederungspunkte auf in Form von
Überschriften, die Sie den Abschnitten oder Kapiteln Ihrer Arbeit geben wollen.
Dann kennzeichnen Sie diese Überschriften mit dem Druckformat für Überschriften
auf der obersten (ersten) Gliederungsebene: „Überschrift 1" *(MacWord)* bzw. „Gliederung 1" *(WinWord/DosWord)*. Damit wird dem Programm mitgeteilt: Dies ist eine
Überschrift auf der höchsten Gliederungsebene. Und zugleich wird die Überschrift
so formatiert, wie Sie es für Überschriften auf der obersten Gliederungsebene
wünschen.

Als nächstes nehmen Sie Untergliederungen vor. Das heißt: Sie formulieren Über-
schriften für geplante Unterabschnitte Ihrer Arbeit. Diese formatieren Sie mit dem
Druckformat „Überschrift 2" bzw. „Gliederung 2". Entsprechend gehen Sie bei den
Überschriften auf den darunter liegenden Gliederungsebenen vor. Bis zu sieben
(DosWord) beziehungsweise neun Gliederungsebenen *(WinWord/MacWord)* sind
möglich. Das ist mehr als ausreichend.

Vorläufig sollten Sie den Überschriften noch keine Numerierung oder sonstige
Kennzeichnung voranstellen. Denn wahrscheinlich werden Sie bei der Skizzierung
Ihrer Gliederung noch die eine oder andere Umstellung oder Ergänzung vornehmen.
Wollen Sie einen Gliederungspunkt (eine Überschrift) an eine andere Stelle verset-
zen, markieren Sie sie und verschieben sie an die gewünschte Stelle.

Bis jetzt befinden Sie sich immer noch im ganz normalen Texteingabe-Modus. Die
Gliederungsfunktion ist noch nicht aktiviert; und das wäre im Moment auch noch
unsinnig. Versuchen Sie es; wählen Sie die Gliederungsansicht. Die Anordnung der
Gliederungspunkte auf dem Bildschirm ändert sich etwas (*Word* rückt die Überschriften je nach Gliederungsebene mehr oder weniger weit nach rechts ein), aber
einen erkennbaren Gewinn haben Sie davon nicht. Der große Nutzen der Gliederungsfunktion wird erst deutlich, wenn Sie zu einigen Gliederungspunkten schon Text
eingegeben haben.

In den Überschriften zu den geplanten Gliederungsabschnitten Ihrer Arbeit fassen
Sie ja höchstwahrscheinlich stichwortartig umfangreichere Gedanken zusammen,
die Sie damit verbinden. Aus Gründen, die ich Ihnen im Kapitel 5.2 nahezubringen
versucht habe, sollten Sie diese bisher unausformulierten Hintergedanken möglichst
sofort zu Papier bringen. In diesem Falle heißt das: „zu Computer bringen". Sie
geben also unterhalb der Überschriften Text ein: Stichworte zum geplanten Inhalt;
Fragen, auf die Sie noch nach einer Antwort suchen; Thesen, die es noch zu
begründen gilt; Behauptungen, die noch belegt werden müssen; Hinweise auf Literatur, die Sie sich dazu ansehen wollen. Wenn der Text nicht so ausformuliert ist, daß
Sie ihn später beibehalten können, sollten Sie ihn „verborgen" formatieren. Dann
haben Sie ihn auf dem Bildschirm zwar als Gedächtnisstütze vor Augen: Zu diesen
Stichworten oder Andeutungen gibt es noch etwas zu tun. Aber er wird – bei
eventuellen Zwischenausdrucken – nicht mit ausgedruckt (es sei denn, Sie wollen
das). Wenn Sie dann die Arbeitsschritte ausgeführt haben, auf die Sie sich mit dem
verborgen formatierten Text hinweisen wollten, werden Sie ihn löschen.

Der vorläufig ins Unreine geschriebene und verborgen formatierte Text kann auch
auf dem Bildschirm unsichtbar gemacht werden, wenn Sie beispielsweise nur den
auszudruckenden Text sehen wollen. Weil Sie aber nun nicht mehr sehen können, an
welcher Stelle verborgen formatierter Text versteckt ist, besteht die Gefahr, daß Sie
ihn versehentlich löschen, dadurch daß Sie den Text löschen, in dem er unsichtbar
steckt. Besser ist also, Sie lassen sich verborgen formatierten Text am Bildschirm
grundsätzlich anzeigen.

Je mehr Text Sie unter Ihre Gliederungspunkte geschrieben haben, umso unüber-
sichtlicher wird Ihr Manuskript am Bildschirm und umso nützlicher wird die Gliederungsfunktion. Wenn Sie jetzt in die Gliederungsansicht wechseln, haben Sie

nämlich die Möglichkeit, nach Belieben **Text auszublenden**. Sie können nur die Überschriften stehen lassen; dann erhalten Sie eine reine Gliederungsansicht Ihrer Arbeit. Sie können bestimmen, **bis zu welcher Gliederungsebene die Überschriften angezeigt** werden sollen; beispielsweise nur die Hauptüberschriften oder nur die Überschriften bis hinunter zur dritten Gliederungsebene. Und Sie können Text zu einzelnen Gliederungspunkten nach Bedarf ein- und ausblenden.

Auf diese Weise können Sie sich das Gliederungsbild so übersichtlich gestalten, wie Sie es wollen. Ich selbst benutze die Gliederungsfunktion meist so, daß ich den Text zu allen Gliederungspunkten ausblende und nur die Überschriften stehen lasse. Das erlaubt mir, sehr rasch durch den Text zu wandern, um zum Beispiel von der Bearbeitung des 1. Kapitels meines Manuskripts zielsicher zum 10. Kapitel zu wechseln.

Um dann den Text anzusehen und zu bearbeiten, der zu diesem Kapitel gehört, könnte ich innerhalb der Gliederungsfunktion den ausgeblendeten Text wieder einblenden. Dann muß ich aber nachher den Text erneut eigens ausblenden, wenn ich mein übersichtliches Gliederungsbild wieder haben will. Viel einfacher und außerordentlich komfortabel ist es, ich teile das Textfenster so, daß das obere Drittel oder Viertel den Text in der Gliederungsansicht enthält, der untere größere Ausschnitt dagegen den Text in der normalen Ansicht. (Sie können bei geteiltem Textfenster für jeden Ausschnitt separat die gewünschte Ansicht wählen.) Wandere ich nun im Gliederungsausschnitt zu einer bestimmten Überschrift, wird im unteren Ausschnitt zugleich ein Bildlauf zu dieser Stelle durchgeführt. Durch Wechseln in den unteren Ausschnitt kann ich nun direkt die betreffende Textstelle bearbeiten.

Die Gliederungsfunktion erlaubt Ihnen auch die **Umstellung kompletter Gliederungspunkte** samt zugehörigem Text und zugehörigen Unterpunkten. Dazu verschieben Sie einfach die Überschrift. Alles, was daran hängt: Text und untergeordnete Überschriften, wandert mit. Solche Umstellungen machen natürlich auch Um-Numerierungen der Gliederungspunkte erforderlich. Auch das können Sie vom Programm erledigen lassen. Das Programm erlaubt sogar verschiedene Numerierungsschemata: das Buchstaben-Ziffern-Schema ebenso wie das Dezimalklassifikations-Schema (➜ Abschnitt 5.2).

Wenn Sie allerdings eine andere Art der Numerierung wünschen, müssen Sie sie doch selbst von Hand eingeben. Ich denke, das ist – wenn man sich in der Gliederungsfunktion befindet und alle Textkörper ausgeblendet hat – eine Arbeit, die Sie auch ohne Programmhilfe bewältigen können. Ich habe jedenfalls die Möglichkeit der automatischen Durchnumerierung noch nie ernsthaft in Anspruch genommen.

11.2   Laufender Text

Zur Schriftbild- und Layoutgestaltung von Manuskripten im allgemeinen ➜ Abschnitt 5.9
Überblick über die Möglichkeiten von Textverarbeitungsprogrammen zur Textgestaltung
➜ Abschnitt 8.3
*Word*s Prinzip der indirekten Textformatierung mit Druckformatvorlagen ➜ Abschnitt 10.1
Hinweise zur Erstellung von Druckformatvorlagen ➜ Abschnitt 10.2

Die meiste Zeit, die Sie an Ihrem Manuskript sitzen, können Sie einfach drauflos
schreiben, ohne sich um irgendwelche Funktionen des Programms zu kümmern.
Ihrem Text ist ja automatisch die Standarddruckformatvorlage zugeordnet worden,
die dafür sorgt, daß Sie die optimale Bildschirmdarstellung, das heißt die Darstellung mit dem besten Überblick erhalten.

Einige **Regeln** sollten Sie jedoch beachten:

* Lassen Sie nie die **Trennfunktion** laufen, bevor der Text wirklich endgültig
  fertig ist für den Ausdruck. Lassen Sie die Trennfunktion nicht laufen, solange
  noch nicht die Druckformatvorlage für das endgültige Drucklayout zugeordnet
  ist. (Die Zeilenumbrüche verschiedener Druckformatvorlagen stimmen nicht
  überein.)

* Setzen Sie **keine Seitenumbrüche** von Hand („erzwungene Seitenumbrüche"),
  bevor der Text endgültig fertig ist für den Ausdruck. Und setzen Sie keine
  Seitenumbrüche von Hand, solange noch nicht die Druckformatvorlage für das
  endgültige Drucklayout zugeordnet ist. (Die Seitenumbrüche verschiedener
  Druckformatvorlagen stimmen nicht überein.) Führen Sie erst die Silbentrennung
  durch, bevor Sie den Seitenumbruch kontrollieren. (Silbentrennung führt zu
  geänderten Zeilenumbrüchen; diese wiederum können zu geänderten Seitenum-
  brüchen führen.)

* Nehmen Sie **keinerlei direkte Formatierungen** vor, solange die endgültige
  Druckformatvorlage noch nicht zugeordnet ist. (Direkte Formatierungen werden
  bei der Zuordnung einer anderen Druckformatvorlage möglicherweise nicht
  hinreichend angepaßt.)

* Verzichten Sie so weit wie möglich überhaupt auf direkte Formatierungen. Sie
  bringen immer dann Probleme, wenn Sie denselben Text mit unterschiedlichem
  Schriftbild und Layout drucken oder Textausschnitte aus einem Text in einen
  anders formatierten zweiten Text übernehmen wollen (➜ Abschnitt 10.1). Formatieren Sie daher möglichst **nur über Druckformate**.

* Überschreitet Ihr Manuskript eine Größe von 150 KiloByte, sollten Sie es
  unterteilen und jeden Teil als eigene Textdatei abspeichern und bearbeiten. Es
  wird sonst schwierig und umständlich, sich in dem Text zu orientieren.

Wenn Sie mit **mehreren Textdateien** arbeiten, die später **zu einem zusammen-hängenden Manuskript zusammengefügt** werden sollen, ist folgendes zu beachten:

- In *DosWord* und *WinWord* erfolgt keine fortlaufende **Paginierung** über mehrere Dateien hinweg. Sie müssen für jede Datei die Seitenzahl angeben, mit der die Seitennumerierung beginnen soll. In *MacWord* erfolgt die Paginierung nur dann automatisch fortlaufend, wenn Sie die Textdokumente (über die Funktion „Dateienfolge" in der Dokumentformatierung) miteinander verbunden und durchgehende Numerierung gewählt haben. Sonst wird bei jedem Dokument wieder mit Seite 1 begonnen. (➜ Abschnitt 11.10)

- **Kopf- oder Fußzeilen**, die für das gesamte Manuskript durchlaufend beibehalten werden sollen (zum Beispiel eine Kopfzeile für die Paginierung), müssen für jeden Teil (jede Datei) wieder neu eingegeben werden.

- Sie sollten bei der Unterteilung berücksichtigen, daß jeder Teil (jede Datei) mit einer **neuen Seite** beginnt.

- Bei jedem Teil (jeder Datei) beginnt die **Fußnotenzählung** wieder von vorn. Sie können aber angeben, mit welcher Nummer für dieses Dokument begonnen werden soll, so daß Sie auf diese Weise doch eine fortlaufende Fußnotenzählung erreichen.

Daraus ergibt sich, daß Sie die Unterteilung nicht nur nach dem Gesichtspunkt der Dateigröße, sondern auch unter dem Gesichtspunkt der **logischen Gliederung** Ihrer Arbeit vornehmen sollten. Ich schlage Ihnen vor, daß Sie – wenn eine Unterteilung nötig ist – diese entlang Ihrer Gliederungspunkte auf der obersten Ebene vornehmen. Hat Ihre Arbeit einen Gesamtumfang von – sagen wir: – 200 KiloByte, dann sollten Sie sie nicht einfach in zwei ungefähr gleiche Teile teilen, sondern in so viele Teile, wie Ihre Arbeit Gliederungsabschnitte auf der obersten Gliederungsebene aufweist. Haben Sie Ihre Arbeit in fünf Kapitel aufgeteilt, sollte jedes Kapitel eine Datei bilden; haben Sie sie in drei Abschnitte geteilt, sollte jeder Abschnitt eine Datei bilden.

11.2.1 Textformatierung

Sie werden vielleicht meinen, man solle doch einfach immer die Schriftart nehmen, die am besten aussieht. Aber ich bin anderer Ansicht. Wenn Sie im Studium eine schriftliche Arbeit abgeben, sollen Sie nicht die Leistungsfähigkeit Ihres Computers, Textverarbeitungsprogramms und Druckers demonstrieren, sondern Ihre Fähigkeit zum wissenschaftlichen Arbeiten unter Beweis stellen. Anscheinend denken nicht wenige Studierende, sie könnten bei den Begutachtern ihrer Arbeit Eindruck schinden, wenn sie zeigen, was ihr Textverarbeitungsprogramm alles kann und wie virtuos sie seine Funktionen zu handhaben wissen. Seien Sie vorsichtig; das Gegenteil des erwarteten Effekt kann eintreten, wenn der Verdacht entsteht, daß hier Arbeitsenergie fehlgeleitet wurde.

Die **typographische Gestaltung** muß dem Anlaß entsprechen. Mit einem guten Matrix-, Tintenstrahl- oder Laserdrucker können Sie zwar ein Schriftbild erzeugen, das dem von Buchdruck ein ganzes Stück näher kommt. Diese Möglichkeiten sollten Sie jedoch nicht in jedem Falle voll ausreizen. Die Verlockung dazu besteht zweifelsohne. Eine Arbeit mit entsprechendem Outfit macht – könnte man meinen – doch um einiges mehr her als ein armseliges maschinenschriftliches Manuskript. So wird dann womöglich von einem computermäßig gut ausgerüsteten Studenten im 3. Semester eine kleine Hausarbeit von ein paar Seiten mit Laserausdruck in Proportionalschrift und Blocksatz erstellt und abgegeben. Das Werk sieht aus wie ein Sonderdruck aus einer Fachzeitschrift. Das letzte 300seitige Buch der Professorin dagegen, die die Arbeit erhält, ist von ihrem Verlag aus Gründen der Kostenersparnis nach Schreibmaschinentyposkript gedruckt worden. Die eine erscheint sozusagen in Jeans zu einem international besetzten Fachkongreß, der andere im Frack zur studentischen Arbeitsgruppensitzung. Understatement wirkt vielleicht cool, Overstatement ist peinlich. (Computerdruck allerdings – der Schnellschreib-Modus bei Nadel- und Tintenstrahldruckern – ist kein Understatement, sondern eine Gemeinheit.)

Ich rate Ihnen zur Schönschrift, aber – außer bei Abschlußarbeiten – zu einem Schriftbild, das dem üblichen **Schreibmaschinentyposkript** entspricht (➜ Musterseite 7):

● Auswahl einer Schreibmaschinenschrift (wie Courier),

● 10-Punkt oder 12-Punkt-Größe,

● linksbündiger Flattersatz,

● 15 Punkt Zeilenabstand bei 10-Punkt-Schriftgröße, 18 Punkt Zeilenabstand bei 12-Punkt-Schriftgröße (= 1,5-zeilig).

Damit demonstrieren Sie ein angemessenes Maß an **Bescheidenheit**. Sie legen kein definitives Werk vor, sondern ein Zwischenergebnis aus Ihrem noch laufenden Lernprozeß. Wenn Sie das Studium abschließen, können Sie dem eher auch in der äußeren Gestaltung Ausdruck geben (➜ Musterseite 8). Wichtiger ist immer, daß Zeichensetzung und Rechtschreibung stimmen. Ganz besonders peinlich ist die Ablieferung einer in Schriftbild und Layout perfekt gestylten Arbeit, in der es von Fehlern wimmelt.

Innerhalb eines Textes sollten Sie **nur eine Schriftart verwenden**. Höchstens für Überschriften können Sie schon mal eine zweite Schriftart einsetzen, indem Sie beispielsweise eine Serifenschrift im laufenden Text mit einer serifenlosen Schrift in Überschriften und/oder Kopf- und Fußzeilen kombinieren. Im laufenden Text hingegen macht ein Wechsel der Schriftart das Schriftbild unruhig. Auch abgesetzte Textpassagen wie Zitate und Fußnoten sollten in derselben Schriftart gesetzt werden wie der laufende Text. Wählen Sie hierfür lieber eine kleinere Schriftgröße.

Das Gebot der Beschränkung gilt auch für die Auswahl der **Schriftgrößen**. Gehen Sie von einer Standardgröße in 10-Punkt oder 12-Punkt aus. Überschriften können Sie dann etwas (2 bis 4 Punkt) größer setzen. Einen (ebenfalls um etwa 2 Punkt) kleineren Schrifttyp können Sie einsetzen bei Fußnoten und längeren Zitaten im Text.

Die Variation der Schriftgröße erlaubt Ihnen eine Ausdehnung oder Komprimierung des Textes in gewissem Rahmen (vielleicht müssen Sie zusehen, nicht unter oder über eine bestimmte Seitenzahl zu kommen). Denken Sie daran, daß je nach Schriftgröße auch ein anderer Zeilenabstand gewählt werden sollte. Die Wahl einer größeren Schrift kombiniert mit einem größeren Zeilenabstand kann dann bei ganz ähnlichem subjektivem Eindruck des Schriftbildes zu einer nicht unbeträchtlichen Steigerung der Seitenzahl führen.

In Vorlagen für den mündlichen Vortrag sollten Sie eher größere Schriften verwenden. Vor allem dann, wenn Sie nicht stur am Manuskript kleben wollen, finden Sie sich so leichter zurecht.

Sparsam umgehen sollten Sie auch mit **Hervorhebungen**. Wenn Sie einem normalen Schreibmaschinenschriftbild möglichst nahe kommen wollen, könnten Sie sich auf die Möglichkeiten beschränken, die Sie auf der Schreibmaschine auch hätten. Auch wenn ich Ihnen beim Durch-Stylen Ihres Manuskripts zur Zurückhaltung rate, bin ich da kein Purist. Fettdruck können Sie für Überschriften immer anwenden, eventuell auch in Kombination mit Unterstreichung. Sie können Fettdruck zwar auch zur Hervorhebung im laufenden Text einsetzen; beim Buchsatz ist hierfür aber Kursivschrift üblich und in (schreib-)maschinenschriftlichen Manuskripten Unterstreichung. Fettdruck als Mittel zur Hervorhebung im laufenden Text wirkt plakativer; Kursivschrift wirkt seriöser. Wenn Sie zum Beispiel ein Thesenpapier für ein Seminar schreiben, ist es sicher nicht falsch, die Aussagen, auf die Sie in besonderer Weise die Aufmerksamkeit der Seminarteilnehmer lenken wollen, durch Fettschrift hervorzuheben. In Hausarbeiten und Abschlußarbeiten würde ich eher zur Unterstreichung oder Kursivschrift raten. Hilfreich kann die Fettschrift auch in Manuskripten sein, die Sie als Vorlage für den mündlichen Vortrag verwenden wollen, um besonders wichtige Stichworte herauszuheben, an denen Sie sich schnell orientieren können.

Sie sollten nach Möglichkeit nur eine Art oder höchstens zwei Arten von Hervorhebung im laufenden Text benutzen, also zum Beispiel nur Unterstreichung oder nur Fettdruck oder nur Kursivdruck, in Überschriften eventuell noch kombiniert mit Großbuchstaben oder Kapitälchen. Wenn Sie in einer Schreibmaschinenschrift wie Courier formatieren, paßt meiner Ansicht nach die für Schreibmaschinendruck übliche Hervorhebung durch Unterstreichung am besten. (Die Unterstreichung in *Word* ist allerdings <u>ziemlich unschön</u>, weil sie zu dicht unter die Zeichen gesetzt wird und mit den Unterlängen der Buchstaben kollidiert.) Bei Schriftarten, wie sie im Buchdruck verwendet werden *(Times, Palatino)*, sollten Sie statt Unterstreichung lieber Kursivdruck wählen.

Verzichten Sie, was die **Ausrichtung** des Textes betrifft, auf Blocksatz, vor allem, wenn Sie nicht die Zeit haben, letzte Feinarbeit zu leisten. Um bei Blocksatz ein gutes Schriftbild zu bekommen, das nicht löchrig erscheint, müßten Sie nämlich einige Mühe auf die Silbentrennung verwenden. Weil die automatische Silbentrennung in *Word* nicht optimal arbeitet (Wörter, denen eine Klammer vorangestellt ist, werden übergangen), müssen Sie von Hand nacharbeiten. Bei linksbündigem Flattersatz ist es dagegen nicht so schlimm, wenn nicht alle Trennmöglichkeiten wahrgenommen werden. Blocksatz sieht außerdem nicht gut aus in Verbindung mit einer Schreibmaschinenschrift, weil hier durch Ausweitung der Zwischenräume zwischen Buchstaben und Wörtern von Zeile zu Zeile unterschiedliche Laufweiten erzeugt werden, was dem Charakter dieser Schriftarten widerspricht.

Zentrieren Sie Überschriften und andere Textteile nur in Verbindung mit Blocksatz für den laufenden Text, weil die zentrierten Textpassagen bei linksbündigem Flattersatz leicht nach rechts versetzt erscheinen. Sie stehen zwar exakt zwischen den Seitenrändern. Aber weil der Text nur in wenigen Zeilen tatsächlich den Raum zwischen den Seitenrändern ausfüllt, wirkt der rechte Seitenrand insgesamt etwas breiter, als er für das Dokument numerisch eingestellt wurde.

11.2.2 Zitate

Sie bauen in Ihren Text gelegentlich längere Zitate ein, die Sie optisch herausheben möchten. Benutzen Sie ein Druckformat, das entsprechende Formatierungsanweisungen enthält, zum Beispiel kleinere Schrift (dann unbedingt auch geringeren Zeilenabstand einstellen) oder Einrückungen links und rechts oder nur ein geringerer Zeilenabstand. Bedenken Sie, daß eine solche Hervorhebung von Zitaten nur möglich ist, wenn diese nicht in den laufenden Text integriert, sondern als **eigene Absätze** eingegeben werden.

Hervorhebungen in Zitaten (also aus dem Original übernommene Hervorhebungen) können Sie ebenso formatieren wie Ihre eigenen Hervorhebungen im laufenden Text. Sie brauchen also nicht auch die Formatierungsart zu zitieren.

11.2.3 Aufzählungen („hängende Einzüge")

„Hängende Einzüge" braucht man oft für **Aufzählungen**, wenn die erste Zeile linksbündig mit einer Zahl, einem Buchstaben oder einem Spiegelstrich beginnen soll, die folgenden Zeilen des Absatzes jedoch eingerückt gesetzt werden sollen. Definieren Sie hierfür am besten ein Druckformat, dann haben Sie sichergestellt, daß immer die gleiche Einrückung vorgenommen wird. Wichtig ist, daß Sie bei der Verwendung von Proportionalschrift nach der vorangestellten Ziffer (oder dem Spiegelstrich oder dem Buchstaben) einen **Tabulatorsprung** eingeben und die Lücke nicht mit Leerzeichen ausfüllen. Dazu muß in der Absatzformatierung ein linksbündiger Tabulator an die Position gesetzt werden, die dem linken Einzug entspricht.

Wenn Sie nun den Text mit einem neuen Absatz fortsetzen wollen, dessen erste Zeile nicht nach links herausgezogen ist, sollten Sie auch hierfür ein Druckformat definieren, das den gesamten linken Einzug des Absatzes einschließlich der ersten Zeile entsprechend einstellt. Für weitergehende Verschachtelungen der hängenden Einzü-

ge können Sie in Ihren Druckformatvorlagen in analoger Weise zusätzliche Druckformate definieren.

Einzug links 8 mm, Einzug 1. Zeile -8 mm.	1. Dies ist ein sogenannter „hängender Einzug". So etwas brauchen Sie für Aufzählungen.
Einzug links 8 mm, kein Erstzeileneinzug.	Wenn Sie nun den Text mit einem neuen Ab- satz fortsetzen wollen, dessen erste Zeile nicht nach links herausgezogen ist, sieht das so aus.
Einzug links 16 mm, Einzug 1. Zeile -8 mm.	a) Weitere Verschachtelungen sind mit ent- sprechend definierten Einzügen möglich.
Einzug links 16 mm, kein Erstzeileneinzug.	Mit Druckformaten lassen sich solche Ab- satzformatierungen schnell und einheitlich vornehmen.

„Hängende Einzüge"

11.2.4 Spaltendruck

Spaltendruck gibt es in zwei Varianten. Die erste Variante nennt man **Zeitungsspalten** und dürfte für Arbeiten im Studium kaum in Frage kommen. Hierbei setzt
die jeweils folgende Spalte den Text der vorhergehenden Spalte fort. Sie kennen dies
von Zeitungen und Zeitschriften. Zeitungsspalten werden in *DosWord* in
Bereichsformatierungen festgelegt, in *MacWord* und *WinWord* in Formatierungen
von Abschnitten. Da man dort ein Dokument in mehrere Abschnitte einteilen kann,
ist auch ein Wechsel zwischen verschiedenen Spalteneinteilungen, sogar auf derselben Seite, möglich. Spalten, die Sie so eingerichtet haben, werden auf dem Bildschirm **untereinander** dargestellt, solange Sie nicht in die **Druckansicht** wechseln.

Bei **Zeitungsspalten** setzt die jeweils folgende Spalte den Text der vorhergehenden Spalte fort. Sie kennen dies von Zeitungen und Zeitschriften. Zeitungsspalten werden in *DosWord* in Bereichsformatierungen festgelegt, in *MacWord* und *WinWord* in Formatierungen von Abschnitten. Da man dort ein Dokument in mehrere Abschnitte einteilen kann, ist auch ein Wechsel zwischen verschiedenen Spalteneinteilungen, sogar auf derselben Seite, möglich. Spalten, die Sie so eingerichtet haben, werden auf dem Bildschirm **untereinander** dargestellt, solange Sie nicht in die **Druckansicht** wechseln.

Zeitungsspalten

Originaltext	*Übersetzung*
J'ai ainsi vécu seul, sans personne avec qui parler véritablement, jusqu'a une panne dans le désert du Sahara, il y a six ans.	Ich blieb also allein, ohne jemanden, mit dem ich wirklich hätte sprechen können, bis ich vor sechs Jahren einmal eine Panne in der Wüste Sahara hatte.
Quelque chose s'était cassé dans mon moteur.	Etwas an meinem Motor war kaputtgegangen.
Et comme je n'avais avec moi ni mécanicien, ni passagers, je me préparai à essayer de réussir, tout seul, une réparation difficile.	Und da ich weder einen Mechaniker noch Passagiere bei mir hatte, machte ich mich ganz allein an die schwierige Reparatur.
C'était pur moi une question de vie ou de mort. J'avais à peine de l'eau à boire pour huit jours.	Es war für mich eine Frage auf Leben und Tod. Ich hatte für kaum acht Tage Trinkwasser mit.

Korrespondierende Spalten

Die zweite Variante dürfte für viele von Ihnen eher in Frage kommen; sie wird gebraucht für den Druck **korrespondierender Spalten**. Bei korrespondierenden Spalten enthalten nebeneinander gedruckte Spalten korrespondierende Inhalte. Zum Beispiel steht in der linken Spalte ein fremdsprachiger Quellentext und in der rechten Spalte die zugehörige Übersetzung; oder in der linken Spalte ein Originaltext, den Sie zu interpretieren haben, und in der rechten Spalte Ihr laufender Kommentar dazu.

Diese Art des Spaltendrucks erreichen Sie in *DosWord* mit der Absatzformatierung „Absätze nebeneinander". Daß die Absätze auch ordentlich nebeneinander gedruckt werden, gewährleisten Sie durch die entsprechende Festlegung ihrer linken und rechten Einzüge. Auf dem **Bildschirm** werden die Spalten jedoch untereinander dargestellt, solange Sie nicht die Bildschirmdarstellung auf Layout umstellen. Lassen Sie sich von der Bildschirmdarstellung nicht irreführen. Beim Ausdruck werden die Absätze ordentlich nebeneinander plaziert. Sie können sich ja zwischendurch mal die Seitenansicht zeigen lassen, um sicher zu gehen.

In *MacWord* und *WinWord* benutzen Sie zum Druck korrespondierender Spalten die **Tabellenfunktion**. Sie richten eine Tabelle mit so vielen Spalten ein, wie Sie nebeneinander drucken wollen. Die Breite der Spalten können Sie nach Bedarf verändern. Waagerecht wird eine solche Tabelle durch Zeilen unterteilt. Die Zeilen einer Tabelle entsprechen jedoch nicht den normalen Textzeilen. Wenn Sie mehr Text eingeben, als in die Breite einer Spalte paßt, wird die betreffende Zeile der Tabelle nach unten erweitert. Eine neue Tabellen-Zeile wird erst begonnen, wenn Sie den Cursor dorthin setzen. So können Sie unterschiedlich umfangreiche Textblöcke nebeneinander setzen und doch dafür sorgen, daß einander korrespondierende Textblöcke auf gleicher Zeilenhöhe (nämlich in einer neuen Tabellen-Zeile) beginnen. Wenn Sie korrespondierende Spalten mit der Tabellenfunktion einrichten, können Sie für linke und rechte Spalten unterschiedliche Absatzformatierungen vorsehen, zum Beispiel rechtsbündigen Satz für die linke Spalte und linksbündigen Satz für die rechte Spalte.

11.2.5 Sonderzeichen

Unter Sonderzeichen versteht man solche Zeichen, die **nicht** zur **Standardbelegung der Tastatur** gehören. In einer amerikanischen Tastaturbelegung beispielsweise fehlen die deutschen Umlaute und das „ß", in einer deutschen Tastaturbelegung fehlen Buchstaben wie ø, å, œ, æ, ç. Viele Sprachen benutzen für ihre schriftliche Darstellung solche aus deutscher Sicht speziellen Zeichen, so daß es eine Reihe sprachenspezifischer **Zeichensätze** (das Arsenal an Zeichen, aus dem die entsprechende Schrift schöpft) gibt. Außerdem gibt es Sonderzeichen, die man in mathematischen und chemischen Formeln oder für die Darstellung technischer Sachverhalte braucht. Mit dem Computer haben Sie verschiedene Möglichkeiten, dies Problem zu bewältigen.

Die erste Möglichkeit ist die, die **Tastaturbelegung** zu **ändern**. Das geht, weil die Zeichen, die eine bestimmte Taste erzeugt, dieser nur auf elektronischem Wege zugeordnet werden. Jeder Taste können daher auch beliebige andere Zeichen zugeordnet werden Das Betriebssystem des Computers bietet Ihnen in der Regel mehrere Tastaturbelegungen zur Auswahl an, um den jeweiligen nationalen Besonderheiten der Zeichensätze zu entsprechen. Ihrem Computer muß vom Betriebssystem nach dem Einschalten die deutsche Tastaturbelegung erst mitgeteilt werden. Genauso können Sie bei Bedarf Ihre Tastatur in eine französische, spanische, schwedische, ja sogar kyrillische, japanische oder sonstige Tastatur umwandeln. Zwar stimmt dann die Beschriftung Ihrer Tastatur nicht mehr, aber da könnten Sie sich sicher mit Aufklebern, einer Tabelle oder ähnlichem behelfen. Wenn Sie Texte ausschließlich in einer Fremdsprache schreiben, könnten Sie versuchen, eine entsprechend beschriftete Tastatur zu bekommen. Sonst müßten Sie Ihre deutsche Tastatur so dauerhaft beschriften, daß die Beschriftung durch den Gebrauch nicht so schnell abgenutzt wird.

Die nationalen Tastaturbelegungen arbeiten an sich aber gar nicht immer mit verschiedenen Zeichensätzen. Lediglich die Zuordnung der Zeichen zu den Tasten wird variiert. Der Zeichensatz einer Schriftart enthält nämlich mehr Zeichen, als auf der Tastatur bei normaler Eingabe benutzt werden können – eben die **Sonderzeichen**.

Jeder Zeichensatz hat 256 Plätze zur Verfügung, die er mit Zeichen belegen kann. (Nicht alle Plätze sind immer belegt.) Jeder dieser Plätze hat eine Nummer von 1 bis 256, die sogenannte **ASCII-Nummer**. Darin sind in der Regel auch einige Grafikzeichen enthalten, griechische Buchstaben, akzentuierte Buchstaben und anderes. Die nationalen Tastaturbelegungen beinhalten jeweils eine bestimmte Zuordnung von Zeichen aus diesem Vorrat zu Tasten. Kennen Sie die ASCII-Tabelle der Schriftarten, mit denen Sie arbeiten können, dann haben Sie aber die Möglichkeit, durch Angabe der Nummer, die ein Zeichen in der ASCII-Tabelle hat, auch jedes Sonderzeichen aus dem Zeichensatz dieser Schriftart auf den Bildschirm und auch zum Ausdruck zu bringen – wenn Ihr Drucker mitspielt. (In *MacWord* brauchen Sie nicht unbedingt die ASCII-Tabellen, da Sie sich dort für jede Schriftart die Tastaturbelegung bei Drücken unterschiedlicher Tastenkombinationen und damit den gesamten Zeichenvorrat auf dem Bildschirm zeigen lassen können.)

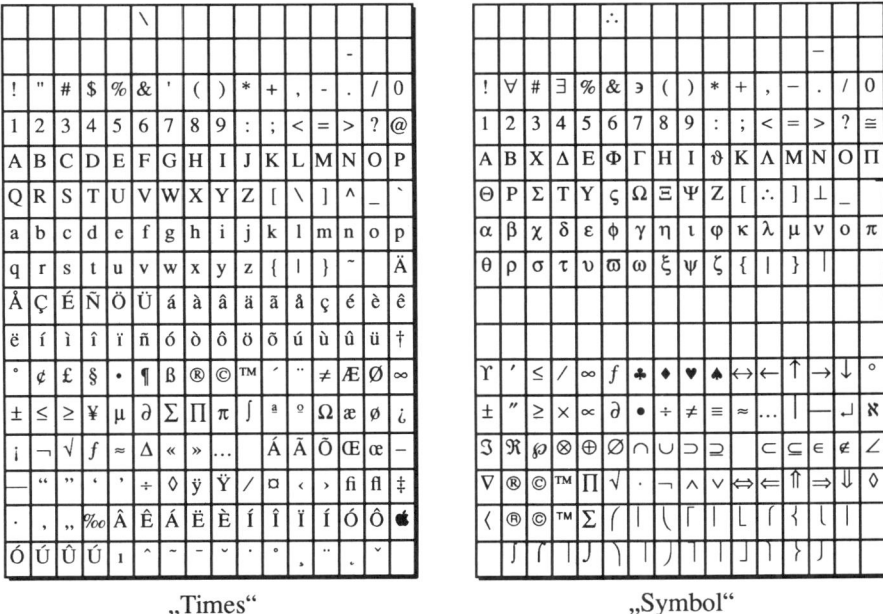

„Times"   „Symbol"

Zeichensätze (ASCII-Tabellen)

Die Zeichensätze normaler Schriftarten, die hauptsächlich dazu gedacht sind, Text zu schreiben, enthalten jedoch für spezifischere Bedürfnisse zu wenig Sonderzeichen. Dafür gibt es dann **Zeichensätze**, die sozusagen **nur Sonderzeichen** enthalten. Der Zeichensatz *Symbol* etwa, der mit *WinWord* mitgeliefert wird und beim *Macintosh* zu den Systemschriften gehört, enthält viele griechische Buchstaben und mathematische Zeichen, während der Zeichensatz *Zapf-Dingbats* grafische Symbole wie Pfeile, Sterne, Kästchen zur Verfügung stellt. Diese Hand mit ausgestrecktem

Zeigefinger zum Beispiel: ☞ liegt auf dem Pluszeichen, wenn der Zeichensatz *Zapf-Dingbats* gewählt ist. Sie brauchen nur den entsprechenden Zeichensatz als Schriftart (→ Abschnitt 8.3.1) auszuwählen, um die in ihm enthaltenen Sonderzeichen in Ihren Text einfügen zu können. (Bei *DosWord* ist die Auswahl der Zeichensätze in der Regel durch die Ausstattung des Druckers begrenzt, es sei denn, dieser verfügt über eine „Download"-Funktion, das heißt die Fähigkeit, Zeichensätze von Festplatte oder Diskette zu laden.)

11.2.6 Verschieben von Textteilen mit Hilfe der Fenstertechnik und des Textbausteinverzeichnisses

Wenn Sie Teile Ihres Textes innerhalb desselben Manuskripts **umstellen** wollen, öffnen Sie am besten ein neues zusätzliches Fenster für diesen Text (→ Abschnitt 8.2.4). Nun haben Sie die Möglichkeit, im zweiten Fenster an die Stelle zu wandern, an die Sie den Textteil verschieben wollen. Durch die beiden Fenster blicken Sie jetzt auf verschiedene Stellen Ihres Manuskripts. (In einem dritten Fenster könnten Sie sich den Blick auf eine dritte Stelle des Manuskripts verschaffen, in einem vierten auf eine vierte Stelle usw.) Im ersten Fenster sehen Sie die Stelle, an der sich der Text noch befindet, den Sie verschieben wollen, im zweiten Fenster die Stelle, an die er verschoben werden soll. Sie markieren im ersten Fenster den Textteil, der verschoben werden soll, schneiden ihn aus (in *DosWord:* „löschen" ihn in den „Papierkorb"), wechseln in das zweite Fenster, stellen den Cursor auf die gewünschte Stelle und fügen ihn wieder ein. Der Text ist umgestellt.

Ganz analog gehen Sie vor, wenn Sie Textstücke zwischen verschiedenen Manuskripten **austauschen** wollen. Beim Austausch von Textteilen zwischen verschiedenen Manuskripten sollen sicher in aller Regel diese Textpassagen weiterhin auch an ihrem alten Ort verbleiben. Hier wird also nicht verschoben, sondern kopiert. Dann schneiden Sie den markierten Text nicht aus, sondern kopieren ihn in die Zwischenablage (in *DosWord:* in den „Papierkorb"). Anschließend können Sie ihn dann an der gewünschten Stelle einfügen.

Nun kann es sein, daß Sie gleich mehrere nicht miteinander zusammenhängende Textteile aus dem einen Manuskript in das andere kopieren möchten. Statt für jeden Kopiervorgang zwischen den Manuskripten hin- und herzuwechseln, bietet sich folgender Weg an. Sie kopieren die betreffenden Textteile nicht in die Zwischenablage, sondern in **Textbausteine** (→ Abschnitt 8.11). Damit haben Sie die Möglichkeit, sich beliebig viele Zwischenablagen zu schaffen. Die Namen können ganz kurz sein, also auch aus nur einem Zeichen bestehen. Sie können nur nicht mehrmals vergeben werden. Den ersten Textteil legen Sie im Textbaustein mit dem Namen „1" ab, den zweiten im Textbaustein mit dem Namen „2" usw. Die Textbausteine mit einfachen Zahlen als „Namen" zu belegen, ist natürlich willkürlich. Sie können auch Namen wählen, die etwas aussagekräftiger sind, als Gedächtnisstütze für Sie.

Wenn Sie irgendwann danach das Programm beenden wollen, werden Sie gefragt, ob die vorgenommenen Veränderungen in der Textbausteindatei gespeichert werden sollen. Sind alle Kopiervorgänge abgeschlossen, geben Sie hier Nein ein. Sonst natürlich nicht.

Ausschneiden, Kopieren, Einfügen und Fenstertechnik verführen zur **Collage-Technik**. Einmal formulierte Argumentationsstränge können Sie, rein technisch gesehen, als Textblöcke immer wieder verwenden, in anderen Zusammenhängen und kombiniert mit anderen Textblöcken. So könnten Sie aus Stücken, die Sie aus verschiedenen Manuskripten herausgeschnitten haben, ohne nennenswerten intellektuellen Aufwand einen „neuen" Text zusammensetzen. (Ich habe den Eindruck, daß die Dialoge einiger amerikanischer Fernsehserien aus Textbausteinen montiert werden. Schließen Sie mal die Augen und hören sich nur die Sätze an: Kommt Ihnen nicht jeder Satz bekannt vor?)

Montage von Texten aus fertigen Textblöcken setzt allerdings voraus, daß die Passagen jeweils für sich stehen können und keinen Bezug zu vorhergehenden und nachfolgenden Passagen enthalten. Ich glaube nicht, daß es erstrebenswert ist, so zu schreiben, da dem Gesamttext auf diese Weise Linie und Geschlossenheit verloren gehen. Wo es nur um Übersichten oder das Zusammentragen von Informationen geht, mag das noch angehen. Wo aber ein Text eine argumentative Entwicklung darstellen soll, sollten die Argumentationsschritte auch im Zusammenhang formuliert werden. Sie müssen daher der Versuchung des Sich-selbst-Kopierens auch widerstehen lernen und sich manchmal dazu zwingen, Textteile, die man sinngemäß aus einem älteren Manuskript in einen neuen Text übernehmen könnte, trotzdem neu zu schreiben und dabei neu zu formulieren, so daß sie sich dem neuen Gedankenzusammenhang einfügen. Schließlich entwickelt sich auch der persönliche Darstellungs-Stil mit der Zeit weiter, und ein Neu-Schreiben bietet immer auch die Chance einer stilistischen Verbesserung.

11.2.7 Korrekturen mit der Überarbeitungsfunktion (nur *DosWord* und *WinWord*)

Bei der Überarbeitung Ihres Textes sind Sie vielleicht nicht immer ganz sicher, ob Sie später die vorgenommenen Änderungen beibehalten oder doch lieber auf die alte Fassung zurückgreifen wollen. Zwar haben Sie jederzeit die Möglichkeit, auf die alte Fassung in Form der Sicherungskopie zurückzugreifen. Aber erstens ist es für die Entscheidung oft hilfreich, alte und geänderte Fassung unmittelbar miteinander vergleichen zu können. Und zweitens wollen Sie vielleicht manche Änderungen übernehmen, andere wieder nicht.

Hier hilft Ihnen *Word*s **Überarbeitungsfunktion** (➜ Abschnitt 8.2.5). Die gelöschte alte Fassung bleibt als durchgestrichener Text erhalten und sichtbar, das neu Eingefügte wird durch eine von Ihnen angegebene Zeichenformatierung hervorgehoben, am Rand erscheint auf Wunsch ein senkrechter Strich als Hinweis darauf, daß in der betreffenden Zeile Korrekturen vorgenommen wurden. (Wählen Sie eine Hervorhebungsart, die Sie sonst nicht gebrauchen, zum Beispiel doppelt unterstrichen.) Sie können sich dann später endgültig entscheiden, ob Sie die alte oder die neue Fassung bevorzugen.

Nachdem Sie Ihre Änderungen vorgenommen haben, wollen Sie sich das Ganze noch einmal ansehen und dann entscheiden, welche Änderungen übernommen und welche verworfen werden sollen. Wenn Sie sich zum Korrekturlesen einen Ausdruck machen lassen, werden die Änderungen, entsprechend gekennzeichnet, mit ausgedruckt. Markieren Sie sich die Änderungen, die Sie übernehmen wollen, zum Beispiel mit einem Pluszeichen, diejenigen, die Sie nicht übernehmen wollen, mit einem Minuszeichen. Danach lassen Sie *Word* Ihr Manuskript auf den gewünschten aktuellen Stand bringen: Text, in dem die Änderungen verworfen werden sollen, markieren Sie in der gewohnten Weise und lassen die Überarbeitung rückgängig machen. Alle eingefügten Textpassagen werden entfernt, alle durchgestrichenen Passagen erhalten wieder ihr normales Aussehen. Die Korrekturleisten werden entfernt. Text, in dem die Änderungen übernommen werden sollen, markieren Sie ebenfalls und lassen *Word* dann die Korrekturen übernehmen. Alle eingefügten Textpassagen werden daraufhin als normaler Text übernommen, alle durchgestrichenen Passagen und Korrekturleisten werden entfernt.

11.3   Fußnoten

Zu Anmerkungen (Fuß- und Endnoten) in wissenschaftlichen Manuskripten allgemein → Abschnitt 5.4

11.3.1   Fußnoten eingeben und bearbeiten

Für das Einfügen von Fußnoten ist die **Fußnotenfunktion** zuständig (→ Abschnitt 8.5). *Word* verfügt außerdem über eine Anmerkungsfunktion. Die **Anmerkungsfunktion** (→ Abschnitt 8.2.6) setzt Anmerkungen an das Ende des Dokuments, wo sie dann auf Wunsch auch ausgedruckt werden können. An sich ist diese Funktion zwar dafür gedacht, verschiedene Bearbeiter Anmerkungen zum Text machen zu lassen, aber man kann sie auch dazu benutzen, zwei Arten von Fußnoten zu einem Text einzugeben: Fußnoten im engeren Sinne, die am Fuße einer Seite angebracht werden, und Endnoten, die am Ende des Textes Anmerkungen zum Text enthalten. Die Anmerkungsfunktion liefert Endnoten.

Entfernen und Verschieben kompletter Fußnoten gehen wunderbar einfach. Sie löschen oder verschieben einfach das **Fußnotenzeichen**. Der zugehörige Fußnotentext hängt unsichtbar an diesem Zeichen dran und wird gleich mitgelöscht oder mitverschoben. Sie gehen dabei ebenso vor wie beim Löschen oder Verschieben anderer Textteile. Auch der Austausch von Fußnoten zwischen verschiedenen Manuskripten geht auf die gleiche Weise vor sich wie der oben geschilderte Austausch von Textteilen. Fußnoten lassen sich nicht dadurch löschen, daß man den Fußnotentext löscht. Es bleibt dann das Fußnotenzeichen mit einer leeren Fußnote erhalten. **Um Fußnoten zu löschen, müssen Sie immer das Fußnotenzeichen löschen**. (All das gilt ebenso für Anmerkungen und Anmerkungszeichen.)

Nicht selten werden Sie eine Textpassage **aus dem laufenden Text in eine Fußnote** verschieben wollen oder umgekehrt. Im Prinzip funktioniert dies wie das Verschieben von Textteilen innerhalb eines Manuskripts sonst auch. Sie markieren die Textpassage, schneiden sie aus, setzen den Cursor in den Fußnotentext und fügen den Inhalt der Zwischenablage an der gewünschten Stelle wieder ein.

Dabei müssen Sie allerdings aufpassen: Es kann sein, daß der verschobene Textteil Formatierungen enthält, die nicht zur Formatierung des Fußnotentextes passen. Auf dem Bildschirm sehen Sie dies nicht. Beim Verschieben kompletter Absätze einschließlich des Absatzendezeichens werden nämlich alle Absatzformatierungen mit verschoben. In eine Fußnote verschoben sieht ein solches Textstück dann genauso aus wie der laufende Text, dem es entstammt: zum Beispiel 1,5-zeiliger Zeilenabstand und 1zeiliger Absatzendeabstand statt einzeiligem Zeilenabstand und halbzeiligem Absatzendeabstand. Sie müssen sich vorstellen, daß die Absatzformatierungen sozusagen im Absatzendezeichen stecken. Wollen Sie vermeiden, daß die Absatzformatierungen mitübertragen werden, dürfen Sie keine Absatzendezeichen mitverschieben. Aber auch wenn Sie keine kompletten Absätze einschließlich Absatzendezeichen verschieben, kann der verschobene Text Zeichenformatierungen enthalten, die nicht angepaßt werden. Da *DosWord* mit Zeichenformatierungen anders umgeht als *MacWord* und *WinWord*, taucht das Problem dort besonders häufig auf. Dazu kommt, daß Sie in der Regel erst beim Ausdruck den Fehler bemerken.

Wenn Ihr Manuskript **viele Fußnoten** enthält, sollten Sie bei der Arbeit ständig das Fußnotenfenster geöffnet halten. Sie haben dann immer den Text der Fußnoten vor Augen, die zur gerade bearbeiteten Textpassage gehören. Nötige Ergänzungen oder Modifikationen fallen Ihnen leichter auf und lassen sich schneller durchführen.

Die **Größe des Fußnotenfensters** können Sie verändern. Richten Sie sich dabei nach dem durchschnittlichen Umfang Ihrer Fußnoten. Für einzelne längere Fußnoten können Sie das Fenster vorübergehend vergrößern, um mehr Übersicht zu erhalten.

11.3.2   Plazierung der Fußnoten

Die Plazierung der Fußnoten legen Sie für das gesamte Dokument fest. Sie haben die Auswahl zwischen Plazierung

- am jeweiligen **Seitenende** unten;
- direkt **unterhalb des Textendes** (wenn beispielsweise am Ende eines Dokuments der Text mitten auf der Seite abschließt) (nicht in *DosWord*);
- am **Ende eines Abschnitts** (sofern Sie Ihren Text in verschiedene Abschnitte eingeteilt haben; sonst entspricht das Abschnittsende dem Dokumentende) (nicht in *DosWord*);
- am **Ende des Dokuments**.

Die in der Regel leserfreundlichsten Varianten sind die beiden ersten, jedenfalls dann, wenn die Fußnoten nicht allzu umfangreich sind und wirklich wichtige und das Verständnis des Textes vertiefende Zusätze enthalten. Die Variante Textende ist allerdings in wissenschaftlichen Arbeiten unüblich.

Enthält Ihr Manuskript jedoch viele **umfangreiche Fußnoten**, sollten Sie die Variante **Dokumentende** wählen, auf jeden Fall, wenn Fußnoten mit einem Umfang von mehr als einer Seite dabei sind.

Haben Sie Ihr Manuskript in **mehrere Dateien** aufgeteilt, werden Fußnoten bei der Variante Dokumentende am Ende jeder einzelnen Datei gedruckt. Wollen Sie, daß alle Fußnoten zusammen am Ende Ihrer Arbeit abgedruckt werden, müssen Sie vor dem Ausdruck die Dateien zu einer Datei zusammenfassen. (Auch in *MacWord* reicht die bloße Verbindung über die Funktion „Dateienfolge" in der Dokument-formatierung nicht.)

Vielleicht haben Sie in *WinWord* oder *MacWord* ein größeres Dokument in ver-**schiedene Abschnitte** eingeteilt, etwa um für verschiedene Kapitel verschiedene Kopfzeilen eingeben zu können oder um Teile der Arbeit wie das Inhaltsverzeichnis oder einen Anhang anders zu paginieren. Wählen Sie dann die Variante Abschnitts-ende, werden die Fußnoten am Ende jedes Abschnitts gedruckt; bei einer kapitel-weisen Einteilung also am Ende jedes Kapitels; bei einer Einteilung in Inhaltsver-zeichnis, Haupttext und Anhang am Ende des Haupttextes und, sofern auch der Anhang Fußnoten enthalten sollte, noch einmal im Anschluß an den Anhang.

Sie können den Ausdruck der Fußnoten in *WinWord* oder *MacWord* noch genauer steuern , wenn Sie bei der Variante Abschnittsende für die Abschnitte, an deren Ende keine Fußnoten gedruckt werden sollen, den Ausdruck der Fußnoten unterdrücken. (In *MacWord* müssen Sie dazu die Option „Mit Fußnoten" abwählen.) Haben Sie zum Beispiel Ihr Manuskript in die Abschnitte Titelblatt, Inhaltsverzeichnis, Kapitel 1, Kapitel 2, Kapitel 3 und Anhang eingeteilt und wollen, daß die Fußnoten am Ende des Haupttextes, also hinter Kapitel 3 gedruckt werden, so wählen Sie die Variante Abschnittsende und sorgen anschließend in den Abschnittsformatierungen der Ab-schnitte Kapitel 1 und Kapitel 2 für Unterdrückung des Fußnotenausdrucks.

11.3.3 Numerierung der Fußnoten

Normalerweise werden die Fußnoten vom Programm **automatisch** fortlaufend mit 1 beginnend **durchnumeriert**. Sie können auch **eigene Fußnotenzeichen** wie Stern-chen oder Buchstaben, eingeben. Aber dann müssen Sie im weiteren auf die automa-tische Numerierung verzichten und die passenden Zeichen jeweils selbst eingeben und bei Umstellungen und dergleichen ändern.

Für Haus- und Abschlußarbeiten wird es sich in der Regel nicht empfehlen, auf die automatische Fußnotennumerierung zu verzichten. Bei einer Arbeit allerdings, die nur eine oder zwei Fußnoten enthält, kann die Eingabe beispielsweise von Sternchen als Fußnotenzeichen passender sein als eine Durchnumerierung.

Wenn Sie die Fußnoten am Seitenende plazieren, können Sie die Numerierung auf jeder Seite neu beginnen lassen Und wenn Sie sie am Abschnittsende plazieren, können Sie die Numerierung mit jedem Abschnitt (zum Beispiel kapitelweise) neu beginnen lassen. Will man allerdings im Laufe des Textes auf bestimmte Fußnoten verweisen, muß jede Fußnote eine einmalige Nummer tragen. Denn bei der Abfassung des Manuskripts weiß man ja noch nicht, auf welcher Seite die Fußnote stehen wird. (Das Problem läßt sich in *DosWord* und *WinWord* durch die Funktion der automatischen Querverweise umgehen.) Meist werden daher die Fußnoten in wissenschaftlichen Arbeiten fortlaufend durchnumeriert.

Sollten Sie Ihr Manuskript in **mehrere Dateien** aufgeteilt haben, beginnt die Fußnotenzählung in jedem Dokument wieder mit 1, und zwar auch dann, wenn Sie die Dateien über die Funktion „Dateienfolge" in der Dokumentformatierung verbunden haben. Das können Sie verhindern und eine **fortlaufende Fußnotenzählung** erreichen, indem Sie in der Dokumentformatierung (in *DosWord* in der Bereichsformatierung) für jede Datei angeben, mit welcher (auf die letzte Fußnoten-Nummer der vorhergehenden Datei folgenden) Nummer die Fußnotenzählung beginnen soll. Das machen Sie sinnvollerweise natürlich erst, wenn Sie ganz sicher sind, daß Sie keine Fußnoten mehr hinzufügen oder entfernen werden. Andernfalls müssen Sie daran denken, die Angabe der ersten Fußnoten-Nummer in den folgenden Dateien zu korrigieren.

11.4   Tabellen

Zum Einsatz von Tabellenkalkulationsprogrammen ➜ Abschnitt 9.4

Tabellen können Sie innerhalb von *Word* erstellen oder aus einem Tabellenkalkulationsprogramm übernehmen. Gehen wir zunächst davon aus, daß Sie eine Tabelle mit *Word* selbst erstellen. Das können Sie mit Hilfe von Tabulatoren bewerkstelligen oder (nicht in *DosWord*) mit *Word*s Tabellenfunktion.

11.4.1   Tabellen anlegen mit Tabulatoren

Um in *DosWord* eine **Tabelle** zu **erstellen**, müssen Sie zuerst die Zahl und Breite der benötigten Spalten festlegen, zum Beispiel indem Sie einen Entwurf für die Tabelle auf einem Blatt Papier skizzieren. Legen Sie dabei die Breite zugrunde, die die Bereichsformatierung der Druckformatvorlage für den Ausdruck für des Satzspiegel Ihres Textes vorsieht. Wenn Sie ein Tabellenmaß voraussichtlich öfter benötigen werden, empfiehlt es sich, hierfür ein Druckformat mit Tastenschlüssel zu definieren.

Sagen wir, Sie wollen eine 16 cm breite Tabelle mit vier Spalten anlegen. Die linke Spalte soll 7 cm breit sein, die Breite der anderen Spalten soll je 3 cm betragen. Die Einträge der ersten beiden Spalten sollen linksbündig erfolgen (Text), die der dritten Spalte rechtsbündig (Zahlen); in die vierte Spalte sollen Dezimalzahlen eingetragen werden. Als Tabulatorpositionen müßten Sie dann angeben: Linksbündiger Tabulator bei 7, rechtsbündiger Tabulator bei 13 und ein Dezimaltabulator etwa bei 15,5.

Nach Abschluß der Eingabe erscheinen im Zeilenlineal an den festgelegten Positionen die Zeichen für die Tabulatoren, unterschiedlich je nach Tabulatortyp. Sie können nun Ihre Tabelle ausfüllen. Nach jedem Tabelleneintrag in einer Spalte drücken Sie die Tabulatortaste, und der Cursor springt zur nächsten Tabulatorposition (zur nächsten Tabellenspalte). Am Ende des Eintrags in der letzten Spalte machen Sie die Eingabe für einen erzwungenen Zeilenumbruch. Dadurch kommen Sie in eine neue Zeile, ohne daß ein Absatzendeabstand eingefügt wird. Das heißt auch, Sie bleiben weiterhin innerhalb desselben Absatzes und können Änderungen in der Formatierung der Tabelle vornehmen, ohne zuvor mehrere Absätze markieren zu müssen (was man – wie ich Ihnen aufgrund leidvoller Erfahrungen versichern kann – dauernd vergißt, wenn man an einer Tabelle rumbastelt).

Dem Programm ist „ab Werk" ein Makro beigefügt, das die Erstellung von Tabellen sehr erleichtert.

Um endloses Herumprobieren mit Probeausdrucken zu vermeiden, sollten Sie die Einträge in *DosWord* wegen der äußerst mangelhaften Kontrolle, die Sie am Bildschirm über das spätere Druckbild haben, grundsätzlich **nur in einer Schrift mit fixem Zeichenabstand** (Schreibmaschinenschrift) **in 12-Punkt-Größe** machen. Nur dann stimmen nämlich Bildschirmdarstellung und Druckbild überein.

Wenn Sie in eine Spalte nicht mehr das hineinbekommen, was hineinsoll, Sie aber auch die Spaltenbreite nicht verändern wollen, könnten Sie die **Schriftgröße verringern**. Falls Sie die Schriftgröße nicht verändern wollen (zum Beispiel, um die Kontrolle über das spätere Aussehen der Tabelle zu bewahren), schreiben Sie zuerst soviel in die Spalte, wie hineinpaßt, betätigen dann die Tabulatortaste, füllen die anderen Spalten aus und setzen in der nächsten Zeile den Eintrag der betreffenden Spalte fort. Wenn Sie hierbei Wörter trennen wollen, müssen Sie den Trennstrich durch Eingabe eines Bindestrichs selbst einfügen. *Word*s Trennhilfe bricht solche Spalten nicht um. (Im Unterschied zu nebeneinandergedruckten korrespondierenden Spalten. Deshalb sollten Sie dann, wenn Sie viele Spalteneinträge über mehrere Zeilen hinweg vornehmen müssen, möglichst nicht mit Tabulatoren, sondern mit korrespondierenden Spalten, also nebeneinandergedruckten Absätzen, arbeiten.)

Wollen Sie **verhindern**, daß die Tabelle durch einen **Seitenumbruch** geteilt wird, müssen Sie dies in der Absatzformatierung festlegen. Das funktioniert natürlich nur, wenn die ganze Tabelle ein einziger Absatz ist.

Sie können Ihre Tabelle jetzt noch ansehnlicher gestalten, indem Sie sie mit einer Absatz-**Umrahmung** versehen (die ganze Tabelle darf nur ein Absatz sein). Dabei haben Sie die Möglichkeit, die Stärke der Umrahmung zu bestimmen und den Rahmen mit einem Raster zu hinterlegen, dessen Schattierungsstufe Sie zwischen 0 und 100 wählen können.

Sie können auch die Spalten und/oder Zeilen durch **Linien** voneinander trennen. Bei **Spalten** können Sie dies durch das Setzen **vertikaler Tabulatoren** erreichen. Wollen Sie **Zeilen** durch Linien voneinander trennen, müssen Sie die **Funktion Linien-**

zeichnen aktivieren. Von dann ab zieht der Cursor Linien, und zwar gnadenlos auch über bereits Geschriebenes hinweg. Anders, als Sie es gewohnt sind, verschiebt die gezeichnete Linie nicht den Text, der an der betreffenden Stelle stand, sondern **überschreibt**, also löscht ihn. In einer Tabelle müssen Sie daher Platz lassen oder schaffen für die Linien, bevor Sie mit dem Zeichnen beginnen. Das heißt: Unterhalb jeder Zeile muß eine Leerzeile existieren, die dann mit der Linie ausgefüllt wird.

Linienzeichnen klappt nicht zusammen mit der Rahmenfunktion. Das heißt es klappt zwar, sieht aber unschön aus, weil die gezeichneten Linien nicht mit der Umrahmung abschließen. Es empfiehlt sich, dann auch die Umrahmung und eventuelle senkrechte Striche mit der Funktion Linienzeichnen einzufügen. Vor dem ersten Zeichen einer Spalte muß dann aber ein Leerzeichen Platz sein. Das ist vor allem wichtig bei der ersten Spalte. Fügen Sie also, bevor Sie mit dem Linienzeichnen beginnen, vor jede Zeile ein Leerzeichen ein (und unter jede Zeile eine Leerzeile).

Es empfiehlt sich aus diesen Gründen, beim Anlegen einer Tabelle als **erstes** das **Liniengerüst** mit der Funktion Linienzeichnen zu erstellen. Wenn Sie danach Ihre Eintragungen vornehmen, müssen Sie den **Überschreibmodus** eingeschaltet haben, sonst werden Ihre senkrechten Linien nach rechts verschoben.

Mit der Funktion Linienzeichnen umzugehen, ist nicht ohne Tücken. Das werden Sie in der Praxis merken. Und wenn Sie Pech haben, druckt Ihr Drucker die Linien nachher gar nicht aus, weil die Linienzeichen nicht zu seinem Repertoire gehören. Überlegen Sie sich also, ob Sie Linien zwischen den Zeilen überhaupt brauchen, und wenn ja, ob Sie sie nicht genauso gut (auf jeden Fall sehr viel schneller) im fertigen Manuskript mit schwarzem Fineliner und Lineal von Hand einzeichnen können.

Tabulatoren setzen geht in *MacWord* und in *WinWord* mit dem **Lineal** sehr viel einfacher. Sie greifen sich einfach die benötigten Tabulatorzeichen mit der Maus und schieben sie auf die gewünschte Stelle im Lineal. Entfernen geht genauso einfach. Wenn Sie allerdings millimetergenaue Arbeit wünschen, müssen Sie die Tabulatorpositionen auch hier in der **Absatzformatierung** als Zahlenwerte eingeben. Aktionen auf dem Lineal wirken sich gröber, etwa in 3mm-Schritten aus. Immer müssen Sie jedoch daran denken, daß sich das Setzen, Verschieben und Entfernen von Tabulatoren nur auf die Absätze auswirkt, in denen der Cursor steht beziehungsweise die markiert sind.

11.4.2 Tabellen erstellen mit der Tabellenfunktion (nur *MacWord* und *WinWord*)

*Word*s **Tabellenfunktion** (➜ Abschnitt 8.8) macht das Erstellen von Tabellen noch komfortabler. Sie rufen die Funktion auf, geben die Anzahl der Spalten und Zeilen an, und schon zaubert *Word* Ihnen eine fertige leere Tabelle auf den Bildschirm. Verändern von Spaltenbreiten geht ganz einfach durch Verschieben der Randmarkierungen im Lineal.

Der Inhalt der einzelnen Zellen der Tabelle enthält mindestens einen Absatz (auch wenn dieser beispielsweise nur aus einer Zahl besteht), kann aber auch mehrere Absätze enthalten, wenn der Zelleneintrag zwischendurch eine Absatzendeschaltung (Return) aufweist. Diese Absätze können in der üblichen Weise direkt oder mit Hilfe von Druckformaten formatiert werden. So können Tabelleneinträge innerhalb der Zellen links- oder rechtsbündig oder zentriert, mit unterschiedlichen linken und rechten Einzügen, in unterschiedlichen Schriftarten, Schriftgrößen und Schriftschnitten, mit unterschiedlichem Zeilenabstand, unterschiedlichem Abstand von der oberen oder unteren Zellenbegrenzung gesetzt werden.

Leeres Tabellenraster, wie es mit *Word*s Tabellenfunktion erstellt werden kann. Vorgabe: 12 Spalten, 8 Zeilen bei einer Satzspiegelbreite von 9,6 cm. Das Raster kann, muß aber nicht gedruckt werden. Einzelne Zellen, Spalten, Zeilen oder die gesamte Tabelle lassen sich mit Umrahmungen unterschiedlicher Linienstärke und mit hinterlegten Schattierungen versehen. Schrift auf dunklem oder schwarzem Hintergrund läßt sich „weiß" definieren.

Mit **Tabulatoren** zu arbeiten, empfiehlt sich, wenn die Spalten Ihrer Tabelle unterschiedliche Breiten haben sollen und wenn Sie unterschiedliche Arten von Tabulatoren einsetzen wollen, andererseits auf Umrahmungen verzichten können. Mit der **Tabellenfunktion** zu arbeiten, empfiehlt sich, wenn Sie Tabellen mit vielen gleichbreiten Spalten einrichten wollen und Wert auf eine optische Gliederung der Tabelle durch ein Gitternetz legen. Tabellen, die Sie mit Tabulatoren erstellt haben, können Sie in Tabellen der zweiten Art umwandeln.

Wenn Sie eine bestimmte Tabellenform, für die Sie die Tabulatoren gesetzt haben, voraussichtlich öfter brauchen, sollten Sie sich ein **Druckformat** anlegen, dessen Absatzformatierung die benötigten Tabulatorpositionen enthält. Leere Tabellen mit allem drum und dran: Gitternetz, Hintergrundraster, Formatierungsanweisungen für die Einträge können Sie für wiederholten Gebrauch als **Textbausteine** abspeichern.

11.4.3 Tabellen aus einem Kalkulationsprogramm einfügen

Word verfügt über eine **Rechenfunktion**, die Sie auch in Tabellen anwenden können, gleichgültig ob diese mit Tabulatoren oder mit der Tabellenfunktion angelegt wurden. Wenn Sie eine Spalte oder Zeile markieren und dann die Funktion Berechnen wählen, werden die Werte addiert, und das Ergebnis wird unten links am Bildschirm angezeigt. Sofern die Werte in den Spalten oder Zeilen mit Operatoren versehen sind (Minuszeichen oder Zahl in Klammern für Subtraktion; * für Multiplikation; / für Division, *n% für Prozentrechnung), berücksichtigt *Word* auch diese, führt die entsprechende Berechnung durch und zeigt das Ergebnis wieder unten links an. Sollten einzelne Zellen Text- oder sonstige nicht-numerische Zeichen enthalten, werden diese bei der Berechnung ignoriert.

Umfangreichere, zum Beispiel statistische Auswertungen, werden Sie mit der Rechenfunktion von *Word* nicht durchführen können. Falls Sie aber ein **Tabellenkalkulationsprogramm** hierfür einsetzen (→ Abschnitt 9.3), können Sie Erfassungs- und Auswertungs-Tabellen sowie grafische Darstellungen („Charts") daraus in Ihr Manuskript einfügen. (Sie können die Tabellen selbstredend auch vom Tabellenkalkulationsprogramm aus ausdrucken und sie dann ausschneiden und in Ihr Manuskript einkleben; beim Ausdruck des Manuskripts müssen Sie dafür nur genügend Platz freihalten.)

Um in *DosWord* eine **Tabelle einzufügen**, wandern Sie mit dem Cursor an die Stelle, vor der die Tabelle plaziert werden soll und wählen die Funktion zur Verknüpfung mit einer Kalkulationstabelle. Dann geben Sie den Dateinamen der Kalkulationstabelle an und den Bereich, der importiert werden soll. Geben Sie keinen Bereich an, wird die gesamte Tabelle importiert. Daraufhin wird die Tabelle eingelesen, und zwar als ein einziger Absatz (senkrecht nach unten gerichtete Pfeile jeweils am Zeilenende). Zwischen den Spalten sind Tabulatorsprünge vorgesehen, erkennbar an den rechtsgerichteten Pfeilen. Nach einer Tabelle sieht das Ganze aber noch nicht aus. Dazu müssen Sie erst noch in der oben beschriebenen Weise die Tabulatoren an die Positionen für den jeweiligen Spaltenbeginn setzen. Danach können Sie diese Tabelle wie üblich weiter bearbeiten (mit einem Rahmen umgeben usw.). Am Anfang und Ende der Tabelle sehen Sie jeweils einige verborgen formatierte Anmerkungen. Die braucht *Word*, um später diese Tabelle **aktualisieren** zu können. Das heißt: Wenn Sie im Tabellenkalkulationsprogramm die Ursprungstabelle verändert (neue Werte eingetragen, neue Berechnungen durchgeführt) haben, können Sie *Word* diese Änderungen in Ihr Manuskript aufnehmen lassen. Haben Sie das eventuell vor, dürfen Sie diese Zeichen nicht löschen. Aktualisiert wird, indem Sie die Tabelle einschließlich der verborgen formatierten Anmerkungen markieren, danach wieder die Funktion Verknüpfen wählen und Aktualisierung verlangen.

Auch *MacWord* und *WinWord* verfügen über die **Verknüpfungsfunktion** (→ Abschnitt 8.2.7). Eine **Aktualisierung** braucht hier nicht unbedingt eigens verlangt zu werden. Sie kann auch automatisch erfolgen. Wenn die Aktualisierungsmöglichkeit nicht so wichtig ist, haben Sie in *MacWord* und in *WinWord* noch eine weitere Möglichkeit, eine Tabelle zu übernehmen. Sie starten das Programm, mit dem sie erstellt wurde, und öffnen die Datei, die die Tabelle enthält. Dann kopieren Sie die Tabelle oder den Teil der Tabelle, den Sie benötigen, in die Zwischenablage, wechseln in *Word*, setzen den Cursor an die gewünschte Stelle und wählen die Funktion Einfügen. Die Tabelle wird daraufhin eingelesen und verhält sich des weiteren wie eine mit *Word*s Tabellenfunktion erstellte Tabelle. Das heißt, Sie können anschließend alles mit ihr machen, was oben beschrieben wurde. Das Einfügen eines **Diagramms** funktioniert auf die gleiche Weise.

Verknüpfung mit Aktualisierung funktioniert nicht mit jedem Kalkulationsprogramm. Sie funktioniert jedenfalls mit der aktuellen Version des Kalkulationsprogramms *Excel* vom gleichen Hersteller.

Jahr	Produzierendes Gewerbe		Staat		Insgesamt
	Investition	Betriebs-ausgaben	Investition	Betriebs-ausgaben	
1975	2480	3200	4740	3000	13420
1976	2390	3610	5270	3280	14550
1977	2250	3930	4860	3550	14590
1978	2150	4240	5860	3920	16170
1979	2080	4550	6940	4410	18090
1980	2650	5150	8050	4690	20560
1981	2940	5920	7390	5120	21370
1982	3560	6550	6500	5390	22000
1983	3690	6930	6030	5610	22260
1984	3500	7390	5900	5930	22720
Summe	27690	51470	61540	44900	185600

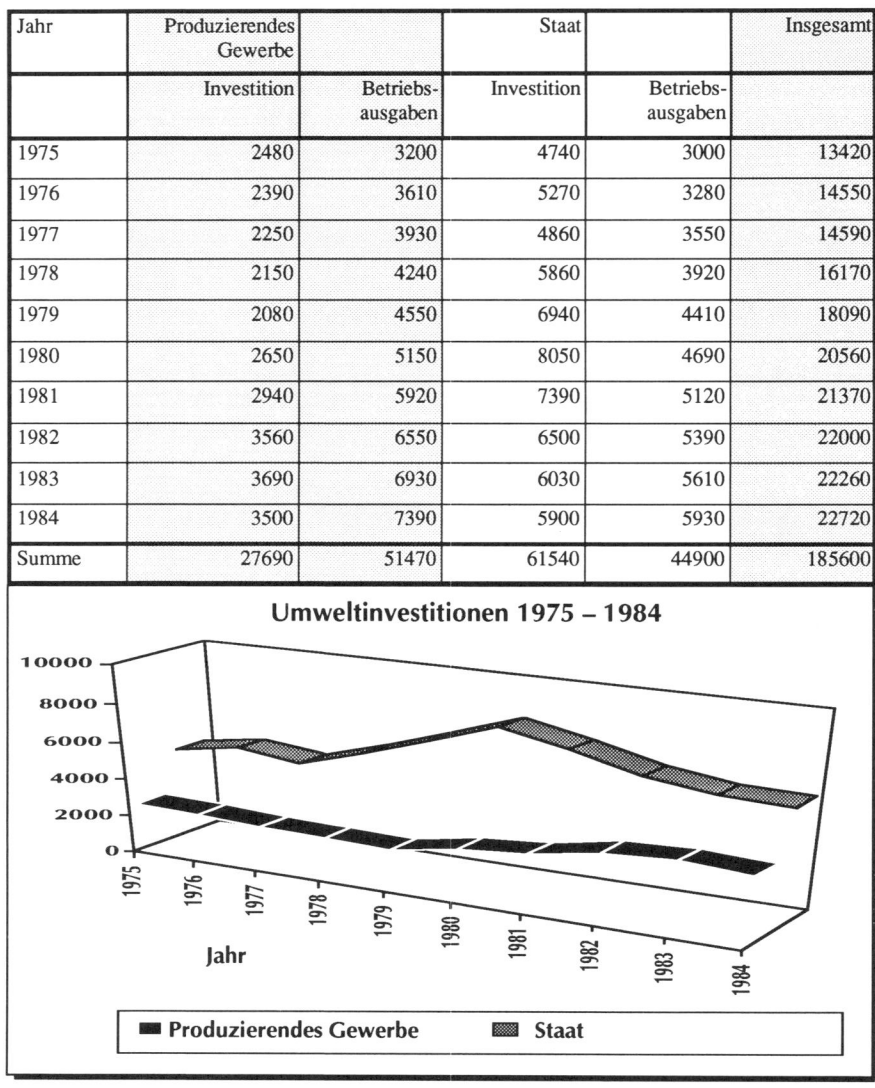

Umweltinvestitionen 1975 – 1984

■ **Produzierendes Gewerbe**   ▨ **Staat**

Aus einem Tabellenkalkulationsprogramm übernommene Tabelle mit – ebenfalls im Kalkulationsprogramm *(Microsoft Excel)* erstelltem – Diagramm.

11.4.4 Tabellen auf der Seite fest verankern (nur *MacWord* und *WinWord*)

In *Word* erstellte oder aus einem anderen Programm eingefügte Tabellen werden wie normaler Text sonst auch in den laufenden Textfluß integriert. Das heißt: Wenn Sie davor Text hinzufügen oder löschen, wandert die Tabelle im Manuskript ein entsprechendes Stück nach vorn oder nach hinten. Das ist aber nicht immer erwünscht. Eine größere Tabelle, die zuvor schön auf der Seite plaziert war, wird nun vielleicht durch einen Seitenumbruch geteilt. Oder wenn sie gegen die Teilung durch Seitenumbruch geschützt ist und auf die nächste Seite verschoben wird, entsteht auf der vorhergehenden Seite ein großes Loch.

In *MacWord* und *WinWord* haben Sie die Möglichkeit, einer Tabelle mit Hilfe der Funktion **Positionsrahmen** einen **festen Platz auf der Seite**, zum Beispiel genau in der Mitte, zuzuweisen. Wenn Sie dann vor der Tabelle Text hinzufügen oder löschen, bleibt die Tabelle an ihrem Platz auf der Seite. Was sich allerdings verändert, ist ihre Position relativ zum umgebenden Text. Darauf müssen Sie natürlich achten. Wenn Sie Tabellen per Positionsrahmen auf der Seite verankern, ist es empfehlenswert, sie mit einer Unterschrift wie „Tabelle 1: ..." zu versehen und im laufenden Text auf die Nummer der Tabelle Bezug zu nehmen, statt Formulierungen zu verwenden, die sich auf die relative Stellung der Tabelle zum Text beziehen (wie „obenstehende" oder „folgende Tabelle"), da diese nach Textveränderungen möglicherweise nicht mehr zutreffen.

11.5 Grafiken und Bilder

11.5.1 Grafiken erstellen (nur *MacWord* und *WinWord*)

Für einfache Schaubilder und Diagramme brauchen Sie jetzt kein Spezialprogramm mehr zu bemühen. *MacWord* und *WinWord* werden inzwischen mit **Grafikmodulen für objektorientiertes Zeichnen und Präsentationsgrafik** ausgeliefert (➜ Abschnitt 8.9).

Die Bedienung dieser Module ist am Standard für die entsprechenden Spezialprogramme ausgerichtet (➜ Abschnitt 9.5). Das Arbeiten mit ihnen gestaltet sich allerdings auch fast wie das Arbeiten in einem zusätzlichen Programm. Das heißt, Sie zeichnen nicht direkt in Ihr Manuskript, also auf der *Word*-Arbeitsfläche, sondern **in einem eigenen Fenster**. Erst wenn Sie mit der Erstellung der Grafik fertig sind und das Fenster schließen, wird das Arbeitsergebnis in Ihr Dokument eingefügt. Auch zum Überarbeiten einer Grafik muß erst wieder das Grafik-Fenster geöffnet werden.

Daraus resultiert bisweilen die Schwierigkeit, die Ausmaße einer Grafik dem Layout Ihres *Word*-Textes anzupassen. Bevor Sie die Grafik erstellen, sollten Sie daher das Grafikfenster so verschieben und in der Größe anpassen, daß die Zeichenfläche sich ungefähr an der Stelle Ihres Manuskripts befindet, an der Sie die Grafik einfügen wollen, und die Fläche einnimmt, die Sie dafür vorgesehen haben. So haben Sie eine bessere Kontrolle darüber, ob die von Ihnen erstellte Grafik größenmäßig Ihrer Vorstellung entspricht. Soll die Grafik linksbündig in den Text eingefügt werden, würde allerdings die Werkzeugleiste aus dem Bild verschwinden. Verschieben Sie dann zuvor das Textfenster Ihrer Datei so weit nach rechts, daß die Werkzeugleiste des Grafikfensters links vom Text Platz findet.

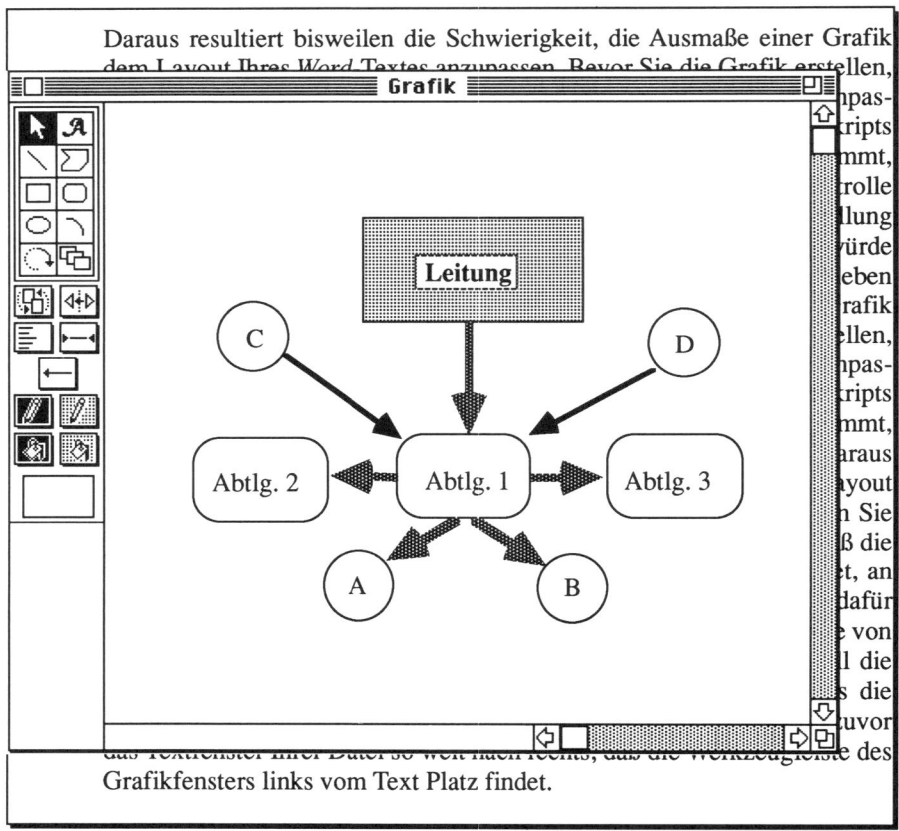

Grafikfenster in *MacWord*

11.5.2 Grafiken und Bilder aus Grafik- und Bildbearbeitungsprogrammen einfügen

Grafiken und Bilder, die Sie mit speziellen Grafik- oder Bildbearbeitungsprogrammen erstellt haben, können Sie in ähnlicher Weise wie Tabellen aus anderen Programmen importieren und Ihrem Manuskript einfügen. Auf diese Weise können auch „gemalte" Grafiken („Bitmuster"-Grafiken; ➜ Abschnitt 9.5) einbezogen werden, die mit *Word*s Grafikmodulen nicht erstellt werden können.

Um in *DosWord* eine **Grafik** zu **importieren**, gehen Sie zuerst mit dem Cursor an die Stelle, vor der die Grafik plaziert werden soll. Dann wählen Sie die Funktion Verknüpfen einer Grafikdatei und geben die zu importierende Grafikdatei samt Grafikformat an. Die Grafik wird jedoch, anders als eine Tabelle, danach nicht eingefügt. Stattdessen erscheint eine verborgen formatierte Zeile mit Anmerkungen zur importierten Grafik. Wollen Sie die Grafik sehen, müssen Sie in die Seitenansicht („Layoutkontrolle") wechseln. Wahrscheinlich bekommen Sie die Grafik dann zu sehen. Sicher aber ist das nicht. *DosWord* bezieht die Grafik erst beim Druck mit ein.

In *WinWord* und *MacWord* lautet die entsprechende Funktion **„Einfügen Grafik"**. Grafiken, die als eigene Datei abgespeichert wurden, können so importiert werden. Ein zweiter Weg ist wieder der über die Zwischenablage. Sie starten das Programm, mit dem die Grafik oder das Bild erstellt wurde, und öffnen die Datei, die das Bild oder die Grafik enthält. Dann kopieren Sie Bild oder Grafik in die Zwischenablage, wechseln in *Word*, setzen den Cursor an die gewünschte Stelle und wählen die Funktion Einfügen. Soll eine Grafik eventuell später aktualisiert werden, bietet sich auch hier die Funktion Verknüpfen an. Wie beim Verknüpfen einer Tabelle werden dann Aktualisierungen der Grafik in einer Ursprungsdatei automatisch oder auf Wunsch im *Word*-Manuskript mitvollzogen.

Beim Einbinden von **Bildern** müssen Sie unterscheiden zwischen „Strichzeichnungen" und „Halbtonbildern". **Strichzeichnungen** heißen Bilder, die nur **zwei Helligkeitswerte** (Schwarz und Weiß) aufweisen, eben wie Zeichnungen, die mit einem schwarzen Stift erzeugt wurden. Von **Halbtonbildern** spricht man, wenn Bilder zwischen Schwarz und Weiß weitere (einschließlich Schwarz und Weiß bis **zu 256**) **Tonstufen** aufweisen.

Importierte Strichzeichnung

Strichzeichnungen lassen sich auch auf einfacheren Druckern akzeptabel ausdrucken. Die Grauwerte von Halbtonbildern können Drucker jedoch nicht wiedergeben. Sie behelfen sich mit Simulationen, indem sie die Flächen unterschiedlich dicht mit unterschiedlich dicken schwarzen Punkten füllen (das Bild wird „aufgerastert"). Wieviele Graustufen auf diese Weise simuliert werden können, hängt von der Qualität des Druckers ab. Graustufenbilder (Halbtonbilder) mit feinen Abstufungen wie die auf der folgenden Seite abgebildete afrikanische Höhlenmalerei lassen sich in *Word* zwar einbinden, werden aber nur auf relativ teuren

Druckern akzeptabel wiedergegeben. (Die Druckvorlage für dieses Buch wurde auf einem nicht sehr teuren Laserdrucker erstellt.) Wenn das Bild weniger feine Helligkeitsabstufungen aufweist und klar durchgezeichnet ist, bietet es sich an, im Bildbearbeitungsprogramm das Graustufenbild zuerst in eine Schwarz-Weiß-Bitmap-Grafik umzuwandeln, wobei mit Hilfe eines Verfahrens, das sich „Dithering" nennt, Graustufen simuliert werden, die auch von Druckern wiedergegeben werden

Importiertes Halbtonbild

können, die keine Graustufenraster zu erzeugen vermögen. (Siehe die beiden Varianten der Maske)

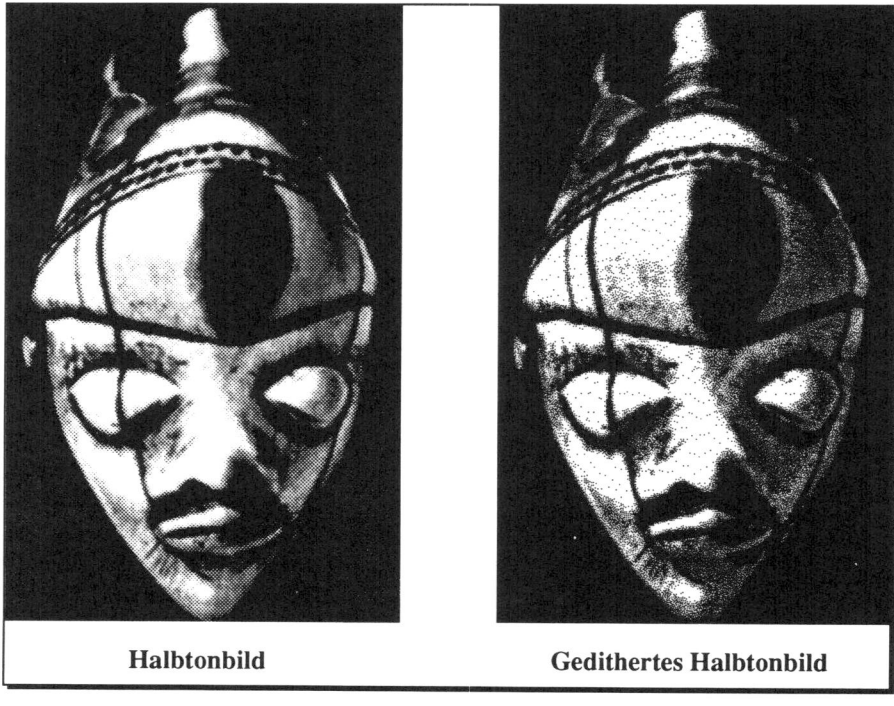

Halbtonbild   **Gedithertes Halbtonbild**

In *Adobe Photoshop* bearbeitete Halbtonvorlage

Aus anderen Programmen übernommene Grafiken und Bilder können Sie in *MacWord* und *WinWord* mit dem Grafikmodul anschließend **bearbeiten**, zum Beispiel, indem Sie nachträglich einen Text hineinmontieren. Bei der Bearbeitung von Bildern müssen Sie allerdings bedenken, daß die Zahl der Farben auf 8 *(MacWord)* beziehungsweise 16 *(WinWord)* reduziert wird und Graustufen-Bilder in Schwarz-Weiß-Bilder umgewandelt werden. Das wird meist nicht empfehlenswert sein. Farbbilder werden Sie allerdings wohl ohnehin nicht in der nötigen Qualität ausdrucken können. Graustufenbilder sollten Sie vorher mit einem Bildbearbeitungsprogramm in Schwarz-Weiß-Bitmap-Grafiken umwandeln („dithern").

11.5.3 Grafiken und Bilder auf der Seite fest verankern

Wie bei Tabellen läßt sich in *WinWord* und *MacWord* auch bei Grafiken verhindern, daß sie bei Textergänzungen oder -kürzungen mitwandern, indem man sie an einer bestimmten Stelle der Seite mit der Funktion **Positionsrahmen** fest verankert (➜ Abschnitt 11.4.4). Zwar kann eine Grafik nicht durch einen Seitenumbruch geteilt werden; sie bleibt immer komplett. Aber wenn sie nicht mehr auf eine Seite paßt, wird sie als ganze auf die nächste Seite geschoben, und auf der vorhergehenden Seite entsteht ein mehr oder weniger großes Loch. Fest auf der Seite verankerte Grafiken sollten Sie mit Unterschriften wie „Abbildung 1: ..." versehen. Im Text können Sie dann auf die Abbildungs-Nummer Bezug nehmen und Angaben zur relativen Position (wie „vgl. Abbildung unten") vermeiden.

11.6 Register und Verzeichnisse

Die Erstellung von Registern und Verzeichnissen dürfte wohl nur für Abschlußarbeiten in Frage kommen. Gerade bei sehr umfangreichen Arbeiten (Dissertationen und Habilitationsschriften) wäre eine Erleichterung dieser mühseligen Arbeit durch das Textverarbeitungsprogramm sehr wünschenswert.

Sie können die **Funktion Index** zum Beispiel benutzen, um ein Namens- und Stichwortregister, und die **Funktion Verzeichnis** (die in *MacWord* immer „Inhaltsverzeichnis" heißt, auch wenn die Funktion zur Erstellung einer anderen Verzeichnisart genutzt wird), um ein Verzeichnis aller Tabellen, Abbildungen, Grafiken in Ihrem Text zu erstellen (➜ Abschnitt 8.6). Index und Verzeichnisse können Sie in sich hierarchisch gliedern, so daß zu einem Eintrag noch Untereinträge (bis zu 3 Unterebenen in *DosWord*, bis zu 8 Unterebenen in *MacWord* und *WinWord*) gemacht werden können. Die Verzeichnisfunktion kann auch zur Erstellung eines Inhaltsverzeichnisses dienen, entweder indem die Kapitelüberschriften als ganze entsprechend markiert werden oder indem auf die Gliederungsfunktion zurückgegriffen wird.

Sie können jeweils mehrere Indices und Verzeichnisse nebeneinander erstellen (zum Beispiel separate Verzeichnisse der Tabellen, Abbildungen; Inhaltsverzeichnis). (In *DosWord* ist nur ein Index möglich.)

Damit das Programm nun erkennen kann, welche Wörter oder sonstigen Zeichenfolgen (möglich sind auch Satzteile, mehrere Wörter) in den Index oder ein Verzeichnis aufgenommen werden sollen, müssen diese erst markiert und dann **als Index- oder Verzeichniseintrag gekennzeichnet** werden. Wenn Sie Indices und Verzeichnisse mit *Word* anlegen, haben Sie den Vorteil, daß das Programm Ihnen die laufende Aktualisierung der Einträge nach Ergänzungen, Umstellungen, Kürzungen des Textes abnimmt. Vor allem die Erstellung eines Personenregisters können Sie so schon während der Texterfassung vorbereiten, indem Sie alle Personennamen gleich als Indexeintrag kennzeichnen.

Die Index- und Verzeichnisfunktion hat in *Word* jedoch ein Manko, das sie für wissenschaftliche Texte praktisch unbrauchbar machen würde, wenn es nicht Umwege gäbe, sie doch noch sinnvoll auszunutzen: Sie **erfaßt keine Einträge in Fußnoten oder Anmerkungen.** Ein Register, das auch berücksichtigt, welche Namen und Schlagwörter in Fußnoten- und Anmerkungstexten vorkommen oder angesprochen werden, oder ein Verzeichnis, das auf Einträge in Fußnoten und Anmerkungen bezug nimmt, läßt sich damit nicht ohne weiteres erstellen. Gerade in Fußnoten und Anmerkungen sind aber oft Hinweise enthalten, für deren Aufspüren ein Register besonders nützlich, ja geradezu unentbehrlich wäre, weil sie sich nicht so leicht anhand der am Fließtext orientierten Gliederung des Inhaltsverzeichnisses auffinden lassen.

Es gibt Umwege, um die Erfassung von Fußnoten- und Anmerkungstexten doch noch zu bewerkstelligen. Sie können die Schlagwörter oder Namen, die Sie ins Register, oder Einträge, die Sie in ein Verzeichnis aufnehmen wollen, direkt vor dem Fußnoten- oder Anmerkungszeichen in den Text schreiben. Da es in *Word* möglich ist, Text als „verborgen" zu formatieren, werden diese Einträge zwar von der Index- bzw. Verzeichnisfunktion erfaßt, erscheinen aber beim Ausdruck nicht. Auf diesen Kunstgriff müssen Sie ohnehin zurückgreifen, wenn das Schlagwort, zu dem Sie einen Index- oder Verzeichniseintrag wünschen, nicht im Wortlaut, sondern nur sinngemäß oder in Abwandlungen im Text vorkommt. Um solche Einträge vornehmen zu können, müssen Sie den als „verborgen" formatierten Text auf dem Bildschirm sichtbar machen. Der Nachteil dabei ist, daß Sie auf dem Bildschirm zusätzliche Wörter oder Textteile stehen haben, die beim Ausdruck nicht erscheinen werden. Der Text erscheint unaufgeräumt. Aber das ist während der Ausarbeitungsphase wohl zu verschmerzen. Später können Sie diesen Text auch auf dem Bildschirm unsichtbar werden lassen.

Sie würden sich für später einige Arbeit ersparen, wenn Sie schon bei der Texterfassung, also beim Schreiben, die Markierungen anbringen würden, die *Word* braucht, um für die Registrierung vorgesehene Einträge zu erkennen. Aber wer möchte sich schon Gedanken über eine Verschlagwortung der Inhalte seines Textes machen, wenn er noch mit der Gedankenführung als solcher und ihrer Formulierung ringt. Ganz sicher werden Sie Ihre Register und Verzeichnisse also erst erstellen, wenn die Arbeit fertig geschrieben ist.

In *DosWord* erlaubt ein mitgeliefertes **Makro**, eine Liste der Einträge zu erstellen, die in einen Index oder ein Verzeichnis aufgenommen werden sollen. *DosWord* durchsucht dann den ganzen Text nach diesen Begriffen und markiert sie als Einträge. Das setzt aber voraus, daß die gewünschten Einträge im Wortlaut im Text vorhanden sind. Bei einem Namens- oder Personenregister wird das meist der Fall sein. Bei einem Schlagwort- oder Sachregister aber wohl nicht. Der Nutzen dieses Makros ist daher eingeschränkt. Außerdem bleibt das Fußnotenproblem bestehen.

Die Verzeichnisfunktion können Sie darüber hinaus sehr gut zur **Verschlagwortung** Ihrer Texte für eigene Zwecke verwenden. Im Laufe des Studiums, erst recht, wenn man dann die wissenschaftliche Laufbahn einschlägt, sammeln sich doch eine Menge Manuskripte an. Früher oder später verlieren Sie den Überblick und wissen nicht mehr, in welchem Manuskript Sie zu dem und dem Problem oder Autor etwas geschrieben haben. Sie könnten es sich zur Angewohnheit machen, alle Texte, die Sie aus der aktuellen Bearbeitung vorläufig entlassen, mit Hilfe der Verzeichnisfunktion zu verschlagworten. Dazu fügen Sie vor jedem Sinnabschnitt einige Stichworte zum Inhalt ein („verborgen" formatiert), markieren diese als Verzeichniseinträge und lassen sich vom Programm das Verzeichnis erstellen. Was dabei herauskommt, ist so etwas wie ein ausführliches Inhaltsverzeichnis, das Sie ausdrucken und dem Manuskripttext beifügen sollten. Stattdessen oder zusätzlich könnten Sie all diese Inhaltsverzeichnisse Ihrer Manuskripte zusammenheften und hätten so eine Möglichkeit, sich relativ schnell zu informieren, in welchem Manuskript Sie an welcher Stelle wozu etwas geschrieben haben. Gegenüber den normalen Inhaltsverzeichnissen hätte diese Verschlagwortung den Vorteil, daß Sie Ihren Text in kleinere Sinneinheiten unterteilen und Schlagworte unsystematisch, also ohne Rücksicht auf Gliederungskonsistenz, vergeben können.

Im Prinzip wäre es zwar auch möglich, hierfür die Indexfunktion heranzuziehen. Das hätte den Vorteil, daß Ihnen zu jedem Schlagwort gleich alle einschlägigen Seiten Ihres Manuskripts aufgelistet würden. Andererseits ist es nicht schlecht, wenn Sie, wie es bei einem Verzeichnis der Fall ist, die Einträge in der Reihenfolge überblicken, in der sie im Text stehen. Sie erhalten hierdurch zusätzliche Hinweise über den weiteren Zusammenhang, in dem ein bestimmtes Thema abgehandelt wurde, und vielleicht bietet es sich dann an, auch noch diese weitere Umgebung im Text abzugrasen.

11.7   Literaturverzeichnis

Zur Anlage eines Literaturverzeichnisses im allgemeinen ➜ Abschnitt 5.7
Bibliographische Aufnahme von Literaturangaben ➜ Abschnitt 4.1
Literaturverwaltung mit einem Textverarbeitungsprogramm oder Datenbankprogramm ➜ Abschnitte 9.1 und 9.2
Beispiele ➜ Musterseiten 11 und 12

Wie Sie Ihr Literaturverzeichnis erstellen, hängt natürlich davon ab, ob und wie Sie Ihre Literaturverwaltung zuvor organisiert haben. Sagen wir mal, eine solche Literaturverwaltung, sei es mit Hilfe von *Word* oder unter Einsatz eines Datenbankprogramms, existierte nicht, dann rate ich Ihnen, eine eigene Datei für das Literaturverzeichnis anzulegen und diese während der Erfassung und Überarbeitung des laufenden Textes in einem zweiten Fenster ständig mit geöffnet zu halten. Sobald Sie in Ihrem Manuskript auf einen Titel Bezug nehmen, wechseln Sie in das Literaturverzeichnis und tragen dort die vollständigen Angaben ein. Jede Literaturangabe wird als selbständiger Absatz eingegeben. Benutzen Sie zur Formatierung ein Druckformat, das eventuelle Vorschriften für die Gestaltung der Einträge berücksichtigt, zum Beispiel die Einrückung der auf die erste folgenden Zeilen.

Jeder Eintrag muß natürlich mit dem Wort beginnen, nach dem er alphabetisch in das Verzeichnis eingeordnet werden soll. Meistens ist das der Verfasser-Name. Sie brauchen bei der Eingabe nicht auf alphabetische Reihenfolge zu achten. Schreiben Sie einfach drauflos und lassen Sie, wann immer Sie wollen, die Angaben vom Programm mit Hilfe der Funktion Sortieren **alphabetisch ordnen**. Dazu markieren Sie alle Absätze, die Literaturangaben enthalten. Passen Sie auf, daß Sie nicht die Überschrift des Literaturverzeichnisses oder andere zusätzliche Textpassagen mit markieren; sonst werden diese beim Sortieren ebenfalls alphabetisch (die Überschrift „Literaturverzeichnis" also bei den mit L beginnenden Literaturangaben) eingeordnet.

Titel **selbständig erschienener Werke** (Bücher, Zeitschriften) werden unterstrichen oder kursiv gesetzt. Die Titel **unselbständig erschienener Werke** (Zeitschriftenaufsätze, Beiträge zu Sammelbänden) werden in Anführungsstriche gesetzt.

Haben Sie eine **Literaturverwaltung** mit *Word* aufgebaut, wie ich es im Abschnitt 9.1 beschrieben habe, sind alle Titel, die Sie in das Literaturverzeichnis Ihrer Arbeit aufnehmen wollen, in Ihrem Gesamtliteraturverzeichnis enthalten und müssen daraus herausgeklaubt werden. In diesem Falle rate ich Ihnen, dieses Gesamtliteraturverzeichnis in einem zweiten Fenster geöffnet zu halten, während Sie an Ihrem Manuskript arbeiten. Immer dann, wenn Sie in Ihrem Text auf einen Titel Bezug nehmen, wechseln Sie in das Gesamtliteraturverzeichnis und fügen den betreffenden Titel hinzu, wenn er nicht schon enthalten ist. Dann hängen Sie an die Literaturangabe ein Kürzel an, das als Kennzeichen dafür dienen soll, daß dieser Titel in das Literaturverzeichnis Ihrer Arbeit übernommen werden soll, zum Beispiel das Kürzel „Dipl", wenn der Titel in das Literaturverzeichnis Ihrer Diplomarbeit übernommen werden soll. Denken Sie sich möglichst ein Kürzel aus, das nicht als Bestandteil einer Literaturangabe auftaucht. Dieses Kürzel formatieren Sie verborgen, damit es nicht irgendwann versehentlich mit ausgedruckt wird.

Soll nun das endgültige Literaturverzeichnis zusammengestellt werden, öffnen Sie zuerst wieder das Gesamtliteraturverzeichnis. Dann wählen Sie die Funktion Suchen. Als Suchbegriff geben Sie das Kürzel ein, das als Merkzeichen dienen sollte. Daraufhin wird der erste im Text vorkommende Suchbegriff markiert. Sie können ihn jetzt entfernen (sofern klar ist, daß Sie die Markierung in Zukunft nicht mehr brauchen). Dann markieren Sie den Absatz mit der betreffenden Literaturangabe und kopieren ihn in die Zwischenablage. Anschließend wechseln Sie in das Fenster mit der Datei, die Ihr Literaturverzeichnis enthalten soll und fügen die Literaturangabe dort ein. Dann wechseln Sie wieder in das Gesamtliteraturverzeichnis, wiederholen die Suche und verfahren mit der nächsten Literaturangabe in der oben beschriebenen Weise. Das Ganze wiederholen Sie so oft, bis Ihr Literaturverzeichnis vollständig ist. Ein bißchen langwierig das Ganze; aber Sie müssen es ja nur einmal machen.

Verwalten Sie Ihre Literatur mit einem **Datenbankprogramm**, müssen Sie zuerst die Felder der Datensätze, die die für das Literaturverzeichnis benötigten Angaben enthalten, in eine Textdatei übertragen. Wie das geht (und wie Sie zuvor die gewünschte Literaturauswahl aus dem Gesamtbestand zusammenstellen), entnehmen Sie der Bedienungsanleitung zum betreffenden Datenbankprogramm. Sie können diese Datei dann mit *Word* laden wie andere Textdateien auch, in der oben beschriebenen Weise formatieren und so dem Erscheinungsbild Ihres Manuskripts anpassen.

Schließlich können Sie in *MacWord* und *WinWord* die Einträge Ihres Literaturverzeichnisses **automatisch durchnumerieren** lassen. Voraussetzung ist lediglich, daß jeder Eintrag aus einem Absatz besteht und alle Absätze einheitlich (mit demselben Druckformat) formatiert sind.

11.8   Inhaltsverzeichnis

Zur Erstellung des Inhaltsverzeichnisses eines Manuskripts im allgemeinen ➜ Abschnitt 5.3
Beispiele ➜ Musterseiten 5 und 6

Das Inhaltsverzeichnis können Sie erst fertigstellen, wenn Sie genau wissen, auf welchen Seiten welche Kapitel beginnen. Das Inhaltsverzeichnis steht zwar am Anfang der Arbeit, aber es wird erst **als letztes fertiggestellt und ausgedruckt**. Deshalb bringen Sie es in einer eigenen Datei unter (und nicht in der Datei, die den ersten Teil oder das erste Kapitel Ihrer Arbeit enthält).

Sie können sich das Inhaltsverzeichnis von *Word* automatisch zusammenstellen lassen, sofern Sie die automatischen Druckformate für Überschriften benutzt haben. Allerdings funktioniert die automatische Erstellung des Inhaltsverzeichnisses in *DosWord* und *WinWord* nur, wenn Sie die gesamte Arbeit in einer einzigen Datei unterbringen. Bei längeren Arbeiten ist das aber unpraktisch. Und nur bei längeren Arbeiten mit vielen Überschriften auf verschiedenen Gliederungsebenen könnte die Funktion überhaupt eine gewisse, und selbst dann kaum nennenswerte, Arbeitserleichterung bieten.

Auch wenn Sie *Word* das Inhaltsverzeichnis zusammenstellen lassen, werden Sie noch etwas Arbeit damit haben, es so zu gestalten, daß es Ihren Vorstellungen entspricht. Dazu sollten Sie ein Druckformat anlegen, das Tabulatoren an den Positionen aufweist, an denen Sie die verschiedenen Gliederungspunkte, je nach Hierarchie-Ebene mehr oder weniger weit eingerückt, beginnen lassen.

Eine Überschrift auf der ersten Gliederungsebene beginnt ganz links. Sie schreiben – je nach benutztem Gliederungsschema – zuerst die Ziffer oder den Buchstaben, durch die die Position der Überschrift angegeben wird, zum Beispiel 1. oder A).

Dann drücken Sie die Tabulatortaste und schreiben anschließend die Überschrift. Schließlich drücken Sie so oft die Tabulatortaste, bis der Cursor ans Ende der Zeile springt, wo ein rechtsbündiger Tabulator für die Seitenzahl positioniert sein sollte. Nach Eingabe der Seitenzahl schließen Sie die Zeile mit einer Absatzendeschaltung ab. Falls die Überschrift zu lang ist für eine Zeile, beenden Sie die Eingabe vor Erreichen der Tabulatorposition für die Seitenzahl, schließen die Zeile mit einer Zeilenendeschaltung ab, drücken am Beginn der nächsten Zeile einmal die Tabulatortaste, damit der Cursor unter den Beginn der Überschrift in der darüberliegenden Zeile rückt, tippen dann den Rest der Überschrift ein und drücken abschließend wieder so oft auf die Tabulatortaste, wie nötig ist, um die Tabulatorposition für die Seitenzahl zu erreichen.

Eine Überschrift auf der zweiten Gliederungsebene wird am Anfang der Zeile mit einem Tabulatorsprung eingeleitet, eine Überschrift auf der dritten Ebene mit zwei Tabulatorsprüngen usw. Die übrigen Schritte sind analog zu denen für eine Überschrift auf der ersten Gliederungsebene.

Eleganter wäre es natürlich, wenn Sie analog zu den Druckformaten für die Überschriften auf verschiedenen Gliederungsebenen Druckformate für die Inhaltsverzeichnis-Einträge der verschiedenen Gliederungsebenen definiert hätten. Aber wie oft schreiben Sie schon ein so ausführliches Inhaltsverzeichnis, daß diese Mühe sich lohnte?

Wenn Sie verhindern wollen, daß die Untergliederungspunkte zu einem Gliederungspunkt irgendeiner Ebene durch einen Seitenumbruch abgetrennt werden, geben Sie vor dem betreffenden Gliederungspunkt einen erzwungenen Seitenumbruch ein.

Rücken Sie der Übersichtlichkeit wegen die Hauptgliederungspunkte ein wenig voneinander ab. Außerdem können Sie die Hauptüberschriften noch durch eine entsprechende Zeichenformatierung (Unterstreichung oder Fettdruck) hervorheben.

11.9   Titelblatt

Beispiele ➜ Musterseiten 3 und 4

Das Titelblatt fügen Sie am Anfang der Datei ein, die das Inhaltsverzeichnis enthält. Was auf das Titelblatt Ihrer Arbeit gehört, erfahren Sie von Ihrem Betreuer oder entnehmen Sie dem Abschnitt 5.1. Den Titel Ihrer Arbeit formatieren Sie wie eine Hauptüberschrift in Ihrem Manuskript mit dem Druckformat „Überschrift 1" bzw. „Gliederung 1". Oder Sie formatieren ihn mit einer passenden Zeichenformatierung: in Fettdruck, Großbuchstaben und/oder mit Unterstreichung. Ist ein Untertitel vorgesehen, formatieren Sie ihn wie eine Überschrift auf einer oder zwei Gliederungsebenen darunter; beziehungsweise wiederum mit entsprechenden Zeichenformatierungen, die eine hierarchisch niedrigere Einstufung gegenüber der Hauptüberschrift erkennen lassen. Alle übrigen Angaben können Sie in Standardformatierung für laufenden Text eingeben.

Am Ende der letzten Angabe für das Titelblatt veranlassen Sie einen erzwungenen Seitenumbruch. Dann markieren Sie alle Angaben des Titelblatts und setzen sie zentriert. Dies ist zwar eine direkte Formatierung. Aber das macht in diesem Falle nichts, weil Sie für das Titelblatt dieser Arbeit ohnehin sonst keine weitere Verwendung mehr haben werden.

Titelblatt und Inhaltsverzeichnis werden **nicht paginiert**. Weisen Sie diesen Textteilen in *MacWord* und *WinWord* einen eigenen Abschnitt zu und sehen Sie für diesen Abschnitt weder eine Kopf- noch eine Fußzeile noch eine Seitenzahl vor. Für den darauf folgenden Abschnitt müssen Sie dann angeben, daß die Numerierung der Seitenzahlen bei 1 beginnen soll. In *DosWord* erstellen Sie für Titelblatt und Inhaltsverzeichnis eine eigene Datei, deren Bereichsformatierung weder Kopf- und Fußzeile noch Seitenzählung vorschreibt.

11.10 Paginierung

Die Paginierung (Seitennumerierung) erfolgt automatisch, wenn Sie eine freistehende oder in eine Kopf- oder Fußzeile integrierte Seitenzahl vorgesehen haben. In *WinWord* wird die freistehende Seitenzahl bei Position oben als Kopfzeile, bei Position unten als Fußzeile behandelt. Sie können hier also nicht wie in *MacWord* und *DosWord* oberhalb einer Kopfzeile oder unterhalb einer Fußzeile noch eine freistehende Seitenzahl unterbringen. In *DosWord* hat die Plazierung einer freistehenden Seitenzahl einen Nachteil. Die Plazierung der Seitenzahl durch die Angabe eines Abstandes vom linken und vom oberen Blattrand berücksichtigt nicht, daß die Seitenzahl unterschiedlich viel Platz einnimmt, je nachdem, ob sie ein-, zwei- oder dreistellig ist. Wenn die einstelligen Seitenzahlen noch rechts bündig mit dem rechten Seitenrand abschließen, werden die zweistelligen schon leicht nach rechts über diesen Rand hinausragen; und die dreistelligen noch weiter. Sofern Sie Ihr Manuskript als linksbündigen Flattersatz formatieren, fällt das nicht weiter auf. Es kann aber störend werden bei Blocksatz. In dem Falle sollten Sie die Paginierung über eine Kopf- oder Fußzeile vornehmen.

Bei der Angabe der Position für die Seitenzahl müssen Sie darauf achten, daß die Seitenzahl **außerhalb des Satzspiegels**, also außerhalb des Bereichs, in den Sie Ihren laufenden Text eingeben, plaziert wird. Oft wird sie zentriert oberhalb oder unterhalb des Textes gesetzt. Zentriert heißt in diesem Falle nicht in die Mitte des Blattes, sondern in die Mitte zwischen den Seitenrändern. Das ist ein Unterschied, falls linker und rechter Seitenrand ungleich sind. Bei einseitig gedruckten Manuskripten ist es für das schnelle Erfassen der Seitenzahlen beim Durchblättern günstiger, die Seitenzahl rechtsbündig oberhalb oder unterhalb des Textes zu setzen, also in einem dem rechten Seitenrand entsprechenden Abstand vom rechten Blattrand. Nach unten oder oben sollten Sie einen Abstand von etwa 1 cm zum laufenden Text (zum Satzspiegel) einhalten.

Prinzipiell läßt sich die Seitenzahl an jeder beliebigen Stelle des Blattes plazieren (sogar mitten in den Text hinein), also zum Beispiel auch in den rechten oder linken Seitenrand auf Höhe der ersten oder letzten Zeile des fortlaufenden Textes.

Was die **Art der Paginierung** betrifft (arabische Ziffern, römische Zahlen, Buchstaben), werden Sie für den laufenden Text die übliche Numerierung mit arabischen Ziffern wählen. Für Vorwort, Einleitung oder Anhang könnten Sie eine abweichende Paginierung, etwa mit römischen Zahlen, wählen. Dazu müssen Sie die betreffenden Teile des Manuskripts innerhalb eines Dokuments als eigene Abschnitte gekennzeichnet oder (in *DosWord*) als eigene Dateien abgetrennt haben.

Sie können die Seitenzahl **in eine Kopf- oder Fußzeile integrieren**. Das hat den Vorteil, daß Sie die Seitenzahl – wie es in diesem Buch geschieht – mit anderen Textelementen (zum Beispiel mit dem Wort „Seite" oder mit der jeweiligen Kapitelüberschrift) kombinieren oder mit Absatzformatierungen versehen (zum Beispiel durch eine Trennlinie vom Text absetzen oder als weißes Zeichen in ein schwarzes Kästchen setzen) können. Damit die Seitenzahl in *MacWord* dann nicht doppelt gedruckt wird, darf die Option „Seitenzahlen am Rand" in der Abschnittformatierung nicht markiert sein. Gegebenenfalls müssen Sie die Markierung aufheben.

Bei der Paginierung über eine Kopf- oder Fußzeile müssen Sie ebenfalls darauf achten, daß die **Kopf-** beziehungsweise **Fußzeile außerhalb des Satzspiegels**, also innerhalb der Seitenränder plaziert wird. Beträgt der obere Seitenrand beispielsweise 2,5 cm, so muß die Kopfzeile einen geringeren Abstand vom Blattrand, zum Beispiel 1,5 cm, haben.

Wenn ein Dokument **beidseitig gedruckt** werden soll, müssen Sie die Seitenzahl entweder zentriert setzen oder jeweils nach außen, das heißt linksbündig für linke Seiten, rechtsbündig für rechte Seiten. Sie müssen dann angeben, daß Sie unterschiedliche Kopf- und Fußzeilen für gerade/ungerade Seiten wünschen (die Angabe wirkt sich auch auf freistehende, nicht in Kopf- oder Fußzeilen integrierte Seitenzahlen aus). Sollen die Seitenzahlen in eine Kopf- oder Fußzeile integriert werden, können Sie sodann für linke (gerade) und rechte (ungerade) Seiten unterschiedliche Kopf- und Fußzeilen bestimmen. Das nutzen Sie, indem Sie bezogen auf gerade Seiten die Seitenzahl linksbündig setzen, bezogen auf ungerade Seiten rechtsbündig.

Die **Formatierung der Seitenzahl** (Schriftart, Schriftgröße, Schriftschnitt) geschieht bei freistehender Seitenzahl durch das automatische Druckformat „Seitenzahl". Wird die Seitenzahl in eine Kopf- oder Fußzeile integriert, bestimmt das automatische Druckformat „Kopfzeile" oder „Fußzeile" die Formatierung.

Wenn Sie Ihr **Gesamtmanuskript in mehrere Dateien aufgeteilt** haben, müssen Sie daran denken, daß bei jeder Datei die Seitenzählung wieder von vorn beginnt. Um dem zu begegnen, gibt es drei Möglichkeiten:

- Sie fügen die Dateien unmittelbar vor dem Ausdruck wieder zu einer Datei zusammen. Das hat allerdings Nachteile beim Druck (➜ Abschnitt 11.11).

- Sie lassen die Dateien getrennt. Dann müssen Sie für jede Datei (außer der ersten natürlich) angeben, mit welcher Seitenzahl bei ihr die Numerierung beginnen soll. Sie müssen also wissen, welches die letzte Seite der vorhergehenden Datei war. Denken Sie daher daran, daß Sie die nötige Information nur erhalten, wenn Sie den auszudruckenden Dateien die Druckformatvorlage für den Ausdruck zugeordnet und (**nach** Zuordnung der Druckformatvorlage für den Ausdruck!) die Silbentrennung durchgeführt haben; sonst erhalten Sie eine falsche Seitenzählung.

• (Nur *MacWord*) Sie lassen die Dateien getrennt und verbinden sie in der Dokumentformatierung unter der Option „Dateienfolge". (Dazu müssen Sie für jede Datei die darauffolgende Datei angeben.) Dann geben Sie – ebenfalls in der Dokumentformatierung unter der Option „Dateienfolge" – außerdem ein, daß die Seitenzählung „Durchgehend" erfolgen soll. Die korrekte durchgehende Seitenzählung wird Ihnen anschließend jedoch nicht am Bildschirm angezeigt. Sie erscheint erst beim Ausdruck.

Durch Einteilung Ihres Textes in **verschiedene Abschnitte** können Sie in *WinWord* und *MacWord* dafür sorgen, daß bestimmte Textteile gar nicht oder in einer anderen Weise als der Haupttext paginiert werden. Sie können in der Abschnittformatierung auch bestimmen, daß mit einem neuen Abschnitt die Seitenzählung wieder von vorn beginnen soll, zum Beispiel wenn nach dem Inhaltsverzeichnis der Haupttext mit Seite 1 beginnen soll.

Die erste Seite eines Dokuments oder Abschnitts kann von der Paginierung ausgenommen werden. Sie können dann für die erste Seite eine spezielle, nur für diese Seite gültige Kopf- oder Fußzeile eingeben. Tun Sie dies nicht, wird auf dieser Seite keine Kopf- und keine Fußzeile gedruckt, auch wenn Sie dies für den Abschnitt sonst vorgesehen haben. Obwohl die Seitenzahl auf dieser Seite nicht gedruckt wird, wird die Seite bei der Paginierung **mitgezählt**.

11.11 Druck

Überarbeitungen und Korrekturen Ihres Manuskripts beziehungsweise von Teilen daraus sollten Sie Ihren Augen zuliebe nicht am Bildschirm vornehmen, sondern anhand eines Zwischenausdrucks. Dazu können Sie die Standard-Druckformatvorlage verwenden. Denken Sie aber daran: Ein solcher Ausdruck gibt Ihnen naturgemäß keinen Aufschluß über das Layout, die Zeilen- und Seitenumbrüche sowie über die Seitenzahl Ihres Manuskripts. Aber zum Korrekturlesen ist das wohl auch nicht nötig.

Sind Sie mit allen Korrekturen und Überarbeitungen fertig, ist es Zeit, die **Druckformatvorlage für den Ausdruck** zuzuordnen. Die Bildschirmdarstellung verändert sich daraufhin. Jetzt erst aktivieren Sie die Funktion **Silbentrennung**. Sollten Sie versehentlich doch schon einmal die Trennhilfe durchgeschickt haben, bevor Sie dieses Arbeitsstadium erreicht haben, können Sie die **Trennstellen** auf folgende Weise wieder **entfernen**: Sie aktivieren die Funktion Ersetzen, tragen als Suchbegriff ein: ^- (Zirkumflex Bindestrich), im Feld „Ersetzen durch:" tragen Sie nichts ein, und schließlich wählen Sie „Alles ersetzen". Das Programm entfernt alle Trennst-

ellen aus dem Text. Anschließend meldet es Ihnen, wieviele Trennstellen es raus-
geschmissen hat.

Ist das abgeschlossen, kontrollieren Sie den **Seitenumbruch**: Sind keine erzwungenen Seitenumbrüche an unpassenden Stellen stehengeblieben; stehen keine Überschriften einsam am Seitenende; sind Tabellen nicht auseinandergerissen; hat die
Verschiebung von Grafiken auf die nächste Seite kein häßliches Loch auf der
vorhergehenden Seite hinterlassen?

Im nächsten Schritt sorgen Sie für eine **durchgehende Numerierung** Ihrer Fußnoten und Seitenzahlen, falls Sie das Gesamtmanuskript in mehrere Dateien aufgeteilt
haben.

Und schließlich müssen Sie noch die **Seitenzahl** eingeben, **mit der die Paginierung**
Ihrer Arbeit **beginnen soll**. Sollen die Seiten des Inhaltsverzeichnisses, die ja nicht
paginiert werden, mitgezählt werden oder nicht? Falls ja: Schreiben Sie das Inhaltsverzeichnis in eine eigene Datei und geben Sie für die erste darauf folgende Datei die
entsprechende Anfangszahl, zum Beispiel 5, ein. In *MacWord* dürfen Sie Titelblatt
und Inhaltsverzeichnis dann nicht in die „Dateienfolge“ aufnehmen, für die eine
durchgehende Seitenzählung gewünscht wird. Falls die Seiten des Inhaltsverzeichnisses nicht mitgezählt werden sollen, genügt es in *MacWord* und *WinWord*, das
Inhaltsverzeichnis in einen eigenen Abschnitt zu stellen und für den ersten darauffol-
genden Abschnitt anzugeben, daß die Seitenzählung bei 1 beginnen soll.

Erst danach lassen Sie Ihr Manuskript **ausdrucken**. Stellen Sie nun am fertigen
Ausdruck doch noch Fehler fest, können Sie nach deren Korrektur auch nur die
betreffenden Seiten separat noch einmal ausdrucken lassen, vorausgesetzt, durch die
Korrektur hat sich keine Änderung im Seitenumbruch ergeben. *Word* formatiert vor
dem Ausdruck einzelner Seiten das gesamte Dokument jedesmal komplett bis zur
auszudruckenden Seite durch. Wollen Sie nur die Seite 99 eines 100-seitigen Dokuments ausdrucken, kann das einige Zeit in Anspruch nehmen. Auch für den Druck ist
es daher praktischer, längere Manuskripte in kleinere Dateien aufgeteilt zu haben.

Ihre Arbeit ist fertig. Sie sind fertig (?). Ich bin fertig (mit diesem Buch). **Anlaß zum
Feiern!**

Musterseiten

Verzeichnis

Anmerkung zu den Musterseiten:

Es werden (außer bei den Musterseiten 9 und 10) jeweils ein Muster für eine mit Schreibmaschine geschriebene und für eine mit einem Textverarbeitungssystem erstellte Manuskriptseite abgebildet.

Für die Schreibmaschinen-Musterseiten wurde eine nicht-proportionale Schrift *(Courier)* in 12 Punkt Größe = 10 Zeichen pro Zoll (cpi) bei 18 Punkt Zeilenabstand = 1,5 Zeilen eingesetzt. Einzeilig geschriebene Passagen erhielten 12 Punkt Zeilenabstand.

Für die Textverarbeitungs-Musterseiten wurde eine Proportionalschrift *(Times)* in 12 Punkt Größe bei 14 Punkt Zeilenabstand eingesetzt.

Musterseite 1:

Aufteilung einer Schreibmaschinenseite (Korrekturrand rechts)

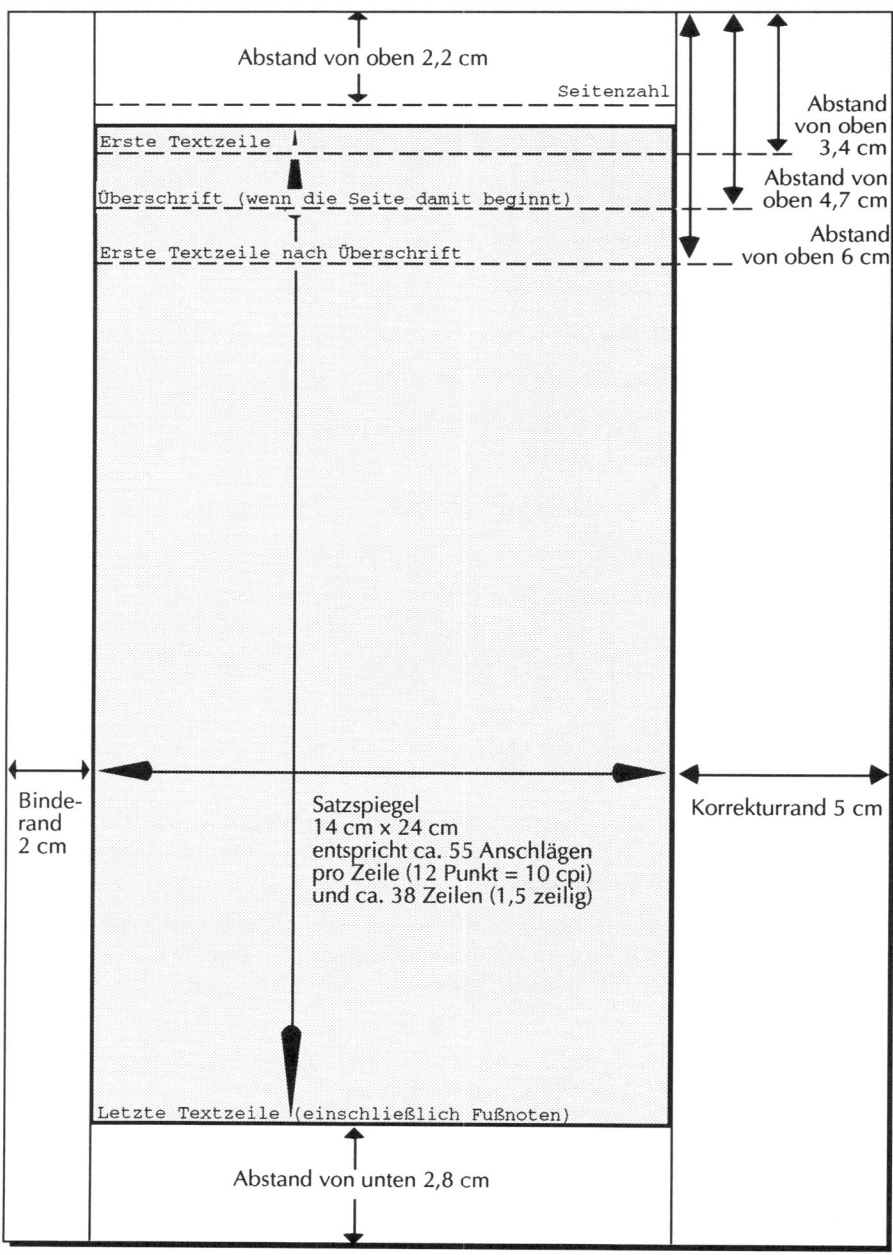

Abstand von oben 2,2 cm

Seitenzahl

Abstand von oben 3,4 cm

Abstand von oben 4,7 cm

Abstand von oben 6 cm

Erste Textzeile

Überschrift (wenn die Seite damit beginnt)

Erste Textzeile nach Überschrift

Binde-rand 2 cm

Satzspiegel
14 cm x 24 cm
entspricht ca. 55 Anschlägen
pro Zeile (12 Punkt = 10 cpi)
und ca. 38 Zeilen (1,5 zeilig)

Korrekturrand 5 cm

Letzte Textzeile (einschließlich Fußnoten)

Abstand von unten 2,8 cm

Musterseite 2:

Satzspiegel bei Einsatz eines Textverarbeitungssystems (Korrekturrand links)

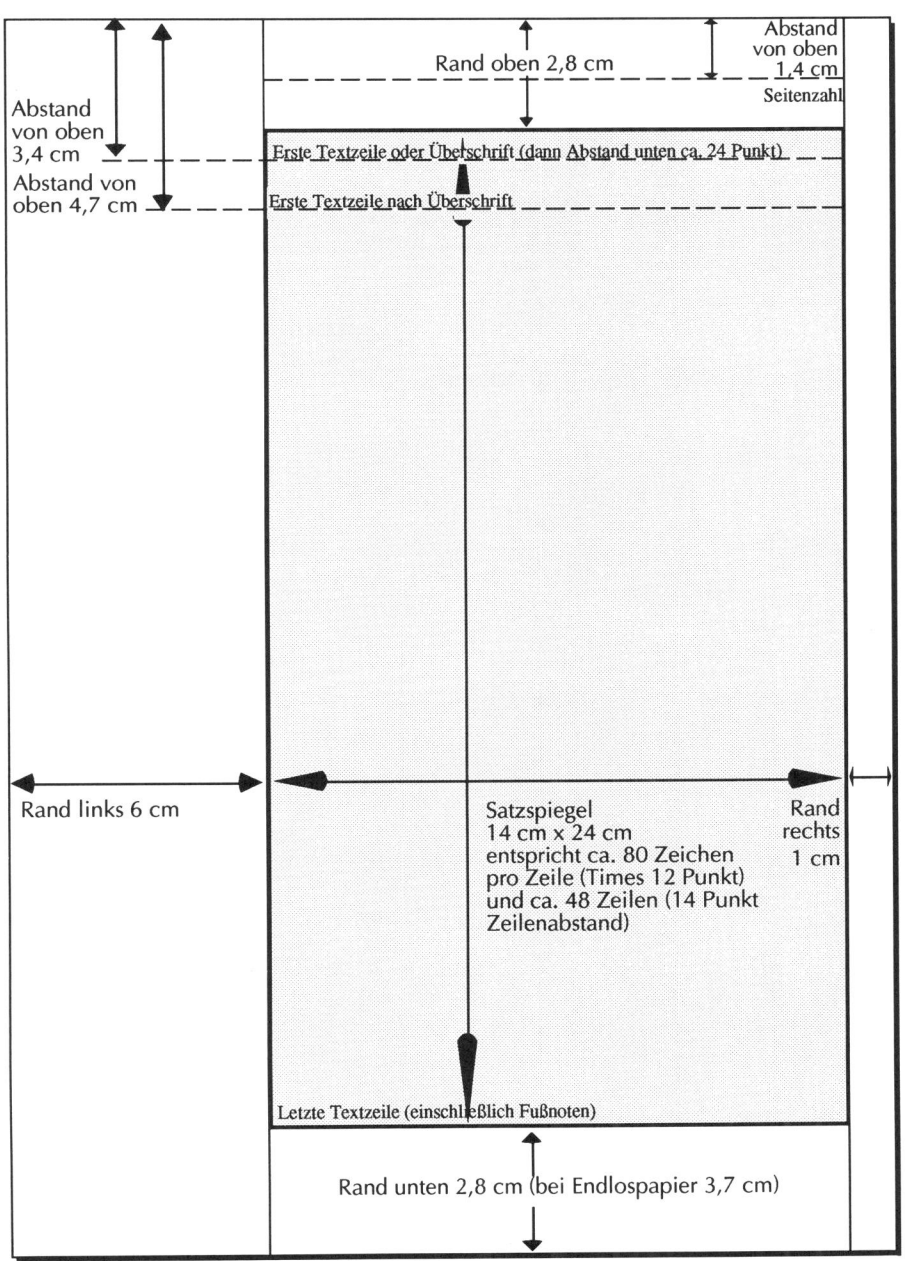

Rand oben 2,8 cm

Abstand von oben 1,4 cm

Seitenzahl

Abstand von oben 3,4 cm

Abstand von oben 4,7 cm

Erste Textzeile oder Überschrift (dann Abstand unten ca. 24 Punkt)

Erste Textzeile nach Überschrift

Rand links 6 cm

Satzspiegel
14 cm x 24 cm
entspricht ca. 80 Zeichen
pro Zeile (Times 12 Punkt)
und ca. 48 Zeilen (14 Punkt
Zeilenabstand)

Rand rechts 1 cm

Letzte Textzeile (einschließlich Fußnoten)

Rand unten 2,8 cm (bei Endlospapier 3,7 cm)

Musterseite 3:
Titelblatt (Schreibmaschine)

UMWELTSCHUTZ UND FREIHEIT DES EIGENTUMS

Ordnungspolitische Probleme einer Ökologischen Buchhaltung
nach der Konzeption von R. Müller-Wenck

Hausarbeit im Fach VWL
Diplomstudiengang Wirtschaftswissenschaft

Seminar: Ökonomie und Ökologie,
Sommerseemster 1989
Dozentin: Katharina Kleingeist

Universität – Gesamthochschule Zwergental

Verfasserin: Regine Mummenschantz
Matr.Nr. 85007, An der Klappermühle 5,
47111 Zwergental

Datum der Abgabe: 20.6.1989

Musterseite 4:

Titelblatt (Textverarbeitungssystem)

„Wissenschaftliches Arbeiten"

Eine Abhandlung über den Wissenschaftsbegriff in Büchern zu
„Formen und Techniken des wissenschaftlichen Arbeitens"

Schriftliche Hausarbeit im Rahmen der Ersten Staatsprüfung
für das Lehramt für die Sekundarstufe II
im Fach Philosophie

an der
Universität – Gesamthochschule Zwergental

Dem Staatlichen Prüfungsamt für Erste Staatsprüfungen
für Lehrämter an Schulen
Zwergental

vorgelegt von

Th. Eisen

Zwergental, Januar 1993

Musterseite 5:

Inhaltsverzeichnis (Schreibmaschine)

Musterseite 6:

Inhaltsverzeichnis (Textverarbeitungssystem)

Musterseite 7:

Textseite (Schreibmaschine)

```
                                                              1

   (Erste Textzeile auf den folgenden Seiten)


   1. KAPITEL


   Hier beginnt die erste Textzeile nach Überschriften.
   Zwischen Überschrift und Text wird eine Leerzeile ein-
   gerückt.(1) Hervorhebungen werden durch Unterstreichung
   erzeugt. Die Namen von AUTOREN können durch Großbuch-
   staben typographisch hervorgehoben werden.


   1.1 Überschrift auf der zweiten Gliederungsebene

   Vor Beginn eines neuen Abschnitts werden zwei Leer-
   zeilen eingeschoben, damit die folgende Überschrift op-
   tisch näher an den zu ihr gehörigen Text herangerückt
   wird.
       "Hier beginnt nun ein eingeschobenes Zitat, das durch
       1zeiligen Zeilenabstand und einen linken Einzug um
       3 Zeichen vom übrigen Text abgehoben wird."(2)
   Das Fußnotenzeichen wird in Klammern gesetzt und folgt
   ohne dazwischengeschaltetes Leerzeichen dem letzten
   Zeichen des Textes, auf das es sich bezieht. Alternativ
   kann das Fußnotenzeichen auch hochgestellt werden.

   1.1.1 Überschrift auf der dritten Gliederungsebene

   Dieser Seite liegt im übrigen der Satzspiegel der
   Musterseite 1 zugrunde. Weitere Musterseiten finden Sie
   auf den folgenden Seiten. Es gibt auch ein Verzeichnis
   der Musterseiten, in dem Sie sich Überblick verschaffen
   können.
   _____
   (1) Dies ist die erste Fußnote, deren Text sich über
       zwei Zeilen erstreckt, damit der geringere
       Zeilenabstand (einzeilig) sichtbar wird.
   (2) Dies ist die zweite Fußnote (Sesink 1993, S. 65).
```

Musterseite 8:

Textseite (Textverarbeitungssystem)

1

(Erste Textzeile auf den folgenden Seiten)

1. KAPITEL

Die Überschrift der ersten Gliederungsebene wurde in Helvetica 14 Punkt Großbuchstaben fett gesetzt.

Zwischen Überschrift und Text wird durch Definition eines entsprechenden Absatzendeabstands im Druckformat für die Überschrift Abstand geschaffen.[1] Die Schriftart für den laufenden Text ist Times, Schriftgröße 12 Punkt, Zeilenabstand 14 Punkt. *Hervorhebungen* werden durch *Kursivschrift* erzeugt. Die Namen von Autoren können durch GROSSBUCHSTABEN oder Kapitälchen typographisch hervorgehoben werden.

1.1 Überschrift auf der zweiten Gliederungsebene

Oberhalb einer Überschrift sollte ein größerer Abstand zum vorhergehenden Text geschaffen werden als unterhalb der Überschrift zum nachfolgenden Text, damit die Überschrift optisch näher an den Text rückt, dem sie zugehört. Das kann durch Einschub von Leerzeilen erfolgen oder durch Definition eines entsprechenden Abstandes oberhalb im Druckformat für die Überschrift.

Die Überschrift der zweiten Gliederungsebene wurde in Helvetica 12 Punkt fett gesetzt.

"Hier beginnt nun ein eingeschobenes Zitat, das durch kleinere Schrift (10 Punkt) und geringeren Zeilenabstand (12 Punkt) vom übrigen Text abgesetzt wird."[2]

Das Fußnotenzeichen erhält eine kleinere Schriftgröße, wird hochgestellt und folgt ohne dazwischengeschaltetes Leerzeichen dem letzten Zeichen des Textes, auf das es sich bezieht. Alternativ kann das Fußnotenzeichen auch in Klammern gesetzt werden.

1.1.1 Überschrift auf der dritten Gliederungsebene

Die Überschrift der dritten Gliederungsebene wurde in Helvetica 12 Punkt kursiv gesetzt.

Dieser Seite liegt im übrigen der Satzspiegel der Musterseite 2 zugrunde. Weitere Musterseiten finden Sie auf den folgenden Seiten. Es gibt auch auf der Seite 261 ein Verzeichnis der Musterseiten, in dem Sie sich Überblick verschaffen können.

---

[1] Dies ist die erste Fußnote, deren Text sich über zwei Zeilen erstreckt, damit der geringere Zeilenabstand (einzeilig) sichtbar wird.

[2] Dies ist die zweite Fußnote (Sesink 1993, S. 269).

Musterseite 9:

Zitiertechnik (Beispiele)

Originalwortlaut mit Zitat im Zitat, Hervorhebung und Auslassung (französische Anführungsstriche im Original)	Früh schon hatte Schelling bestimmt: »Es muß gezeigt werden, wie die Produktivität allmählich sich materialisiert und in immer fixiertere Produkte sich verwandelt, welches dann eine systematische *Stufenfolge* in der Natur geben würde ...« (Erster Entwurf usw., 1799, Werke III, S. 302).
Zitat wörtlich und vollständig übernommen: doppelte Anführungsstriche am Anfang und Ende des Zitats; Zitat im Zitat durch einfache Anführungsstriche eingeschlossen; Hervorhebung des Originals durch Unterstreichung wiedergegeben.	"Früh schon hatte Schelling bestimmt: 'Es muß gezeigt werden, wie die Produktivität allmählich sich materialisiert und in immer fixiertere Produkte sich verwandelt, welches dann eine systematische <u>Stufenfolge</u> in der Natur geben würde ...' (Erster Entwurf usw., 1799, Werke III, S. 302)." (Bloch 1972, S. 219; Hervorh. im Original)
Zitat gekürzt und in einen eigenen Satz eingebaut: eigene Auslassung durch Ellipse in eckigen Klammern gekennzeichnet.	Nach Bloch hatte Schelling sich schon 1799 vorgenommen zu zeigen, wie letztendlich die Verwandlung der Produktivität "'in immer fixiertere Produkte [...] eine systematische <u>Stufenfolge</u> in der Natur geben würde ...'" (Bloch 1972, S. 219; Hervorh. im Original).
Teile des Zitats in einen eigenen Satz eingebaut: eigene, zum Verständnis des Zitats beitragende Ergänzung („Interpolation") in eckigen Klammern; Anpassung der Flexionsformen durch in eckige Klammern gesetzte Zusätze.	Wie Bloch zeigt, hatte Schelling schon 1799 von einer "systematischen <u>Stufenfolge</u> in der Natur" gesprochen, welche sich durch Materialisierung der "Produktivität [der Natur, W.S.] [...] in immer fixiertere[n] Produkte[n]" ergebe (Bloch 1972, S. 219; Hervorh. im Original).
Sinngemäße Wiedergabe des Zitats	Nach Blochs Interpretation hatte Schelling schon 1799 vor, die Evolution als Ausdruck der Materialisierung einer ursprünglichen Produktivität der Natur philosophisch abzuleiten (vgl. Bloch 1972, S. 219).

Musterseite 10:

Formen des Quellenbelegs

Zitat abgesetzt und engzeilig, ohne Anführungsstriche am Anfang und am Ende (nur möglich, wenn in dieser Weise ausschließlich Zitate gesetzt werden); vollständiger Beleg in Fußnote.

```
Bloch schreibt:

Früh schon hatte Schelling bestimmt:
"Es muß gezeigt werden, wie die Produk-
tivität allmählich sich materialisiert
und in immer fixiertere Produkte sich
verwandelt, welches dann eine systema-
tische Stufenfolge in der Natur geben
würde ..." (Erster Entwurf usw., 1799,
Werke III, S. 302).(1)

In seiner später weiter ausgearbeiteten
Naturphilosophie habe Schelling dann

─────────────────────────
(1) Bloch, Ernst: Das Materialismus-
problem, seine Geschichte und Substanz.
Frankfurt a.M. 1972, S. 219 (Hervorh.
im Original)
```

Zitat abgesetzt und engzeilig, mit Anführungsstrichen am Anfang und Ende; Kurzbeleg mit Titelangabe in Fußnote; vollständige Literaturangabe im Literaturverzeichnis

```
Bloch schreibt:

"Früh schon hatte Schelling bestimmt:
'Es muß gezeigt werden, wie die Produk-
tivität allmählich sich materialisiert
und in immer fixiertere Produkte sich
verwandelt, welches dann eine systema-
tische Stufenfolge in der Natur geben
würde ...' (Erster Entwurf usw., 1799,
Werke III, S. 302)."(1)

In seiner später weiter ausgearbeiteten
Naturphilosophie habe Schelling dann

─────────────────────────
(1) Bloch, Materialismusproblem, S. 219
(Hervorh. im Original)
```

Zitat in den laufenden Text eingebaut; Kurzbeleg mit Erscheinungsjahr in Klammern im Text; vollständige Literaturangabe im Literaturverzeichnis

```
Nach Bloch hatte Schelling sich schon
1799 vorgenommen zu zeigen, wie
letztendlich die Verwandlung der Pro-
duktivität "'in immer fixiertere Pro-
dukte [...] eine systematische Stufen-
folge in der Natur geben würde ...'"
(Bloch 1972, S. 219; Hervorh. im Origi-
nal).
```

Musterseite 11:

Literaturverzeichnis (Schreibmaschine)

102

Literaturverzeichnis

Axelrod, Robert: <u>Die Evolution der Kooperation</u>. Mün-
    chen: Oldenbourg, 1987 (Originalausg. New York:
    Basic Books, 1984)
Bussmann, Hans: <u>Computer contra Eigensinn. Was Kinder
    dem Computer voraus haben</u>. Frankfurt a.M.: Fischer,
    1988
Coueignoux, Philippe: "La reconnaissance des carac-
    tères". <u>La Recherche</u> 12 (1981), Nr. 126. 1094-1103
DeLong, Howard: <u>A Profile of Mathematical Logic</u>.
    Reading/Mass.: Addison-Wesley, 1970
DeWitt, Bryce S. und Graham, Neill (Hg.): <u>The Many-
    Worlds Interpretation of Quantum Mechanics</u>.
    Princeton/N.J.: Princeton University Press, 1973
Gödel, Kurt: "Über formal unentscheidbare Sätze der
    Principia Mathematica und verwandter Systeme, I".
    <u>Monatshefte für Mathematik und Physik</u> 38 (1931).
    173-198
Hentig, Hartmut von: "Werden wir die Sprache der Compu-
    ter sprechen? Der pädagogische Aspekt". <u>Neue Samm-
    lung</u> 27 (1987). 69ff.
Molzberger, Peter: "Und Programmieren ist doch eine
    Kunst". <u>Computer und Psyche. Angstlust am Computer</u>.
    Hg. Alexander Krafft und Günther Ortmann. Frankfurt
    a.M.: Nexus, 1988. 185-216
Pérec, Georges: <u>La Disparition</u>. Paris: Editions Denoël,
    1969
Sesink, Werner: <u>Menschliche und künstliche Intelligenz.
    Der kleine Unterschied</u>. Stuttgart: Klett-Cotta, 1993
von Neumann, John: <u>Theory of Self-Reproducting
    Automata</u>. Hg. und ergänzt von Arthur W. Burks.
    Urbana /Ill.: University of Illinois Press, 1966

Musterseite 12:

Literaturverzeichnis (Textverarbeitungssystem)

102

Verzeichnis der zitierten und erwähnten Literatur

Axelrod, Robert: *Die Evolution der Kooperation*. München: Oldenbourg, 1987 (Originalausg. New York: Basic Books, 1984)

Bussmann, Hans: *Computer contra Eigensinn. Was Kinder dem Computer voraus haben*. Frankfurt a.M.: Fischer, 1988

Coueignoux, Philippe: „La reconnaissance des caractères". *La Recherche* 12 (1981), Nr. 126. 1094-1103

DeLong, Howard: *A Profile of Mathematical Logic*. Reading/Mass.: Addison-Wesley, 1970

DeWitt, Bryce S. und Graham, Neill (Hg.): *The Many-Worlds Interpretation of Quantum Mechanics*. Princeton/N.J.: Princeton University Press, 1973

Geser, Hans: „Der PC als Interaktionspartner". *Zeitschrift für Soziologie* 18 (1989). 240-243

Gödel, Kurt: „Über formal unentscheidbare Sätze der Principia Mathematica und verwandter Systeme, I". *Monatshefte für Mathematik und Physik* 38 (1931). 173-198

Hentig, Hartmut von: „Werden wir die Sprache der Computer sprechen? Der pädagogische Aspekt". *Neue Sammlung* 27 (1987). 69ff.

Molzberger, Peter: „Und Programmieren ist doch eine Kunst". *Computer und Psyche. Angstlust am Computer*. Hg. Alexander Krafft und Günther Ortmann. Frankfurt a.M.: Nexus, 1988. 185-216

Neumaier, Otto: „Über Wittgenstein über Turing über Künstliche Intelligenz". *Wozu Künstliche Intelligenz?* Hg. Karl Leidlmair und Otto Neumaier (Conceptus-Studien 5). Wien: VWGÖ, 1988. 79-90

Pérec, Georges: *La Disparition*. Paris: Editions Denoël, 1969

Sesink, Werner: *Menschliche und künstliche Intelligenz. Der kleine Unterschied*. Stuttgart: Klett-Cotta, 1993

Ulrich, Otto: „Über Denken nachdenken! ‚Künstliche Intelligenz‘ aus naturphilosophischer Sicht". *Künstliche Intelligenz*. Hg. Bernhard Irrgang und Jörg Klawitter. Stuttgart: Hirzel, Wiss. Verl.-Ges., 1990. 131-144

von Neumann, John: *Theory of Self-Reproducting Automata*. Hg. und ergänzt von Arthur W. Burks. Urbana /Ill.: University of Illinois Press, 1966

Erläuterung von Fachbegriffen aus dem Computerjargon

Anwendungsprogramm: Im Unterschied zum ➜ Betriebssystem ein **Programm für spezielle Anwendungszwecke,** zum Beispiel Textverarbeitung, Datenbankverwaltung, Kalkulation, Grafik.

Arbeitsspeicher: Computer kennen im wesentlichen zwei Aufbewahrungsorte für Programme (ihre Arbeitsanweisungen) und Daten (den „Stoff", mit dem sie umgehen): den Arbeitsspeicher und die ➜ Massenspeicher. Der Arbeitsspeicher **gehört zur Arbeitszentrale des Computers.** Dorthin werden (aus dem Massenspeicher) Programme und Daten „geladen" (➜ Laden), mit denen aktuell gearbeitet werden soll. Aber die Daten im Arbeitsspeicher werden nur festgehalten, solange der Computer unter Strom steht. Für Daueraufbewahrung ist er also nicht geeignet. Man spricht daher auch vom „Kurzzeitgedächtnis" des Computers im Unterschied zum „Langzeitgedächtnis", den Massenspeichern. Das Fassungsvermögen des Arbeitsspeichers liegt bei Computern, die mit dem ➜ Betriebssystem ➜ MS-DOS arbeiten, bei 640 KByte. (➜ Byte) Beim Betrieb unter grafisch orientierten ➜ Benutzeroberflächen benötigen Computer 4 MByte Arbeitsspeicher und mehr. Zum Vergleich: Dieses Buch hat einen Umfang von etwa 800 KByte Text und ca. 1,2 MByte Abbildungen.

Benutzeroberfläche: Die Seite eines ➜ Anwendungsprogramms oder des ➜ Betriebssystems, mit der der Benutzer in Berührung kommt. Von der Gestaltung der Benutzeroberfläche hängt es ab, wie komfortabel und angenehm der Umgang mit dem Computer ist. Die Benutzeroberfläche von ➜ MS-DOS gilt im Urzustand zu recht als ziemlich unfreundlich. Darunter leiden auch die meisten Anwendungsprogramme, die unter diesem Betriebssystem laufen. Auf MS-DOS „aufgesetzte" grafische Benutzeroberflächen wie „Windows" versuchen dem abzuhelfen. Die Betriebssysteme von Apple-Macintosh-, Atari-ST-, Commodore-Amiga- und Next-Computern sind „von Haus aus" mit einer grafischen Benutzeroberfläche versehen.

Betriebssystem: = **Computerprogramm für immer wiederkehrende Standard-Verrichtungen** wie Disketten formatieren, Dateien ➜ laden und ➜ speichern, aktuelles Datum und aktuelle Uhrzeit abrufen usw. Alle ➜ Anwendungsprogramme brauchen dieses Basis-Programm, um zu funktionieren, weil sie für die Standard-Verrichtungen auf dessen Befehle zurückgreifen. Bevor Sie Ihren Computer irgendetwas tun lassen können, muß daher das Betriebssystem geladen sein.

Blocksatz: Beim Blocksatz wird – im Unterschied zum ➜ Flattersatz – vom Textverarbeitungsprogramm durch Erweiterung der Zwischenräume zwischen den Wörtern und/oder den Buchstaben dafür gesorgt, daß der laufende Text **links und rechts bündig** mit dem jeweiligen Seitenrand abschließt.

Byte: Sozusagen ein **Daten-Atom.** Es wird gebildet aus einer Folge von acht Nullen oder Einsen („Bits"). Ein Byte besteht also aus 8 Bits und entspricht einem Zeichen, zum Beispiel einer Ziffer, einem Buchstaben oder einem Grafikzeichen. Bytes werden auch in Kilos kalkuliert. Ein Kilo ist bei Informatikern soviel wie 2^{10} (= 1024). Ein Kilo KiloByte (KByte) heißt dann MegaByte (2^{20} Byte) und ein Kilo MByte (2^{30} Byte) heißt GigaByte.

Cursor: = Zeiger auf dem Bildschirm. Er zeigt als blinkendes Kästchen oder als blinkender Strich die Stelle an, an der das jeweils benutzte Programm Eingaben von der Tastatur erwartet und entgegennimmt. Der Cursor wird gesteuert über die Cursor-Tasten auf der Tastatur (Tasten mit Pfeilen nach oben, unten, rechts, links). Außerdem können Sie ihn mit Hilfe weiterer Tasten springen lassen: an den Anfang einer Zeile (<Home>- oder <Pos1>-Taste), ans Ende einer Zeile (<End>- oder <Ende>-Taste), eine Bildschirmseite nach oben (<PageUp>- oder <Bild≠>-Taste), eine Bildschirmseite nach unten (<PageDown>- oder <BildØ>-Taste). Der Cursor kann auch mit der ➜ Maus versetzt werden.

Datei: = logisch zusammenhängender Datenblock, den das Programm, mit dem Sie arbeiten, immer als ganzen lädt oder abspeichert. Eine Datei kann ein Text sein oder eine Datenbank, eine Grafik oder eine Kalkulationstabelle usw. Jede Datei trägt einen Namen, der unter dem ➜ Betriebssystem ➜ MS-DOS/Windows acht Zeichen, beim Apple-Macintosh 31 Zeichen lang sein darf. MS-DOS/Windows-Dateien weisen zusätzlich eine Dateinamen-Erweiterung aus drei Zeichen auf, die auf den Charakter der Datei hinweist. Im Textverarbeitungsprogramm „Word" tragen zum Beispiel alle MS-DOS/Windows-Textdateien die Dateinamen-Erweiterung „.txt".

Diskette, Diskettenlaufwerk: Disketten sind **kleine Scheiben mit einer magnetisierbaren Oberfläche**, die als ➜ Massenspeicher dienen. Sie werden in Laufwerke geschoben, mit deren Hilfe sie „gelesen" (= wie Platten abgespielt) oder „beschrieben" (= wie Audiokassetten bespielt) werden können. Disketten gibt es in unterschiedlichen physikalischen Formaten (= Größen, gemessen in Zoll; gebräuchlich sind vor allem 3 1/2-Zoll- und 5 1/4-Zoll-Disketten) und Aufzeichnungsformaten (= Aufzeichnungsdichten, von denen vor allem das jeweilige Fassungsvermögen der Diskette abhängt). Je nach Laufwerk können sie einseitig oder beidseitig beschrieben werden.

Ergonomie: = Lehre von der gesundheitsverträglichen Gestaltung von Arbeitsplätzen und Arbeitsmitteln.

Fenstertechnik: = Funktion von Computerprogrammen, welche die **Aufteilung des Bildschirms in verschiedene Ausschnitte** erlaubt. In jeden Ausschnitt kann eine andere ➜ Datei geladen und bearbeitet oder ein anderer Teil derselben Datei bearbeitet werden; wichtig für das Verschieben und Kopieren von Manuskriptteilen

Festplatte: = ➜ Massenspeicher von hoher Kapazität. Im Unterschied zum Diskettenlaufwerk ist der Datenträger, die Platte (bestehend meist aus mehreren Scheiben übereinander), fest mit dem Laufwerk verbunden. Das Fassungsvermögen von Festplatten wird in MegaByte (➜ Byte) gemessen. Üblich sind heute Kapazitäten zwischen 40 MByte und 160 MByte. Im Handel sind Festplatten mit Kapazitäten bis über 1 GigaByte.

Flattersatz: Im Unterschied zum ➜ Blocksatz wird der Text hierbei **nur an einer Seite bündig mit dem Seitenrand** gesetzt. Üblich ist linksbündiger Flattersatz. Der rechte Rand „flattert" dann, weil die Zeilen ohne Randausgleich unterschiedlich lang sind.

formatieren: = in Form bringen. ➜ Massenspeicher müssen, bevor sie benutzt werden können, formatiert, d.h. so vorbereitet werden, daß das ➜ Betriebssystem mit ihnen zurecht kommt. Massenspeicher, die von einem Betriebssystem formatiert wurden, lassen sich in der Regel nicht von einem anderen Betriebssystem lesen. Hierzu müssen spezielle Konvertierungsprogramme eingesetzt werden. Innerhalb eines Textprogramms spricht man von Textformatierung. Damit ist die Fähigkeit eines Textprogramms gemeint, das Erscheinungsbild eines Textes (Schriftbild und Layout) für die Ausgabe auf dem Drucker (und – mit Einschränkungen – auf dem Bildschirm) nach den Wünschen des Anwenders zu gestalten.

Grafikkarte, Grafikadapter: = internes Bauteil des Computers, das für die Darstellung der Daten auf dem Bildschirm sorgt. Von der Grafikkarte (auch Videokarte oder Videoadapter genannt) hängt es ab, wieviel abgebildet werden kann und wie fein gerastert diese Darstellung ist. Man spricht in diesem Zusammenhang von „Auflösung". Das darzustellende Bild (Grafik oder Text) wird in einzelne Punkte „aufgelöst". Je feiner das Raster ist, umso „höher" die Auflösung. Außerdem ist die Grafikkarte zuständig für die Darstellung von Graustufen und Farbe. Von ihren Fähigkeiten hängt es ab, ob überhaupt Graustufen und/oder Farbe dargestellt werden kann und, wenn ja, wieviele Graustufen und/oder Farben aus einem wiegroßen Farbspektrum zugleich darstellbar sind. Der ➜ Monitor muß der Grafikkarte angepaßt sein (beziehungsweise umgekehrt)!

Hardware: Bestandteile eines Computersystems, die man – im Unterschied zur ➜ Software – **anfassen** kann. (Vorsicht! Bei Hardware-Innereien vorher den Netzstecker ziehen!)

KByte: ➜ Byte

Laden: = Kopieren einer ➜ Datei vom ➜ Massenspeicher in den ➜ Arbeitsspeicher. Erst mit einer in den Arbeitsspeicher geladenen Datei kann ein ➜ Anwendungsprogramm arbeiten. Man spricht auch vom „Öffnen" einer Datei.

Laserdrucker: Drucker, die ähnlich wie **Fotokopierer** arbeiten und ein **sehr gutes Schriftbild** erzeugen, das dem Schriftbild von Buchdruck näher kommt. Die „Auflösung" (= Rasterung) beträgt bei einfachen Laserdruckern 300 mal 300 bis 600 mal 600 Punkte pro Quadratzoll (dpi). ➜ Matrixdrucker

Laufwerk: ➜ Disketten, Diskettenlaufwerk; ➜ Massenspeicher

Massenspeicher: = Aufbewahrungsorte für Programme und Daten; im Unterschied zum ➜ Arbeitsspeicher können die Daten hier dauerhaft abgelegt werden. Massenspeicher nennt man daher auch das „Langzeitgedächtnis" eines Computers. ➜ Disketten, Diskettenlaufwerke; ➜ Festplatte

Matrixdrucker: = Drucker, die Textzeichen aus einer Matrix von Punkten zusammensetzen. Werden diese Punkte von Nadeln und mit Hilfe eines Farbbandes aufs Papier gehämmert, handelt es sich um einen ➜ Nadeldrucker. Werden die

Punkte erzeugt, indem Tinte durch Düsen aufs Papier gespritzt werden, handelt es sich um einen ➜ Tintenstrahldrucker. ➜ Laserdrucker

Maus: = kleines Kästchen mit ein, zwei oder drei Schaltern auf der Oberseite. Bewegungen der Maus werden auf dem Bildschirm als Bewegung eines zusätzlichen Zeigers (des Mauszeigers) wiedergegeben. (➜ Cursor) Die Betätigung der Schalter wird je nach Situation vom Programm, mit dem gerade gearbeitet wird, als Eingabe von Befehlen interpretiert. Die Maus ermöglicht bei vielen Vorgängen eine erhebliche Abkürzung der Eingabeprozeduren. In Verbindung mit einer grafischen ➜ Benutzeroberfläche (zum Beispiel „Windows" oder Apple-Macintosh) erlaubt sie eine stärker intuitive und an Bildsymbolen orientierte Bedienung von Programmen.

Menü: = „Speisekarte" eines Programms; angebotene Auswahl von Möglichkeiten, etwas mit Hilfe des Programms zu tun.

Monitor: = an den Computer angeschlossener Bildschirm. Der Monitor muß zur Grafikkarte passen. ➜ Grafikkarte, Grafikadapter

MS-DOS: = Abkürzung für: *MicroSoft-DiskOperationSystem.* Weitverbreitetes ➜ Betriebssystem. Durch die Marktmacht von IBM vor Jahren als Standard etabliert. ➜ Benutzeroberfläche

Nadeldrucker: = ➜ Matrixdrucker, der mit meist 9 oder 24 Nadeln arbeitet. Eine höhere Zahl von Nadeln erlaubt eine höhere Arbeitsgeschwindigkeit und ein feiner gerastertes Schriftbild bzw. höher „aufgelöste" Grafiken. Moderne 24-Nadel-Drucker ermöglichen eine Auflösung bis zu 360 mal 360 Punkte pro Quadratzoll (dpi) bei Grafiken und ein Schriftbild, dessen Geschlossenheit der des Schriftbildes einer Schreibmaschine einigermaßen nahekommt. Einfache Nadeldrucker und auch die besseren Nadeldrucker im Schnellschreibmodus erzeugen den berüchtigten Computerdruck, bei dem die Zeichen aus so wenig Punkten zusammengesetzt werden, daß man die gemeinte Gestalt so eben noch erahnen kann.

Pfad, Pfadname, Suchpfad: = „Adresse" einer Datei auf dem ➜ Massenspeicher. Die Angabe des Pfades ist bei MS-DOS/Windows zum Beispiel nötig, damit ein Programm eine Datei finden kann, die es laden soll, oder damit es weiß, wo eine Datei abgespeichert werden soll. Der Pfad besteht aus der Angabe des Laufwerks, in dem sich der betreffende Massenspeicher (➜ Diskette oder ➜ Festplatte) befindet, und des ➜ Verzeichnisses, in dem die Datei untergebracht ist oder werden soll.

Schnittstelle: = Verbindungsstelle zwischen verschiedenen Komponenten eines Computersystems; zum Beispiel die Buchsen zum Anschluß des ➜ Monitors, der Tastatur, des Druckers. Man spricht auch von der Schnittstelle zwischen Computer und Benutzer („Benutzerschnittstelle") und meint damit vor allem die ➜ Benutzeroberfläche. Der Benutzer erscheint bei dieser Betrachtung als Komponente des Systems.

Seitenumbruch: = Unterbringung des Textes auf dem pro Seite verfügbaren Platz. Der eingegebene Text wird von einem Textprogramm zunächst (vor dem Seitenumbruch) sozusagen auf eine Endlosfahne geschrieben. Beim Seitenumbruch berechnet das Programm unter Berücksichtigung der Angaben des Benutzers über

Schriftart und -größe, Zeilenabstände, Seitenränder, Papierformat usw., an welchen Stellen beim Ausdruck jeweils eine neue Seite beginnt.

Software: = die Programme, durch die ein Computersystem erst zum Werkzeug des Benutzers werden kann. Im Unterschied zur ➜ Hardware nicht physikalisch faßbar, wenn auch auf einem physikalischen Träger, dem ➜ Massenspeicher, untergebracht. Analog könnte man Ihr Gehirn als die Hardware bezeichnen, welche Ihre Gedanken als Software beherbergt.

Speichern, Abspeichern: = Ablegen einer ➜ Datei aus dem flüchtigen ➜ Arbeitsspeicher auf einem ➜ Massenspeicher, bei MS-DOS/Windows in der Regel unter Angabe einer „Adresse", des ➜ Pfades. Durch das Speichern oder Abspeichern wird eine Datei sozusagen in Sicherheit gebracht (vor Verlust durch Stromausfall oder ähnliches geschützt).

Tintenstrahldrucker: = ➜ Matrixdrucker, bei dem die Punkte, aus denen sich die Zeichen oder Grafiken zusammensetzen, dadurch entstehen, daß aus feinen Düsen **Tinte** aufs Papier gespritzt wird. ➜ Nadeldrucker; ➜ Laserdrucker

Verzeichnis: = logische Unterabteilungen auf den ➜ Massenspeichern. Verzeichnisse (beim Apple-Macintosh „Ordner" genannt) werden vor allem auf Festplatten angelegt, da wegen der Menge der dort unterzubringenden Dateien und Programme sonst die Übersicht verloren gehen würde. Verzeichnisse (oder Ordner) können unter sich wieder Unterverzeichnisse beinhalten. Beim ➜ Laden oder ➜ Speichern einer Datei oder eines Programms muß angegeben werden, in welchem Verzeichnis sich die Datei oder das Programm befindet bzw. abgelegt werden soll. ➜ Pfad, Pfadname, Suchpfad

Videokarte, Videoadapter: ➜ Grafikkarte, Grafikadapter

Zeilenumbruch: = Unterbringung des Textes in dem pro Zeile verfügbaren Platz. Paßt ein Wort nicht mehr in eine Zeile, wird es vom Textprogramm automatisch in die nächste Zeile genommen (automatischer Zeilenumbruch). Beim Zeilenumbruch werden die Angaben des Benutzers über Schriftart und -größe, Seitenränder, Papierformat usw. berücksichtigt. ➜ Seitenumbruch

Sachregister

T = Funktion in einem Textverarbeitungs-programm

T = Funktion in einem Textverarbeitungsprogramm

T = Funktion in einem Textverarbeitungs-
　programm

T = Funktion in einem Textverarbeitungs-
    programm

T = Funktion in einem Textverarbeitungsprogramm

T = Funktion in einem Textverarbeitungsprogramm